陶行知生活教育系列丛书

父母必读

让创新

引导孩子创造生活

主编　缪　力　周文彪

XUEHUI 学会

ZUOSHI SHANG 做事（上）

副主编　陈京平　杜心灵　倪玉华　鲜章勇

周　蔷　杨嘉浩　米洪海　苑　飞

天津大学出版社

TIANJIN UNIVERSITY PRESS

内容提要（上）

本书分为上、中、下三册共11个篇章，本册为《学会做事》上册，由“生活创新篇”“规矩与成长篇”“品德修养篇”和“知识与财富篇”组成，每个章节的论述都以“名师导航”“导师简介”以及“陶行知经典故事”引出，由“本篇主题及要点”提出论点，小作者通过亲身实践在“拓展阅读”中提出论据，彰显了“行知合一，言行一致”的育人风格。每篇结尾处又以“本篇复盘”提出问题，供读者思考，感悟“父母感言”和“教师赏评”的家校共育的风格，以加深读者的深度思考和理解。

图书在版编目（CIP）数据

学会做事. 上 / 缪力, 周文彪主编 ; 陈京平等副主编. -- 天津 : 天津大学出版社, 2024. 6. -- ISBN 978-7-5618-7767-8

Ⅰ. G782

中国国家版本馆CIP数据核字第2024VE3347号

出版发行　天津大学出版社
地　　址　天津市卫津路92号天津大学内（邮编：300072）
电　　话　022-27403647
网　　址　www.tjupress.com.cn
印　　刷　唐山楠萍印务有限公司
经　　销　全国各地新华书店
开　　本　787mm×1092mm　1/16
印　　张　41.25
字　　数　698千字
版　　次　2024年6月第1版
印　　次　2024年6月第1次
定　　价　98.80元（全三册）

《学会做事》编委会

序一 Preface

由缪力女士、周文彪先生主编的《学会做事》一书为众多父母在子女教育上坚持“行知合一”，用自己的行为做楷模的教育模式提供了良好的借鉴。

当下，重视考试分数，忽视道德培养；重视知识学习，忽视能力培养；重视书本知识，忽视劳动实践；重视智力发展，忽视情商培养；重视特长培养，忽视全面发展；重视身体健康，忽视心理健康；重视饮食营养，忽视身体保健等现象逐渐得到缓解，众多教育工作者逐步走向培养全面人才的发展轨道。

教育的目的决定教育的形式、手段、内容以及教育产品的质量，所以教育改革首先是教育目的的突破和教育理念的创新。

《学会做事》一书鼓励孩子树立信心，珍惜时间，学会做人、学会做事、学会学习、学好技能，努力把自己锤炼成国家需要的人，为走向社会打下坚实的基础。

《学会做事》一书激励学生做一个有理想的人。把个人成长进步同祖国繁荣昌盛联系在一起，树立起振兴中华的雄心壮志，立志为民族争光，为祖国争光，脚踏实地地克服各种不利因素，战胜一切困难，努力使自己成为政治合格、体魄强健、素质优良、技能精湛的创新型高技能人才。

《学会做事》一书鞭策学生做一个有道德的人。“德”始终摆在学校教育的首位，摆在知名企业录用人才标准的首位。希望学生要从小事做起，严于律己，在日常的实践教育、体验教育、养成教育中增强道德修养，持续完善自我。

《学会做事》一书指引学生做一个懂得感恩的人。生活中首先要感谢父母的养育之恩；感谢学校、老师的教育之恩；感谢同学的协助之恩，特别要感谢那些在危困时刻向你伸出温暖双手的人、在你迷茫时为你指点迷津明确前进方向的人、在你成长中用肩膀助你攀上人生高峰的人。

希望读者通过阅读本书，在学习、生活中获得更多的自主权，从事更加有益的实践活动，获得课堂上无法获得的知识和能力，使我们的个性、人格、情操、体质诸方面得以健康发展，让整个教育相辅相成、互相促进、相得益彰，促使我们德、智、体、美、劳全面发展。

俞启定

国内首批获得教育学硕士

博士学位的博士生导师

北京师范大学资深教授

2024 年 4 月 2 日

序二 Preface

继《陶行知生活教育系列丛书》出版之后，又一部启发人们更好做人做事的《学会做事》就要同读者见面了，这让我们不得不拍手称赞，静静地期待此书的问世，以给更多人启迪和帮助！

联合国教科文组织不止一次地提出“未来教育的方向是教人学会认知，学会做事，学会共处，学会生存”。从教育的理念、教育的责任、教育的内容和方式、教育机制以及世界各国对未来教育采取的各种举措，社会力量对教育的协同，教育工作的法定职责与实施规制，都将成为每个教育工作者自觉的思考与践行。因此，无论是家庭教育、学校教育，还是社会教育都密不可分，其最终目的均为启发人们如何为社会做出贡献，同时获得成长。而要做到这一点，都必须从“学会做事”开始，这也为各方的深度融合与协同育人提供了理论支撑，奠定了良好的基础。

当下教育的重点，应逐步重视社会实践能力的培养，提高学生的做事兴趣，改进学习方法，提升教育质量，并以此让学生学得更多，见识更广，悟得更深，能力更强。

作为学生，求知是第一要务，在课堂学习以外，向生活学、向社会学、向能者学，持续丰富知识与技能极为重要。

现代教育除了强调教育要培养社会所需要的专业人才外，还把培养和谐发展的个人素养作为教育的重要目标，通过个人奋斗和团队合作，实现人生价值，获得身心的健康发展、生活的幸福美满以及人格的健全与完善。

我们要把教育功能的社会属性和个人全面发展两种目的有机地统一起来，使社会的进步同步地表达为每一个公民提升生命质量。随着我国由温饱型社会向小康型社会的全面迈进，人们对物质和精神生活的愿望将不可逆转地转化为强劲的社会需求。但是，人们面对日益丰富多彩的精神与物质生活条件，如何选择科学的生活方式和生活内容，直接关系到个人的生活质量。

总之，学生在校努力学习，刻苦锻炼，学会做人、学会做事、学会学习，努力使自己成为一个道德高尚的人，一个知识渊博的人，一个技能精湛的人，一个纪律严明的人，一个于社会有用的人；在人生的舞台上学会生存、学会进取，学会创业，努力使自己成为一个有责任感的人，一个事业有成的人，演奏出动人的华丽乐章。

《学会做事》一书能够启发父母更加注重家庭、家教、家风的建设，促进家庭幸福与社会和谐，与学校、社会一起把孩子培养成德、智、体、美、劳全面发展的社会主义建设者和接班人，也为各方开展家庭教育的学习和培训提供有益的参考。期望本书的出版，能汇聚更大的力量，让家庭教育为实现伟大的中国梦发挥独特的作用！

原北京师范大学党委副书记

珠海分校党委书记

2024 年 4 月 2 日

序三 Preface

“生活教育”理论是陶行知作为中国现代教育先驱的思想理论基础，对“生活教育”理论的深化研究极具重要意义！生活决定教育，教育必然改造生活。“从定义上说，生活教育是给生活以教育，用生活来教育，为生活的向前向上的需要而教育”。“生活教育”是活教育，“书是不可以死读的，不能不活用”；“生活教育”是“大教育”，包括：社会、学校、自然、家庭的整个的教育；“生活教育”是融合教育，通过德、智、体、美、劳、军（军事训练）的融合，让学生成为真善美、智仁勇相结合的人。

现代社会发展的趋势是越来越注重人的做事能力，而不是资历和学历。一些企业家，早已把做事能力水平当作用人的重要标准，唯才是用。

《学会做事》一书鼓励学生有规矩地行事，做遵守法律和社会公德的合格的公民；做遵守校纪校规、家规家训的合格的学生。认真学习学校的规章制度，知道哪些该做，哪些不该做，尊重学校的管理。

习惯形成性格，性格决定命运。能从小事做起，养成良好的生活习惯、行为规范和卫生习惯。生活习惯要求节俭、健康、高雅；行为规范要求文明、守纪、合作；卫生习惯要求干净、卫生、勤快。

《学会做事》一书激励学生养成良好的行为习惯，学会与他人共处，培养团队精神；学会沟通，学会与人合作，融入团队，要求诚信、求精、勤奋、创新；学会团结友爱、互相尊重，多看人家长处；学会宽容、学会包涵、学会忍让、学会礼貌，为创建良好的校风和班风而努力。

《学会做事》一书激励学生不断提升做事的能力。“能做事”不等于“会做事”，会做事要求讲究一定的技巧和方法，要从小事做起，注重细节，积极主动，在做事的过程中持续提升做事的水平。

学习是超越学校空间的，学习的内容发生在任何地方，需要时时处处留心学问；学习是超越时间的，活到老学到老；学习是超越个人的一种社会性活动。

《学会做事》一书激励学生学会学习，不但要重视系统化知识的学习，还要学会应用，学习的目的就是为了用，而不只是记，不只是为了通过考试，还要有意识地培养思维能力。

在当代，如何深化研究、传承“生活教育”思想呢？可以说，联系实际研究、践行和传承陶行知思想，即把陶行知思想及其教育主张深化研究，汲取其中的思想内核和当代价值与当代教育实际紧密结合，瞄准当下教育的新问题、新课题，探索教育改革的新思路、新路径，这尤为重要。

陶行知本身是教育实践的行动家，其教育思想在本质上是一种实践的教育学说，理论与实际结合是“生活教育”的生命力所在，只有从“行知合一”上理解其思想实质，从理论与实践的结合上深化研究，在教育方式变革上深化改革，才是真研陶。

《学会做事》一书抓住了陶行知思想内在价值与当下教育的契合点和创新点，拓宽了陶行知研究的新领域，较好地回答了当下教育尤其是家庭教育面临的难点、重点问题，在研究的广度、深度上有了新的拓展。内容符合未成年人家庭教育的需要，具有鲜明的时代特征，贴近生活，教育思想观点基本是科学的，具有可操作性。

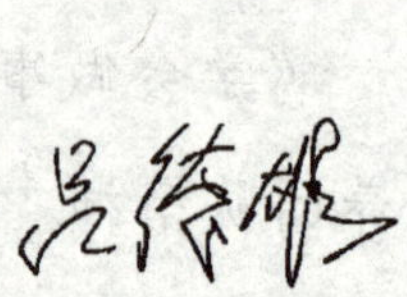

中国陶行知研究会常务副会长兼秘书长

原南京晓庄学院党委书记

2024 年 4 月 2 日

前言 Preface

联合国教科文组织提出："学会认知，学会做事，学会共处，学会生存"教育四大支柱，即"四会"教育的总目标后，"教育究竟要培养什么样的人"的问题就由专家学者提出与研讨并逐步受到全社会的普遍关注，随着人们对教育认知的深化，父母在人才培养中的角色、责任与义务也越来越被重视。

陶行知先生100年前就提出教育要实行"六大解放"，即解放学生的头脑，使之能想，把学生从陈腐的传统教育思想和教学方法里解放出来，让学生的创造力突围而出，使思想解放；解放学生的双手，使之能干，让学生执行自己大脑的命令，从事一些创造性的劳动；解放学生的眼睛，使之能看，引导学生看清事实，观察自然，展开丰富的想象，活跃学生的思想；解放学生的嘴巴，使之能谈，学生有问题鼓励发问，提倡"不耻问"，培养学生沟通、善谈的能力；解放学生的空间，使之能飞，让学生到大自然中去取得丰富的学问，开阔眼界，发展内在的创造力；解放学生的时间，使之能闲，不把学生的功课表填满，把学生作为学习主人的权利还给学生，给他们充分的时间，学一些自己想学的东西，思考一下自己要解决的问题，干一点他们喜欢干的事。

沿着陶行知先生提出的"六大解放"实施"四会"教育的总目标还难实现吗？可是，依然有一些教师和父母，在禁锢着孩子的大脑，这也不能想，那也不能想；捆住孩子的双手，这也不能做，那也不能做；蒙着孩子的眼睛，这也不能看，那也不能看；捂着孩子的嘴巴，这也不能说，那也不能说；限制着孩子的空间，这也不能去，那也不能去；剥夺着孩子的时间，把课程表填满，把孩子困在小屋子里"死读书""读死书"。持有这种做法的教师和父母引导学生形成了一个错误的概念：“学习就是为了考试，唯有考高分，才是好学生”。如此下去，“四会”教育的总目标怎么可能实现呢？

本书通过北京师范大学珠海校区（原分校）、北京理工大学珠海校区（原学院）、暨南大学珠海校区 18 名教授、副教授深入居民社区，线上线下开展“大学教授谈家庭教育”的活动，吸引了来自全国各省市 987 名中小学生的积极响应并写出了一篇篇优秀小作文，深入浅出地阐明了“四会”人才培养的重要性，启发学校与家庭、教师与父母携起手来，从培养“四会”人才、一起完成教育使命的角度，为促使家校深度融合共同培养未来社会有用之人才尽微薄之力。

在书稿完成之际，特别感谢著名家庭教育专家、中国教育学会家庭教育专业委员会原理事长、中国当代家庭教育科学研究的开拓者赵忠心同志，北京师范大学原党委副书记呼中陶同志，北京师范大学资深教授俞启定同志，中国社会福利基金会专家咨询委员会主任缪力同志，中国陶行知研究会常务副会长吕德雄同志在百忙中给予的精心指导；特别感谢北京师范大学珠海校区（原分校）、北京理工大学珠海校区（原学院）、暨南大学珠海校区、北京师范大学附属学校、北京市第十七中学、深圳罗湖外国语实验学校、武汉育才小学、珠海市九洲中学、珠海市横琴华发容闳公学、珠海市兆征纪念学校、重庆市酉阳土家族苗族自治县民族小学等全国 185 位高等院校教授、副教授及中小学教师参与编辑、研究和 987 名学生的积极参与生活实践与撰稿，才使本书圆满完稿。

由于编者水平、时间有限，不足之处，诚请读者给予批评指导！

2024 年 4 月 2 日

目录 Contents

上

Part1 生活创新篇

Part2 规矩与成长篇

Part4 知识与财富篇

中

Part5 行为与性格篇

Part6 尊重与情商篇

Part7 勤奋与责任篇

下

Part8 生存发展篇

Part9 艺术熏陶篇

Part10 沟通协调篇

Part11 追求卓越篇

Part1

生活创新篇

◎ 篇前小叙
◎ 名师导航
◎ 导师简介
◎ 陶行知经典故事
◎ 生活无处不有，创新无处不在
◎ 创新是个人智慧和勇气的挑战
◎ 创新是人生成长的最佳体验
◎ 拓展阅读

篇前小叙

本篇是以“陶行知生活教育系列丛书”中的《教育与创新》为蓝本，由北京师范大学珠海校区（原分校）北京理工大学珠海校区（原学院）和暨南大学珠海校区等18名教授、副教授深入居民社区，经过充分调研、了解家庭教育中存在的问题而开展的“大学教授谈家庭教育”系列讲座而形成。社区居民通过线上线下聆听讲座，孩子们在父母和教师的感召下，认真观察生活、开动脑筋、大胆实践、做出了一个个前所未有、独一无二的小发明、小创造，并用一篇篇短文记录了每一个作品的全过程，不仅给生活增添了光彩，也培养了孩子敢于创新、大胆实践的能力，因此，形成了一篇篇生动感人的优秀作文。

名师导航

陶行知说：

- 生活无处不有，创新无处不在，无时不可。
- 行动是老子，知识是儿子，创造是孙子。
- 处处是创造之地，天天是创造之时，人人是创造之人。

杜威说：

- 教育就是生活本身。教育就是经验的改造或重组。

胡 适说：

- 独立之精神，自由之思想是学者应有的品质。大胆假设，小心求证是科学的方法。

蔡元培说：

- 教育者，养成人格之事业也。不是仅仅灌注知识、练习技能之事业，而已足耶？教育者，非为已往，非为现在，而专为将来。

黄炎培说：

- 教育应当着重于生产力的提高，而非仅仅知识的灌输。
- 教育应当注重社会实践，而非仅仅理论学习。

导师简介

陈京平

北京师范大学珠海校区（原分校）应用数学学院原党总支书记\副院长、副教授，创新创业教育研究所所长、陶行知学院副院长、中国管理科学研究院学术委员、中国科学院心理所发展心理教育指导师、教育部首届创业骨干教师、高校职业生涯规划指导师。参加国家发展性评价项目并获省级“加快青年教师成长”项目奖，发表论文10余篇，组织调查国家\省\市级项目30余项。主编“陶行知生活教育系列丛书”中的《批评与表扬》等著作。

杜心灵

北京师范大学珠海校区（原分校）副教授，硕士研究生导师，中国会计学会会员、中国统计学会高教分会理事、广东省软科学项目函审专家、广东省统计学会会员、珠海市财政绩效评估专家、珠海市地税局特约监察员。主持全国统计科研计划项目“经济社会协调发展统计指标体系研究”；发表文章近30篇，其中EI收录2篇、CSSCI5篇、北大核心15篇；出版教材6部。主讲统计学、会计学、初级会计学、中级会计学、财务管理学、管理会计学、社会调查与研究方法等核心课程。研究方向：应用统计、竞争力、公司理财、创新能力。

本篇主题：在创新引导下创造幸福生活

本篇要点：

本篇以“人才培养要敢于梦想、大胆创新”的观念导入，从“教育是创新发展的动力”讲起逐步深入，重点阐述了“创新在教育中的作用”，启示人们从生活的角度看教育，让学生放手创新；从知识传播的角度看教育，让学生动手实践。要让教育与生活相融合，注重学生创新能力的培养，要不断发掘学生的创新潜能。

创新能力是由知识技能、思维、人格共同构成并相互作用而形成的复杂能力，这种能力的发展有一个由低到高的过程，基础教育阶段创新能力的培养有助于学生以后高水平创新能力的发展。

从目前我国的情况不难发现基础教育的现状是，中小学生的创新能力还有待提升，尤其是创新意识在朦胧期就被不适当的教育给扼杀，未来社会所急需的是创新创造型人才，当今的教育现状与时代的要求还有差距，使创新能力的培养显得越发紧迫。创新能力的培养除了学校的教育，在家庭生活中尤为重要。孩子们创新创造的火花，往往发生在一瞬间，教师、父母共同重视，才能更好地达到培养创新人才的目的。

陶行知经典故事

中国的爱迪生被你枪毙了

有一天，一位朋友的夫人来看陶行知先生。陶行知热情地让她坐下，又倒了一杯茶给她，问道："怎么不带儿子一起来玩？"这位夫人气呼呼地说："别提了，一提就叫我生气。今天我把他结结实实打了一顿。"

陶行知惊异地问："这是为什么？你儿子很聪明，蛮可爱的哩！"

朋友的夫人取出一个纸包，里面是一块被拆得乱七八糟的手表。这表成色还很新，镀金的表壳打开了，玻璃破碎，连秒针也掉了下来。她生气地说："陶行知，这表是才买的，竟被我儿子拆成这样，您说可气不可气！他才七八岁，就敢拆表，将来大了恐怕连房子都敢拆呢！所以我打了他一顿。"

陶行知听了笑笑说："坏了，恐怕中国的爱迪生被你枪毙了！"夫人有点愕然："为什么呢？难道我这样做不对吗？"陶行知摇摇头。夫人又接着问："陶行知，您是大教育家，您说对这样的孩子该怎么办呢？"

陶行知把拆坏的表拿过来，对夫人说："走，我们上你家去，见见这个小'爱迪生'。"

到了朋友家里，陶行知见到那个孩子正蹲在院子的大树下，聚精会神地看蚂蚁搬家。夫人一见又来了气，正要骂他，陶行知立即劝住了。

陶行知把孩子搀起来，搂在怀里，笑嘻嘻地问："你为什么要把妈妈的新表拆开来呢？能告诉我吗？"孩子怯生生地望了妈妈一眼，低声说："我听见表里的嘀嗒嘀嗒的声音，想拆开看看是什么东西在响。我错了，不该把手表拆坏，惹妈妈生气。"

陶行知说："想拆开看看是什么东西在响，这没有错。但你要跟大人说一声，不能自作主张。来，你跟我一起到钟表店去好吗？”

孩子又望望妈妈，说：“去店里干什么？”陶行知说：“去看师傅修表啊，看他怎么拆，又怎么修，怎么装配，你不喜欢吗？”孩子高兴得跳起来：“我去！我去！”

陶行知拿着那只坏表，带着孩子一起到了一家钟表店。修表师傅看了看坏表，说要一元六角修理费。

陶行知说：“价钱依你，但我带着孩子看你修，让他长长知识。”师傅同意了。

陶行知和孩子站在旁边，满怀兴趣地看师傅修表。看他怎样拆开，把零件一个个浸在药水里；又看他加油后，把一个个零件装配起来。

从头到尾，整整看了一个多小时。全部装好后，师傅上了发条，表重新发出清晰的嘀嗒声。孩子高兴地欢叫起来：“响了，响了，表修好了！”

陶行知临走又花一元钱买了一只旧钟，送给孩子带回去拆装。孩子连声说：“谢谢伯伯！谢谢伯伯！伯伯真好！”

陶行知把孩子送到家后，孩子立即跳呀蹦地跟妈妈说：“妈妈，伯伯买了一只钟，让我学习拆装呢！”

那位朋友的夫人不解地问：“还让他拆啊？”

陶行知笑笑说：“你不是问我对这样的孩子该怎么办吗？我的办法是，把孩子和表一起送到钟表铺，请钟表师傅修理。

这样修表铺成了课堂，修表匠成了先生，令郎成了速成学生，修理费成了学费，你的孩子好奇心就可得到满足，或者他还可以学会修理咧。”

陶行知停顿了一下，接着说：“孩子拆表是因为好奇心，孩子的好奇心其实就是一种求知欲，原是有出息的表现。你打了他，不是把他的求知欲打掉了吗？与其不分青皂地打一顿，不如引导他去把事情做好，培养他的兴趣。

中国对于小孩子一直是不许动手，动手就要打手心，往往因此摧残了儿童的创造力。我们应该学习爱迪生的母亲，那么理解、宽容孩子，那么善于鼓励孩子去动手动脑，这样，更多的‘爱迪生’们就不会被打跑、赶走了。”

夫人听了恍然大悟，她不好意思地笑了一下，诚恳地说：“陶行知，您说得对，太谢谢您了，我今后一定照您的办法去做。

【共同分析】

陶行知为什么说："中国的爱迪生被你枪毙了"呢？孩子把"表"拆了，一种对事物的"好奇心"萌生了，这是创新、创造的开始，试想：自古至今，哪个发明家不是从"好奇心"开始的呢？孩子有了"好奇心"对长者来讲，本来是一件值得庆幸的事，对孩子只能鼓励，而这位母亲却从"东西被损坏"的角度，把孩子"结结实实打了一顿"，陶行知直接批评这位妈妈，然后"带着孩子去修表店修表"，把修表铺当成了课堂。因此说："中国的爱迪生被你枪毙了"，这位母亲才恍然大悟。

如果是您遇到同类的事情是否还要把"中国的爱迪生枪毙了"呢？

生活无处不有，创新无处不在

陶行知说："生活无处不有，创新无处不在，只要有生活的存在，就有创新的生成"。

创新是人类生存与发展的出路所在，活力所在。

一个民族进步的灵魂是什么？是创新。唯有创新，才能促进社会进步，不断提升人们的生活水平。

如果，把社会比作是一台机器，那么，创新就是这台机器的发动机，始终推动着社会向前运动。

人类数千年的发展史就是一部不断突破陈规、创造创新的历史。当前，面对激烈的国际竞争，一个国家、一个民族、一个人能否在未来世界格局中赢得一席之地，关键是看有没有强大的、可持续的创新能力；要实现产业结构的优化升级，实现国民经济又好又快地发展，迅速提升综合国力，实现中华民族伟大复兴，关键是创新。譬如，美国对华为的制裁，限制芯片向中国出口，华为就是靠创新，突破难关，重新再起，迫使美国改变策略，逐步取消制裁，再次向中国伸出橄榄枝。

一个国家如此，民族如此，个人也是如此，要想获得幸福的生活，不被屈辱，唯有创新。

那么，什么是创新呢？简单地说，创新是指人们根据一定的目的和任务，运用一切已知的条件，产生出新颖、有价值的想法，并把它转化为具体成果的行为模式。所谓具体成果，既包括新产品、新材料，也包括新工艺、新方法，还包括新思想、新观念、新理论、新制度、新机制，等等。

1939年，技术变革经济学创始人熊彼特从企业创新的角度提出：创新是指企业家实行对生产要素的新组合。他在当时列出了五种创新：

（1）引入一种新产品或提供一种新的产品质量。

（2）开辟一个新市场。

（3）找到一种原料的新来源。

（4）发明一种新工艺流程。

（5）采用一种新企业组织形式。

从一般意义上来看，创新主要有思维创新、产品（服务）创新、技术创新、组织与制度创新、管理创新、营销创新、文化创新七种，一般具有以下特点。

目的性：任何创新活动都有一定的目的，这个特性贯穿于创新过程的始终。

变革性：创新是对已有事物的改革和革新，是一种深刻变革。

新颖性：创新是对不合理因素的扬弃，革除过时的内容，确立新事物。

超前性：创新以求新为灵魂，从实际出发，实事求是的超前。

价值性：创新有明显、具体的价值，具有一定的经济效益和社会效益。

创新究竟难不难？

陶行知说："生活无处不有，创新无处不在"，意思是说：创新是新生活的需要，要幸福、要新生活，就要创新。创新并不是要有重大的发现与发明，有时候在生活中，一个很简单的想法、一个简单的创新，就能使事物焕然一新，问题就会迎刃而解，这里的"事物焕然一新"和"问题迎刃而解"就是创新。

【案例】

在20世纪40年代，美国旧金山的金门大桥经常出现堵车现象，公路管理部门因解决不了问题而伤透了脑筋，便向社会征集解决方案。

一时美国社会各界踊跃献计献策：有人提出要再建一座大桥；有人提出加宽桥面；有人提出双层车道，一层过去，一层过来。其中，有一个方案出奇简单：根据大桥上午到市里的流量大，下午到岛上流量大的特点，建议将大桥中间的隔离栏变成活动的，上午左移一条车道，下午右移一条车道。最后公路管理部门采纳了此方案，没增加多少成本就将大桥堵塞的问题解决了。

【共同分析】

一个“活动的车道”的设想就解决了要耗费数日，还要投入上亿元经费的难题，多么大胆的创新设想啊！既节约了时间，又节省了经费。从这个案例中我们不难理解：创新就是一个前所未有、独一无二、有所改进的想法，只要有利于进步，就是创新。

拓展阅读

创新促我成长

广东省珠海市九洲中学初一（15）班　徐邦仪

创新，原来在我心中是一个空洞乏味的词汇，直到一次拓展实践，彻底改变了我的看法。

记得学习完了《竹节人》这篇课文，同学们都将亲手制作的竹节人带到班里，每当下课时，一场场竹节人大赛便会准时开幕。

做得结实又好看的竹节人常常引来一片赞叹声，而做得弱不禁风的竹节人，又会在哄笑中灰溜溜地离场。

我看着兴奋的同学们，不禁也跃跃欲试，想亲手制作一个竹节人，体验一下传统玩具的乐趣。

我想做的是一个独一无二、创新与传统之上的竹节人，这个竹节人该怎么做呢？

唉！打一个做竹节人的擂台吧！

活动开始，双方的竹节人由两人各自操控，看谁的竹节人在打斗中更胜一筹，即可得到擂主的称号。

既然要在传统的基础上创新，就要改变制作材料和方法，我在制作竹节人的身体时，用铁丝把废弃的水彩笔盖串联在一起，组成一个结实又灵活的身体。这样既节省了材料，又更加实用，可真是一举两得。

在如何操控竹节人的问题上，我苦苦思索：如果继续用手来控制，只是改变了它的外表，打竹节人擂台就毫无新意，如果利用电脑编程来控制它，又丧失了手工玩具本身的乐趣。

正当我一筹莫展的时候，老师在课堂上的一段话点醒了我："关上房门的时候，房间里面的气体会被压缩，因为气体所占的空间变小了，当气体想出来时，便形成了一股推力。"

我灵光一闪，是否可以利用气体压缩行程的压力，来操控竹节人呢？

什么东西可以做到压缩空气呢？几个小注射器引起了我的注意，当注射器的推管向下推时，里面的气体被压缩，这不正在形成推力吗？

我兴奋不已，为自己的发现兴奋不已。

既然已经有了思路，就开始动手吧！

我将注射器的出气口与串联竹节人的铁丝连在一起，当推管向下推时，竹节人就会在擂台上向前移动；向上拉时，它也会"听话"地向后移动。这样，只需要推拉注射器的推管，就可以自如地控制竹节人进行打斗了。

在完成了最后的修饰后，我看着眼前的竹节人擂台，心中充满了喜悦与自豪。

我靠自己的努力，将课堂上学习到的科学知识真正应用到自己的生活中来，为传统玩具带来了一次成功的创新。

对于我来说也是成功向前迈了一步。

后记

“学会创新”的过程告诉我：唯有不断创新，社会才会进步，人们才会获得一个个的喜悦和幸福……

我们就是要勇敢地朝未知的世界迈出更多的一步又一步。因为我们打破了常规，坚定了自己创新的信念。我想：只有学会创新，敢于创新，才会不断进步！

父母感言

“学会创新”是孩子的久已盼望，不仅磨炼了孩子的意志，锻炼了身体，还促使孩子热爱生活，享受大自然的美妙。“学会创新”的过程虽然有些挫折，但也刷新了孩子对新生活的认知，还增强了孩子的自信。（妈妈：范 玲）

教师赏评

小作者把“学会创新”的过程写得具体生动，读起这篇文章，便欣赏到一个由懦弱、守旧变大胆创新的过程！文章结尾更是点明主题，“何时、何地、何事，只要坚持创新，就一定会成功”，点明主题，“创新”不仅是一种技能，更是一种永不言败的精神，深入人心地启示着人们去体验、去追求。（指导教师：肖幸好）

学会做事（在你的生活中是否也遇到过相同或相似的事，感觉如何？写下来。）

扇与时偕行

北京市第十七中学初三（1）班 谢雨汐

传统工艺随时代发展而依旧脚步蹒跚，总是在困境中徘徊。

创新乃艺术之魂，或许正是破解这种困境的金钥匙。

我尝试着在画扇上施展拳脚，让传统的扇子与时俱进。

正值盛夏，阳光十分灼热，轻风一吹，热气扑面而来。我坐在庭院中，看着奶奶以娴熟的手法绘制着一幅幅精美的扇面。她的手臂轻柔摆动，手中的画笔在光中嬉戏，由浅入深，细腻勾画，一朵娇嫩的牡丹在扇子上盛放。奶奶的绘画水平真是了得，她绘制的扇子总是备受欢迎。

但随着时代的变迁，年轻人对于这些传统的花鸟扇并不感兴趣，奶奶的扇子销量日渐下滑。

每次看到奶奶为了卖出扇子而焦急的神情，我都十分心疼。我想，或许是时候让扇子焕发新的生机了。

我决定尝试创新。我看着小时候在墙上乱贴的动漫贴纸对奶奶说："奶奶，要不要尝试在扇子上画卡通人物呢！"奶奶听了我的建议后，眼中闪过一丝疑虑，但她还是决定试一试。于是，我们就小心翼翼地在扇面上绘制。手中的画笔轻轻划过，扇面上，那些动漫人物仿佛有了生命，跳出了画面。他们在我们的想象中自由飞翔，构成了一个个生动的场景。

为了更好地销售扇子，我们决定开一家网店。我花了很多时间学习摄影技巧和网店运营的知识，用心拍摄每一把扇子的照片，并用简洁的文字描述扇子的特点。网店开业后，我们开始积极宣传，并定期更新信息。

意想不到的是，当我们引入了新颖的设计理念和创新的销售策略之后，这些创新的举措如同春风吹拂，瞬间唤醒了市场的热情，带来了出乎意料的良好效果。网店上的扇子销量节节攀升，越来越多的年轻人喜欢上了这些扇子。订单数量不断增加，奶奶的脸上洋溢着幸福的笑容。

通过帮助奶奶寻找创新办法，我激发了自己的创新热情，也深刻体会到了创新的重要性。

创新不仅仅是为了解决现实问题，更是一种勇气和态度。只有勇于尝试和创新，我们才能不断进步，不断超越自我。

在这个夏日里，我学会了创新。

后记

用创新的方式继承传统是时代所趋，我们应该与时俱进，以自身的学识技艺，古今相融，让优秀传统文化在传承中永葆青春与活力。

父母感言

对传统文化的热情以及对亲人长辈的关爱，给了她尝试创新的勇气和力量。面对现实问题，能够努力思考破局思路，并紧紧抓住了创新这把金钥匙。

我们希望看到身边会有越来越多像她一样敢于去创新实践的孩子们，无数青少年们的创新实践定能汇聚成大江大海，助力我们的国家加快发展新质生产力，实现中华民族伟大复兴。（爸爸：谢冬水）

教师赏评

小作者通过新颖的设计理念和创新的销售策略帮助奶奶提高了扇子的销量，让时代发展与传统文化相结合，增强了创新的能力。本文选材新颖，行文流畅。作者叙事生动，有条不紊，开头结尾呼应并点题，中心突出，表现力强。（指导教师：刘春娜）

学会做事（在你的生活中是否也遇到过相同或相似的事，感觉如何？写下来。）______

______

______

做“叶脉标本”

广东省深圳市罗湖外语实验学校初二（4）班　梁思宸

夏天，我看着窗外随风摇曳的枝叶，突然想做一个“叶脉标本”。

我先在我家阳台上挑了一片月季的叶子，将它夹进厚厚的字典。几天后，翻开字典一看，傻眼了：这脏软的树叶，还是那片油光润滑的月季树叶吗？

想起从前看到的“叶脉书签”，都是个头大、叶脉清晰明朗的叶子，于是，我冲下楼，跑到树林里找相似的树叶来。

经过一番千挑万选后，我收获了七片“战利品”。

回到家，上网找到制作“叶脉标本”的教程，按照教程的指引，我先准备好材料，再放适量的洗衣粉和水在锅里，开火煮到水沸腾时，将树叶放了进去。没想到，树叶一碰水便软化了许多，我把火调小，在旁边好奇地观察着树叶的变化……

我观察了许久，当叶子变得符合制作“叶脉标本”的样子时，我将树叶捞出来，夹在两张吸水纸中，将汁水挤压出来，再将它平铺在桌面上，小心翼翼地顺着叶脉纹路，用牙刷“唰唰”地剃掉叶肉后，我不禁感叹“啊！多么秀气挺直的叶子啊！”，看着干净的叶子，我用水彩颜料给它们上了点颜色，再把它们夹进了厚厚的书里。

第二天醒来的时候，阳光已洒满了小小的卧室，我起身，翻开书，一片金黄的叶子躺在其中，阳光落在了书页间，叶子透过光，在叶脉间朦胧地显现出象征生命的嫩绿色的花纹，一个植物的“叶脉标本”就这样做成了。

后记

拙手笨脚的我，这次做“叶脉标本”费了不少时间和精力，经过多次尝试与失败后，才运用知识，经过不断创新赢得了满意的作品，不仅收获了充实又漂亮的“叶脉标本”，锻炼了我的动手能力，还启发了我的创新意识，我要感谢我的妈妈和老师平时对我的教诲，是他们教我如何做事，鼓励我不断创新。

父母感言

做手工需要耐心和坚持，失败不要紧，重要的是要“一次不行二次，二次不行三次，直到成功”的精神，生活中还有很多事情需要付出时间精力与耐心，更要经历挫折、失败，要学会运用生活经验和智慧来应对一次次考验。（爸爸：梁 俊）

教师赏评

作者从自己做“叶脉标本”这件事，不仅写出了制作过程，还悟出了“耐心与坚持，必定成功”的道理，文章构思巧妙，运用多种不同的写作方法，语言朴实、优美有韵味，引人入胜 。（指导教师：黄铤璇）

学会做事（在你的生活中是否也遇到过相同或相似的事，感觉如何？写下来。）______

______

______

纸片超人

四川省阿坝藏族羌族自治州九寨沟县实验小学三年级　何璐锟

“我们来玩个游戏，你相不相信我可以让纸片跳舞？”妈妈说。

“真的吗？”我很惊奇地说。

妈妈要我随便撕些纸片，要撕得非常小。她拿了一把塑料尺子，在头发上摩擦了一下，然后放在纸片堆上，纸片瞬间连起来了，尺子往哪倒，纸片就跟着往哪倒。哈哈，太有趣了！

我也拿着尺子在头发上摩擦了几下，吸起了一个小纸片，它一下站起来，一下躺下去，有时还转个圈，就像有了生命一样。

瞬间，我来了灵感：给纸片画上一张笑脸，小纸片秒变“纸片超人”。摩擦后再吸，纸片上的小毛毛就像人的头发，一根根立起来真是个“精神小伙”，我叫它“引力超人”。

“超人”在我的指挥下，冲上了纸片山。它得意地挥舞着旗帜说：“这是我的地盘了！”突然，守护着这座山的山神出现了。山神是一只大鸟，俯冲下来，把超人从山顶扇了下来，它躺在地上半天站不起来。我觉得它可能要失败了，赶紧又拿尺子摩擦了一下头发，给它补充能量。它马上就满血复活，与山神大战了起来。

最终，“纸片超人”胜利了！

后记

一个小小的纸片，在我和妈妈的手中可以尽情“飞舞”。小小的纸片被我玩得出神入化，实在是太有趣啦！发挥想象力，真的是一件很酷的事。今天和妈妈一起玩游戏非常开心！

父母感言

通过“纸片超人”的游戏，激发了孩子的想象力，孩子不仅想象丰富，还善于观察，在玩的时候只要稍作引导，他就会冒出奇特的想法！（妈妈：斯　薇）

教师赏评

这篇文章取材新颖，构思奇妙！小作者注意观察事物，并展开合理想象。奇思妙想成就了一篇独一无二的好作文！（指导教师：赵代娥）

学会做事（在你的生活中是否也遇到过相同或相似的事，感觉如何？写下来。）

有趣的“神奇滤镜”

广东省珠海市兆征纪念学校五年级　江宇晨

《点亮自然》这本书令我爱不释卷！翻开书的每一页，除了极富介绍性的文字，还会看到满是红色、黄色和蓝色组成的插画，乍一看，虽然看不清楚到底画的是什么，但仔细品味就会发现书里却蕴藏着180多种野生动植物，如威风凛凛的狮子、可爱小巧的美西螈。如果你想看到书中的动植物，必须使用随书配备的“神奇滤镜”才能观察到，这个滤镜就暗藏在扉页的纸袋里，一共有三套，分为红色的、绿色的和蓝色的。

只要戴上了“红色滤镜”便可以清晰地观察到书上的昼行性动物。但换上“绿色滤镜”，刚才看到的动物却全都消失得一干二净，取而代之的是各种各样的植物，有饱满多汁的多肉、有亭亭玉立的竹子。它们好像就出现在我眼前一般，栩栩如生。带上“蓝色滤镜”，又可以观察到夜行性动物和变温性动物，这真是太神奇了，为什么会这样呢？其实啊，它是运用了三原色的原理。当我们使用其中一种颜色去看书的时候，就会过滤掉另外两种颜色的图案，这样也就能解释为什么我们能用不同的滤镜看到不同的图案了。

更有趣的是，这本书还设置了“目的地”和“瞭望台”两个部分。

目的地可以带我们游览雨林、沙漠、草原、森林等极具特色的世界十大生态地。从南半到球北半球，从极地到赤道，全面了解这个多彩世界。

当我们了解完目的地之后就可以通过瞭望台观察这个目的地的动植物，这时候我们就需要带上“神奇滤镜”了。

在瞭望台上，我认识了各种各样、从未听闻过的动物，比如说有刚果雨林的山魈，辛普森沙漠的澳大利亚草鸮，洛蒙德湖的海鳟还有小巽他群岛科莫多巨蜥……而其中令我印象最深刻的则是安第斯山脉的“的的咔咔湖水蛙”，当我第一次看到这几个字的时候，我都不知道该怎么读，但当我查询了资料之后才知道应该读成“dídíkākā 湖水蛙”，这个名字听起来可真有意思！而且这种蛙，长得也十分有意思，全身上下铺满了皮，松松垮垮地布满了褶皱，像豆腐皮一样，而且还十分柔软，听书里面说它的皮肤遍布多层毛细血管，所以能够在水下呼吸呢！

起先我是在图书馆发现这本书的，读了以后觉得这本书既好看又好玩，就请妈妈买了一本放在家里，一有空就拿出来看。每次翻开这本书，都有新的发现和新的收获。我从书中了解到很多之前不知道的动物以及它们的习性和特点，让我想更多地去了解这个新奇的世界。

后记

以前看到电影觉得电影为什么拍得这么好，用手机拍得那么差，原来是因为像素和滤镜，它可以调节对比度和色彩饱和度，调节电影风格，给观众带来不一样的体验。

父母感言

《点亮自然》是当下阅读率较高的书之一，孩子在学龄前识字量不足时要求大人给他读这本书，到后来能自主阅读，这本书不但给孩子带来了知识，也培养了孩子探索和发现新鲜事物的能力。（爸爸：江建明）

教师赏评

故书不厌百回读。一本好书，可以点亮孩子对大自然的好奇心、探索心。字里行间，能感受到小作者对这本书发自内心的喜爱。此文再次证明：阅读，

可以点亮整个世界！（指导教师：李月娟）

学会做事（在你的生活中是否也遇到过相同或相似的事，感觉如何？写下来。）

神奇的镜下世界

浙江省宁波市大榭开发区第二小学三年级　李　烁

爸爸说要送我一个神秘的礼物，作为我达成学习目标的奖励。我盼了好几天，今天，它终于到了。

我迫不及待地打开快递，原来是一台小型的显微镜。我拿着它左看看右看看，啥也没有！对照说明书一看，原来是还没组装好。

等安装完显微镜后，我选了一个鱼鳞标本。镜头下的鱼鳞好漂亮，就像一面红色的扇子。为了看到更大的图像，我一下子把显微镜调到了最大的15000倍。再一看，小扇子不见了。爸爸对我说："观察物体并不是放大得越大越好，要找到合适的倍数才能看得更清楚。"

我又看了蚂蚁，蚂蚁本身就比较大。在显微镜下，我一下就找到了它。不一会儿，我就看到了蚂蚁的腿。天啊！镜下的蚂蚁腿竟然显得有点粗，不知道的还以为是螳螂腿呢。

我又用显微镜观察树叶，我把倍数调整合适后，看到绿油油一片。爸爸说那就是叶绿素，我有点半信半疑。

我还看了酵母菌。酵母菌非常难找，我找来找去也找不到。爸爸仔细地帮我调了好久，固定好位置再放大。我凑近一看，见到了酵母菌的真面目，它们有点像米粒，有的集中在一起，有的零星地分散着。

我把能放到显微镜下观察的物体挨个看了个遍，真是太美妙了。我喜欢我的显微镜，还有那镜下的神奇世界。

后记

我每天都拿着显微镜看看有趣又好玩的镜下世界，从鱼鳞标本、蚂蚁、酵母菌到树叶，镜下世界不光多姿多彩，还丰富有趣。生活也是一样，每一件小事中都藏着大道理，等待我们去发现和探索。

父母感言

显微镜下的世界吸引了孩子的目光。使用显微镜，不仅学到了科学知识，也加强了孩子的动手能力，真是一举两得！（妈妈：李榧清）

教师赏评

使用显微镜观察事物，你看到了一个神奇的世界。一菌一物一世界，显微镜下别样美。用心观察，你将拥有另一个发挥科学力和发散想象力的世界。（指导老师：鲍君娜）

学会做事（在你的生活中是否也遇到过相同或相似的事，感觉如何？写下来。）____

____

____

新创“广式甜品”

广东省深圳市罗湖外语实验学校初三（4）班　莫欣怡

寒假开始不久，我发现家里还剩下一些桃胶，想让它变成一种美味。我左寻右找，发现家里的橱柜里还有一小袋西米，西米个头虽小，味道却独特无比。打开冰箱，我发现里边还有桂圆肉、红枣和枸杞。于是，便产生了把桃胶、西米、桂圆肉、红枣和枸杞搅碎，混合为一体，做成一种新饮料的想法。

一切食材准备就绪，我把桃胶和西米倒进盆里加水泡发。西米需要泡半小时左右才会变软，桃胶需要泡更久。我等了大概一小时后，把西米和桃胶从盆里滤出，然后去处理红枣。红枣需要用小刀剔出核，做起来不仅烦琐，稍有不慎还容易伤到手，枸杞和桂圆肉，只要用水淘两下便和红枣肉一起放在锅里即可。桃胶里面有黑色的杂质需要剔除，繁杂的过程类似红枣去核，准备了大概一个小时，经过搅拌，这些食材很快就等着上锅了。

待一切准备就绪，我先把小锅洗净后加入三分之二的水，放入桃胶、桂圆、红枣、枸杞，然后开大火盖上盖子等水开后转小火，放入红糖或冰糖等。放糖需要注意的是：单放红糖可能会有酸味，西米要和红糖或冰糖一起下锅。以免西米粘锅底，需要用汤勺不停地搅拌，搅拌到西米里只剩下小小的白芯、糖也化开时，盖上锅盖，关上火，等待五分钟左右待西米焖熟，新的美味甜品就做好了。

桃胶配西米，剔透弹牙，淡淡的清甜，美味无比，此项甜品操作并不复杂，但味道却独一无二。

回忆起来，这个过程并不复杂，但要特别注意的是糖的用量，加多了就太甜，不仅不适合大众的口味，还会影响健康。俗话说：甜品无糖不欢。糖放少就没有味道，要口味适当，就要适当加糖，这也是我在这次做甜品中无意发现的一个新的常识。

我品尝着自己创造的甜品，心静得好像坐在湖中静亭，没有浮躁，平平淡淡，细细想来，何不为其起名为广式甜品呢？倘若有朝一日，有此类广式甜品上市，便是我的一个创新。

通过对生活的留意，我做的这一甜品，给我一个新的启发：生活质量要提升，要富有不就是要不断创新吗？是的，只有这样，才会不断地促进生活向前，向上发展，促进社会不断地进步！

做甜品如此，生活如此，创新也是如此。有了这个小小的创新，我的内心得到了进一步的满足，内心深处深刻感觉到生活的进步。

后记

我们整天说创新，什么是创新呢？生活中给我的极为简单的概念首先是新，然后是创，或者说首先是创，其次是新，不过怎么说，二者缺一不可。

父母感言

通过做甜品来提升自己的创新能力，在生活中的各个方面都是对自己有好处的，她在这个过程中也不断地摸索、尝试，如何处理食材、放多少更好、煮的时间长短等等，都是她在不断地探索中慢慢确定的，这对于她的思维能力有了一定的启发，希望她可以一直坚持下去。（妈妈：钟秀珊）

教师赏评

文章行文流畅，线索明确。开头直奔主题，让人一目了然，文中运用多种描写手法，把做甜品中烦琐的步骤写得十分轻盈生动。文末点题，突出和强调了创新的概念、意义和作用。（指导教师：杨 鑫）

学会做事（在你的生活中是否也遇到过相同或相似的事，感觉如何？写下来。）

创新是对个人智慧和勇气的挑战

“创新”一词在当代社会中频繁出现，似乎已经成为一种风尚和追求。

当我们深入探究创新的本质时，不难发现，它实际上是对个人智慧和勇气的双重挑战。这种挑战既要求我们有足够的知识储备和思维能力，又需要我们有敢于突破现状、勇于尝试的勇气。

首先，创新是对个人智慧的挑战。

创新并非空穴来风，需要我们具备扎实的专业知识，对所处领域有深入的了解和研究。只有在掌握了丰富的知识之后，才能够从中发现新的问题、提出新的观点，从而实现创新。这就要求我们在日常的学习和生活中，不断积累知识，拓宽视野，提高自己的认知水平。同时，创新还需要具备批判性思维，能够独立思考，不盲目跟随，对既有理论和观点持怀疑态度，勇于提出疑问和挑战。

其次，仅有智慧并不足以支撑创新。

创新需要有足够的勇气，因为创新意味着打破常规，挑战权威，必然会面临种种困难和阻力。在这个过程中，我们需要有足够的勇气去面对这些困难和阻力，不畏惧失败，不惧怕非议。要敢于走出舒适区，尝试新的方法和思路，即使失败了也要勇于承担后果，并从中汲取经验教训。

最后，创新的勇气体现在坚持和执着上。

创新往往不是一蹴而就的，需要我们长时间的投入和努力。

在这个过程中，极有可能会遇到各种挫折和困难，甚至可能会遭遇他人的质疑和嘲笑。只要我们坚信自己的方向和目标，有足够的勇气和毅力去坚持，最终我们一定能够实现创新，创造出属于自己的价值。

总的来说，创新是对个人智慧和勇气的双重挑战。

创新要求我们具备丰富的知识和批判性思维，能够独立思考，发现问题，提出观点，有足够的勇气和毅力去面对困难，挑战权威，坚持创新。只有这样，才能在创新的道路上不断前行，实现个人的成长和社会的进步。

因此，要创新就要培养自己的智慧和勇气，勇于接受创新的挑战。

在日常生活中，要不断学习新知识，拓宽视野，提高自己的认知水平，要敢于尝试新事物，勇于挑战自己，不怕失败，不怕困难。只有这样，才能真正成为一名创新者，为社会的进步和发展做出自己的贡献。

【案例】

震惊中外的王选“创新”

北京大学计算机研究所原所长，中国科学院院士、中国工程院院士王选是怎样发明计算机汉字激光照排技术的呢？

20世纪80年代，王选在位于北大旧图书馆的计算机研究所会议室里凝思。

通过调研，他了解到日本正在流行光学机械式二代机，欧美已经发展到了阴极射线管式三代机，可以用计算机来控制了；全世界只有英国一家在做第四代也就是激光照排系统，但还没有成功。

中国有五家班子在做，每个班子都实力雄厚，但是都没有做出来，因为选择的都是二代机或三代机的技术道路，而且是模拟存储的方式，就是把汉字像西文一样，刻在一个圆盘上或者有机玻璃滚筒上，再去照排。西文比较容易，因为字母不多，字体不多，字号也不多，而汉字多达数万，常用的也有六七千个，还有10余种字体、约20种字号。第一个难题就出现了，汉字不可能刻得下。

王选提出走数字化存储的道路，但因为汉字信息太庞大了，全世界都解决不了这项难题。所谓的数字化存储，就是把每个字的字形变成由许多小点组成的点阵，每个点对应着计算机里的一位二进位信息，没有笔画的地方记0，有笔画的地方记1。报纸常用的一个五号字大约需要划分为100×100=10000个方格组成的点阵，而排标题用的大号字则需要1000×1000以上的点阵。这样算下来，仅常用汉字的字体和字号加起来，整个信息量要达到数千兆。当时数千兆的存储大小是大家无法想象的，当年北大的那台计算机内存外存加起来只有几百千字节，后来进口了保加利亚磁盘，也不过不到七兆。全世界是什么情况呢？美国最先进的计算机当时内存外存加起来也不过几十兆。

所以大家都被这个难题所困扰，日本人形容说："这比登天还难。"

王选在北京大学学的是计算数学，他首先想到的就是用"轮廓+参数"的数学办法来解决——对于不规则的笔画，比如点、撇、捺，在笔画上选取合适的点，点与点之间用折线相连，把空心的轮廓信息存到计算机里；而对于横、竖、折这类规则笔画，就可以用参数来表示它的长、宽和笔锋等信息。通过上述办法，将汉字信息压缩了500～1000倍，存进了计算机。从而解决了将庞大汉字信息存入计算机的问题。

第二个技术是把压缩后的信息快速而不失真地还原成字形点阵。王选经过反复研究，又是通过数学的办法，设计出了一个复原压缩信息的递推公式。

1975年9月的一天，王选的夫人陈堃銶（计算机汉字激光照排系统大型软件的设计者）通过软件在计算机中模拟还原出了"人"字的第一撇，他高兴得在机房里跳了起来。

【共同分析】

王选用自己的智慧完成了一件使中国汉字能输入计算机的杰出之作，不就是王选多年的知识积累和他的大胆设想吗？所以，我们要创新，就要敢想、敢做，只有这样，才有创新。

拓展阅读

巧做“驱蚊包”

广东省珠海市兆征纪念学校五年级 钟嘉谦

每到夏天，蚊子总是成群结队地蜂拥而来，它们在争先恐后地寻找“美食”。

每次我被蚊子一咬，浑身便会奇痒无比，痒得我忍不住去挠，越挠越痒，越挠越红，不一会儿身上就满是蚊子赠送的“红包”了，那种酸胀痛痒的感觉真是让人难以忍受！在深夜，蚊子经常在耳边制造噪声，嗡嗡……地叫着，还时不时跑来“亲”你一口，欲哭无泪，也让人难以入眠。

我们家准备在这周末打响驱蚊大战，亲自动手制作驱蚊包，通过使用药材的特殊气味驱散蚊虫，让蚊虫闻到就灰溜溜地飞走，再也不敢来我们家了。

查阅资料后，我胸有成竹，准备摩拳擦掌大干一场！巧妇难为无米之炊，驱蚊首先要准备好材料，否则徒劳无功。我先去楼下中药店买了金银花、丁香、艾叶、白芷、藿香、石菖蒲、苍术和紫苏叶各 10 克还有薄荷 12 克，当然这些材料的配比可以根据自己的需求来做相应的增减。

准备好材料，我按照步骤先把所有的中药都混在一起，可以取一个一次性口罩包住这些中药。先沿着口罩的一边剪出一个小口子，用手兜住口罩，避免东西撒了，然后往口子里倒入适量的混合中药，剪下口罩的绳子绑紧顶端并和口罩的另一边一起打上结，这样就收好口啦！最后再整理检查一下药包有没有破损的地方，一个简易的驱蚊包就完成了。做好一个简易的驱蚊包后，我这才发现材料买多了，于是我决定向更高的难度去挑战！

我搬出我们家祖传的石磨，把剩下的材料一股脑地倒进里面。

接着左手按住石钵，右手握住石杵，先沿着内壁逆时针研磨几圈，然后顺时针研磨几圈，来回几十次后，草药就变得软烂了，再用石杵一下一下地锤，随着“咚——咚——咚”的声音传入到左邻右舍的耳朵里，这时，我才想到应该要小点声了，会影响到邻居们休息，于是我就放轻声响地锤草药。一分钟……两分钟……经过我不知疲倦地捶打后，草药慢慢地就被碾成了碎末儿了，把研磨好的药粉装进袋子里，最后用绳子绑紧，一个粉末状的驱蚊包就顺利完成啦！

看着自己亲手做好的“驱蚊包”很开心，满满的成就感。在房间放了几天，明显感觉蚊子的确减少了，蚊子也没有那么“聪明”。驱蚊包散发出中药的味道，安全健康，对人身体无害。在生活和学习中也会遇到难题，只要迎难而上，相信办法总比困难多。

炎热的夏天来了，蚊虫叮咬的问题也随之而来。为了不做“包大人”，大家也可以试着自己做一个安全又便捷的驱蚊包哦！

后记

看着自己亲手做好的“驱蚊包”很开心，满满的成就感。我在房间放了几天，明显感觉房间的蚊子的确减少了，偶尔出现的一两只蚊子也没有那么“聪明”了。驱蚊包散发出中药的味道，安全健康。

父母感言

生活处处有学问！通过孩子自己亲身实践，不仅能增长见识，还能解决生活困扰，何乐而不为呢？写作离不开生活，让孩子做有心人，在生活中多观察、多体验，多积累素材。写作就是和脑海中的自我对话，用文字的形式表现出来。（妈妈：肖文芳）

教师赏评

现代科技如此发达，我们有了许多便捷舒适的驱蚊好物：电蚊香、电蚊拍、驱蚊灯等，我们的孩子却少了许多自己创新、创造的乐趣。小作者从生活小事中激发了创新的兴趣、体会了劳动的乐趣，感受到中草药文化之美，真是生活的有心人！（指导教师：李月娟）

学会做事（在你的生活中是否也遇到过相同或相似的事，感觉如何？写下来。）

小小吸尘器

广东省阳江职业技术学院附属实验学校六年（5）班 王耀纬

“太好了，真的？太好了！”我喜悦的心情无以言表，心中的感激之情油然而生，恨不得第一时间飞奔回家，把这个喜讯告诉一直鼓励、鞭策我创新的大功臣——我亲爱的妈妈。

你一定很好奇我怎么会想到创作这个作品的吧？请听我慢慢道来：在日常生活中，打扫、整理房间是比较耗费时间的事，大的垃圾清扫起来比较方便，而那些细碎的纸屑、橡皮屑、毛发等物就比较难清理了，尤其是隐藏在角落的垃圾更是难以打扫。

这一连串的问题，突然让我有了灵感：何不制作一个可以吸走灰尘及细小垃圾的吸尘器呢？

我把这个想法告诉了妈妈，妈妈说：“不错呀，有想法就大胆尝试吧！我相信你，只要努力，就一定会成功的。”

周六的晚上，我开始在网上查资料，了解到吸尘器的工作原理。原来，它是通过提高空气流速来制造一个低压的环境，再通过大气压将废纸屑等垃圾压入低压环境中收集起来的。

在妈妈的鼓励下，我开始了我的创新之旅。我找了一个能从中间拧开，直径约为10厘米的塑料瓶，又找来一个电池盒子和两根导线。首先，我把瓶盖拧开，把一个小风扇放进去；然后在瓶子底部的中间位置打一个大洞，旁边打了四个小洞用来固定风扇以及连接电源；接着，将电池装到电池盒子里，让两根导线分别连在电池盒子的两头，导线的两端连在马达上突出的两个金属片上；最后，再用串联的方式加上一个开关，一个小小的吸尘器就这样组装好了。

看着眼前这不起眼的机器，我却是爱不释手，这可是我的处女作！我小心翼翼地拿起来向妈妈展示，妈妈伸手想拿来看看，我都小心捧着，生怕她弄坏了。

一个小小的简易吸尘器就制作好了，效果如何呢？它能经得起考验吗？在妈妈的见证下，我开始试验。刚开始时，我太激动了，手没按好开关，它一动不动，我以为失败了，那一刻有点懊恼。妈妈鼓励我再按一次，她说开关接触不好也是无法通电的。我屏住呼吸，再次按动开关，吸尘器像是听懂了妈妈的话似的，顺利地转动了起来。桌面上的小纸屑神奇般地迎“风”而入，就像《西游记》中孙悟空吸收妖怪的“金葫芦”一般，一股脑地就把细小的灰尘和垃圾吸了进去。太棒了，太棒了！我成功了！

第二天，我得意地把这个作品交给李老师，并进行了一番精彩的解说。李老师竖起大拇指夸赞我做得好，又提出自己的疑惑：“这小家伙吸力是挺大。但是，垃圾被吸进去触碰到扇叶怎么办呢？”面对老师的疑问，我沉思了良久，一时不知该如何解决这个问题。李老师又说：“你看这样可以吗？在风扇前增加一个小东西，让它把吸进来的垃圾拦住，风力又不会明显减弱。”老师的这番话让我茅塞顿开，接着，我便有了新的想法——装一个滤网拦截灰尘，既能收集垃圾，又不影响吸力。

回到家，我便给小小吸尘器动了“手术”，在吸尘器里面加了一个滤网。就这样一个升级版的“桌面吸尘器”诞生了。这“小小吸尘器”，虽然它看起来有些粗糙，但是清理起细小的垃圾来威力可真不小呢！

我看着自己的小发明，渐渐地陷入了沉思，并暗下决心：从今以后我一定要加倍努力，多观察、多动脑，勤发明，帮助更多的人，用上更加方便实惠的生活用品，让我的创意能造福社会，报效国家！

后记

科学小发明好像也没有那么难，关键是要有创新思维。在平常的学习生活中，我们要多开动大脑，让创新思维方式不断转变，活学活用，使创新思维形成习惯。有了想法后就按照自己的想法动手去做。遇到困难和问题就积极地想办法解决，一步步坚持走下去总会获得成功。

父母感言

看到孩子常常动手捣鼓这些东西很是欣慰，我更相信，我的孩子一定会像自己说的那样："以后一定要加倍努力，多观察、多动脑，勤发明，帮助更多的人，用上更加方便实惠的生活用品，让我的创意造福社会，报效国家！"（妈妈：莫美花）

教师赏评

小作者是生活的有心人，作为一名小学生，能从生活实际中发现问题，解决问题，并设计出一个符合自己预期的吸尘器，实乃难能可贵！文章生动详细地介绍了自己的小发明"小小吸尘器"的创作过程，对制作过程的叙述文笔流畅，逻辑合理，充满想象力，足以启发读者的想象力、创造力和动手能力。希望每一个孩子都能保持着对生活的好奇心，发挥自己的想象力和聪明才智，大胆去探索，积极创新，有所创造。（指导教师：吴海霞）

学会做事（在你的生活中是否也遇到过相同或相似的事，感觉如何？写下来。）

自编家庭童话剧

广东省珠海市香山学校四年（6）班　蔡佳源

上午，我正在房间里做作业，弟弟跑进来，像块口香糖似的黏着我，央求我陪他一起玩，我放下手中的作业，给他讲起童话绘本《三只小猪盖房子》。

谁知弟弟根本提不起兴趣，我才念了几句，他就嘟起小嘴："好无聊啊……"，过了一会儿，弟弟忽然说："姐姐，我们一起玩扮演游戏吧！”“这……”见我犹豫不决，弟弟开始放大招——抓着我的手臂使劲摇晃，一边还佯装着抹眼泪，我拗不过他，只好搬来爸妈做救兵。

在妈妈的启发下，我决定邀请奶奶、爸爸、妈妈和弟弟一起演《三只小猪盖房子》，并分配了角色。弟弟呆头呆脑最适合做猪哥哥了，妈妈作猪姐姐，我做聪明的猪小三，爸爸和奶奶也认领了大灰狼和猪妈妈的角色。

演出就要开始了！奶奶把丝巾包裹在头上，做成一个防风帽，抑扬顿挫地说道：“孩子们你们都长大了，家里住不下你们自己去盖房子住吧。”可把我和弟弟乐坏了。弟弟拿起纸板做成一间草屋，躲在里面开心说道：“我有一间漂亮的稻草屋，可舒服了。”

妈妈猪姐姐则用坐垫和木椅子当作树木，搭起了一间薄薄的木屋子，“我的小木屋也不赖！”

聪明的猪小三我，则用大积木充当砖块，搭建了一座水泥砖房，看着坚固的房子，我骄傲说道：“嘻嘻，还是我的房子牢靠。”我很满意地在里面睡着了。

这时，“大灰狼”登场了，只见她昂首挺胸地走到草房子前面，轻轻一吹，房子倒塌了，里面的“猪哥哥”弟弟赶紧爬起来跑去妈妈的木房子躲起来。随后“大灰狼”又来到木房子，轻轻一推，顶都被掀翻了，妈妈和弟弟赶紧出逃躲到我的房子里。哈哈，在“猪哥哥”“猪姐姐”的帮助下，砖房子扛过了“大灰狼”的破坏，最后让它撞得满头包，灰溜溜地跑了。

“耶，我们赢了。”弟弟高兴地雀跃着大喊起来，我们一家人的童话剧《三只小猪盖房子》就这样完美地落下帷幕。

游戏结束，妈妈说：“做事情换个方法也是创新，大家一起演《三只小猪盖房子》的故事，弟弟参与其中，故事就变得生动有趣啦，从中有所感悟，这就是创新的作用，让弟弟在感兴趣的活动中悟出道理。”

妈妈的话在我的脑海里回荡了好久好久，使我思考了很多很多……

后记

与家人一起做游戏，真有趣，我喜欢这样的爸爸、妈妈，也非常喜欢这样的家庭话剧。从这次扮演游戏中，我学习到一个道理，遇事不要着急，遇到常规办法解决不了的问题就换一个思路，努力尝试寻求新的解决问题的办法，或许就能找到更好的答案。

父母感言

与家人一起游戏，让其在游戏中有新的感悟，不仅加深了亲子关系，还让孩子在玩中体会到了创新的重要性。（爸爸：蔡 斌）

教师赏评

日常生活充满乐趣，需要发现和创新，才能把枯燥的事情做得有趣，生活变得幸福美好。小作者的一家以自己独特的方式进行亲子游戏，给孩子的童年留下了许多美好的回忆。读着，读着，我们不禁也乐了。（指导教师：杨嘉浩）

学会做事（在你的生活中是否也遇到过相同或相似的事，感觉如何？写下来。）

创新指引我前行

广东省深圳市罗湖外语实验学校初三（4）班 林佳鑫

纵观古今中外，“创新”一词在历史上出现得并不算少，科技创新、政治创新、文化创新……创新，似乎总能和某些高大上的词汇联系在一起，难道，创新，真的与我们中学生无缘了吗？其实，创新很简单，它就在我们身边。

依我之见，好奇心 + 大胆设想 + 勇于尝试 = 创新。

学书法时，我要用毛笔，但由于来不及清洗，不久毛笔就变得硬邦邦的。这一现象引起了我的好奇。一番思考后得知是因为缺少水分。我脑海里蹦出一个大胆的设想并进行了实验验证我的设想。根据“毛细现象”，我把笔插入装水的瓶里，使笔尖接触到水面，再将笔固定，便解决了问题。从好奇走向设想，从设想走向实践，在实践中获得创新。这个简简单单的加法等式便诠释了创新就在我们身边。

创新让我们的生命安全得到了保障。安装在家家户户大门上的猫眼，看起来似乎微不足道。它是由一个凸透镜和凹透镜组合而成，两个透镜的距离恰到好处，从而让人们从室内看门外的视角宽敞，但从门外看室内却无法看清任何东西。“猫眼”这个简简单单的小创新，通过凸透镜和凹透镜的巧妙组合，对家庭防盗和安全起到了重要作用。这样的例子比比皆是。贝类的蛋白质生成的胶体，非常牢固，故被创新应用于外科手术的缝合，让手术的危险性有所降低。而屋顶瓦楞则是模仿动物的脊柱，灵活创新，建成弯曲的拱形结构，从而能承受巨大压力却不变形。创新就如一块“隐形”的保护盾，默默围绕在我们身边，使安全与我们同在。

创新也给我们的学习生活提供了便利。尼龙搭扣，普通而常见，是科学家们观察了苍耳属植物借贴在动物皮毛上传播种子后，突发奇想、大胆创新发明出来的。而伏打通过对电鱼的解剖研究，发现电鱼体内有一种奇特的发电器官，就产生了奇思妙想，以电鱼发电器官为模型创新设计出伏打电池，让电能的提供更为便捷。无数的发明和创造让生活便利，而正是不断地发现与创新造就了这一切。创新推动了社会进步，使我们的生活更加充实和美好。

巴乌斯托夫斯基曾说过：“异想天开给生活增加了一份不平凡的色彩。”创新改变着我们的生活，让我们远离一成不变、枯燥乏味。创新，它并非高不可攀，离我们也并不遥远，当你积极开动脑筋，留心观察生活之时，你会发现，创新就在我们身边。

后记

真正原创的创新非常少，比如牛顿开创了微积分，图灵发明了图灵机，这些开天辟地的创新我们普通人做不到。但我们可以研究微创新，即在原有的基础上稍微做点改动既成为面貌。事实上，99% 的创新都是微创新，一个有价值的微创新，已经足够做出一番事业了。

父母感言

创新不一定会成功，但始终固守成规不懂创新一定会失败。对于创新的东西，一开始往往要争论，最佳的办法就是允许试验，试验是最好的创新，

勇敢尝试，不断总结完善，终能获得成功。（爸爸：林永生）

教师赏评

本文以题目为线索，开篇点题，叙事过程中描写了具体过程，所体会到的道理引用“名人名言”加以佐证，增强了文章的感染力，结尾处再次点题，使全文前后贯通，内容丰富而紧凑，尤其是典型的案例、精简的语言，说明“创新”时时处处就发生在我们身边。（指导教师：杨 鑫）

学会做事（在你的生活中是否也遇到过相同或相似的事，感觉如何？写下来。）____________________

____

____

谁说一定要用蓝色画天空

湖北省武汉市育才小学三年（1）班　丁梯曦

弟弟每次都拿蓝色蜡笔画天空，我让他试试其他颜色。他总是说：“天空就是蓝色的。”听着他的回答，我陷入了沉思：为什么一定要用蓝色画天空？

我漫步到阳台，现在的天空黑黑的，一句话不说，好像藏着许多秘密，带着未知和无边无际的“知识”，静静地看着我。直到我入睡，我都在想，它是不是想和我说些什么。

第二天下午，我们全家去峡谷游玩，坐在游船上，映入眼帘的是山清水秀的美景。远远的，在山的头顶，碧绿的天空露出一角，时而像一片平静的湖水，时而像一小块青苔，它顽皮地变换着自己的笑脸，远在天边，又近在眼前，那么美丽、神秘。

夕阳时分，船靠岸了。下了船，在码头，看看天空，最上面朱红，然后是大红、橙色、淡黄、柠檬黄，最后是白色，一点点渐变，从深到浅，很好看。太阳的半个脑袋渐渐钻进了湖里，湖面铺开了一条金色的路，弯曲着，扭动着，好似一条蛇，其他地方则是黑色，荡起层层波浪。

回到家，我拿起画笔，先用红色，再用黄色、粉色、橙色、紫色……笔在纸上跳舞，一会儿劈叉，一会儿转圈，一会儿跳跃，仰卧起坐、速滑、倒立弯腿……所有动作都在这场舞蹈里呈现了出来。

画笔随意挥洒，颜料飞起，“啪”地落在纸面上，留下一个“陨石坑”，又湿又圆。

“姐姐，你这是乱画！天空应该是蓝色的！”弟弟在旁边嚷嚷。我不理他，心里却暗暗嘀咕：“你懂什么？我这是创新！”画得兴奋，我还会跟笔一起起舞。一张七彩的水彩画，刚开始，被白色和蓝色的雾遮住，但是用蘸着各种颜色的笔一抹，它又露出了自己的真实面貌。

终于画完了！我放下笔，看了看画，自己都不知道这画的是哪天的天空，但却觉得比哪天都好看。因为我觉得天空可以是任何颜色，只要它能表达我心中的感受。弟弟又围了过来，不过没有说话，整个人呆呆地站在那很久。

创新就是这么有魅力，或许在别人看来不现实，甚至有些离谱，但你最后总会发现：它打开了另一个世界的大门。

我想大声对弟弟说：谁说一定要用蓝色画天空？

后记

我喜欢画画，但我更喜欢按自己的想法不受约束地画。

大自然本来就是丰富多彩富于变化的，为什么我们要按一定的模式去表现它？创新就是打破常规，用不同的视角和方式去表达自己的想法。它有时是莫奈笔下伦敦紫红色的雾，一直就在那里，只等着你用更耐心细致的观察去发现它；有时它又是凡·高笔下的星空，或许脱离现实，却是创作者内心最好的表达。

父母感言

梯曦是个善于模仿但不喜欢照搬的孩子。从小，她就不喜欢照着老师给的范画作画；写作时，别人用过的比喻、写过的素材，她也不喜欢拿来就用。有时候，她的有些艺术创新并不一定符合严格的规范，但我们通常都会选择鼓励和保护她的创造力和想象力。因为我们相信，在艺术创作领域，规范可以逐步习得，但兴趣和灵性会一去不返。（爸爸：丁寅）

教师赏评

“一千人眼中有一千个哈姆雷特。”小作者对弟弟总是用蓝色蜡笔画天空产生疑惑，通过观察并绘出自己内心不一样的天空，为我们呈现出天空的多样性，体现了细致入微的敏锐洞察力，展现出敢于打破常规的创新思维。从不同的视角看世界，何尝不是创新的另外一面，小作者的文章逻辑清晰、主题鲜明，启迪思维、引人深思，令人回味无穷！（指导教师：杨静玉）

学会做事（在你的生活中是否也遇到过相同或相似的事，感觉如何？写下来。）________________

____

____

制作“建红牌”攀高亭

重庆市酉阳土家族苗族自治县民族小学五年（6）班　石建红

“石建红同学的《‘建红牌’攀高亭》获得酉阳自治县第二届智力运动会活动创新征文比赛一等奖。”梁老师兴奋地宣布。

“啪！啪！啪！啪！啪……”教室里响起了热烈的掌声。

我的心里像喝了蜂蜜一样甜。

“建红牌”攀高亭是我打算为酉阳桃花源景区设计的一座离地面一百多米高的亭子。由六根大柱支撑着，其中四根是通往“攀高亭”的路，中间有一个全透明玻璃电梯，供特殊人士使用。旁边是供人们攀爬的梯子。爬上“攀高亭”，国家5A级景区桃花源的美景便一览无余。

出了亭子，就会来到一条长三十米的走廊。走廊每隔一段距离就有一根长方体铁条，中间是一块铁板。人们在亭子上行走时可以从两边的铁条跨越式通过，也可以稳稳当当地从中间走过。穿过这条走廊，就是走下亭子的旋梯，由一根根长铁条做成。旋梯旁有一个玻璃电梯，有节奏地上下移动……

我为什么要建这个“攀高亭”呢？这得从酉阳人民的喜好说起。

西阳市民喜欢在金银山上欣赏桃花源的美景，可是爬上金银山要花很长时间。于是，我就想设计一个“攀高亭”，让游客省去一些爬山的时间，多一些欣赏美景的时间。就是这个极为简单的设想，这样单纯的目的，我萌生了在桃花源景区建“攀高亭”的想法。

回到家里，我把这个想法告诉了爸爸，立即得到他的支持，并赞赏道：“不错呀！有想法，就试试呗！”于是我就开始做“攀高亭”模型了。

做“攀高亭”模型，第一步是做亭子。我先用几根长短不一的木棒把亭子的“地基”拼出来，然后用长短相同的木棒和木片在外围一层层叠起，接着做亭子里面的椅子和桌子。

做“椅子”时要把小木棒粘在一起使它悬空，用一样长短的几根小木棒拼起来。做桌子时把两根一样长的小木棒拼起来粘在亭子中间当桌腿，再拿几根小木条拼成桌面。

最后就只剩“亭顶”了。我将两根较长的木棒固定在桌子两旁做柱子，把一些木片拼接在一起放到两根柱子上。再拿四根长木棍，把木片等距离地粘在四根木棍中间，形成攀爬亭子的“梯子”，在上面的不同地方以及“梯子”的顶部用小木片粘好，做成供人们休息的平台。在电梯门前面，用木片一个接一个粘起来形成一条路，两边粘木片做栏杆，防止摔下去。

该“安装”亭子了。一次，两次，三次……我都失败了，甚至差一点儿把整个亭子摔坏了。

突然，我灵光一闪：能不能用根木片把它们连在一起呢？于是我在亭子出入口的下方粘了一个小木片，让露出的小木片和小路的一边粘在一起，果然成功了。

第二步就是做电梯了。电梯是全透明的，我把四个小木片围成一个正方形，做了两组，用四根短木棒竖着连接起来，放进“电梯井”。拿一根绳子一头绑住电梯，另一头绑在梯子顶部。轻轻拉扯绳子，“电梯”便可以升高、降低。

最后一步，是在亭子后方的出入口做一条和前面一样的路。在出口右方设计一条较短的路，把两条路用木棒与木片连起来形成一个转拐，转拐的两旁粘上两根长木棍、中间粘上一个长木片，再用短木棒等距离铺路。铺完之后，在接头处分别做一条通往电梯和旋梯的路。接着，还要做一个旋梯，把加速的电梯放进了电梯的“家”。这样就算大功告成了。

我凝望着眼前这精美的“攀高亭”模型，自言自语道：“耶，成功了！我成功了！”

虽然内心满是成功的喜悦，但是我依然不敢轻举妄动。我一只手撑着亭子，另一只手拿来两根长木棒竖立在亭子下方，小心翼翼地蹲下来，将木棍与亭子粘在了一起。

制作“攀高亭”模型花了我整整两天的时间，总算做完了！我沉浸在这“心血之作”中，心里涌起从未有过的成就感，我给这个“攀高亭”冠上了自己的名字“建红”。

就这样，“建红牌”攀高亭诞生了。

这虽然只是个模型，但是我尝到了多观察、多思考、勤动手的甜头，心里美滋滋的。我相信，这个“攀高亭”一定会给酉阳桃花源景区增添新的光彩，更好地为游客服务。

后记

原来我只是对生活稍稍留意，有点“创意”的想法，没想到这次，在爸爸的激励下，我敢于大胆地尝试、反复地实践，做出这与众不同的“攀高亭”模型。老师说这是一种创新。原来，“创新”不是科学家的专利，我们小学生也能成为创新队伍中的一员。

制作“攀高亭”给我的启发是：生活需要不断创新，社会的进步和发展需要更多的人不断创新。只有创新，社会才能进步，人民的生活才会不断地走向幸福。

父母感言

我非常欣慰地看到孩子喜欢动手捣鼓这些东西。也为孩子的作品深深吸引。希望孩子能继续用你聪明的小脑袋瓜发明创造。爸爸妈妈永远支持你，建红，你是个很有潜力的孩子！（爸爸：石胜尧）

教师赏评

石建红是个特别有创新思维的小姑娘。她敢想敢干、说干就干、干就干成。这篇习作，小作者清楚地介绍了自己的小发明——“建红牌”攀高亭的创作过程。作为一名小学生，善于观察生活，立足于“为市民减少爬山时间，增加欣赏美景时间”这一单纯的目的，萌生了在桃花源景区建攀高亭的想法，想象并一点点设计、制作出符合自己预期的“建红牌”攀高亭。这里面包含了她的自信心、想象力、创造力和动手能力。（指导教师：梁 丹）

学会做事（在你的生活中是否也遇到过相同或相似的事，感觉如何？写下来。）________

“加一点”就是“美味佳肴”

广东省珠海市圆明小学四年（4）班 陆丹妍

小草有第一次生长，小花有第一次绽放，小鸟有第一次展翅高飞，大树有第一次生根发芽，万物都有第一次，我也不例外，第一次用心并且做到了……

又到了周末，我正沉醉在美梦中，突然被妈妈叫醒，“懒虫，快起床啦，今天妈妈教你做一道菜……”我一听，兴奋得一蹦三尺高。迅速从被窝爬起并整理好自己的内务。

开始做菜了，我有模有样地穿上围裙，妈妈说：“今天我们做的这道菜是莴笋丝鸡蛋汤！”我一听，心里美滋滋的，这不正是我最喜欢喝的汤吗？

妈妈先帮我将莴笋削完皮，挑着眉说：“给，现在你要把它切成细丝哦！”我瞬间像泄了气的气球一样，蔫头耷脑，快乐也顷刻间烟消云散了。可是，我还是得切呀！

我咬紧牙关，模仿妈妈平时做菜的样子，开干。

一分钟过去了，十分钟过去了，半小时过去了……待我切好时，我的脸上已挂满了豆粒大的汗珠。

妈妈看着砧板上切得有粗有细的莴笋丝儿，宽慰我说：“不错，不错，下次继续努力。”

莴笋丝儿就要下锅炒啦！妈妈说：“先要等待油达到一定温度，才能把莴笋下到锅里”，我耐心等待着，不一会儿，油热了。妈妈抓着我的手，我眼睛一闭，随着“滋啦”一声莴笋下锅了。“咦”没有油蹦到手里，心里七上八下的吊桶总算落了地。

妈妈抓着我的手，我眼睛一闭，随着“滋啦”一声莴笋下锅了。“咦”没有油蹦到手里，心里七上八下的吊桶总算落了地。

煸炒了一会后，我接了一碗水倒入锅中，盖上锅盖焖煮起来。

不一会儿，“咕嘟咕嘟”水开了，我拿了两个鸡蛋，打入碗中，搅拌开后，倒入锅中，再用作料调了一下味道后，一碗美味的鸡蛋莴笋丝汤就这样出锅啦。

“妈妈，我们开饭啦！”我迫不及待地用勺子盛了一大勺塞进嘴里，“哎呀，好咸”，怎么办？妈妈说：“加点水，咸味减轻就会清澈可口了”，我按照妈妈的说法，加了一勺水，咦……真的！一碗鲜美的笋丝鸡蛋汤就这样做好了！

妈妈说：这就是创新，你看“加一点”就不咸了，一碗美味佳肴做成了，生活就是这样，要在不断的创新中让它变得越来越好。

后记

在做菜这件事上获得了妈妈的肯定，我非常的开心。在过程中遇到了很多困难，也都在妈妈的鼓励和帮助下一一解决，我明白不管是生活还是学习，都会有成功也有失败，但是我们只要不放弃，坚持努力，不断创新，一定会获得成功！我想这就是“失败是成功之母”的含义吧！只要坚持，不断地创新、尝试，做任何事情都会成功的！

父母感言

孩子的好学心理很强，在勇敢地去尝试自己喜欢的事物时，面对困难也会怯弱，但是经过我们家长的耐心引导，还是愿意去尝试，第一次做这个汤的时候，切丝足足切了 40 分钟，她没有放弃的想法，很坚定，虽然做得不够完美，但是她始终没有放弃、没有气馁，很棒！（妈妈：江钧美）

教师赏评

本篇作文小作者用朴实的语言介绍了她第一次炒菜，从切菜、炒菜等方面娓娓道来，文笔细腻、生动，让读者在读的时候也为做菜的小作者捏了一把汗，文章语言生动流畅，富有真情实感，结尾呼应主题，直抒胸臆，特别是心理变化，描摹细腻，同时还善于总结经验。（指导教师：许晓峰）

学会做事（在你的生活中是否也遇到过相同或相似的事，感觉如何？写下来。）

创新：人生成长路上的最佳体验

创新是推动时代前进的引擎，是每个人在成长道路上必须面对的挑战。

在人生的成长道路上，创新是一种最佳体验。它教会我们如何勇敢地面对未知，如何独立思考，如何超越自我。通过创新，我们能够在挫折面前找到新的出路，在困境中寻找到突破的机会。创新不仅让我们在物质上得到丰富，更让我们在精神上得到升华。

创新是一种超越。在成长的过程中，我们不可避免地会遇到各种限制和束缚。然而，正是创新让我们突破这些限制，实现自我超越。通过创新，我们能够超越自己的局限，实现自己的潜能和价值。这种超越让我们在成长的道路上更加自信、更加坚定。

创新是一种共享。在创新的过程中，我们不仅能够实现自己的价值，还能够为社会和他人带来福祉。通过创新，我们能够将自己的知识和经验与他人分享，从而推动整个社会的进步和发展。这种共享让我们在成长的过程中感受到更多的成就感和满足感。

总之，创新是人生成长路上的最佳体验。它教会我们如何勇敢地面对未知、如何独立思考、如何超越自我。通过创新，我们能够在挫折面前找到新的出路、在困境中寻找到突破的机会。让我们勇敢地追求创新、享受创新带来的美好体验吧！

创新离我们的生活并不遥远，只要细心留意，时时处处都会发生在我们身边，人人都能成为创新者。

只要有一颗锐意开拓的心，有一双善于发现的眼睛，能突破心智的枷锁，展开创新思维的双翼，就一定能成为一个了不起的创新者。

【案例】

“大导演”是怎么诞生的

在第85届奥斯卡颁奖礼上，李安获得“最佳导演奖”，其执导的影片《少年派的奇幻漂流》也成为颁奖礼上的最大赢家。可以说，李安是一个电影奇才，可他在高中时期并不突出，曾两次高考落榜。最后，他考上一所艺术专科学校，从而走上了影视之路。

高考之前，李安的情绪一直没有稳定下来，甚至当着老师的面儿，把桌上的台灯和书本推到地上。面对这样的学生，老师不但没生气，反倒安慰他：“不读就不读，放心去考。”有了两次失败，李安反倒把考试看淡了，本没抱太大的希望，却考出了优异成绩，进入了艺术专业学校影剧科学习。李安在这所专科学校开始接触艺术，并有了日后的成就。李安学的是戏剧和美术，父亲虽然支持他，心里却一直很矛盾，在他的观念里，学艺术远不如学理工科。可是，他又不忍心打击多次受挫的儿子，只能强作欢颜。

很快，李安就从高考的阴影里走出，融入新的学习生活。成了校内的文艺骨干，多次参加环岛巡回公演，甚至到工厂里表演舞台剧，同学们兴致很高，把表演当作人生一大乐趣。大家穿着戏服，搬着道具，载歌载舞，好不热闹。每当回家时，李安总会收敛许多，他怕父亲责怪自己，吃完饭把碗筷往桌上一放，就回自己房间了。这种沉默的反抗，曾让父子的关系异常紧张。

父亲一直想让他留学，希望他能拿到学位，成为戏剧系教授。然而，李安并没有按照父亲的想法去规划人生，而是做自己喜欢的事。

艺专毕业后，李安有了更多的展示机会并开始尝试拍戏，最后到了一发不可收的地步。他曾获奥斯卡金像奖和金球最佳导演奖，担任过威尼斯国际电影节评委会主席。他的第一部作品《推手》就获得了金马最佳导演等八个奖项提名。2013 年 2 月 25 日，第 85 届奥斯卡颁奖礼在美国洛杉矶举行。李安凭借《少年派的奇幻漂流》获得“最佳导演奖”，影片以“最佳摄影”“最佳配乐”和“最佳视觉特效”成为颁奖礼上的最大赢家。

拓展阅读

“小纸人有限公司”创办记

浙江省平湖市东湖小学五年级　吴雨伦

“这个跳舞的小纸人我要了。”“好的，送给你。”“那个迎客小纸人给我吧！”“好，连同这本书，买一送一！”……校园淘宝会上，我们的“小纸人”有限公司摊位前，挤满了小顾客。

“小纸人有限公司”的创办是课间十分钟的突发奇想。那天，妈妈给我买了一本网格纸，课间，我闲着没事就想做个小纸人。

我先折了一个 4cm×4cm 的正方体作为小纸人的头，再做了一个 6cm×4cm×2cm 的长方体当作身体，还做了 4 个 6cm×2cm×2cm 的长方体作为手和脚，然后将它们粘在一起，就成了一个小纸人。画上眼睛、眉毛、嘴巴、鼻子，小纸人们就成了嬉笑怒骂的表情包。如果让它把手举起来，拿着小旗子，就像一位威武的军人；倘若把小纸人的两只手都举起来，一只脚也支起来，就成了一位舞蹈家；或者将手恭敬地贴于裤线，再画一条小小的红绶带，就是一位迎客的小姐姐啦，非常有趣。

我把纸人们放在桌上，就像开了一个小纸人商店。不一会儿，我的桌边就围满了人。一会儿这个摸摸纸人，佩服地张大了嘴巴，一会儿那个拿起了纸人，嘴里不停地问："吴雨伦，这个怎么做呀？能不能教教我？"我的方法可不会轻易告诉他们，我就偷偷告诉了我的几个好哥们。他们一下课就模仿着做，其他同学谁想要就送给谁，拿到的同学都开心极了。

不久，"校园淘宝"活动开始了。"校园淘宝"就是同学们把自己家的旧玩具或看过的书拿到校园里来卖。我一想："小纸人不也可以拿来卖吗？"于是，我就创办了"小纸人有限公司"。我和我的伙伴们利用每个课间十分钟，做了几十个各具姿态的小纸人，都拿到"校园淘宝"集市上。本来我们推行的是"买一送一"活动——买一本书就送一个纸人，可有同学只想要小纸人，于是，我们就改成了买任何东西都送小纸人的方式来"扩大营销"，有的还买一送二，送三。

"哇，这个大的纸人和这个小的纸人好像是一对母子，放在我的桌子上，就是慈母情深了。""我买一个不够，我要再买三个，组成我的陆战军部队。"我们热情地招呼着每一个"顾客"。"老板，这个怎么卖呀？"我抬头一看，呀！居然是班主任陆老师，我们赶紧招呼："陆老师，你喜欢哪个？我们免费送，不用买书哦！""哈哈哈哈……"大家都笑了。

后记

我好喜欢我的小纸人呀！一个个小纸人在我手中变成了一个个有趣的玩具，千变万化。送给老师一个小纸人，老师让我写篇小作文。我很快就写完了，写得很开心！

父母感言

无意间买的几张网格纸，竟成了孩子们手中的艺术品，送给了别人，别人开心，自己也开心。小孩子的世界好快乐。（妈妈：张佳凤）

教师赏评

课间十分钟里做小纸人，小纸人还有丰富的表情，因为动作不同还被小作者赋予不同的身份，在"校园淘宝"集市上又得到那么多小朋友的喜爱，这个"小纸人有限公司"果然名副其实啊。（指导老师：陆益来）

学会做事（在你的生活中是否也遇到过相同或相似的事，感觉如何？写下来。）

有生活就有创新

广东省深圳市罗湖外语实验学校初三（4）班　何　意

春日的杏花纷纷扬扬飘洒着，在我记忆中故乡的上空，杏花随风倾斜，萧萧而下惊醒了沉睡的古井。

二胡的袅袅余音缠绕在杏花间，我执一手杏花，洋洋洒洒写下这篇关于音乐的创新。

村庄的古井边，一树杏花迎风而开，盈盈飘落在爷爷的肩上和衣袖边。爷爷左手引弓，时而吟诵，时而颤动。右手成半握拳状，其余四指微曲，并迅速变幻着按压的手势。动作行云流水，相互配合默契，宛若杏花在雨丝中、光影中舞动。一曲《良宵》从二胡的弦间溢出。

在温暖的春日中，我读到了一条空灵静谧的弧线在空中流动。平常的我，认为古老和现代是无法融合的，是你让我学会了创新日光映照井水，光的涟漪四处回荡。我坐在井边，痴痴地望着爷爷，在音符的缝隙中游走，感受着节奏和感情的跳跃。

爷爷在我的眼中读到了一股想学的冲动，他把二胡郑重地放在我手掌上，让我好好待它。我心思沉静，加上确实喜欢，所以学得快，练得勤，三年就有小成，一曲《良宵》也有朗月当空之美。

然而，我学二胡的事被部分城里同学知道，他们肆意传播，说只有盲人和乞丐才拉二胡。我的自尊心受到伤害，我想告诉他们二胡的美，但耳边全是嘲笑声，我委屈得沉默了。

密雨斜织，将城市灰色楼群的外墙洇成深灰。故乡也下雨了吧，打落杏花了吗？我开始觉得二胡是一种负担，它阻止了一个从乡村来城里上学的孩子融入城市的步伐，我放开了二胡，虽然我的心里满含着不舍。

爷爷看出了我的心思告诉我：应该让更多人喜欢二胡，而不是把自己喜欢的东西丢弃，去讨好别人。

在与城市融合的过程中，我逐渐了解到二次元文化。我开始用二胡演绎二次元的流行音乐。元旦会演，我盛装登台。

夕阳在舞台上扑上一层金黄色的光影。引弓拉弦之初，我听到台下尚且有笑声，但弦起声扬，一个个音符鱼跃而出，如同漫天的杏花铺天盖地而来，席卷似海。台下欢呼声、合拍声以及蹦跳的动作一片沸腾。是你，让我学会了创新，让我明白只有我们青少年担起创新的责任，国家才会在世界舞台上闪闪发光。

“追风赶月莫停留，平芜尽处是春山。”落日把深山镀上一层黄金，温柔的晚风推不动暮云。在晚霞醉意中，在古老的乐器与流行音乐的交融中，我看见了酝酿出的盛大光辉。

落日的群岚间，我仿佛看到故乡井边的杏树。花退残红青杏肥，是你，让我学会了创新，让我学会了古老与流行纠缠的创新之美。

后记

在这段故事里，我因为被二胡悠扬的声音吸引而喜欢上二胡，跟爷爷学习拉二胡。后来由于被同学嘲笑而感到委屈，差点想要放弃。但是在爷爷的启发和鼓励下，我想到了用二胡演绎二次元歌曲，创新地将传统乐器融合现代音乐，让大家更多地了解了二胡，也让更多人喜欢上了二胡。

父母感言

文章写得很优美，从孩子的描述中，我看到了她对二胡的喜欢，她面对大家嘲笑的挣扎，也看到了她在传播二胡文化上的用心。虽然孩子的世界有很多我们不懂的东西，但是她的坚持和认真，我们看得见也感受到了她的进步。希望她可以一直保持这种积极的态度，继续努力。（妈妈：苟春梅）

教师赏评

本文多处运用了景物描写，也通过叙事来描写自己的情感变化，从刚开始认为古老和现代无法融合到开始用二胡演绎二次元，表达了作者学会古老与创新流行所结合的创新之美。（指导教师：杨 鑫）

学会做事（在你的生活中是否也遇到过相同或相似的事，感觉如何？写下来。）

在陪伴中体验创新

广东省深圳市罗湖外语实验学校初二（9）班　黄茵琪

一个晴天的午后，我踮起脚尖悄悄进入弟弟的房间，盯着正在熟睡的弟弟发觉这小家伙挺有趣，于是忍不住多看了两眼。不料“噗嗤”一声笑了出来，弟弟被惊醒，他从被子中爬出来，一双眼珠子直勾勾地盯着我，我开始有些慌张。

眨眼的工夫，弟弟就坐在床上开始大哭，豆大的泪水如断了线的珠子一般。我开始不知所措，像一只无头苍蝇一般，先是抽了两张纸巾在他脸上胡乱地擦，再是拿起玩具逗他，接着打开音响播放他最喜欢的儿歌……然后对着奶瓶和奶粉罐一顿手忙脚乱，可一旁的哭声却源源不断。我努力保持冷静并尝试驯服这淘气的奶瓶，最终在我的努力下：“好了！”我胜利般地欢呼着，将奶瓶塞到弟弟手里，哭声这才停下，我长叹一口气，心中放松了许多。

时间从我慌乱的手脚间溜去，不知不觉太阳落山了。“吱呀”一声门打开了，奶奶满载而归，我兴奋地讲述着刚刚所发生的事情，再看看弟弟脸上洋溢的笑容，觉得心里暖暖的，我从这慌乱的经历中发现：原来这幸福就藏在这简简单单的陪伴中。

后记

后来，我独自一人照顾弟弟的机会越来越多，我也越来越熟练，身为他的姐姐，我有责任照顾他，而且我在照顾弟弟的过程中也得到了锻炼，懂得了责任，这份责任我会牢记于心，陪伴我今后生活的每一年每一天，陪伴我成长，陪伴我成功！

父母感言

文章不长，但过程叙述得很清楚，人物活动描述得也具体，真实可信，生动有趣，也让我们看到了孩子的变化和成长， 很是欣慰，希望你能像文章中所说的那样，怀揣着那份责任在人生的道路上奋发前进。（爸爸：黄秋浩）

教师赏评

作者选取了生活中的亲身经历作为素材，从新奇的角度讲述了学会“陪伴”的不易，可见作者是个热爱生活、乐于发现生活中真善美的女孩。文章行文流畅，线索明确。开头直奔主题，让人一目了然，文中运用多种描写手法，把一个“初来乍到”的姐姐形象描写得淋漓尽致，情感线也十分清晰，从开头的不情不愿，到真正照顾时的心急如焚，到后来顺利解决的喜悦，以及最后对幸福真理的感悟，让人真正明白了——幸福就是陪伴这么简单。（指导教师：黄锭璇）

学会做事（在你的生活中是否也遇到过相同或相似的事，感觉如何？写下来。）____

____

____

在“酵母”发面中发现的

广东省深圳市罗湖外语实验学校初三（4）班 汪歆妍

那是个一如平常的周末，经历了一周繁忙的课程后，老师布置了一个作业：“在家务劳动中学会创新”。

“创新”有那么容易吗？我绞尽脑汁地想：生活中怎么创新呢？想啊想……

依旧想不出来，只能自我报复性地一头扎进手机中，妄图获得虚渺的成就，网络中的信息琳琅满目，不知道为什么平时最爱看的博主视频，今天却如此乏味，突然一个视频推送给了我，里面是一位和蔼的奶奶在教“做包子”，视频里她正在神采昂扬地讲述着如何和面、揉面，还特地强调了一定要加够酵母，不然做出来的包子又硬又难吃……我脑袋里忽地冒出一丝创新的灵感：“和面加酵母，再加点什么呢？”我慢慢想着：对啊！加一点就是创新，加什么呢？老师常说：“创新要学会借助外力！”我何不借助老奶奶“教做包子”给它来点创新呢？

此时让我想起了小时候妈妈给我讲的一个故事：“一群鸟儿在争论谁能飞得最高，最后它们决定比赛。在所有的鸟中，鹰是最自信的，所以它越飞越高……，其他鸟都已经飞回原地，天空中只有鹰还在高高飞翔，让人感到惊讶的是：这只鹰背上还趴着另外一只很小的小鸟。鹰飞啊飞……直到不能再高的时候，小鸟才从鹰的背上飞了起来，没想到小鸟飞得比鹰还高……”这个故事启发了我，小鸟为什么会比老鹰飞得还要高呢？道理很简单：它借助了老鹰的力量。

老奶奶“教做包子”中提到的酵母会将干瘪的面团变大变松软，我是否能在此基础上让它变得更甜更松软呢？

于是，我决定再加糖，我抓了一把糖放进面里，按照老奶奶教的方法，一步一步地做了一锅包子，等了好久，包子出锅了，大家各自拿着自己做的包子，相互品尝，没想到连老奶奶都夸我做的包子口味最好。

妈妈回来，品尝着我做的包子也连连称赞，我给妈妈讲述了和老奶奶学做包子的经历，妈妈说：“是啊！这就是创新，创新就是加一点、减一点就可能比原来更好！”

回想生活中的若干事，从网上找视频，重温着各类知识，脑海中思路一步步捋顺，心想：生活中处处都是创新，创新这个概念渐渐地深深地印在我的脑海中！

后记

创新比死磕书本更加重要，这是我在学习中认识到的一个深刻的道理，用我很喜欢的一句话来概括这种认识：“每一朵花的绽放，必然要从种子开始，种植，发芽，生根，浇水，成长，开花的过程走来，一路顽强生长……”

父母感言

我觉得孩子能自己从生活中领悟到创新的道理是件很棒的事，虽然仍有很多可以完善的地方，但能看出她的不断进步，希望她继续努力，不断成长。在枯燥的学习中一步步地实践、应用，去解决自己的问题，希望继续坚持这种良好的品质，争取更大的进步。（妈妈：李 燕）

教师赏评

本文写出了生活中的感悟，以酵母发面为切入点使文章贴近生活，更好地引起读者共鸣，文章整体立意新颖，描述清晰、生动，能从生活中的小发现迁移到自己的学习中，并将自己的思考付诸实践，一步步地解决问题，这样的“发现——学习——实践”路径是非常值得借鉴和学习的。（指导教师：杨 鑫）

学会做事（在你的生活中是否也遇到过相同或相似的事，感觉如何？写下来。）____

____

____

“塑”不相识，创新不止

横琴粤澳深度合作区华发容闳学校五年（2）班 张子沛

在我家里，有一堆塑料瓶，它们曾是各种饮料的“旧居”，它们不是用来卖掉换钱的，而是在妈妈精心改造下，变成了收纳工具。

妈妈总说：“这些瓶子怎么能随意丢弃呢？它们完全可以再利用！”于是在妈妈的精心改造下，这些瓶子有的被用来存放干货和香料，有的则被巧妙地改造成了花瓶，还有的做成了精致的“浇花神器”，甚是有趣。

每当我看见这些千奇百怪的瓶子时，总百思不得其解：奇了怪了，为什么不买现成的？我想不通，于是带着种种疑问，忍不住地问妈妈。妈妈却只笑了笑神秘地说：“答案就在纪录片《塑料海洋》里！”听完我疑惑又好奇，十分期待周末的到来。

转眼来到周末，我激动地打开纪录片。里面深入探寻人类对塑料的依赖，以及塑料给食物供应、生活状态、健康带来的影响。让我最印象深刻的两个片段：一个是科学家解剖死亡的海鸟，她小心翼翼地剪开海鸟的肚子，里面露出了237个塑料碎片和垃圾，本应是消化区域，现在却成了塑料的“坟墓”。还有一个片段是海龟和海豚被塑料环紧紧套住身体，无法挣脱的情景。它们的眼神中充满惊恐和痛苦，让我心痛，也让我为之动容。

看完纪录片，我内心久久不能平复。想到《流浪地球》里的一段话。“起初，没有人在意这一场灾难，这不过是一场山火、一次旱灾、一个物种的灭绝、一座城市的消失，直到这场灾难和每个人息息相关。”这些塑料对环境、生物的伤害，何尝不是那一场场被人忽略的，没有引起警醒的山火、旱灾呢？

再次看向那些小东西时，我内心充满敬畏。塑料里透露的不仅是妈妈灵巧的双手和她对环境保护的追求，更是我们对环境、对赖以生存的大自然的敬畏。同时也告诉我，环保不是遥不可及的，它需要每个人的实际行动。只有当意识到问题，并愿意为此付出努力时，才能真正保护地球。这也教会我，学会打破陈规的舒服和刻板印象，善于打破思维惯性，逢山开路，遇水架桥，学会观察生活点滴，学会通过双手创新出力所能及的事情来保护我们的环境。

后记

我是一个热爱科学创造的人，我喜欢思维碰撞产生出新的事物的感觉。这件事情给我带来的更深刻的感受是，创新要有所因，希望以后我也能为国家的环境保护、科技发展奉献出自己的力量！

父母感言

很意外也很开心，我生活里的点滴行为能够影响到孩子，你是一个热爱创新的孩子，我希望你在学着创新的过程中，感受思维的奔腾！（妈妈：黄天旖）

教师赏评

看到你对环境、创新的思考，替你高兴。全文行云流水，有独立思考。

创新殿堂中，思想的火花就如同夜空中的繁星，总会闪烁不息。这就是为什么你能在科学创新研究中有所突破的原因！希望你带着迈向未知世界的勇气，向世界贡献自己的力量。（指导老师：毕 聪）

学会做事（在你的生活中是否也遇到过相同或相似的事，感觉如何？写下来。）

本篇复盘

◎ 小问题

思考下面的问题，帮助你理解对生活创新能力培养的必要性。

1. 阅读本篇你认为生活创新的意义与价值是什么？
2. 培养孩子生活创新能力的目的是什么？
3. 培养孩子生活创新能力首先要做到什么？
4. 培养孩子生活创新能力的步骤是什么？
5. 培养孩子生活创新能力有哪些要注意的环节？
6. 培养孩子生活创新能力有什么效果和表现？
7. 你认为学校、家庭应该怎样培养青少年的生活创新的精神呢？

◎ 信息反馈

在日常生活中很多事情都需要通过创新能力培养，提升生活质量，你面对这些问题是怎么解决的？你身边的人又是怎么处理的？请将此记录下来，写一篇 500 ～ 800 字的文章，扫描微信公众号二维码传上去。

陶行知学院
微信公众号

Part2

规矩与成长篇

◎ 篇前小叙

◎ 名师导航

◎ 导师简介

◎ 陶行知经典故事

◎ 让“规矩”来修正自身不足

◎ 再“爱”也要有“规矩”

◎ 用规矩修炼自己的行为

◎ 规矩促使自控能力的养成

◎ 拓展阅读

篇前小叙

本篇是以“陶行知生活教育系列丛书”中的《规矩与成长》为蓝本，由北京师范大学珠海校区（原分校）北京理工大学珠海校区(原学院)和暨南大学珠海校区近等18名教授深入居民社区，充分了解家庭教育中存在的现实问题，开展“大学教授谈家庭教育活动”而形成，教授们启发父母给孩子立规矩，让规矩促使孩子茁壮成长。孩子们在吟听讲座后，同父母共同立规矩，在日常生活实践中及时纠正自身不足，并在父母和教师的感召和规矩的约束下，认真观察生活中的各种现象，做出了一件件动人的事迹，不仅修正了自身不足，还给个人生活增添了光彩，记录下在规矩约束下健康成长的过程，形成了一篇篇生动感人的优秀作文。

名师导航

陶行知说：

➢ 要学生做的事，要学生做的事，教职员躬亲共做；要学生学的知识，教职员躬亲共学；要学生守的规则，教职员躬亲共守。

➢ 人像树木一样，人像树木一样，要使他们尽量长上去，不能勉强都长得一样高，

应当是：立脚点上求平等，于出头处谋自由。

杜威说：

➢改革仅仅一切教育都是通过个人参与人类的社会意识而进行的。它不断地发展个人的能力，熏染他的意识，形成他的习惯，锻炼他的思想，并激发他的感情和情绪。教育是社会进步及社会改革的基本方法。

胡适说：

➢ 人人讲规则而不谈道德时，人情味儿慢慢来了，道德会自然回归。

➢ 学习不是为了考试，而是为了提高自己的素质。教育的目的是培养独立思考和批判精神的人。

蔡元培说：

➢ 知教育者，与其守成法，毋宁尚自然；与其求划一，毋宁展个性。

➢ 德育实为完全人格之本，若无德则虽体魄智力发达，适足助其为恶，无益也。

➢ 美育者，与智育相辅而行，以图德育之完成者也。

导师简介

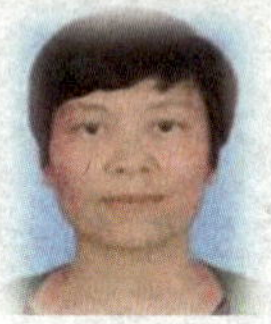

倪玉华

北京师范大学珠海校区教授、硕士生研究生导师，民盟盟员。

广东省软件与集成电路人才教育分会副会长，珠海市软件行业协会理事，珠海市软件行业专家委员会委员，珠海市民盟支部委员。研究领域：物联网技术、计算机应用。主持参与国家、省、市、企业等各类科技计划项目数十项；发表论文数十篇，主编教材 8 部；取得软件著作权 6 项，国家专利 2 件；主持国家级教育教改子课题 2 项，省级教改项目 1 项，广东省民盟省委调研课题 1 项。

鲜章勇

毕业于西南大学历史学系，现任广东省珠海市香洲区梅华街道悦城社区党委书记、居委会主任。对陶行知生活教育思想有深刻的研究，曾参与“陶行知生活教育系列丛书”中的《教育与创新》《规矩与成长》《品德与分数》《知识与财富》《行为与性格》《尊重与情商》《勤奋与责任》《安全与发展》《音乐与人生》《批评与表扬》等著作的编写。

本篇主题：在规矩的陪伴下茁壮成长

本篇要点：

本篇从让“规矩不断修正孩子的不足”讲起，深入浅出地导出“没规矩的孩子总惹祸”“真爱孩子就要立规矩”“让规矩促使自控能力的养成”“让规矩促使孩子交往”。通过列举孩子自控力不足的若干表现，引出“孩子自控力提升要从小培养”“父母要注重孩子的自我管理能力的培养”等教育观念；从“兴趣是促进孩子成长的金钥匙”谈起，并理出“让兴趣唤醒聪慧的大脑”“让自信调整孩子的上进心”的思路；“要及时认定孩子的进步，鼓励孩子主动学习，要不断鼓励孩子有主见，让孩子自立就要先自主”。通过大量案例导出“淘气的孩子有智慧”的家庭教育观点，理出“淘气是孩子的智慧在作用”“淘气不等于粗鲁、野蛮”的家庭教育哲理，从“如何培养孩子正直的个性”谈起，鼓励父母平时要把握孩子的个性特征，营造和谐温馨的家庭氛围，确立符合孩子个性的生活规则，让适宜的环境促使孩子与人交往，生活中要不断完善孩子对万物的认知行为。

陶行知经典故事

两只口袋

重庆育才学校流传过一个关于陶行知的两个口袋的故事。

育才学校是陶行知和全校师生赤手空拳办起来的，有时全校师生几乎无以举炊，陶行知东张西罗，左支右绌，迫不得已就停止体育锻炼，每天改吃两顿稀粥，以勉强维持生活。在这样的艰难困苦中，有人劝陶行知把育才停办了算了，但他坚决不答应。他发动全校师生走街串巷，向社会各界热心人士募捐，渡过一个又一个难关。

陶行知带头外出募捐，并宣布一条纪律：募捐来的钱涓滴归公，在任何情况下，任何人不得借故挪用分文。他自己是这样说的也是这样做的。他的上衣缝有两只口袋，一只袋公款，一只袋私款。有一次他到远处去募捐，走访了好多地方，募捐了不少现款，袋里装得满满的。在归途搭车时，忽然发现放私款的那只口袋里一分钱也没有了，他当时就有一个坚决的想法，决不挪用公家一分钱，尽管一天奔波下来，既疲惫不堪，又饥肠辘辘，但仍坚持从十里外步行回校。

当育才学校师生听到这个消息后，都非常感动，赶到陶行知先生的住处慰问时，陶行知亲切而深刻地跟大家讲起韩非子在《喻志》中所说的一个比喻："千丈之堤，以蝼蚁之穴溃；百尺之室，以突隙之烟焚。"

陶行知是一位既重言教，更重身教的人民教育家，他严于律己，以身作则。古人曰："吾日三省吾身"，而陶行知则"每天四问"。

1942 年 7 月，他在重庆育才学校三周年纪念会上提出"四问"的内容，就是每天要反躬自问身体、学校、工作和道德上有没有进步，进步了多少。

【共同分析】

“小漏洞往往可以酿成大灾祸，千万不要以小失大。”陶行知就是这样“以教人者教已”，在“ 建筑人格长城” 中做到不留一点空隙。在现实生活中，孩子是否常常遇到因不拘小节而误大事的情景呢？这就是严守规矩的重要性。陶行知认为道德是做人的根本，没有道德的人，学问和本领越大，就越会为非作歹，残害人民。他曾大声疾呼，要全校师生“建筑人格长城”他自己就是用他的实际行动来“建筑人格长城”的。

让“规矩”来修正自身不足

“规”和“矩”本是古代用来画圆的方法和工具，后来引申为要求人们共同遵守的办事规程和行为准则，它是社会有序运转、人们和谐共处的必然要求，是一种约束，更是一种保障。

俗话说“没有规矩不成方圆”，讲的就是这个道理。规矩就像孩子成长路上的“红绿灯”，时刻提醒孩子修正自己的言行。父母无论怎样爱孩子，也要有规矩，保证孩子在良好的环境中快乐成长。

不管是家庭教育，还是学校教育，其最终目的都是要培养一个具有高尚品德、强壮体魄、良好习惯、健康心理、有素养、有道德的人，不仅需要父母和教师的“为人师表”，更重要的是给孩子定规矩，让孩子知道：哪些事能做、怎么做，哪些事不能做，为什么不能做。

一个家庭没有了规矩，就会步调不一，形如散沙；没有了规矩，就会急事办不妥，难事办不清，大事办不成，甚至失去人伦、陷入混乱，总之，没有了规矩，就没有了道德规范。

一个家庭有了规矩，孩子才会做到有章可循，知道哪些是该做的事情，哪些是不该做的事情，家庭才会有真正的和谐、幸福，才能有安定美好的家园。

在一个家庭中，只有父母和孩子都遵守规矩，才能巩固家庭和睦相处的局面，保证孩子健康快乐地成长。

人的成长都是在不断修正自己生活的不足中逐步长大的，人们的缺点大多是没有规矩形成的。

做父母的应该让孩子明白：任意妄为，父母可以容忍，但走向社会，别人很难容忍。只有懂得自我约束，守规矩，知道哪些事情该做，哪些事情不该做；哪些事情可以做，哪些事情不可以做；哪些事情怎么做，才能把事情做好。

【案例】

一岁十个月的小博雅想听故事，妈妈在电源插座上插上故事机的插头，一按键声音就出来了。

小博雅歪着头看看插头、故事机，又看看按键，特别好奇。故事讲完后，妈妈拔下插头，去拿其他玩具给博雅玩。

一转眼，博雅就将小手指伸进了插座，接着“哇”的一声大哭起来。

妈妈用力拍一下他的小手，告诉他：“插座有危险，不能摸，不能摸”，并表现出很生气的样子看着他……然后，拿来几张被电击伤的图片给小博雅讲：“电插座是危险的，不能碰！不能碰！”

为了让小博雅记住，妈妈再一次重复上次听故事的情境，然后，假装去厨房做饭，偷偷地看着小博雅在做什么。

结果，小博雅的小手又想摸那个电源插座，小手指正要插进去的时候，妈妈突然出现，很严肃地“哼”了一声，小博雅的手赶紧缩了回来，又去玩别的玩具了。

经过反复训练后，小博雅再也没用小手指去插插座。而且，还常指着那个插座，告诉奶奶和姥姥：“不能动、不能动。”妈妈通过这样的方式，给小博雅定规矩，避免了很多不应该发生的危险。

【共同分析】

小博雅对大人的每一个举动，都感兴趣，遇到有危险的动作，妈妈便给小博雅定了规矩：“电插座是危险的，不能碰！不能碰！”小博雅从不知到知，还进行了亲身体验，最终彻底认知，形成了习惯，不但自己遵守，还提示姥姥、奶奶“不能动、不能动”一起来遵守。你从中受到什么启发呢？

拓展阅读

家中有规矩好成才

广东省珠海市九洲中学初一（9）班　叶嫒霖

人人皆知，国有国法，家有家规。俗话说：无规矩不成方圆。我们家同样重视传统，传承家规，餐桌上的规矩，更让我感触深刻。

清晰记得外公七十大寿那一年我十岁，那时的我无拘无束，自由自在。

祝寿那天，所有亲人都汇聚到早就订好的餐厅，见到久违的兄弟姐妹，我心中乐开了花。彼此打过招呼，我们就招呼着对方坐下。

外公的七十大寿，家里人还是很重视的，随着包间的门一次又一次地打开，服务员把一道又一道丰盛的佳肴端上餐桌，我一瞧，哇！有我最喜欢吃的油焖大虾，我顾不得其他，虾刚被放下，我就迫不及待地去转转盘，想把那盘油焖大虾转到自己跟前来，好方便夹，这时坐在我身旁的母亲轻轻拍了一下我的手道：“霖霖，让外公先夹。”我撇了撇嘴，毫不在意，小声回道：“为什么？我也想吃，等一下转到我这儿，可就没有了。”说罢，我挣开母亲的手，迫不及待地将油焖大虾转到自己跟前来，还用筷子扒了几乎三分之一的虾到自己碗里，看着那色香味俱全的虾，我不由得咽了咽口水，那虾仿佛也在说：快来吃我，快来吃我。我不由得一阵高兴，忽视了其他人的异样目光。

正当我准备大快朵颐时，妈妈却把我拉起来，悄悄地带到了一边，她一改平日里的温和，换上了一副严肃的面孔。“霖霖，你知道‘规矩’怎么写吗？”我点点头，用手指在妈妈手心上写下了“规矩”两字，妈妈点点头道：“规矩好写，在生活中处处遵守规矩就很难，它看似条条框框，束缚我们的手脚，但真正被我们理解、落实，潜移默化成为我们的行动准则，我们也会受益很多。规矩固然严格，但是当你践行它时，它就能体现你的品德、你的修养，还有你的家教。规矩是分寸、是底线，亦体现人品、素养。你刚刚的行为，一是不雅观，二是对长辈不尊重，也就是没有素养。”妈妈的话像一条鞭子抽打在我的脸上，也烙在了我的心上。

等我回到座位上时，外公将我拉到一边，用那一如既往和蔼的表情笑着对我说道：“喜欢就多吃点。”那一刻，我清楚地感觉到脸颊有些许湿润，是泪水划过，那一次外公的寿宴，我不知道是怎样结束的，我并不是笑着离开的，我的内心受到了极大的震撼。

妈妈的话至今还清晰地回响在耳畔，从此我深刻地认识到规矩不是束缚，而是让你更好地前行。

是啊，立规在前，事事有规矩；落细落小，处处见规矩；一视同仁，人人讲规矩；敬终如始，时时守规矩。我相信这才是青春最好的底色，也是青春最好的证明。

后记

“立家规”的过程告诉我：唯有严守，才会获得成功，换来一个个喜悦和幸福的瞬间。

父母感言

“立家规”不仅可以促使孩子健康成长，还可以培养孩子遵纪守法，热爱生活，享受大自然的美妙，“立家规”的过程虽然严肃、严谨，但是，它刷新了孩子对生活的认知，增强了孩子的自觉、自信力。（妈妈：林燕棉）

教师赏评

小作者把“立家规”的过程写得具体生动，读起这篇文章，促使人们由懦弱变坚强！文章结尾更是点明主题，“没有规矩不成方圆，只有严守，才会成功……“立家规”不仅是一个家庭对所有成员的约束，更是一种培养后人永不言败的精神力量，启示人们去体验、去追求、去创造新生活。（指导教师：林 颖）

学会做事（在你的生活中是否也遇到过相同或相似的事，感觉如何？写下来。）______________________________

____

____

在规矩约束下成长

广东省深圳市罗湖外语实验学校初三（14）班　郑子墨

阳光如同细腻绵软的手掌一般，抚摸着被雨露滋润过的大地，生长于尘土之间的植物，在阳光的触摸下茁壮成长。

我从小生长的外婆家种植着各种小绿植：有绿萝、杜鹃花、仙人掌……

周日，外婆又在花市上买来了三株“多肉”植物，如何处理这三株“多肉”呢？

我看着这三株植物，向母亲问道：“妈，您说怎么处理呢？”

母亲思索了一会儿，然后站起身来，“先去弄些好一点的土壤来吧，这盆里的土壤看起来不太好。”我听了这话，忙问道：“那什么算是好的土壤啊？”母亲想了想，对我说：“其实什么土壤倒是不太重要，足够保水、足够养分、足够透气就好。用颗粒和泥土混在一起，搅匀应该就可以了。”说着，她走向门边拿好工具，便出门去了。

不一会儿就换好了土壤，不由得让我惊叹于母亲做事的干净利落。

母亲给多肉换了塑料盆后，就不经常浇水了，即便浇水，也只是少量的一些，让我不由得想起林清玄先生的《桃花心木》中那个智慧而明晰自然规律的植树者。可母亲却也并不是那样不按周期，而是定时浇水。我曾问起母亲，她告诉我，多肉之所以饱满正是因为它里面含有大量的水分，所以并不需要浇太多；而塑料盆本身的保水能力比陶盆要好，因此也不必常常浇水。我看着生长的多肉，有事会突然笑起来——它知道自己被人精心护养着吗？

万物生长都有规律，如果忘记给它浇水，或者水浇多了，用不了多久就会凋落。

植物如此，人也一样，无论是细雨斜阳还是狂风骤雨，都会遵循一定的规律成长，违背规律就会凋零，而这规律就是规矩。我们要茁壮成长唯有在严守规矩的情况下才能所向披靡，俗话说："没有规矩，不成方圆"。只要我们守规矩，做事不违背客观规律，就能迈过人生的各种坎坷，迎着光明茁壮生长，向着美好的未来，不断前行！

后记

从多肉身上，我体会到懂规矩、守规律是我们成长的必经之路，阳光、雨露下的多肉在茁壮生长，是因为它们按着自己成长的规律，这就是规矩、规律对于成长的意义。

父母感言

从文章里看出了孩子的成长，希望孩子能够继续像他所说的那样不需要精心呵护也能茁壮生长。（爸爸：郑海龙）

教师赏评

在实践中学习，于学习中实践，成长亦如此。小作者能从养花这一简单的事例中体会到关于成长的真谛：哪怕风雨兼程也要一往无前。多学、多听、多看、多实践，才能在平凡的生活中更好地成长。（指导教师：聂 华）

学会做事（在你的生活中是否也遇到过相同或相似的事，感觉如何？写下来。）________________________________

____

____

路虽远，行则将至

广东省阳江职业技术学院附属实验学校六年（5）班　关铂霖

"路在脚下，迎难而上，勇往直前，就一定会梦想成真。"想到父母常常叮嘱我的这句话，便想起一段难以忘怀的经历。

那是一个周末，天气难得放晴，我想骑自行车去上围棋课。我们骑上自行车出了小区，行进在一条坑坑洼洼、高低起伏的山路上。

开始，我有点害怕，按下刹车放慢了车速，车子颤颤悠悠地晃得我晕头转向，我紧握车把死盯着前方。突然出现一个坑，我向左一拐，由于车速把握不好，险些撞到树上。好不容易绕过了第一个坑，又一个坑出现了，我猛按下刹车，车轮磕在一块石头上，我一下子栽了进去。此时，我来不及多想，迅速跳下车，自行车重重的倒下。我听见自己尖叫的声音和紧张的心跳声，还有妈妈不停地鼓励声："不用怕，快上来！"我深吸一口气，拖着颤抖的双腿跨上车座，双手不停地抖动，车头忽左忽右，身体也跟着不停地摇摆起来，心也在颤抖，手心直冒汗……"啊！"我没看到前面的石头，竟然以迅雷不及掩耳之势撞了上去，好在我一脚撑住地面，才没摔下来。

稍作休息后，我放慢车速，再次出发。这次，我特别注意路况，慢慢地踩，踩几下就放下脚撑住地，停稳车，像划船一样用脚在地上划几下，再骑一会儿……妈妈在我身后不停地叮嘱："别怕，加油！小心点就可以了"。

一个拐弯之后，我来到了人来人往的大马路上。"哇！"人和车可真多呀！一辆辆飞驰而过的汽车卷起一阵阵寒风和尘土，我根本睁不开眼，心想：这么危险骑过去不被碾成肉饼才怪呢！于是，我猛地后退两下，心像揣着一只顽皮的兔子似的"怦怦怦"地跳个不停。我紧张地盯着马路上的车，它们像一个个吃人的怪物，嘶吼着从我身边奔驰而过。我的五脏六腑似乎蜷缩在一起，紧张得喘不过气来，死活不敢过马路。

妈妈看出了我的心思笑了笑，鼓励道："过马路要一看二停，绿灯亮了再通过。记得要走斑马线！"我鼓起勇气，想尝试一下。我几次想冲上去，但在上马路的前一刻又退了下来。连路边的花草树木都看不过眼了，在风中摇摆，发出"沙沙沙"的声音，似乎在看着我，又仿佛是在鼓励我："快上来吧，只要你遵守交通规则，就不会有危险！"我回头看看妈妈，再看看远方，觉得走过这条路我就成功了。妈妈那坚定的眼神，让我信心百倍。

我深深地吸了一口气，跨上座椅勇敢地踏出了最艰难的一步。就这样，我安全地穿过了马路。停在马路边上时，我虽然表面风轻云淡，但手心里全是汗水，谁也无法体验我当时的紧张。悠悠的风儿吹来，吹干了我额头的汗水，吹走了我心头的恐慌，也吹开了我前行的道路，历经千辛万苦，我终于成功地到了目的地。其实，只要大家遵守规矩，过马路是非常简单而安全的事。

有句话叫“路虽远，行则将至。事虽难，做则必成”。

回望那万般泥泞、坑坑洼洼的小路，恰似我成长道路中的磕磕绊绊。但是，我坚信：坎坷击不碎梦想，我不顾一切的追求会将支离破碎的梦想发出灿烂的光芒。

这次难忘的经历，也使我明白：只有不断探索才会看到希望，只有勇敢追求才会获得果实。同时，遵守规矩也会让我们更上一层楼。

后记

通过这件事使我深深地明白：只有尝试才会看到希望，只有追求才会明白道理，只有勇敢实践才会获得成功的果实。

在我成长的道路上，规矩就像桥梁的护栏，为我的前行保驾护航，让我快速成长。

父母感言

陪伴孩子成长的过程中，我学会了反思、耐心、理解和包容。孩子需要体验去尝试新事物，需要帮助去解决困难，需要鼓励去迎接挑战。岁月静好，陪着他慢慢长大，并告诉孩子，只要遵守规矩前行就一定能够到达彼岸。（妈妈：王明超）

教师赏评

文章叙述自己第一次骑自行车过马路，写得生动有趣。人物的活动描述得非常具体，尤其是心理活动写得真实可信，入情入理。全文结构紧凑、流畅，描写细致，事物变化微妙，真实有趣，能恰当运用比喻、夸张的修辞手法，文笔细腻，行文流畅。（指导教师：吴海霞）

学会做事（在你的生活中是否也遇到过相同或相似的事，感觉如何？写下来。）

采摘荔枝

广东省珠海市香洲区唐家小学四年（2）班 刘晓慧

转眼间又到了荔枝成熟的季节，天不作美，刚出门便下起了瓢泼大雨，雨滴在树林间跳跃着，荔枝在雨中摇摆着，洗掉了一身的尘垢，露出鲜红的本色，让人看着都满口生津。

小伙伴们早已顾不上打湿的衣服，扯下了几枝带雨水的荔枝。树上雨水和一些绿叶散落下来，给荔枝当上了陪衬。

剥开荔枝外皮，里头的果肉在雨水的衬托下更加晶莹剔透。一

口下去，汁水的香甜在唇舌间绽开，润在口，甜在心。

雨过天晴，太阳高挂时，我们便背上竹筐和镰刀上了树。

刀起刀落，大片的荔枝连枝带叶，纷纷扬扬落到竹筐里，荔枝在阳光的照耀下熠熠生辉，连绿叶也散发出光芒。

大家在水坑中玩得忘我，一阵暖风从眼前掠过，将烦恼远远甩在后头，阳光慢慢地少了，黑夜点亮了星星，所有人都在为荔枝的丰收庆祝着。

我打了个饱嗝，回头时，长满荔枝的那座山的脊峰，远远的排开，绕着人们的喜悦，又沉沉地睡去了。

后记

我爱这美丽的雷岭镇，爱这雷岭镇的小伙伴，更爱这风雨下红火的荔枝趣。

父母感言

暑假里，多带孩子到处走走，亲近大自然。充满生机与希望的自然万物将带给我们不一样的体验与读者感悟。

教师赏评

晓慧笔下的荔枝，想必又鲜又甜，作者从“雨下的荔枝树”“放晴的荔枝树”“采摘荔枝的喜悦”等几个方面写出了摘荔枝的乐趣。我也不禁想要“日啖荔枝三百颗”描写细致，事物变化微妙，真实有趣，入情入理。文章恰当运用比喻、夸张，排比修辞写法，文笔细腻，行文流畅，读来一气呵成。（指导教师：杨嘉浩）

学会做事（在你的生活中是否也遇到过相同或相似的事，感觉如何？写下来。）

再“爱”也要有“规矩”

很多父母都希望给孩子充分的自由，给孩子最好的东西。所以，一味地纵容，觉得“只要他喜欢就好”“孩子高兴才是最重要的”“这些规矩长大了孩子自然就懂”……

如果没有爸爸妈妈制定的规矩来约束孩子，孩子就很容易为所欲为，更不懂得判断自己言行是好的还是坏的。这样的孩子长大后就会变成一个不遵守规则的人，对于孩子的健康成长也会有非常大的影响。

“爱孩子”和“立规矩”不是单选题。

生活中父母对孩子管得太少和管得太严都不少见，出现这种情况主要有两种类型。

一种是溺爱型的父母，他们认为：将来孩子要面临的压力已经很大了，趁着现在还小，给孩子一个快乐的童年，放纵孩子一下也不会对他未来造成什么影响。

一种是严厉型的父母，他们认为：没有规矩，不成方圆。

如果不从生活细节上管教孩子，孩子步入社会就会无法立足。这两种类型听起来都有些道理，问题就出在这些父母处理问题的方式上，他们在“溺爱孩子”和“严格管教”之间做起了单选题，形成了一种非此即彼的选择，这样一来就造成："溺爱孩子"家庭的孩子没规矩，不懂礼貌、不懂尊重他人；"严格管教"家庭的孩子谨小慎微、循规蹈矩。

【案例】

星星是个漂亮可爱的小女孩，可是最近在幼儿园里有好几次她的口袋里都会掉出小玩具，还有一次小朋友的玩具找不到了，结果在她的衣橱里发现了。

小朋友们经常告状，说自己东西不见了，认为是星星拿走的。

此时的星星总是脸涨得通红，一言不发，问她时要么什么都不说，要么哇哇大哭。

孩子常有因好奇拿走别人东西的情况，玩完后便随手一扔，如果父母或教师以这些蛛丝马迹对孩子大加指责，是片面而又不负责任的。不管星星的动机如何，父母所要做的只能是保护孩子的自尊心，从定规矩纠正习惯入手，帮助她逐渐改掉坏习惯。

一方面，要引导孩子自己的东西自己整理好，别人的东西要当着主人的面玩或在征得对方同意后才能借走玩，并且要及时归还，放学时每个孩子都要整理好自己的橱柜才能离园。

另一方面，如果发现不是孩子自己的东西带回了家，应当及时和老师联系，并在第二天还到班级里。

【共同分析】

从星星的故事中你有何感想？再"爱"都要有"规矩"是否很重要？是否有规矩的孩子才会健康成长呢？

拓展阅读

"规矩"的力量

湖北省武汉市育才小学五年（13）班　肖明泽

"今年有校级篮球大赛！谁来和我组队？！"

"东方神投"（我们班的篮球明星，也是队长）哇哇大叫着。

"瘦猴"站了起来。顾名思义，"瘦猴"人瘦瘦小小，可他运球能力一级强！

"算我俩一份！"粗粗的喉咙嚷着，不用说，一定是著名护球后卫"蛮牛"了，他还拉来了"盖帽王"。

最后当然是我了，江湖人称"篮板王"，步伐灵活且弹跳力好，轻轻跃起便能抢到篮板！

就这样，我们这支五年（13）班篮球队组成了。

赛前，教练刘老师语重心长地叮嘱："打篮球可不是凭个人能力就能轻易取胜的，团结协作是规矩。没有团队精神，终究要吃亏！"

我们却不以为然，哪有那么多"规矩"，如此超强阵容，怎么会不能成为"霸主？"

第一场比赛，我们迎战五（1）班。一开场，我们就把刘老师的话抛到了九霄云外，争吵不断。

"传给我，传给我！"站在篮筐前的我朝着"瘦猴"大叫着。

"瘦猴"身子顿了顿，没传球，却一转身，强迫半空转身投篮，他以为自己是库里？！果然，没中！

"你……"我咬着牙，瞪着他，"为什么不传球？就是想当英雄！"

"哼！"他白了我一眼，"守好你的篮板吧！"

谁"丢"了球我们就集体责备他，吵吵嚷嚷，到最后我们对比赛彻底没了兴趣，这样的"配合"让我们吃了败仗。

大家坐在球场边，眼睛红红的，谁也不吭声，谁也不服谁。

刘老师急得直挠头："篮球可不是独来独往的表演，想取胜就得讲规矩，彼此要有绝对的信任和包容，懂得给队友'做球'创造机会，才会赢得球队的胜利！"

我们面面相觑，仿佛明白了什么。

"还有下一场比赛，守好规矩发挥优势，我们一定能赢！"队长大喝一声，我们点点头。

刘老师举起拳头为我们加油，似乎在说："这才有希望！"

决战来临！

对手是精英五（6）班。我们站上球场，一一击掌，大声为彼此打气："加油！必胜！"

开场哨响，大家牢记刘老师的嘱咐，使出浑身解数，即使偶有失误，也互相鼓励，居然打得有来有回。

轮到对方持球进攻，"蛮牛"不知哪里来的"蛮"劲，突然一个猛扑，抢断成功，他迅速传给了位置更好的"瘦猴"，"瘦猴"几乎一秒也没有停顿，转身将球抛向篮筐下"盖帽王"，"盖帽王"立马左手托球灵巧起跳，尝试上篮。

说时迟那时快，对方小前锋突然出现，伸长手臂封住了线路。球撞到篮筐之后高高弹起，在球场上空旋转着……

"没事，有我！"我调整呼吸，双腿微曲，放低重心向上跃起，指尖碰到球了！我把球紧紧抱在怀里，迅速传给了面前等待接应的"东方神投"，他一个神级运球，出手，球进了！5:3，我们反超了！

"好！"我们目光抱在了一起——原来这就是团队的力量！

随着一声响亮的哨响，比赛宣告结束。"16:9"，我们赢了！

刘老师兴奋地冲进场内，用他那浑厚的手掌抚过我们的脑袋，"一群浑小子可算是懂规矩了，呵呵，打篮球不仅仅需要遵守规则，更需要有"规矩"——不抱怨、不放弃，相互信任、分工协作、密切配合！"

他的声音低沉而有力量，那一刻，球场上没有了争执，只有欢乐和笑声。

后记

我们常说现在的孩子"没规矩"，怎么让他们学会"懂规矩"和"守规矩"呢？说教的力量远不如他们在活动中的体会和自悟。

父母感言

篮球是展现团队合作的运动，即使个人能力再强，没有默契的传切配合，也很难取得胜利。没有规矩，不成方圆。孩子们在运动过程中感受彼

此的支持和信任，品尝胜利和失败，磨合团队精神，从而获得宝贵的成长。（妈妈：晏 祺）

教师赏评

作者选取了自己亲身经历的篮球比赛作为写作素材，对比了前后比赛过程中队友的不同表现，从比赛感受和胜负结果中体会到了守规矩的力量。

本文主题明确，布局巧妙，以极富童趣的语言将人物塑造得栩栩如生，从思想和行为的转变中生动地展现出了自己和小伙伴的成长轨迹。（指导教师：胡娅玲）

学会做事（在你的生活中是否也遇到过相同或相似的事，感觉如何？写下来。）

在规矩引领下快乐成长

广东省珠海市兆征纪念学校五年（1）班　钟志轩

夜幕降临，城市的霓虹灯在远处闪烁，为寂静的夜晚增添了一抹温暖的色彩。月光透过窗户，洒在屋内，为这小小的空间披上了一层柔和的银纱。

在这样一个宁静的夜晚，我独自站在阳台上，看着堆积如山的脏衣服。原来，每天晚上洗完澡，我的衣服都要堆在那儿等妈妈下班回来洗。

一个周末的晚上，我坐在书桌前，心想：妈妈上一天班已经很累了，我要是学会洗衣服，妈妈不就轻松一些吗？意识到这是一个学会独立、锻炼自我能力的好机会。于是，我就决定自己动手洗衣服。

我提起一个大盆，费力地把它拖到阳台上，然后弯下腰，打开水龙头，清脆的水流声在寂静的夜晚显得格外响亮。我小心翼翼地调整着水流的大小，让水缓缓流入盆中。下一步怎么办呢？脑子一片空白，我摸了摸头，无从下手，便找到哥哥，让他教我洗衣服。哥哥伸着懒腰懒洋洋地走进阳台，眼角瞄到我做的一切。哥哥说：“先在盆里倒入适量的洗衣液，一定要让洗衣液在水里充分溶解后，再把衣服放进去。”哥哥特别强调。

我按照哥哥说的，拿起一袋洗衣液，轻轻地倒入一些在水中。洗衣液在水中迅速溶解，散发出淡淡的清香。

等盆里洗衣液充分溶解后，我把衣服放进了盆里，双手浸入水中，感受着水温的适中，开始认真搓洗衣服。我双手在衣物上轻轻摩擦，啊，衣服一搓就出来好多晶莹剔透的泡泡，泡泡在灯光下闪烁着晶莹的光芒，仿佛是一颗颗小小的星星。原来洗衣服这么好玩呀！

哥哥又教我在最容易脏的领口和袖口上抹点肥皂，要重点搓一下。我一边认真地听着一边专注地搓洗着，每一个角落都不放过，仿佛在进行一场无声的舞蹈。

这下，神奇的一幕出现了，刚刚还很浓密的泡泡变少了！这是怎么回事呢？我问哥哥，他说：“因为肥皂是碱性的，它里面的成分有消泡的作用。”

我一边搓洗衣服，一边观察着盆里泡泡的神奇变化，搓起衣服来更带劲了。随着搓洗的进行，我感到身体的疲惫，同时也感到了一种独立生活的成就感，我不再是那个依赖父母的孩子，我可以自己照顾自己，处理生活中的琐事。这种感觉让我更加坚定了自己独立生活的决心。

不一会儿，衣服终于洗完了，我又仔细检查了一遍，确实干净了，便一遍又一遍地用清水过滤，直到盆里的水清澈见底为止。最后，哥哥帮我一起把水拧干，把洗干净的衣服晒在阳台上。

我们看着自己洗的衣服被微风轻轻吹起，仿佛在向我们致谢。心里甭提多高兴了。

妈妈下班回来，发现阳台上挂着已经洗好的衣服，惊讶地问：“怎么衣服已经洗好了？是你洗的吗？”我兴奋地说：“是呀，我让哥哥教我的，您看，可以吗？”

妈妈听了高兴地说：“洗得不错呀，衣领和衣袖都洗干净了，以后就这样，自己的事情自己做，不仅可以锻炼自己，还可以分担妈妈的辛苦，我的好儿子！”然后，抱起我，轻轻地亲了一下。妈妈温柔和蔼的话语，给我和哥哥定下了规矩。

这一刻，我感到无比的快乐。因为我知道，学会洗衣服只是一个开始，不仅是一种生活技能，重要的是妈妈借此给我们立下家规：“自己的事自己做”。我为此感到骄傲，也为自己能在规矩下茁壮成长而欣慰，对自己的未来充满了期望。

这一刻，我感到无比的快乐。我知道，学会洗衣服只是一个开始，这不仅是一种生活技能，更是一种成长的标志。我为自己感到骄傲，也为自己的未来充满了期待。

后记

妈妈用“表扬”的方式，给我们定规矩，是一件开心的事，在我的心里埋下了一颗“多帮妈妈做一些力所能及的事”的小种子！

父母感言

在生活中，孩子学会了做许多事，如军体拳、打鼓、煮面条、骑自行车，让孩子感到一种深深的满足和成就感。每当他做完一件事，无论大小，父母都会从内心里为孩子感到喜悦，因为他又掌握了一项新的技能。希望孩子能一直保持这种心态，将来更加热爱学习和探索新事物。（妈妈：黎翠霞）

教师赏评

此文把洗衣服的过程描写细致，事物变化微妙，真实有趣，入情入理。文中巧妙运用比喻、夸张修辞写法，文笔细腻，行文流畅，写出了自己的细致观察与真实感受，深得读者喜爱。（指导教师：李少珠）

学会做事（在你的生活中是否也遇到过相同或相似的事，感觉如何？写下来。）

学骑自行车促使我成长

广东省珠海市第十一小学五年（3）班 谭月盈

这几天，我见到人都忍不住说这句话。为什么呢？我学会骑自行车了啊，这是一件值得高兴的事吗？

我一直羡慕身边娴熟地骑着自行车的哥哥姐姐，渴望有一天自己也能学会。我跟妈妈说想学骑自行车，妈妈说：“你准备好了就可以。”我问妈妈：“要准备什么啊？”妈妈说：“准备好你的决心和勇气，决心就是不学会誓不罢休，勇气就是保证摔跤了不哭鼻子。”

平时，我看哥哥姐姐们骑得很轻松，并没有觉得有多难，便爽快地答应说：“准备好了。”

清晨，我和妈妈推着自行车来到自行车道上，一下子就坐了上去，双脚就放在了踏板上，可自行车一下就晃了起来，幸好妈妈在旁边扶住了我才没有摔跤，妈妈看出了我的疑惑说道：“自行车动起来的时候双脚踩在踏板上才能平衡。”“那我不踩踏板自行车怎么会动起来呢？”“你一只脚放地上，另一只脚踩踏板，让车动起来，再把地板上的脚放在另外的踏板上，然后两只脚交替往前蹬。”我高兴地说：“我懂了。”然后就按照妈妈说的做，后来我发现，我只是耳朵听懂了，手脚还没懂，我一脚蹬上去，还没等我把另外一只脚抬起来，车就往旁边倾斜，根本无法平衡。妈妈说：“来，我先帮你扶着自行车，你再试试看。”

有了妈妈的帮忙，我果然“成功”地骑动了自行车，我在自行车道骑了几个来回，感觉很轻松，心里暗暗说：“骑自行车也没多难嘛。”但当我转头看妈妈，她却气喘吁吁，满头大汗，原来我的轻松是因为有妈妈的助力。我跟妈妈说：“我学会了，可以自己骑了”。妈妈说：“那你自己试试”。于是，我又踩动踏板，但是只要我两只脚同时离开地面，自行车就像蛇一样扭动起来，然后倒向一边。有一次是前移了几米后倒了，我还没有反应过来，一下就摔到地上，脚都摔淤了，我干脆把车扔下了，在路牙边坐下，委屈地跟妈妈说："这太难了，自行车根本不听我的，我不学了。"妈妈一边让我喝水一边说："你刚才是带着什么来学自行车的？""什么呀？就带了水杯啊。""你答应妈妈带着决心和勇气来的，现在怎么就只剩下生气和放弃呢？"

"我也想学好，可是做不到啊。""你想想老师讲的如何克服困难方法，如果所有事情都那么容易，何来克服困难一说呢？""世上无难事只要肯攀登，失败是成功之母，有志者事竟成，功夫不负有心人……"随着这些名言警句在脑子里徘徊，我说："妈妈，要不，我再试试。"

通过学自行车的经历，我体验到了成功的喜悦，也深刻体会到了"有志者事竟成"的含义，明白了做什么事都要坚持到底，不能急于求成，也不能一遇到挫折就轻言放弃。

后记

今天，妈妈不仅教会我骑车，还让我感觉到：只要守规矩，并坚持下去就会安全顺利地掌握更多的本领，规矩陪伴我成长，给了我满满的安全感！

家长感言

孩子喜欢挑战，但遇到困难也会想放弃，需要家长耐心引导，学自行车的过程不容易，但学会的那一刻让她感受到了喜悦，也体验了坚持的重要性，人生路上，她会遇到很多学习经历，希望她都能做到坚持，并不断成功！（妈妈：彭巧娜）

教师赏评

女儿和妈妈，因为骑车，心儿贴得更近了。骑车的一路，满是风景，满是幸福。文章把过程叙述得很清楚，人物的活动描述得也很具体，真实可信，生动有趣，全文结构紧凑、流畅，描写细致，事物变化微妙，真实有趣，入情入理，恰当运用比喻、夸张修辞写法，文笔细腻，行文流畅。（指导教师：杨嘉浩）

学会做事（在你的生活中是否也遇到过相同或相似的事，感觉如何？写下来。）

种凤仙花的启示

广东省横琴粤澳深度合作区华发容闳学校 401 班　宁　萌

我们四年级的科学课中有一节课是种植凤仙花。我和同学们在校园的花园里种下了凤仙花种子，结果，没有一粒种子生根发芽。全班同学都非常失望，我们都认为是自己没有好好照顾凤仙花，才没有一株成活。

回到家里，我的神情特别沮丧，做什么事都提不起精神。妈妈看到我闷闷不乐的样子，笑眯眯地询问，当知道缘由之后，她坐到我身边跟我一起分析了凤仙花没有生根发芽的原因："凤仙花不成活的原因有多种，一是最近两周降温，晚上低温达到了 6～7℃，而温度低于 10℃的话，就会影响到种子的生长发芽；二是种子不饱满、受过伤的，也会导致种子无法生长发芽。没关系，咱们可以再试一次。"说罢，妈妈立刻买来了凤仙花种子和所需的种植物品，并鼓励我说："现在是四月份，气温开始回升了，最适合种植了。"

没关系，咱们可以再试一次。"说罢，妈妈立刻买来了凤仙花种子种植所需的物品，并鼓励我说："现在是四月份，气温开始回升了，最适合种植了。"

听了妈妈的话，种植凤仙花的希望顿时又从我的心里升起，我一下子从沙发上 "窜"了起来，大声喊道："我们这次一定会成功的。"

第二天放学回家，我顾不上吃饭，连忙认真地看起了种植说明书。

饭后，我拉着妈妈开始种起了凤仙花。

我先用一次性水杯倒了半杯清水，然后把种子完全浸泡在水里，浸泡时间大约需要 6～8 小时，接下来就是耐心等待种子"苏醒"了。

第二天一大早，我就起了床，没顾上刷牙洗脸就迫不及待地把浸泡一夜的种子种到了土壤里，还小心翼翼地用保鲜膜仔细地盖住花盆口，使种子充分保湿和保温，最后，给它们拍了一张照片，记录下凤仙花生长过程中的第一个片段。

大约过了三四天，我的凤仙花种子终于破土而出了。只见它那弯曲着、娇艳欲滴的、嫩绿的枝芽好像在向我招手呢……

啊！“凤仙花”你是那么小巧可爱，那么美丽啊……

从此以后，每天早晚我都会去看看它，照顾它，陪伴着我的凤仙花茁壮长大，看着凤仙花每天在慢慢地长大，真的开心极了。

后记

通过这件事情，让我明白：万事万物都是有规律的，只有满足了它的条件，生命才会存在，在生活中和学习中，我们必须尊重客观规律，遇到任何困难，都不要气馁，要学会分析原因，找到解决办法，勇于探索，突破自我。

父母感言

孩子通过亲身体验种植凤仙花的过程体验到如何遵守规律，才能获得成功，愿你在未来的道路上勇往直前，无惧困难与挑战，不断努力，不断追求，成就更好的自己。（妈妈：宁 静）

教师赏评

作者通过种植凤仙花，总结出万物都有规律，只有符合它的生长条件才会破土而出，生根、发芽、开花、结果，这也是作者遇到困难，勇于挑战、不轻易放弃的寓意。作者从一件小事中悟出生活、生命的哲理，实属难得。愿你就用这样一颗无畏之心，面对生活中的一切风雨，长成一株最茂盛的凤仙花。（指导教师：李红艳）

学会做事（在你的生活中是否也遇到过相同或相似的事，感觉如何？写下来。）______

______

______

用规矩修炼自己的行为

养成良好生活习惯的关键在于有“规律”地生活。比如：让孩子长时间遵循作息规律，孩子到时间就饿，到时间就困。有些父母常常产生这样的疑惑：为什么我家孩子到睡觉的时间总是不睡觉呢？或者孩子吃饭的时候总想玩，是不是平时忽视了对他（她）的“培养”呢？孩子小没有自控力，需要父母帮助他（她）把控时间，让孩子规律作息。作为父母首先要做到以身作则。可以根据孩子的个性制定一份作息时间表，没有特殊情况不要轻易打乱，让时间表调整孩子的生物钟，如果开始执行的时候孩子起居不规律，父母需要有耐心，不能操之过急，时间久了就会有所成效。譬如：让孩子养成早睡早起的良好习惯。并告诉孩子：晚上 10 点前一定要入睡，因为晚上 10 点以后是生长激素分泌的高峰，如果晚于 10 点睡觉就错过了长个子的最好时间。午睡时间不适宜太晚，中午 12 点—下午 3 点是最佳时间。孩子外出游玩要有计划、有准备，不要忽视孩子的作息。

【案例】

美国商人巴布森到以色列参加一项商务谈判，到达的那天恰好是周六，与美国交通拥堵的情况不同，这里汽车稀少，交通畅通无阻。下飞机后，他问一位犹太商人舍温里：“你们首都的车辆这么少吗？”舍温里解释说：“你有所不知，犹太人从每周的星期五晚上开始，一直到星期六的傍晚为止，禁烟、禁酒、禁欲，一心一意地休息和向神祈祷，所以街上来往的汽车比平日起码减少一半。从周六的晚上起，才是孩子真正的周末，也是孩子尽情享受的时候。”巴布森感叹说：“你们犹太人真懂得休息与享受。”舍温里说：“健康是犹太商人的本钱，要想有健康的身体必须吃好、睡好、玩好。”

【共同分析】

犹太人认为“拥有健康的身体，才能获得真正的成功，才能享受快乐的人生”。对这句话应该怎么理解呢？如果我们没有健康的身体，即使在事业上获得了成功，能享受人生的快乐吗？再从让孩子养成良好生活习惯有“规律”的生活方面来说，身体健康是不是成功和幸福关键呢？因此，为幸福生活而奋斗是我们的共同目标。

拓展阅读

我学会了洗碗

北京市皇城根教育集团鸭儿胡同小学四年（1）班　周琰一

我一直很佩服妈妈那双灵巧的手，但妈妈在做家务的同时还需要紧锣密鼓地工作，难免有些忙不过来。最近，我决定要学会一项新技能——洗碗，为妈妈分担一些家务。

一天晚饭后，我主动向妈妈提出想学习洗碗。

妈妈听了很高兴，她告诉我洗碗的步骤，并提醒我注意安全。

首先，我把桌上的碗碟都收集起来，小心翼翼地拿到厨房，接着，我按照妈妈的指导，打开水龙头，用流动的水冲洗碗碟，去掉表面的油渍和残渣。然后，我挤了一些洗洁精在海绵上，开始仔细地擦洗每一个碗碟。碗碟在我手中旋转，洗洁精的泡沫在阳光下闪烁着晶莹的光芒，像是在为我的努力喝彩。

不过，洗碗并不是一件容易的事。有些碗碟上的污渍很难去掉，我需要用力擦洗好几遍。我的手被冷水冻得通红，但我没有放弃，因为我知道只有付出努力，才能收获成果。

终于，我把所有的碗碟都洗得干干净净，整齐地摆放在碗柜里。看着我的劳动成果，我感到非常自豪。妈妈走过来，笑着夸我真棒，说她为我感到骄傲。

后记

这次学习洗碗的经历让我收获了很多。我不仅学会了这项技能，还体会到了妈妈的辛苦和付出。以后，我要多做一些家务事，为妈妈分担更多的负担。

父母感言

亲爱的孩子，你已经长大了，知道为妈妈分担家务，自己主动要求到厨房洗碗，这是你人生走向成功的第一步，妈妈为你高兴，为你自豪，为你点赞！（妈妈：蒋 菡）

教师赏评

全文层层递进，思路清晰，传递出童年分担家务的喜悦。小作者独特的做事风格和干脆利落的叙事方式，使读者一目了然，尤其是文中没有华丽的辞藻，却表达了作者爱妈妈、爱劳动的优良品质。文章文字不多，描写细致，事物变化微妙，真实有趣，入情入理。（指导教师：王亚妹）

学会做事（在你的生活中是否也遇到过相同或相似的事，感觉如何？写下来。）____

____

____

学骑自行车有收获

重庆市酉阳土家族苗族自治县民族小学三年（7）班 程知一

周末，阳光明媚，我对妈妈说：“我想学骑自行车。”妈妈说：“你年龄小，只能到公园学骑自行车。”便帮我把自行车从家里搬了出来。

到了公园，妈妈给我加油鼓劲，促使我信心满满地骑上自行车。

没想到我一上车就摔了个狗啃泥。妈妈走过来轻轻地拍了拍我的肩膀：

"没关系，掌握骑自行车的方法就不会摔了。"

啊？我疑惑地看着妈妈。妈妈继续说："骑车首先身体要保持平衡，双脚放在踏板上，然后用力有节奏地蹬脚踏板……"我耐心地听着妈妈的指导。

我按照妈妈指导的方法，重新骑上车，小心翼翼地蹬起脚踏板。没想到车子前行了，开始，我还有点蒙，手忙脚乱得不知所措。"加油！加油！"在妈妈一声声的鼓励中，我的车速越来越快，身体也随之平稳了好多。妈妈又喊："好样的！别太快了，要稳住。"车子颤颤悠悠地行驶在坑坑洼洼的路面上，绕过了一个坑，又躲过一个坑。车头忽左忽右，我的身体也跟着不停地摇摆起来。我紧张得手心都冒汗了，"刹车！刹车！"妈妈又喊起来。我赶紧放慢车速，手抓"刹车"停下了车。

稍作休息后，我再次出发。突然间，我发现自己能稳稳地骑上好几十米了，便大声地喊："妈妈，我成功了！"妈妈高兴地笑道："你看，掌握方法，你就可以成功吧。"

刚学会骑自行车，很兴奋，我自己骑了好长时间。在经过公园的一个十字路口时，来往的人有点多。我紧握车把，不敢过马路。

妈妈鼓励道："公园里没有红绿灯，要等没有行人时才能通过。"待没有行人了，我深吸了一口气，鼓起勇气，坐上座椅，在妈妈的鼓励下安全通过。

如今，我已经能够熟练地骑自行车了。每当我到公园练习骑自行车时，都会想起妈妈的教诲："规矩促进成长，努力才会前行。"我要永远永远铭记：守规矩，努力、努力、再努力，不断成长。

后记

妈妈不仅教会我骑车，还让我认识到：只要守规矩，就会安全、顺利地掌握更多的本领。"不守规矩不成方圆。"规矩陪伴我成长，规矩给了我满满的安全感！

父母感言

陪伴就不仅是陪着孩子慢慢地长大，还要告诉孩子成长过程中如何处理

遇到的困难。看着孩子健康快乐地成长，这过程很幸福。（妈妈：魏宇楼）

教师赏评

小作者把学骑自行车的过程叙述得非常清楚，尤其是人物的心理活动描写恰如其分，使人产生如见其境、如见其人的感觉，真实可信，生动有趣。全文结构紧凑、流畅，描写细致，事物变化微妙，真实有趣，入情入理，文笔细腻，行文流畅。（指导教师：冉婷婷）

学会做事（在你的生活中是否也遇到过相同或相似的事，感觉如何？写下来。）

守规矩是成功的开始

广东省深圳市罗湖外语实验学校初三（4）班　罗晞琪

“做人难，做事更难”。这是在日常生活中常萦绕我们耳边的话语。

的确，人生不易，为了获得必要的、所需的资源，每个人都必须承受狂暴的风沙，要参与物竞天择的筛选、更要不计艰辛地拼搏。成功者固然踌躇满志，令人艳羡，而折戟沉沙者却只落得几声叹惋，最终销声匿迹。知晓如何把握成功的规律、找出失败的症结，才能让自己在做人、做事方面更成熟、更完善、更顺利。

有人说世事如井水，如何探得深浅，最终达到如鱼得水的境地，则需要亲自下一番工夫来摸清做人做事的门道。门道是什么？是暗藏的玄机，是成功的规则，是成功者用而不言、秘而不宣的手段和心法。做任何事情，只因摸清了门道，吃透了规则，掌握了方法，因而如同宝刀在手，削铁如泥，也才能胸有成竹，气定神闲，在谈笑间办成他人梦寐以求的好事。

这世间有太多人把做人处事之道看得过于复杂，但仿佛用尽浑身力气，也无法达到十全十美；又或把做人做事看得过于简单，认为无章可循，无法可依。对此，我想说：成功是一门学问，更是一门艺术。它需要的不仅是满腔热情、远大的志向以及不畏艰辛的努力，更需要奋斗者具备多方面的必要素质，尤其是要守规矩，这是成功的前提。否则不管你如何自信，如何聪慧也不过是人生道路上胜者的陪跑人。

一个人不管多聪明、多能干，基础多优越，如果不懂得做人做事的方法，光有一肚子大道理，空怀热切的期盼，不过是赵括般纸上谈兵；或者只是揣着一厢情愿的想法，如柏拉图式主义者，空想主义的美梦终将破碎。同样，做人做事没有长远开阔的眼光，没有通盘的规划，只关注当下不放眼未来，觉得船到桥头自然直的人，如是没有天赐的良缘与运气是不会落得美满结局的。

因此，少年啊！观察万物之规，坚定自我，发展自我，成就自我吧！

后记

“做事”与“人生”二者的关系，或许在做事的过程中我们便能大抵看出一个人的处世风格，因此我论述了二者间的关系并得出了“人生的每件事都应认真对待”的结论。最后我希望大家都可以学习做事，学会做事，最后好好做事就像各位的人生一般，好好对待人生，一步一个脚印最终到达成功的彼岸。

父母感言

看着你逐渐地成长，并能够独立思考，有着自己的思想，我们感到非常的欣慰。更希望你能继续保持不断探索的初心和热情，创造属于自己的更加美好的未来。加油，你是最棒的！（爸爸：罗堂荣）

教师赏评

罗晞琪同学在日常校园生活中便常常观察身边人、身边事、身边物。文中可以看到她的总结：成功秘诀是全面的发展，不是只全身心投入某一项，而是协同发展，正呼应了中国现在的协调发展主题。（指导教师：杨　鑫）

学会做事（在你的生活中是否也遇到过相同或相似的事，感觉如何？写下来。）

规矩促使自控能力的养成

自我控制能力是人类最实用的技能之一，人们常常依靠它来抵抗外界的诱惑。

那怎样提高自我控制的能力呢？

各种各样的诱惑常以各种方式“袭击”孩子，而且常常是十分有力而充满动物野性的，是一种看起来难以抵挡的袭击。如平时花钱不节制，吃太多的零食，容易被情绪左右行为等，都是孩子必须控制的行为。

人类之所以文明就是因为人具有自我控制的能力，能抵抗各种诱惑。没有了自我控制，人类文明将不复存在。在我们身边就很容易发现：人类的各类冲动实在是太频繁了，而且自我控制经常屈服于冲动。

控制不良行为是一项非常重要的自我控制能力培养，包括控制自己的情绪以及控制自己的欲望，比如贪玩的欲望、贪吃的欲望、贪财的欲望，等等。

无数事实表明：能够控制自己才能改变自我，不断进步，如果不善于控制自己，人生就会原地踏步。

【案例】

晓晓 7 岁时，跟妈妈一起去参加爸爸同事的婚礼。到了酒店，晓晓发现有许多跟她年龄相当的小朋友，高兴极了，很快就熟悉并一同玩了起来。婚宴就要开始了，晓晓想跟小朋友们再玩一会儿，便对妈妈说：“妈妈，我不饿，想再玩一会儿”。晓晓的妈妈没有直接拒绝她，心想：“现在不吃待会儿肯定要饿。再说，别的小朋友也要吃饭啊！”果然，跟晓晓一块玩的小朋友们都被爸爸妈妈叫去吃饭了。这时晓晓才坐下来胡乱吃了几口，喝了两大杯饮料之后，看到有小朋友下桌子了，便说：“我吃饱了。”

晓晓的妈妈没有拦她，而是向她确认：“你真的吃饱了？待会儿可没得吃了。”晓晓想了想说：“妈妈，能把香芋酥给我打包留着吗？”晓晓妈妈摇摇头：“这可能不行。因为摆在桌子上的香芋酥是大家的，不可能为你一个人留着，让其他人吃不到。如果你待会儿饿了，妈妈可以专门去给你叫一份儿，不过，你得自己掏钱再买。”晓晓摇摇头：“算了，还是吃饱再去玩吧。”同桌的阿姨看后把香芋酥放到晓晓妈妈旁边，意思是晓晓喜欢吃可以带回去，被晓晓妈妈笑着拒绝了，而晓晓却自己夹了两块，放在了一边。吃完饭，有人问晓晓妈，如果她今天真的不吃饭要先玩，你会答应吗？晓晓妈说：“不行，那太迁就孩子了。孩子什么时候吃饭，吃什么，是她的自由。对这个年龄的孩子来说，玩比吃更有吸引力。如果，父母让她吃饭，不让她玩，就等于间接地把‘吃饭’跟‘玩’对立起来，孩子对‘吃饭’就会产生排斥情绪。另外，孩子是饿不着的，她饿了自己会找吃的。”

晓晓妈从尊重孩子的角度出发，给孩子定规矩的。孩子想先玩，要求把喜欢吃的“香芋酥”给她留着，这当然不行。在孩子对“玩”产生兴趣的时候，先“玩”还是先“吃”就形成了一对“矛盾”，“玩”是孩子的天性，不能阻止，吃也很重要，不能少，晓晓妈让孩子先玩，想要吃，就必须自己掏钱买，这就是在给孩子定规矩：“什么时间玩？什么时间吃？”，不能想“玩”就“玩”，想“吃”就“吃”。

【共同分析】

晓晓妈妈的做法使孩子感觉到：做任何事情都应该是有规矩的，自己喜欢的事也要学会控制。从晓晓妈妈的做法中得到什么启发呢？

拓展阅读

在家规的触动下成长

广东省深圳市罗湖外语实验学校初三（14）班　邵天乐

在与外婆一起生活时，我慢慢走进外婆家的家庭文化。起初，我随外婆一起学习茶艺与刺绣的手艺，我在这样的家庭文化的熏陶下茁壮成长。

夏日的阳光笼罩大地，蝉鸣不断。我站在外婆身旁，踮起脚尖，努力地看外婆的动作。

外婆戴着一副厚厚的老花镜，右手捏着绣花针，在左手的薄布上不断穿梭。我的眼珠也随着外婆的手转动，不一会儿，眼睛便累了，外婆放下手中活，将年幼的我抱起，放在腿上，又接着忙碌着手中的活。

渐渐地，一幅栩栩如生的图像便出现在我眼前。我张大嘴，万分惊叹，外婆的手艺如此精巧，刺绣如此奇妙。

外婆笑笑，拉起我的手，捏着针，在一块新布上穿梭，外婆的手慢了下来，像是为了防止我受伤。一戳一拉，不断地重复这个动作，我慢慢地便掌握了节奏。看着渐渐熟练的我，外婆的眉头舒展开来，露出笑意。

外婆不畏岁月坚持刺绣，从此，我便在刺绣文化中成长。

茶艺耀少年，敬佩立吾心。

外婆的屋子连着一座山，拥着大片的茶田。待到春日，茶山绿波翻涌时，我会随外婆背上茶篓，上山采茶。

进到茶园，外婆便着手挑选。她细细挑选茶叶中的嫩芽，放入我的背篓中。将背篓装满后便走出菜园回到家，外婆将锅烧热，便准备开始炒茶。将精挑细选的嫩叶倒入大锅之中，顷刻间便香气弥漫，茶叶爆响，待茶叶在经过翻炒后变得柔软，便将茶叶揉搓成卷。

茶叶从一开始的伸展变得细长。我执起锅铲，跟随着外婆的节奏翻炒着茶叶，不断地翻炒使茶叶散出清香。

我抓起一小把，放入杯中，热水倾注下，茶香浓郁，沁然于心。

外婆不惧岁月坚持茶艺，从此，我在茶艺文化中成长。

无论是刺绣还是茶艺，从外婆身上，我读懂了匠人的坚守，那是几十年如一日的坚持，那是不在意岁月变换的淡然，也是不论社会变换的恒心。我只愿，匠人坚守可抵岁月漫长，在浩瀚的时间长河中，令文化传承如弦，不散亦不逝。

于清浅时光时，在文化中成长，在我的记忆中，植种繁花，仰见烟火……

后记

跟外婆的学习令我学习到了很多，包括家庭手艺文化的传承，让我意识到，手艺文化不仅是我们的家庭文化，也是我们国家民族的灵魂，我们要继承和弘扬中国传统文化。

父母感言

我们也没想到孩子和他外婆可以学习到这些，老人家年轻时学过许多东西，孩子能够认真学进去也是好的。（爸爸：邵乃国）

教师赏评

本文结构完整，语言优美，立意深刻，生动描写出茶文化与刺绣的意蕴深厚，感情真挚，把事情的过程叙述得很清楚，人物的活动描述得也具体，真实可信，生动有趣，全文结构紧凑、流畅，描写细致，事物变化微妙，真实有趣，入情入理。（指导教师：聂华）

学会做事（在你的生活中是否也遇到过相同或相似的事，感觉如何？写下来。）

劳动成果在规矩中诞生

广东省深圳市罗湖外语实验学校初三（2）班　李明洁

日子就是这么的庸常，却有细碎的事物，如太阳碎碎的光芒，洒落其上，那粗糙的双手，抚慰人心；那阳光的挥洒，创造幸福；那辛勤的劳动，驱散了心中的阴霾，盛放成了一朵朵娇美的花。

尘雾之微，补益山海。

眺望麦田，我仿佛又看到了你勤劳的身影，又忆起那份幸福。汗水滴落之间，又走进儿时的麦田……

稻花香里说丰年。燕群南逝，丰年的哨音被振翅声吹响。我曾与奶奶居住在乡下，自然不会错过这样一场秋日盛会。“奶奶，又要去割麦子了吗？”“是啊，你跟我来！”老人脸上绽开了如花的笑颜。

正午的太阳煌煌普照着大地，慷慨地把阳光分给每一寸土地。我目光所及之处是冰冷而尖锐的刃，紧握着镰刀的手有些无措。

抬头望向奶奶，她轻笑着，似早有预料般向我走来，那长满茧子的手掌托起我的小臂，拢住一把小麦，挥手刀落，一遍又一遍耐心地给我示范，并对我说：“割麦可是个技术活，是要长久积累的。妞妞以后多练习，就可以像我一样熟练了。”

那日，汗水的挥洒和奶奶鼓励的话语，照耀着我心中名为劳动的种子。它终会在某天发芽，肆意绽放。

荧烛末光，增辉日月。

海边朗日当空，扑面而来的海风带着些许凉意，向着港口走去，船舶的鸣笛声从远处传来，与海浪声相呼应。

几许渔人飞小艇。已是黄昏，出海的船也都逐渐回到港口，一艘、两艘……岸上也开始热闹起来，人们欢笑着，分享着劳动一天后的喜悦。走近是各种五颜六色的集装箱堆叠在一起。

一阵浑厚的喊声引起了我的注意，我转头看去，是一艘刚刚停泊在港口的船，几个大汉正拉着麻绳降下船帆，腥咸的味道随着海风来到我的鼻尖，那些大汉们似待发的弓，全身紧绷着，肌肉的线条是那么清晰。手拉着麻绳，脚踏着地，嘴里喊着有节奏的口号，激昂雄浑！一声比一声响！一次比一次淋漓！我愣在原地，被这磅礴的气势惊住了，如此惊艳，美得战栗。他们脸上洋溢着幸福的笑容，这便是劳动带来的幸福与力量。

夕日欲颓，黄昏给港口的每个人渡了一层金边，每个劳动的人都是真实的、鲜活的，都如盛放的花儿，尽情展示着美好。“要向一颗微不足道的星星学习，可以微弱，但要有光。”

人生沉浮，我们应学会在生活细微处耕作。劳动的人们都像朵朵鲜花，辛勤劳作，把芬芳洒向世界的每一个角落。背上行囊，向上生长，我不再迷茫，因为那抹芬芳指引我前进的方向。

让劳动如花绽放，在骄阳下绚烂地开，在狂风中肆意地开，温暖又有力量。向下生根，向上开花，使辛勤劳动肆意绽放。

后记

劳动像花那样肆意绽放，始终把芬芳留给世界，“我”对劳动的敬畏以及对劳动人民的赞美和敬佩，希望能像他们一样劳动，留一抹芬芳于人间。

父母感言

我们小时候回老家时经常跟着家里老人一起去田里干活，看到孩子对劳动有这样的认识，身为父母，我们十分欣慰。读完这篇文章，我希望我们能一直保持这种对劳动的热情和这种乐观的生活态度。（妈妈：杨 锐）

教师赏评

文章条理清晰，结构明确。小作者语言优美，善于抓住劳动过程中的细节，对活动场景的描写细腻。文章中心明确，立意深刻，从普通的生活中体会到劳动带来的幸福，角度新颖，别出心裁。（指导教师：聂 华）

学会做事（在你的生活中是否也遇到过相同或相似的事，感觉如何？写下来。）______________________________

____

____

发生在红绿灯路口

北京市第十七中学初三（3）班　王晨子侠

俗话说得好：“没有规矩，不成方圆。”遵守规矩，是一种约束；遵守规矩，也是在保护自己。

就拿我亲身经历的事情来举例吧。我每天骑车上下学，有一天我起晚了，出门的时候，还有不足二十分钟的时间就要上课了。正常速度肯定是要迟到的，所以我骑得非常快。拐过弯，我来到十字路口前，看着还剩八秒的绿灯，我知道，自己肯定是赶不上了。但等下一个红绿灯，还要等一分钟。现在每一秒对我来说，都弥足珍贵。这时黄灯亮了，我的心里剧烈挣扎：一方面内心十分焦急，另一方面又不想违反交通规则。这两个念想，在我心里翻江倒海，让我踌躇不定。五秒后，红灯亮起，我做出了自己的选择——用力地捏紧了刹车，在斑马线前停了下来。最终，我还是遵守了交通规则。“罢了罢了，迟到就迟到了，总比闯红灯带来的危险要好。”我在心里这样安慰自己。

我站在路口等绿灯。突然，一辆电动车从对面的机动车道驶来，我心里正奇怪，“他好像是逆行吧？还没走斑马线。”马上要到红绿灯路口了，他却丝毫没有减速。“他不会要闯红灯吧？”我替他捏了一把汗。果然，下一秒他就闯了过来。吱呀——刺耳的刹车声响起。咚！纵使那辆越野车已经很努力地刹车了，车屁股都快抬起来了，也依旧没能在撞车前刹停。“机动车道，逆行，还不走斑马线，只能说是天作孽犹可赦，自作孽不可活。”正好此时绿灯亮起，我向事发地骑了过去，看到电动车并无大碍，也许因为越野车主紧急刹车的原因吧。我着急忙慌地赶到学校，跟老师说了事情的经过，感叹道：“还是我运气好啊！”老师却不这么认为，他笑着跟我说：“是你守规矩，自己救了自己。”

规矩是我们生活中不可或缺的一部分。规矩就是用来修正自己言行举止的准则。遵守规矩不仅可以使社会秩序井然，还可以最大限度地保证我们不受伤害。

后记

“没有规矩，不成方圆。”因为有了规矩，才使社会有稳定的发展；有了规矩，才使人们有安定的生活。规矩，是一种约束。守规矩，也是一个人良好修养的外在表现。

父母感言

孩子在红绿灯路口的这次经历中，从纠结“闯不闯红灯”，到决定“等红灯”，是自我警醒的过程。加之后来他看到闯红灯者被车撞到的经过，更加坚定要守规矩的决心。我相信这个亲身经历的事件，会让他将守规矩成为一种习惯，内化于心、外化于行。希望他在成长中，做一个守规矩的人。（爸爸：王 彬）

教师赏评

作者选取了生活中的亲身经历作为素材，以当天的所见、所闻、所感作为叙事主体，讲述了自己通过红绿灯路口时，因遵守交通规则而避免了车祸发生的事，感受到了守规矩的重要性。文章“以小见大”， 从生活中的小事中，感悟到了“守规矩”不仅可以避免自身受到伤害，还可以使社会秩序更加稳定的道理。文章描写生动，有丰富的心理活动和动作描写。作者通过老师的话语“是你守规矩，自己救了自己”，巧妙地点明了主题。（指导教师：师 蕾）

学会做事（在你的生活中是否也遇到过相同或相似的事，感觉如何？写下来。）

学骑车悟出的道理

广东省珠海市紫荆桃园中学初中一（8）班　程若云

看着周围的小伙伴们骑着自行车从我身边“飞过”，我心里总生羡慕之情，心想：要是我也会骑自行车那该多好呀！

于是，我决定无论如何也要学会骑自行车。

一个星期六的上午，妈妈教我学骑自行车。刚开始，我既紧张又兴奋，心里总是忐忑不安！妈妈很耐心地先给我做了示范：先坐在车座上，双手紧握车把，右脚使劲一蹬，在车子前行的时候，迅速把脚放在脚踏上，身体保持平衡，目视前方，双脚有节奏地踩动脚踏……看着妈妈一连串的动作，我心想：“这太简单了！”便很自信地跑过去，接过妈妈手中的自行车，按妈妈的示范骑了上去，没想到，刚一上车便摔了一跤，我不服气，起来一次次地去试，结果，还是不停地摔跤，这一下子在我的心里把“这太简单了”改成“这太难了”，我垂头丧气地推着自行车走到妈妈跟前，低下头，似乎暗示：不想学了。

妈妈瞬间看出我的心思，接过我手中的自行车，语重心长地对我说：“失败乃成功之母，不要灰心，坚持就是胜利！你没听过一个歌谣吗？‘一次不行，两次；两次不行，三次；三次不行，四次；四次不行，五次，直至成功’妈妈相信你，只要坚持，就一定会成功的！加油！”

在妈妈语重心长的鼓励下，我鼓足勇气又踏上了自行车，坐在车座，双手紧握车把，右脚使劲一蹬，车子前行，迅速把左脚放在脚踏上，身体保持平衡，目视前方，双脚有节奏地踩动脚踏……谁知道奇迹真的出现了，我会了，我会了，我终于学会了。

经过坚持不懈的努力，我成功地学会了骑自行车，非常开心。心想：“失败乃成功之母，只要努力，没有办不成的事”。我不畏艰难，不懈努力，就能满足我对骑自行车的羡慕之情。

从此，每天上学、放学，我都自己骑着自行车，往返在学校与家的路上，吸吮着大自然赋予的清新空气，一路上欣赏着一望无际的天空和美丽的云海，心里充满了一种难以用语言表达的成就感。

学骑自行车，使我感到自豪，心里无比快乐，从此以后我经常告诉自己：坚持就是胜利，坚持是一种非凡的力量，如果没有坚持，就无法领略人间的美丽，更难以体会妈妈那句："失败乃成功之母，不要灰心，坚持就是胜利！"的深刻含义。

自此以后，我都坚信：无论何时、何地、何事，遇有再大的困难，只有坚持，就一定会成功。

后记

学骑自行车的过程告诉我：唯有坚持，才会获得一个个成功，才会换来一个个的喜悦和幸福。

父母感言

学骑自行车是孩子盼望已久的事，这个过程虽然有些挫折，但也磨炼了孩子的意志，是他从中学到了许多，还增强了孩子的自信。（妈妈：杨 瑛）

教师赏评

小作者把学骑自行车的过程写得具体生动，读起这篇文章，便欣赏到一个由懦弱变坚强的过程！文章结尾更是点明主题，"何时、何地、何事，遇到再大的困难，只要坚持，就一定会成功"。学骑自行车不仅是一种技能，更是一种永不言败的精神传递，深入人心地启示人们去体验、去追求。（指导教师：周 鑫）

学会做事（在你的生活中是否也遇到过相同或相似的事，感觉如何？写下来。）

规矩引领下的骑行之路

江苏省淮安市淮阴中学新城校区初一（25）班　徐若可

周末的晨曦透出一缕阳光轻轻地洒在我家窗台上，仿佛在邀请我在这温暖的天气里，做一件意义非凡的事。

早晨一起床，我便对妈妈说：我要自己骑自行车上国际象棋课。听到我的诉求，妈妈微笑着点点头，帮我把她心爱的自行车推出家门。

我和妈妈各自骑上车，穿梭在我家小区外的那条曲折小路上。

我们骑行的路面坑坑洼洼，如同生活的跌宕起伏，也正是这样的不平坦，塑造了我这次骑行的挑战与乐趣。

我作为新的骑手，初次面对这样的路况，心里有些紧张，前心后背就连紧握车把的手心也在微微冒汗，车轮在颤颤悠悠地前行，颠簸与摇晃，仿佛在暗示我如何更好地掌控车的方向与身体的平衡。

妈妈骑车行驶在我的旁边，声音如春风般不停叮嘱我：“别怕，孩子，只要小心些，慢慢来。”妈妈的话语如同一盏明灯，照亮着我前行的路，让我更加明白骑行要掌握的规矩与技巧。

拐过一个弯，眼前豁然开朗，大马路展现在眼前。车流如织，人声鼎沸。我的心跳加速，但妈妈的鼓励声再次在耳边响起：“过马路时，先看清路况，再停车观察，等到绿灯再通行。”我深吸一口气，紧紧握住车把，按照妈妈的教导，顺利地穿过了马路。

风轻轻吹过，带走了额头的汗水，也带走了我心中的紧张与恐惧。骑行在通往国际象棋训练基地的路上，我感受到了成长的喜悦与自豪。

回想起今天的经历，我不仅学会了如何更好地骑行，更深刻地领悟到了规矩的重要性。规矩如同骑行的指南针，它让我在复杂的路况中保持冷静与自信，也让我在成长的道路上更加稳健与坚定。

我要感谢妈妈，不仅教会我骑车，更教会了我如何用规矩引领自己成长。

后记

学骑自行车的过程不仅使我掌握了骑自行车的技巧，还使我悟道：生活中唯有守规矩，才能渡过一个个难关，闯过一个个障碍，换来一个个喜悦和幸福。

父母感言

自己独自骑自行车不仅磨炼了孩子的意志、锻炼了身体，更有意义的是：使孩子亲身体验到守规矩的重要性，唯有守规矩才会克服成长路上的一些磕磕绊绊，进一步刷新了孩子对人生道路的认知，增强了克服重重困难的自信。（妈妈：谭 静）

教师赏评

小作者不仅把独自骑自行车的过程写得具体生动，讲述了自己如何由懦弱变坚强过程！文章结尾更是点明主题，“遇有再大的困难，只有守规矩，就一定能……”，后记指出：“独自骑自行车的过程不仅使我掌握了骑自行车的技巧，还使我悟道：生活中唯有守规矩，才能渡过一个个难关，闯过一个个障碍，换来一个个喜悦和幸福。”使文章前后呼应，生动感人。本文通过抒写自己的经历，给读者以启发。（指导教师：陈业勤 ）

学会做事（在你的生活中是否也遇到过相同或相似的事，感觉如何？写下来。）

本篇复盘

◎ 小问题

思考下面的问题，帮助你理解给孩子立规矩对提升能力的作用。

1. 培养孩子守规矩能力的目的是什么？

2. 培养孩子守规矩能力首先要做到什么？

3. 培养孩子守规矩能力的步骤是什么？

4. 培养孩子守规矩能力有哪些要注意的环节？

5. 培养孩子守规矩能力有什么效果和表现？

6. 培养孩子守规矩能力的方式不同，效果有什么不一样？

◎ 信息反馈

在日常生活中很多事情都需要通过守规矩获取成功的，你面对这些问题是怎么解决的？你身边的人又是怎么处理的？请将此记录下来，写一篇500～800字的文章，扫描微信公众号二维码传上去。

陶行知学院
微信公众号

Part3

品德修养篇

篇前小叙

本篇是以“陶行知生活教育系列丛书”中的《品德与分数》为蓝本，由北京师范大学珠海校区（原分校）北京理工大学珠海校区（原学院）和暨南大学珠海校区等18名教授，深入居民社区，在充分了解居民家庭在家庭教育方面存在的实际问题开展的“大学教授谈家庭教育”活动而形成，教授们针对应试教育给我们带来的压力，鼓励父母要重视孩子的品德修养，让良好的品德促使孩子茁壮成长。在父母和教师的感召下，形成了家校共育塑造孩子人生的局面，孩子的行为、习惯、个性、性格也正是在父母行为的影响下逐步形成。小作者在教授们的感召下，在日常生活实践中及时纠正自身不足，身体力行，不仅注重了个人品德的修养，还记录了自我品德修养的过程，形成了一篇篇生动感人的优秀作文。

名师导航

陶行知说：

➢ 道德是做人的根本。根本一坏，纵然你有一些学问和本领，也无甚用处。

➢ 把自己的私德健全起来，建筑起“人格长城”来。由私德的健全，而扩大公德的效用，来为集体谋利益。

杜威说：

➢ 教育是社会进步及社会改革的基本方法。改革仅仅依赖法规的制定，或是惩罚的威胁，或仅仅依赖改变机械的或外在的安排，都是暂时性的、无效的。

胡适说：

➢ 学习不是为了考试，而是为了提高自己的素质。学习应该是一种自我提升的过程，而不仅仅是为了应付考试。通过学习，人们可以拓宽视野、培养能力，提高自己的综合素质。

蔡元培说：

➢ 学校是培养人格的地方，只有在培养了坚韧、独立、有道德底线的人格后，学生才能更好地应对社会的各种挑战。

➢ 德育实为完全人格之本，若无德则虽体魄智力发达，适足助其为恶，无益也。

导师简介

周　蔷

林肯大学工商管理硕士，陶行知（广东）教育科技有限公司总监。曾任为北京师范大学珠海分校聘为创新创业教育研究所研究员。多年来一直从事陶行知幼小教育研究，对陶行知生活思想尤其是对幼、小教育有深刻的研究。2020 年 7 月 21 日在《光明日报》15 版发表《在快乐中培养孩子健康的性格》的文章。主编“陶行知生活教育系列丛书”中的《尊重与情商》，参编《教育与创新》《规矩与成长》《品德与分数》《知识与财富》《行为与性格》《勤奋与责任》《生存与发展》《音乐与人生》《批评与表扬》等著作。

杨嘉浩

广东省韶关大学毕业，现任广东省珠海市香洲区梅华街道悦城社区党委副书记。学生时期担任英东生物工程学院调研部部长，食品科学与工程物流方向班级团支部书记，擅长组织开展各类活动，如学生支教、调研调查、暑期活动等。2011 年入职广东省珠海市香洲区梅华街道党政办工作，有着多年的写作经验。曾荣获香洲区优秀团干部称号、梅华街道优秀党建工作者称号等。

本篇主题：成才的关键是品德的修炼

本篇要点：

本篇从“成才的关键是品德的修炼”这个主题切入，由浅入深地导出“品德培养要从尊重开始”，启示父母在家庭教育中“要对孩子实施陶行知先生提出的‘儿童六大解放’”“要修炼孩子的六个核心品格”，要注意“父母的行为要成为孩子的楷模”；通过大量案例举例说明“品德比分数更重要”“学习是一种品德的修炼”“要孩子自尊必须先自立”“要让孩子做学习的主人自动自发地学”“不能用‘考试分数’评价孩子的品德”“学习能力是品德形成的基础”；从而启示父母培养孩子的品德要注意“遏制住孩子的‘自私行为’”，并列出“孩子自私的特征与表现”“如何避免孩子自私欲的产生”“遏制孩子自私蔓延的方法”“怎样从小刹住孩子自私的心理”“要让孩子成才就要给‘真爱’”“要从小事培养孩子‘博爱’的胸怀”“要时刻关注孩子的那点爱”“让孩子在磨炼中成长”“要保护好孩子的‘公德心’”等影响孩子健康成长的案例。

陶行知经典故事

诚实无欺做真人

陶行知曾向师生提出：教师的任务是“千教万教教人求真”；学生的任务是“千学万学学做真人”。为此，他主张在青少年时期必须经常给以“诚实无欺”的教育。

陶行知讲《斧头和樱桃树的故事》：年幼的华盛顿为了要试试手中的斧头是否锋利，把父亲最心爱的樱桃树砍了。当华盛顿的父亲气呼呼地追查时，华盛顿诚实地低下了头承认了错误。父亲顿时怒气平息，亲昵地拍拍华盛顿的小脑袋，赞扬他勇敢承认错误是一种英雄行为，说“这要比一千棵樱桃树更有价值”。

陶行知又朗诵了自己创作的长诗《平老静还金镯》：平老静，家住在保定。人格最高尚，一品老百姓。夫妻开设肉包铺，保定人人都相信。但觉本钱不够大，有个朋友表示同情，借了一双镯子去押当，包金镯子里面却是银。除夕拿钱赎出来，银镯变成纯赤金，这镯不是原来物，不义之财不可领。可喜大年三十晚，夫妻出门把老板寻，找着典当老板把镯换，不要赤金要包金。……

保定包子铺几十个，唯独老静肉包最出名，老静并不登广告，人人心里自相信。

“诚实无欺”的美德就这样在陶行知经常不断地教育下，在学生心里深深地扎了根。

【共同分析】

陶行知面对学校师生提出教师的任务是“千教万教教人求真”；学生的任务是“千学万学学做真人”道出了教育的真谛，尤其是他主张的“六大解放”

就是“教人求真”“学做真人”的法宝，受教育者只有将大脑、双手、眼睛、嘴巴、空间、时间全部解放出来，才能体会、理解和运用那些深奥的科学知识，否则，就只能是死背教条，为考试而读书而学习，其结果必然是所得所获寥寥无几。

在正直的引领下抵达幸福的彼岸

正直是一种高尚的道德追求，是人们立身处世的先决条件，也是个人通向幸福彼岸的先决条件。“正直”是指一个人诚实、真实、坦率、公正，不欺骗、不偏袒、不说谎、不伪装、不违法、不欺负弱者。

正直是一种品德和人格，是社会中最基本的价值观之一。正直的人不会说谎或隐瞒真相，也不会偷盗或欺骗他人。他们会秉持着良心和道德准则，用诚实和公正的方式来处理事情。这样的人会让人们信任他们，因为他们的行为是可靠的和值得信赖的。正直的人往往能够在工作和生活中获得成功和尊重，因为他们在处理事情时诚实而公正，不仅是可信任的人，也是值得尊重和敬仰的人。

在社会活动中，正直是非常重要的品质。

正直的人会对自己和周围的人产生积极的影响，并且能够建立起一种诚实和公正的社会风气。因此，孩子应该尽可能地发扬正直的品质，让它成为孩子生活和工作的准则。

拥有了正直的品行，才能取信于人，不断地拓展个人生存的空间，实现人与人之间的真诚交往，同时，一个正直的人也必然是一个心底无私的人，在为人处事过程中往往会严格按照自己的良知去做事，“心底无私天地宽”。

正直意味着敢于追求真理，敢于同邪恶作斗争。

与正直相对应的是虚伪和文过饰非。在日常生活中，言行相违，表里不一，把一己私利作为取舍的标准，这样的人格与正直相隔甚远，他们有可能在某时某地取得暂时的成功，但是，究其整个人生而言，终将会一事无成。

正值意味着高度的名誉感，并时刻检讨自己的行为，以提高自己的名誉度。这里需要指出的是：名誉和声誉是两个容易混淆的概念，名誉是指人的知名度，有正面和负面之分，而声誉是一种好的名声，只有正面意义，没有负面意义。有的人为了提高自己的知名度进行恶意炒作，他获得的不是好评，而是臭名远扬。而名誉则不然，它是靠个人的一言一行不断积累起来的好名声，它以行动为依托，而不是作秀式的沽名钓誉。

正值意味着深深的反省，自觉自愿的服从。正直的人一定是一个有良知的人；一个严格按照道德标准形式的人；一个谦虚谨慎的人；一个不断检讨自己的行为，不惜一切纠正自己错误的人。

【案例】

优良品德表现在行为中

从小，小王的父母就教育她要做一个诚实守信的人，自己做了母亲后她依然是这样教育孩子的。

一天傍晚，小王和女儿吃过晚饭一起出去散步，在马路边上女儿看到一部手机，拾起之后女儿对小王说："妈妈，丢手机的人一定很着急吧，我们赶快查查电话记录联系一下失主，尽快把手机交还给人家。"于是，母女俩经过查找后联系到了失主，并在小区门口一直等到失主前来拿回手机。

当时失主非常感激并买来水果答谢她们，小王的女儿很淡然地说：这是我们应该做的，并婉拒了失主带来的水果。小王看到女儿的表现，心里很欣慰，心想：这就是家教、家规、家训的作用啊！

【共同分析】

"天下之本在家"，家教家风与家庭美德绝不仅仅是居家生活的相处之道，更是国家发展和社会和谐的基础。

重言传、重身教，教知识、育品德，以身作则、耳濡目染，用正确的道德观念塑造美好心灵，新时代的家庭将绽放出美丽的道德光芒。

拓展阅读

品德比分数重要

北京市第十七中学初三（1）班　张慕涵

古人云：“道德当身，不以物惑。”品德，是道德品质、修养、情操的总和，是一个人内在的精神世界和外在的行为表现。品德是做人的根本，更是中华民族的传统美德。升入初三的我学业繁忙，竞争激烈，把分数看得格外重要，因而忽略了做人的根本——品德。但那件平凡小事却让我看到了品德的重要。

那天夜晚，灯光与黑夜相伴，我一个劲儿地钻研着难题。笔尖的“沙沙”声常与寂静相对，我不停地在题海中作战，仿佛世界都与我无关，我深深地沉浸其中。“休息一下吧，明天有个帮助行动不便的老人的社区活动，我给你报个名参加吧。”妈妈的声音突然打断了我的思绪，刚刚搭建好的数学思路结构，就像是一根细丝线，被轻轻一拉便松散了开来，所有的想法瞬间消失无踪。我气恼极了，抱怨道：“马上就要中考了，我哪有时间帮助老人啊，有这个时间多做几道题提高分数不好吗？不要打扰我了！”妈妈无奈地摇摇头，离开了我的房间。

我继续做起了数学试卷，可面前的几道大题却像拦路虎一样阻挡了我前进的步伐，我做不下去了。做不出来就得不到高分，我看了看旁边的答案，犹豫不决，但为了高分，我还是翻开了答案，抄了上去。

到了真正的模考，我的成绩却很糟糕。

面对那惨不忍睹的分数，我的心如同灌了铅一般沉重，深感无比的绝望。

妈妈察觉到了我低落的情绪，在我一番诉苦后，便带我去了姥姥的果园。已经快入夏季，果树上缀着零星的几点小花，虽说不上壮观，却也怡人。

妈妈缓缓地开口道：“如果说人生是大树，那么分数是其花朵，成功是其果实，品德是其树干，良好的品德是人的根本，分数只是外在的表现，是点缀。参加社区活动可以学到更多的课外知识，帮助他人是良好的品德，诚实也是，抄答案得到的高分毫无意义，你没有任何收获。”妈妈的话虽不是名人名言，却犹如鸣雷让我猛然醒悟。是啊，良好的品德比分数更重要。有良好的品德才能让我们进步，让我们有所收获，有所成就。

从那以后，我开始努力严以律己。我翻开试卷，认真研究不会的题，积极询问老师，答案安安静静地躺在我手边，没再被翻开过。课余我积极参加社区的各项活动，从中体验德行的影响。

渐渐地，我发现自己的人际关系变得更加和谐，同学们也更加愿意和我交往。而我的学习成绩，也在这个过程中得到了提升。父母、老师和同学们都惊诧于我的进步，对我的成绩表示欣慰和羡慕。可此时的我并没有为分数而激动，因为我知道，分数并不是最重要的，品德才是！

回首过去，我深感自己的成长离不开品德的修炼。品德，比分数更重要。只有拥有良好的品德，我们才能在人生的道路上走得更远。而分数，只是我们学习的一个方面，不能代表我们的全部。拥有良好的品德，也是继承发扬中华民族的传统美德。“勿以恶小而为之，勿以善小而不为。”让我们从小事做起树立良好品德，做最好的自己，不断成长！

后记

品德是立身处世的基础，要懂得品德比分数更重要，我要不断提高自己的品德，不断进步！

父母感言

教育最重要的是培养品德，受教育的目的也是培养一个品德优秀的人。作为父母，我们不仅要关注孩子学业成绩，还要关注孩子的品格素养。

通过参与志愿者活动、社区服务等，可以让孩子了解到自己在社会中的角色和责任。可以学会关心他人，关注社会的需要，并尽自己的一份力量去改善周围环境，教导孩子如何与他人建立良好的人际关系，帮助他们成为有责任感、有爱心、有道德素养的人。（爸爸：张志红）

教师赏评

小作者通过自己的亲身经历，阐述了品德比分数更重要的观点，并呼吁大家在追求学业成功的同时，不要忽视自身的品德修养。文章以名言开篇，令人眼睛一亮。本文结构清晰，语言简洁流畅，叙事生动，描述形象，颇有可读性。（指导教师：刘春娜 ）

学会做事（在你的生活中是否也遇到过相同或相似的事，感觉如何？写下来。）____

品德之光，分数之影

广东省珠海市容闳公学五年（3）班　岳京昱

在这个多彩多姿的世界里，我们时常被一些不合常理的标准和评价所困扰。如考试分数本来是学业成果的一种表现，却一度被当成了衡量成功与否的唯一标准。

然而，当我们深入思考就会发现，分数只是短暂的烟火，绚烂而易逝，而品德才是一生永久的财富，如同灿烂的星辰，永远照亮我们勇往直前。况且，我们学习的最终目的也是把自己培养成一个品学兼优的人，一个能为社会创造价值的人。

伟大的人民教育家陶行知说过：“因为道德是做人的根本。根本一坏，纵然你有一些学问和本领，也无甚用处。”

可是，在这个错综复杂的世界，人们依然被这个小小的分数评价所迷惑，迷住了眼睛，忽略前程。

试想：没有良好的品德，分数再高又有何用呢？曾有多少人在学业上名列前茅，可走向社会便沦落谷底，例如，宁夏某高考状元曾获得数不胜数的一等奖，从小到大分数一直名列前茅，可以说是万里挑一的天才，被保送到北京大学不到两年就因犯罪而入狱。这样一个出类拔萃的天才，因品德低下而败落。另有一些曾经是学校的“高分”才子，升为高职后，却因各种犯罪而锒铛入狱，这是为什么呢？答案只有一个：他们失去了品德。而一些学业成绩可能并非“优秀”者，但他们却凭着一种优秀的品德，成为受社会尊敬之人。

回顾以往人类成功的经验，不得不让我们明白一个道理：“分数是一时的，品德是一生的”，也就是说：分数仅是一时掌握知识的标记，而不是决定未来的筹码，只有具有优秀的品德的人，才能获取最终事业的成功。

有了高尚的品德，分数暂时低下，只要努力终将提升；没有高尚品德，即使取得高分，也无济于事，甚至会走向深渊……分数不等于品德，而品德高尚的人，才是未来社会有用的人，也是未来社会依靠的人。

品德高尚的人无论身处何种环境，都能用自己的行动影响周围的人，无时无刻不在尽自己的微薄之力，默默地为他人、为社会做着贡献，他们时刻珍惜品德，不会只顾一时的分数，而影响自己一生的发展。

后记

写完这篇文章，我对品德又有了更深的认识。作为学生，我们应当知道“教育之本在于立德”。成绩并不代表一切，品德才是重中之重。品德是一生的，分数是一时的，我们应当为一生立根本。

父母感言

亲爱的女儿，我们为拥有这样有思想、有品德高尚的孩子而骄傲！希望你乘风破浪，所向披靡，腹有诗书气自华，胸藏文墨怀若谷。愿你在以后的日子里心中有爱，眼里有光，像太阳一样熠熠生辉。（妈妈：何 笑）

教师赏评

陶行知说过：“把自己的私德健全起来，建筑起‘人格长城’来。由私德的健全，而扩大公德的效用，来为集体谋利益。”这篇文章立意深远，观点鲜明，论据充分，通过正反对比的严谨论证，简明扼要地剖析了品德与分数的价值，真可谓是“深海明珠，灵光闪耀”！（指导教师：华　蕾）

学会做事（在你的生活中是否也遇到过相同或相似的事，感觉如何？写下来。）

珠海，品德高升的摇篮

广东省珠海市文园中学初一（3）班　刘子墨

珠海，一座美丽的海滨城市，它拥有一百多座岛屿，素有“百岛之城”的美称。这里风景秀丽，气候宜人，有许多美丽的景点。你可以去日月贝听听音乐，可以去城市阳台看看风景，还可以去看看珠海渔女，听听关于她的美丽传说。除此之外，你还可以去爱情邮局，写一封信寄给你最想念的人，和家人朋友在情侣路上吹吹海风，光脚走在细软的沙滩上追逐海浪……这些都是珠海让人不得不慢下来感受美好生活的存在。

假如你喜欢书法，美丽海湾的小巷里，有书画一条街，从初学者到知名书法家的作品琳琅满目；假如你喜欢音乐，海滩上设有音乐厅，弹、拉、说、唱遍地都是，动听的音乐将伴随你度过美好一天；假如你喜欢运动，除了百里海岸线的漫步，你还可以领略凤凰山、状元岭等若干美丽的山林景色；假如你酷爱文学，珠海除了浩瀚的大海、壮观的山脉，还有众多老百姓艰苦创业的故事，这里有诸多素材供您采摘；假如你想从商，不需你多大的投资，大海退潮时遗留的各类贝壳，足以满足你的需求；假如你心情不畅，只要你的脚步迈步在海岸线上，便有一种豁然开朗的感觉。

1979年，邓小平爷爷来到珠海后，在地图上画了一个小圈，自此，珠海便成了经济特区。城市建设、自然环境、人文环境不断改善，由过去的一个小渔村逐渐变得越来越富有，国民经济也逐步走向腾飞。现在的珠海，高楼林立，车水马龙，还有新建的横琴自贸片区、港珠澳大桥，使中国经济与世界经济迅速接轨，呈现出一派欣欣向荣的景象！

经济飞速发展的同时，珠海人也没有忘记保护各类生态环境。许多依山傍水建造的栈道和大大小小的公园，渲染的城市空气格外清新，到处鸟语花香的环境，早已成了人们健身休闲的美好家园，而且公园和栈道都是免费向市民开放的！尤其是珠海对生态环境的保护，为人与自然的友好共存创下了不菲的成绩，在《联合国改善人居环境最佳范例奖》《世界最宜居奖》中，珠海榜上有名，而且在我国名列榜首。人们都说珠海是“最适合养老的城市”，在这里秩序排队、友爱互助、敬老爱幼随处可见，斑马线上礼让行人、公交车上贴心让座……随处可见；懂法有礼、邻里和睦相处是常态、拾金不昧时常发生，在这里文明新风尚蔚然成风，我深切感受到珠海是一片培养良好品德修养的沃土。

后记

放学了，我漫步在情侣路上，仰望被夕阳染红的天空，看着海鸥飞来飞去，真的好陶醉。我很幸运生长在珠海，希望我长大了也能为珠海的发展贡献我的力量！

父母感言

谢谢你让爸爸妈妈感受到你眼中的珠海，真的太美了！你观察得很细致，有自己的见解，希望以后通过你，让我们可以感受到更多美好的事物。有空了我们一起走遍珠海的每一个角落，让我们更深入了解珠海。（爸爸：刘 畅）

教师赏评

作者选取生活中自己亲身感受的素材，讲述了自己对生活城市的认识，运用了许多描写方法，写出了自己的所见所闻，对珠海的认识和所思所感，用最真诚真挚的眼光刻画出最美好的珠海，让读者很有感触，值得细细品味。

（指导教师：梁妍芳）

学会做事（在你的生活中是否也遇到过相同或相似的事，感觉如何？写下来。）

守一分传承，增一份深情

广东省深圳市罗湖外语实验学校初三（2）班　江　琳

山风携来了春日的气息，窗外的鸟儿正兴奋地拍打着翅膀，树叶发出窸窸窣窣的响声，被拍下的落叶，勾勒出外婆刺绣的场景，于此，守一份传承，忆一份刺绣情。

儿时的我无忧无虑，连呼吸都带着清香，外婆便静静地坐着，手中的针线穿梭在柔软的布中。

春日，枝头梨花开得正繁盛，粉嫩的花苞点缀其中，外婆便搬出一把椅子在树下默默绣着刺绣，勾勒着这世间的一切，这是外婆留给世界的独特方式。外婆的手在针线的穿梭中显得无比灵巧，宛如空中盘旋的蛟龙，针如细丝，阳光透过叶子的层层缝隙透进那针线上，将那些细线与银针照得熠熠生辉，那份光芒似乎渐渐萦绕在外婆身上。她轻扶起鼻梁上将要滑落的眼镜，双指捻针，继续描绘着她眼中的世界，不知过去多久，外婆揉了揉酸痛的手腕，但这幅刺绣才绣了一小部分。

“外婆，我也想学刺绣。”望着那精致的刺绣一角，我抓着外婆的手激动道。她却轻轻握着我的手：“你还小，不懂其中的道理……”

时光匆匆，待我再次见到外婆，已没有往日的精神，却依旧坚持刺绣，不同的是，她竟主动教我。她缓缓抬起头，眼神清澈而坚定，望向我，我愣了愣，点了点头。与外婆学习如何刺绣，握针不能太用力，也不能握得太轻，找落针点，位置不准，整幅刺绣便容易毁于一针之差。起初的我，被针扎了几次便想放弃，血从指尖渗出，冒出玫瑰般的血渍，外婆紧紧皱着眉头，眼中心疼之余是些许惋惜。见她如此，我便处理好伤口，认真说道："没关系，我慢慢学！"外婆粗糙的手覆在我的手上，将我的锐气磨平，望着那逐渐完成的刺绣，我的内心是从未体味过的欢愉与平静。

外婆戴着那破旧的老花镜，看着我，默默说道："孩子，有空多练练刺绣，如今这世间繁杂，这刺绣的韵味，很少有人能体会到了。"思绪万千，终将迎来那份花落，晚风拂过脸庞，我握着那幅刺绣，仿佛能看到那些曾经的图画。

"尝不到清欢，不知人间有味；不见森意浓绿意，不知田园轻适；不以文化浸养，更不知华夏辽阔。"守一份传承，守一份刺绣情，便是素履往前，便是知一份素心，便是学会传承。

学会做一件事，守一份传承，得到一份刺绣情，望那落花飘荡，传统之味，独韵其中。

后记

传承是我们中华文化不竭源泉的重要方式，代代传承的重任应由我们肩负起来，用心守一份刺绣情，那浸透了无数传统的浪漫与家人的期盼，也是我生活中前进的不竭动力。

父母感言

生活中每一件事情，哪怕再细微，又或许是一个好的习惯，都是成就我们的重要因素，学会在生活中成长，跟着家人学习传承，是孩子人生路上坚持、为之奋斗的小典范，她的这份心意让我们感动。（妈妈：钟晓芬）

教师赏评

小作者由生活小事写到自己对于传统文化的传承，体现了孩子生活中的诗意，学会了在生活中传达真善美。学会做事，懂得做事，做一件有意义的事，都在这篇文章的描写与刻画中传达出来。（指导教师：聂 华）

学会做事（在你的生活中是否也遇到过相同或相似的事，感觉如何？写下来。）______________________________

____

____

让学习成为一种品德修炼

在能力的内涵中，我们将其分为学习能力、执行能力、职业能力和专业能力四类，其中，学习能力是其他能力的基础。学习能力一般是指人们在正式学习或非正式学习环境下，自我求知、做事、进步的能力。学习能力通常说的就是“会学”的能力。只有“会学”，才能实现“学会”，才能不断提升自己的学习能力。一般的学习能力是在多种活动中表现出来的，如观察力、记忆力、抽象概括能力、注意力、理解能力等。这些能力的形成过程，就是一种品德修炼，人们通过观察和参与新的体验，把新知识融会贯通，从而改变已有的知识结构，这就具备了学习的能力，在这些能力的形成中同时也修炼了一种高尚的品德。

【案例】

兴趣引领学习能力的提升

在科学的殿堂里，无数杰出的科学家以其卓越的成就，为人类的进步和繁荣做出了巨大贡献。除了坚韧不拔的精神和不懈的努力外，离不开兴趣的引领。是因为对科学产生了兴趣，才提升了学习能力，最终攀登上科学的高峰。

爱因斯坦是一位伟大的物理学家，从小就对自然世界充满了好奇和兴趣。热衷于探索宇宙的奥秘，不断提出问题并寻找答案。就是兴趣驱使他深入钻研物理学知识，不断提升自己的学习能力。自学了高等数学和物理学理论，不断拓宽知识领域，为后来的科学研究打下了坚实的基础。最终他提出相对论等划时代的理论，成为物理学领域的巨擘。居里夫人是一位杰出的化学家和物理学家，也是对科学产生兴趣后克服重重困难，提升了学习能力，走向科技巅峰。

【共同分析】

在学习能力在兴趣中产生，兴趣是最好的老师，在解决实际问题的过程中，有助于学习能力的提升。提升学习能力。一则能巩固知识；二则能修正知识；三则能带来自我成功的兴趣。这种兴趣是建立稳定、持久而必需的要素。

拓展阅读

第一次“当家”的感悟

广东省珠海市第十九小学五年（3）班　马　骏

“呜哇呜哇……”一声声响亮的啼哭从摇摇床传出来，弟弟长时间看不到妈妈就要哭个不停，我想：妈妈除了忙工作，还要做其他的事，于是，我便主动向妈妈请战：“我要做弟弟的‘小管家’”。妈妈语重心长地说：“‘管家’需要尽职尽责、一丝不苟地把事做好，你先从给弟弟喂奶开始吧。”

由于我长期养成的“空闲就看电视”的毛病，做起事来很难“尽职尽责、一丝不苟”。我正想着怎么改正这个不好的习惯的时候，“呜哇呜哇……”弟弟哭了，我赶忙跑过去，心想：“弟弟，怎么啦？是拉屎尿尿？还是饿了？”我脑海里一片空白，手忙脚乱，不知所措，更不知道弟弟为什么要哭？“呜哇呜哇……”弟弟越哭越凶了，是饿了吗？我想着想着，便飞快地跑到放奶粉的柜子旁，拿起奶瓶，唉！一个难题出现在眼前：是先加奶粉还是先加热水呢？慢慢地我想起了妈妈给弟弟泡奶粉的情形，便学着妈妈的样子：把热水倒进奶瓶里再加三勺奶粉进去，摇匀并达到适当的温度后，开始给弟弟喂奶，没想到弟弟喝着喝着睡着了，此时，我才明白：弟弟哭是饿了，要喝奶，弟弟喝饱了就睡着了，我轻轻地给他盖上被子。

当“小管家”的工作刚刚开始，便遇到了如此的周折，我心想：给弟弟喂奶，都如此不易，爸爸妈妈操持我们这个家，要付出多少辛苦啊？

看着弟弟，体验着妈妈的辛苦，心理默默地盘算着：爸爸妈妈要对我们付出多少辛苦才将我们抚养长大啊？想着想着，泪水就不由得从眼眶里流了出来……

这时妈妈从外面回来了，我走到妈妈身边，抱着妈妈，对她说：“妈妈，您辛苦了！我爱您！”妈妈摸着我的头说：“我家马骏长大了，能体验到妈妈的辛苦了，逢事也会为妈妈着想了，妈妈也为你骄傲！”

后记

经历这件事之后，我以后每天放学回来做完作业，都会抽出时间来照顾弟弟，帮爸爸妈妈分担家务！这样妈妈就不会那么忙，那么累了，因为我是我家的“小管家”呀！

父母感言

马骏是我们的第一个孩子，随着他的第一声啼哭呱呱落地，带着我们的美好祝福，一步步地慢慢长大，随着他上了幼儿园再到现在小学五年级，各种焦虑不安都一一走过来了。看着他学会帮忙照顾弟弟，我们感到很欣慰。（妈妈：李沅娴）

教师赏评

文章把冲泡牛奶的过程叙述得很清楚，人物的活动描述得也具体，真实可信，全文结构紧凑、完整，文笔也较流畅。充分展现了小作者日常观察细致入微，能通过换位思考体谅父母的辛勤付出。（指导教师：杨嘉浩）

学会做事（在你的生活中是否也遇到过相同或相似的事，感觉如何？写下来。）

第一次做姐姐

北京市金融街润泽学校四年（3）班 郑羽彤

独占父母9年独爱的我，从来没想过有一天会闯入一个让我措手不及的“小家伙”！

国家放开二孩后，爸妈选择了生二胎，妈妈给我的理由是：让弟弟给我做个伴！

此时，我心里有一种糖果被人抢去了似的感觉，妈妈问我：喜欢妹妹还是弟弟，我说：喜欢弟弟呀！

随着时间的推移，妈妈的肚子越来越大了。

2023年元月14日，这一天，姥姥把我带去了医院，说是妈妈生了，我迫不及待地想看看刚生出来的宝宝长啥样。

到了医院，我看到妈妈一脸疲惫地躺着，身边的被子里露出一个小脑袋，皮肤粉粉的，小小的鼻子，小小的嘴巴，眼睛闭成一条缝，小手只有我两个手指那么大，哪哪都是小小的……

我忍不住往弟弟的小脸上亲了两口，妈妈说弟弟刚出生还没洗澡呢！

此时，我突然发现我怎么一见面就喜欢上弟弟了呢？应该是弟弟的可爱把我征服了吧！我心想：以后，一定帮妈妈好好照顾弟弟，爱弟弟！

第四天，妈妈带着弟弟出院回家了，我每天看着爸爸妈妈围着弟弟转，满脸的温柔都给了弟弟，心里总有一种说不出的感觉，有时也想：妈妈是否变了，不爱我了。

矛盾的心理总是让“我爱弟弟，喜欢弟弟”这个念头所征服。每天上学前总是要亲一口弟弟再出门，放学回家，也总是第一时间亲弟弟。

日子过得很快，弟弟百天了！

我抱着他，弟弟很亲热地对着我笑，还时不时笑出“咯咯咯”的声音！每当我听到这个声音，心里都会感到特别幸福。

时间久了，弟弟变成了我的开心果，每天我都会逗他笑，慢慢地弟弟开始黏我了，特别喜欢让我抱，每次见到我就开心地笑，还会咿咿呀呀地说一些我听不懂的话，一定是“我喜欢姐姐”之类的话吧，此时，我越来越感觉我的生活更幸福了！

从弟弟出生到会爬、会走，我一直陪伴着——弟弟虽然可爱，也有调皮的时候，这大概就是男孩的天性吧？

有一天，我放学回家，一进房间以为自己走错了门，屋里到处乱糟糟的，弟弟把我的画笔和玩具丢得满地都是。

弟弟那么小我不忍心说他，只好自己把房间收拾干净，没想到一眨眼的工夫，弟弟竟然又把我写的作业撕的撕，画的画，我实在忍不住了训了弟弟一顿，弟弟哭得很凶，妈妈说：“弟弟小，什么都不懂，撕了再写吧。”听了妈妈这句话，我心里甭提多委屈了！

自己辛辛苦苦完成的作业，毁了，再写，费时间不说，也不及第一次作业好了，明天怎么和老师交代呢？

晚上，我躺在床上，委屈地辗转反侧，心里那种滋味甭提多难受了！后来，妈妈虽然安慰了我，可我心里还是不舒服。

有了弟弟，有烦恼，也有开心，这大概就是生活吧！

有一天，妈妈抱着弟弟去买零食，弟弟拿了两个棒棒糖，跑过来硬塞给我，我心里暖暖的，心想：长大后有这么个小弟弟保护，应该还是不错的。

自从弟弟出生后，妈妈常对我说：“我对你的爱永远不会变，因为你是我的第一个孩子，很宝贵，妈妈陪伴不了你一辈子，所以有了弟弟你们就可以一辈子相依相伴了。”听了妈妈的话，我心里乐滋滋的，爱护弟弟，照顾好弟弟，成了我的又一个新使命。

后记

2024 年 1 月 14 日，弟弟满周岁了，从“小可爱”变成了“小帅哥”，我心里突然萌发出担心和牵挂的滋味，心想：有了弟弟，对这个家，我又有了新的担当，这就是我做姐姐的使命吧！

父母感言

亲爱的宝贝，妈妈很感谢你那么懂事乖巧，在妈妈忙碌的日子里你从小学会独立，也谢谢你对弟弟的关爱和包容，不求大富大贵，只求你平安喜乐，健康成长，未来生活里善良中带点锋芒，照顾好自己和弟弟。（妈妈：周 蔷）

教师赏评

小作者把从弟弟的到来带来的复杂心情、喜悦夹杂委屈再到弟弟的分享带来的感悟等心理变化过程叙述得很清楚，人物的活动描述得也很具体，真实可信，生动有趣，全文结构紧凑、完整，语句流畅，充分展现了姐姐爱弟弟的优良品德。（指导教师：刘迎春）

学会做事（在你的生活中是否也遇到过相同或相似的事，感觉如何？写下来。）____

____

____

藏在心底的“梅子汤”

湖北省武汉市育才小学六年（6）班 曹艺檬

夏日的午后，阳光像捉迷藏的小朋友，从树叶的缝隙偷偷溜下，洒在奈良古老的青石路上。我像只旅途中快乐的小兔一蹦一跳穿过小巷，直到在一个转角不期然地停住脚步。

几株小树似乎在向我招手，就像儿时的老朋友。我不禁走近一些，惊喜地发现树梢那若隐若现的青果，熟悉的梅子香瞬间轻拂过我的鼻尖，一股酸酸甜甜的味道开始在舌尖跳舞，那是我和外公关于夏天的独家味道。

外公的院子里也有几棵这样的梅子树，每到梅子成熟时，新鲜的梅子挂在枝头，像极了一颗颗圆圆的绿宝石。那个时候，我常会缠着外公摘梅子。

树下的外公头发花白，却总是笑得很慈祥。他摘梅子的手虽然有些粗糙了，但灵巧得很。这天，外公说要做梅子汤，而热爱厨艺的我当然不会放过学手艺的好机会。

梅子汤的做法并不复杂，但外公对我说，美食成功的关键和学习一样，要沉得下心。我扑闪扑闪眼睛，催促外公快些开始吧。首先，外公让我把挑拣后的梅子洗干净，用盐水浸泡，他说这样可以去除梅子的苦涩味。过一会儿，将浸泡后的梅子再次洗净，放入锅中。加入适量的冰糖和水，小火慢炖。我手举木勺，站在灶台前，迫不及待地过十分钟就问，好了吗？外公摇摇头。又过了五分钟，我又问，可以了吗？外公笑而不语。好不容易又过了五分钟，外公看着我一脸焦灼的模样，笑着说，熬梅子汤需要耐心，急躁不得。我深吸一口气，开始学着外公的模样用木勺轻轻搅动锅中的汤汁。很神奇，当我不那么着急，慢慢专注时，时间仿佛静止下来，而梅子汤的美味也似乎顺着鼻尖、舌尖流入心底。

就这样，我不断地加水、搅拌，熬煮了一个多小时后，梅子的酸涩与冰糖的甘甜完美融合，梅子汤终于完成了。冰镇后，我连忙尝了一口，清爽酸甜，我成功了。外公啧啧称赞，我的心里美滋滋的。

从那以后，每到夏日梅子成熟时，我总会想起梅子汤，想起外公的笑以及熬制梅子汤的点滴。

这是藏在心底的梅子汤，藏着对简单的坚持，藏着亲人的温暖，藏着我们家的幸福生活。

后记

梅子汤的甜，不只是味觉上的满足，更是心灵上的慰藉——藏在心底的梅子汤藏着的是对简单的坚持，藏着的是家人的温暖，藏着的是家的幸福。

父母感言

孩子热爱厨艺，非常愿意创新，尝试过很多的甜品制作。这是第一次用文章把过程记录下来。隔着文字，我似乎都闻到了梅子香，尝到了梅子汤的清甜，也想起了日本旅行的画面。可贵的是，文章让我看到孩子在成长，技

能在成长，感情在成长，思想也在成长。（妈妈：艾 娟）

教师赏评

小作者由所见所感自然过渡到梅子树，从而回想起和外公一起制作梅子汤的情景，画面温暖，笔触感人。藏在心底的梅子汤，藏着小作者动手创作的积极向上，藏着家人间的相亲相爱，更藏着成长中的孩子对家的依恋与爱。（指导教师：李 莉）

学会做事（在你的生活中是否也遇到过相同或相似的事，感觉如何？写下来。）

粽子原来这样做

广东省粤澳深度合作区华发容闳学校 401 班 侯菲阳

“五月五，是端午，门插艾，香满堂，吃粽子，撒白糖，全家乐得喜洋洋。”

端午节快到了，假期里，我和妈妈来到了乡下的外婆家。

听说可以包粽子，我和表弟、表妹都开心极了。

我们提前把糯米泡一晚上，上午要准备的工作就是把粽叶洗得干干净净，沥干水分，然后购买新鲜的五花肉回家腌制，花生米要炒熟去掉花生皮，所有食材备好就可以开始准备制作了

那天，我和表弟表妹吃完午饭后，望着做粽子的食材，看了好久，到了下午终于可以开始做了。

我们分工合作，成了一条流水线：表弟和表妹年龄小就负责整理绳子，他们嘻嘻哈哈地用胖胖的小手一条一条地整理好；妈妈首先取两片宽大的粽叶，轻轻折成漏斗状或长方形，先铺上一层糯米打底；妈妈再把粽子递给我，我戴着一次性手套在铺好糯米的粽叶上，放上肉条和花生对外婆说道：粽子来了，好嘞！耳边传来外婆亲切的声音和呵呵的笑声。粽子传递到下一个生

产线外婆那里，外婆在肉条和花生上面覆盖一层糯米，然后加两片粽叶只见她双手翻飞，不一会儿就包裹好食材；最后外公的大手接过来，笑眯眯地用细绳把粽子紧紧捆绑好，得确保粽子在煮的过程中不会“散架”。虽然这个过程看似简单，但实际需要细心与耐心，每一次的折叠都蕴含着对家人那种满满的爱意。

我们将包好的粽子整齐地码放在锅中，加入足够的水，水烧开后改为中小火慢炖数小时。当然，我自己也“发明”了几款不一样的粽子，臭豆腐馅、蔓越莓榴莲干馅……都是“黑暗料理”系列，好不好吃就不知道了。

终于，经过漫长的等待，粽子熟了。外婆打开锅盖，一股清香的气息扑面而来，我们几个孩子立刻飞奔过去一边跳着一边喊着“吃粽子了，吃粽子了”。解开绳子，剥开粽叶，一颗颗油亮饱满的糯米粽子呈现在我们眼前。咬一口，糯米的软糯、五花肉的醇厚、花生米的香脆，在口中交织成一首美妙的味觉交响曲。

后记

通过亲自动手包粽子，我才体会到了中华传统文化和习俗的魅力，在这个过程中感受到家人之间那种浓浓的亲情，体会到具有高贵品德的重要，更体会到唯有像屈原那样优秀的品德，才会拯救生命，为人类创造更大的幸福。

父母感言

妈妈感受到你对待生活的用心和热爱，你在动手中享受生活的乐趣与美好，更传递出你对传统文化的热爱。期待你今后能更多地参与这样的文化和活动，让传统文化滋养着你健康成长。（妈妈：马海华）

教师赏评

在你充满烟火气的文章中我看到了家庭中的其乐融融和生机勃勃。传统文化的根之所以根植在每个中国人民的心中，正是因为它的文化魅力和所链接的情感魅力。你能用心去体会、去感受，从而热爱上它，为你点赞！期待着你能成为中国传统文化的传播者，用自己的文字抒写好中国故事。（指导教师：李红艳）

学会做事（在你的生活中是否也遇到过相同或相似的事，感觉如何？写下来。）________________

____

____

星光熠熠指前路

广东省珠海市容闳学校五年 (1) 班　路　恒

时光匆匆，人的一生中会遇到许许多多的人，许许多多的物，许许多多的事。大多都会被忘掉，在我的记忆中，有一样东西使我至今难忘——一架天文望远镜。

这是一架我亲手组装的望远镜。记得是一个周末的晚上，爸妈和客人聊天时，我在一声不吭地组装着我的望远镜，不一会儿的工夫，一架通体黑白的望远镜就组装好了。

这架望远镜可以称得上是小而精，轻而美。

镜筒笔直，镜片光亮，天上无论多暗的星都可以被它的“法眼”揪出来。

望远镜的下面是一个赤道仪，每一个零部件都在保证镜头的精确度。框架是绿色的，镜体还有很多关节，为精准观测而默默付出。底座是银色的，尽管他承受着一定的重量，却没有丝毫的抱怨。

望远镜晚上观测效果最佳，如果是白天，由于受光线的干扰，天空中的一些景象，很难用它观测到。

每当夜幕降临，夜空都静悄悄地等待着我的望远镜观测。我把镜头瞄准了一片星空，天空中密密麻麻的星星便一览无余，无数星体中的每一颗星都在发亮，每一颗都在向我招手，如果无法辨别哪一颗是自己想要找的，可以放大焦距，慢慢寻找。

看看我的望远镜，就会明白天空有多少机密。

心里一定会有一种说不出的感觉，因为是它使我掌握了更多的天文知识，探索到天空中更多的秘密。

我用自己安装的望远镜探寻着天空中无数的秘密，每一颗星星都充满智慧，凝聚着大自然的爱，让星空指引着我在人生的道路上越走越远。

后记

一个望远镜，可以让我遥看整个星空，探索星空的奥秘。这就是我的心中珍爱：一个指向熠熠星空、帮助我寻找理想，藏着爱的望远镜。

父母感言

不积跬步，无以至千里；不积小流，无以成江海。希望你能一直保持这种爱学习、爱钻研的精神，相信只有努力才会使人变得更棒，要不急不躁、一点一点慢慢来，不断积累知识、增加本领，你终将会从一棵小苗成长为对社会有用的参天大树。（爸爸：路战峰）

教师赏评

小作者对于观测到的星空，既有孩童的纯真，又有哲学的思考，以小见大，展现心灵的成长，读后方知——是自制望远镜，点亮了小作者人生的熠熠星辉。（指导教师：崔诗涵）

学会做事（在你的生活中是否也遇到过相同或相似的事，感觉如何？写下来。）______

______

______

好的学习方法是优良品德的体现

将学习方法进一步内化为习惯，学习能力才能提升。

大量事实表明，有学习能力的人不仅具有宽泛博学的知识，还会运用和掌握学习方法，树立终身学习的理念并与时俱进。

学习能力往往决定着竞争力的高低，也正因为如此，我们要有好的学习方法，这样才有能力比对手学得更多、更快。

管理大师德鲁克说：“真正持久的优势就是怎样去学习……” 学习是一

种提升生存能力的表现，通过不断的学习，专业能力才能得以不断提升以解决遇到的新问题，所以，无论你处于职业生涯的哪个阶段，都不应该停止学习。因为在你的职业生涯发展中，需要胜任工作的能力和能够迅速取得新能力的方法。

我们为了求生存、求发展，需要不断学习那些本能没有赋予我们生存的技术，而要取得新的生存技能就必须不断地学习。如果停止学习，必定会落后于人，而在当今社会里，落后就会被淘汰。

【案例】

学而时习之

好的学习方法是通向成功的捷径。学而时习之讲的就是道理。

每天晚上睡觉前，张师傅都会要求孩子把英语单词过一遍，把一天下来的学习重点再复习一遍。在一次期中考试时，孩子的主观题正确率较高，而填空题、选择题错误较多，张师傅就对他说，问题在于对书中的基本概念还没有掌握清楚。孩子听了以后，认真复习，反复看书，还要求张师傅向他提问题以检查复习效果。

善于归纳也是张师傅教育孩子学习方法的重要一点，孩子在有疑问时，会教育孩子通过归纳总结将问题整理好，提出“这一部分与另一部分知识的区别和联系是什么”等问题。

孩子通过养成勤学好问、归纳总结等好习惯，掌握了正确的学习方法，很多问题都会通过自学就得到了解答。

【共同分析】

掌握正确的学习方法是保证取得好成绩的关键，如果我们能变被动学习为主动学习，学会从不同角度学习，从不同的特征归纳知识要点，我们在学习上就会更有效率。另外，还可以做到劳逸结合，既要保证有灵活的大脑，还要有一个放松的心态，也是我们取得好的成绩的保障。

拓展阅读

仙人掌的启发

重庆市酉阳土家族苗族自治县民族小学六年（19）班　田梓萱

我家养了一株仙人掌，绿油油的身体上布满了尖尖的刺，看上去就像一只绿色的小刺猬。更让我喜欢的是仙人掌很好养活，只要把它埋到土里，过上十天半个月，等到土干了再浇水，不用太细心地照料，仙人掌就能生机勃勃地占据整个花盆。

仙人掌也开花，每逢夏季，淡黄色的花就会包裹着浓郁的清香突如其来地冒出来，与翡翠色的绿叶应对，妙趣横生。每次浇完水，看着在水珠的点缀下，熠熠生辉的花朵可爱极了。

有一次，我和爸爸要出去旅游一个月，出发时再三嘱托妈妈要记得给仙人掌浇水。一个月过后，我们旅游回来问起妈妈仙人掌的情况，妈妈忽然一拍脑门——“哎呀，坏了，我忘了……”我连忙跑去阳台，却惊奇地发现：仙人掌依然郁郁葱葱，身体健壮无比。

后来我翻阅了大量有关仙人掌的资料才明白：之所以长时间未给仙人掌浇水，它还能顽强地生长，其缘由是它具有坚强不屈的品质，在干旱缺水的沙漠中，它能抵抗外来的动物，它的刺是其对抗外界威胁的象征，展示了勇猛和无畏的精神；仙人掌自立自强，能依靠自己的力量获取水分和养分，它始终保持着一种自立自强的精神；仙人掌喜欢孤独，不需要太多关注和养护，彰显其孤独与自由的象征，更代表着自我欣赏的生活态度。尽管仙人掌喜欢孤独，但它也能给予守护者和陪伴者心理上的安慰；仙人掌对水源的执着追求，象征了对生命、理想、目标的执着信念；仙人掌开花是在艰难条件下绽放的奇迹，常常给人带来希望和惊喜。

因仙人掌极其耐旱，浇水一定要适量，因为它吸收不了过多的水分会溺死。由此可见，杀死仙人掌的不是干旱，而是“甘霖”。

那么，我们联想到人类，击垮人们意志，致使在前进的路上畏缩不前的原因又是什么呢？是困难？是困惑？是贫穷、落后？答案很清楚：不！不是的！是虚度年华带来的虚假 “胜利”。实际上每个人都拥有极大的张力能承受各种艰难困苦，有的成功了，有的失败了，这成功与失败的原因究竟是什么？摧毁人们意志的大多是困难过后带来的骄傲和大意。唯有那些不骄不躁，始终如一，心静如水，具有仙人掌的精神，把宠辱不惊的勇气留到了最后的人，才会最终攀上成功的高峰。

一株仙人掌给了我莫大的启发，我没想到仙人掌具有如此优秀的品质，妈妈对照顾仙人掌这个嘱托的无意忘却引发了我的思考和联想，激励我要永远学习仙人掌的精神品质，鼓励我在日后面对各类困难和挑战时，务必展现出坚强不屈、独立执着、勇于担当、大胆面对的精神。

后记

我们要像仙人掌那样坚韧不拔，不畏艰难险阻，正确对待生活中的每一个瞬间，时刻保持谦虚和谨慎的态度，不畏艰难地继续努力学习和工作。

父母感言

孩子一直爱观察，善思考，看到他写的作文一言一句都有理，从普通的仙人掌，悟出人生道理，我们很欣慰，孩子加油。（妈妈：何小琳）

教师赏评

文章观点鲜明，选材新颖，以仙人掌的养护经历为线索，引出了成功与失败的原因，具有很强的启发性；文章论述清晰，作者先分析仙人掌的生活习性，再关联到人生哲理，逻辑严密；文章语言流畅，表达清晰，易于理解，引人深思。（指导老师：冉 婧）

学会做事（在你的生活中是否也遇到过相同或相似的事，感觉如何？写下来。）

我生命中的薯条

广东省深圳市罗湖外语实验学校初二（4）班　李贤川

那是一个难忘的寒假，因父母外出，我一人在家，难得有了自己做饭的机会，心想：何不试着做一次自己的最爱——“炸薯条”。

炸薯条虽然我从来没有试过，但对这道美食一直很向往。我从网络上找来视频教学资料，首先准备好材料，第一步就是给土豆去皮。我不情愿地看着两棵面部坑洼的土豆，手起刀落，咔嚓……世界突然安静下来，只听见我的呻吟，左手的大拇指往外冒血。啊！一股剧烈的疼痛涌来，刺激着神经。我的手指像是被万根灼热的利刀刺着，一股绞心的疼痛遍布我的全身。

回想几天前，妈妈突然切到手指，疼得哇哇叫，我觉得没多大事，只给妈妈贴了个创可贴。如今，亲历此事，恨不得扎个几十圈。我没放弃，曾听过一句话：“泥沙俱下并不完美的生活，正是组成宝贵生命的原材料。”

我忍痛包扎伤口，在水池里削好了土豆。这时我开始不懂了，三个教学视频的下一步做法各不一样，我该怎么办？我打电话求助了爸妈，他们说：“不要急，你慢慢看，找出不同点，至少你现在开了个头，只要知识应用了就是财富。”爸妈的话语如卯月小雨滑进我的心窝子，点醒了我，我开始结合视频的知识，一步步地把薯条做了出来。

枫叶经霜艳，薯条经手香，我靠着自己的双手，将知识变现为了财富，今后，我将开始新的生活。

后记

从来没想到自己真能独立完成一次炸薯条，材料很简单，过程有些波折，但毕竟是第一次。也许当我行将就木，垂垂老矣之时，蓦然回首，这是那么芬芳，那么绚烂，那么惊艳！

父母感言

这真的是他人生第一次基本不借助任何外力辅助做零食，作为他的父母，我们真的非常开心，他开始独立了，开始学会自己面对困难，开始学会把以前的所学的东西变现为属于自己的财富，我们为他感到骄傲。（妈妈：陈海英）

教师赏评

作者描写了寒假时，自己制作薯条时的情景。只是一份普通的炸薯条，却充满了知识的财富。可以看出作者经常获取知识，且运用知识进行实践、反思。层次巧妙，中间描写切土豆时的景象，一波三折，引人入胜。结尾多次点题，美句穿插，升华主旨，以小见大。（指导教师：黄铱璇）

学会做事（在你的生活中是否也遇到过相同或相似的事，感觉如何？写下来。）

校园常开四季花

广东省深圳市罗湖外语实验学校初二（3）班　王艺霖

晴空携白云，春潮亦未退。

春末的花园是淡雅的，没有了初春刚刚苏醒的恍惚，多了些活气。我常常在这时候种下新的花种，姑姑则为花草树木修剪枯枝败叶。花园里的一切都欣欣向荣，等待着新芽破土而出。一年之计在于春，在春天做出规划，新的一年就能收获更多。

蝉鸣绕树梢，预示盛夏到。

春天种下的种子早已抖擞出绿叶，玫瑰轰轰烈烈地盛开。我向姑姑要了几束玫瑰送给亲朋好友。学会感恩，将花儿赠予生活，手中也便有了夏天所回馈的清甜的西瓜。

荣叶疏疏落，晚风吹秋铃。

秋天是个惬意的季节，大半年的忙碌在此刻结下成果。看着微斜着身的向日葵，我便觉得半年来无数次的除草除虫和浇水施肥都无比值得。有付出才有回报，以时间煮花，孕育满院馨香。

天寒雪未落，细雨唤远冬。

冬天的花园总有红色点缀，因为寒风阵阵，我便不总在院中待着了，只是在屋中远远欣赏那傲气的梅，等待新春再来，等待新花再开。冬天可以静下来回首过去一年，无论新芽旧芽，都在努力生长，无愧自己与时间，既能欢喜，又能展望未来。

时间能够圆满所有，愿意付出即可连通时间得到结果。这是小花园所教给我的。有耐心、会等待，努力之后的收获会成为自己的勋章。

菁菁城中园，悠悠于我心；花香遇初云，青春正当时。

后记

通过在花园里照料花草，我学会了等待和付出，体会到了生命更迭与四季变化之快。珍惜时间感悟生活，成为更好的自己。

父母感言

时光静寂，岁月轻柔。当你在照料那一颗颗美好的生命时，也明媚了自己的岁月，懂得了生命之可贵。（妈妈：王兰英）

教师赏评

作者用一颗诗意之心，携诗意语言，写诗意生活。本文简述自己在姑姑的花园里照料花草一事，明白了耐心守候、用心付出的可贵和美好。全文以时间顺序为线索，思路清晰，语言清新秀逸。一双发现生活美的眼睛和一手优美细腻的文字，造就了一篇佳作。（指导教师：何 璇）

学会做事（在你的生活中是否也遇到过相同或相似的事，感觉如何？写下来。）______________________________

____

____

一次志愿服务的感悟

广东省深圳市罗湖外语实验学校初二（3）班　曾景桐

“嘀答，嘀答……”窗外下着蒙蒙细雨，雨点在窗户上轻抚着。身穿红马甲的我在图书馆，进行着志愿服务。

初次参加志愿者服务，心里感到既激动又兴奋。

图书馆内，我站在借书机旁四处张望，几位身穿校服的学生似乎正在发愁，我走上前询问：“你们好，请问你们需要帮助吗？”得到他们的允许后，我开始认真地指导这几位学生操作起来。

经过一番详细的演示后，他们露出满意的笑容，并赞叹道：“你真厉害，谢谢你！”我听着这句简短的赞美，也微微一笑。内心不由得生出一股自豪感。

初次体验，我便开始热爱志愿服务。

我在图书馆里度过了充实的一天。一路上，回想起这丰富的一天，虽然疲惫，内心却又感到自豪。

公交车上，窗外的冷雨仍然在拍打着地面，一股暖意却在我内心流淌着。经过了这一次的志愿服务，我懂得了助人为乐。每当我热心帮助他人的时候，内心的充实和愉悦又增加了几分。我决定带着这份热爱，去做一些力所能及的事情。仔细回想，我对志愿服务有了更深的感触。

让我们散发自己的光，一起去温暖他人，照亮他人，让这个世界处处充满温情。愿世上有更多“红马甲”的身影，愿每个人心中都充满爱，让这个世界更加幸福美好。

后记

通过志愿服务活动，我更懂得了助人为乐的快乐。在生活中，我常常尽自己的力量，为他人做一些力所能及的事情。每当帮助他人时，我更体会到了“赠人玫瑰，手有余香”的自豪与愉悦，也让我更加坚定了对志愿服务工作的热爱。

父母感言

一次令人深刻的志愿服务，让我们感受到孩子助人为乐的快乐。希望我们可以继续帮助他人，温暖他人。（妈妈：黄晓英）

教师赏评

文章讲述了作者做志愿者服务的经历以及感受，心路历程清晰明了，情感真切自然，无矫揉造作之嫌，以平淡心现真实情。语言流畅优美，结构详略得当，条理清晰。通过雨天的环境描写反衬了自己做志愿服务收获的美好和喜悦。在文尾，小作者更是发出倡议和号召，展现了大爱精神和助人为乐的品质。（指导教师：何 璇）

学会做事（在你的生活中是否也遇到过相同或相似的事，感觉如何？写下来。）______________________________

____

____

舞起来吧！龙的传人

湖北省武汉市育才小学六年（6）班 易泓谕

春节是中华民族最为盛大的传统节日，岁末临近，新春将至，家家户户都开始大扫除、办年货、挂灯笼……，在温馨融洽的氛围中为新春的到来做好准备。作为手工达人，我最重要的工作就是根据当年的生肖做好新年吉祥物，兔年是刺绣兔儿爷、虎年是老虎剪纸窗花，到了龙年自然要做一条威风凛凛的龙。

龙是中华民族古老传说中的神异动物，自古就被赋予了吉祥尊贵的寓意，正月正舞龙灯、二月二龙抬头、三月三祭龙王、五月五赛龙舟……，这些传统民俗无不体现出龙在中国人民心中的重要地位。

为了增添春节喜庆氛围，在舞龙习俗中欢庆龙腾盛世，我决定做一条能舞起来的手甩龙。

手甩龙需要的制作材料极多。金、蓝、红、绿、白的各色绣线都要用上。

光是龙头就需要细铁丝、棉布、无纺布、棉花、珠片、毛线、龙鳞纹锦缎等二十余种材料。倘若材料不够细致，制作的时候缺东少西，是极为影响进度的。

手甩龙最精细的部分就是龙头。先用棉布裁剪缝合出龙头的大致轮廓，再用锦缎装饰龙的面部和火一样的舌头，接着将已经缝制好的尖利牙齿和威武龙角拼接上去，最后就是用刺绣的方式为龙的嘴巴绲上金边，用珠绣的方式为龙“画龙点睛”。这个过程最为艰难，也耗时最多。

且不说裁剪不整齐，龙头就歪歪扭扭；缝合不细密，锦缎就皱皱巴巴；拼接不贴合，针脚就毛毛躁躁，光是刺绣这一项就足够使我心焦了。绲边绣，因为缝合处太厚，需要手指用力怼针，不一会就怼起小水泡。珠线绣，因为无法定位针在龙眼睛里的位置，一不小心就会被针扎破手指，疼得手猛地一缩。针线活对于我来说还真是一项不小的挑战。

手甩龙最轻松、简易的制作部分就是龙身了。传统的龙身需要一片一片叠加丝绸的龙鳞，即费时费力，又增加重量，舞起来缺少一点灵动和飘逸。使用现代的色丁布通过高清电脑印花就完美地解决了这个问题，手感光滑柔软又轻盈的色丁布，印上传统龙鳞纹样，电脑精准定位，切割好金色的龙须，富有层次感又精美细腻的龙身就直接成型了。我只需要寻找一节竹筒，劈出一条竹片，支撑在龙身的最前端，就能让龙身在飞舞中保持平展了。科技让传统艺术有了更多可能。

“舞龙了！”随着新春的到来，我制作的手甩龙就闪亮登场了，欢呼雀跃的小孩子、惊叹点赞的大人们都围拢过来，纷纷体验新春舞龙的快乐，有的拎起手绳旋转着舞起来，有的高举过头顶向前奔跑起来。穿着唐装汉服的小姐姐们纷纷向我借龙，拍下她们新春第一段短视频。这时候我心里满满的都是骄傲和自豪。

制作手甩龙的过程其实是挺艰难的，从确定流程、选材料到做实物，每一步都需要心思缜密，认真细致，若有一处出错，都有可能延误时间、影响效果甚至返工重来。在这个过程中，因为针线活不熟练，我的手指扎破了好几处，因为流程出错，我拆拆补补返工了好几次，但最终我还是在不断修正和总结经验中成功地做好了属于我自己的手甩龙。

举龙起舞，颂龙腾盛世；龙行龘龘，做龙的传人。

当龙年春节在欢乐的舞龙中拉开序幕时，我在心里默默许愿“风调雨顺，国泰民安！”

后记

制作手甩龙确实挺难，过程中遇到了返工、针扎伤等各种困难，但不断积累和总结经验，用自己的双手传承中华民族传统手工艺，对我来说仍是一件值得自豪且意义深远的事情。我愿意用自己微薄的力量继承和发扬中国传统文化，让传统文化在创新和发展中生生不息。

父母感言

孩子提出龙年春节做条手甩龙时，我们是持怀疑态度的，做龙并不是一件简单的事，但我们仍然帮助孩子搜集资料、制定方案、研究每个步骤的可行性。孩子按照做手甩龙的流程，详细说明了制作过程和过程中遇到的困难。虽然难度确实很大，但孩子没有放弃，在返工了好几次之后，终于取得了成功。全文描写细致，内容真实，特别是由做龙引来大家赞许后，孩子对传统文化的热爱和对祖国的热爱之情更加深厚，在文化传承中彰显了新时代少年的家国情怀。（妈妈：张 帆）

教师赏评

文章全篇写得很有章法。先总说中华民族关于龙的传说，龙年新春从节前制作手甩龙的传统手工艺中开启；再细致描述制作手甩龙，从准备到完工到展示舞龙的全过程；之后，在总结经验中回望整个制作过程；最后通过新春许愿点题，将舞龙与龙的传人、龙的精神结合起来，升华主旨。跟随小作者的叙述，我们感受到了手工制作的不易、新春佳节的喜庆、传统文化的魅力和小作者深厚的爱国情怀，少年当如此，文化有传承！（指导教师：李 莉）

学会做事（在你的生活中是否也遇到过相同或相似的事，感觉如何？写下来。）__________

优秀品德是成就美好人生的发动机

许多人错误地以为：只有考试分数高的学生才是好学生，考试分数低的学生就是坏学生。无数社会现实告诉我们：学生一旦走向社会品德优秀才是获取财富的法宝。

分数是一时的，品德是一生的，只要品德优秀，学习、工作的业绩终究会得以提升。

评价好学生的标准到底是什么呢？人们习以成俗，尤其是有些父母只关注孩子“全班第几名？”错误地认为：前10名为高，低于前10名为低。把考试分数当成了评价孩子优劣的标准。

每个孩子都期望得到父母的认同，当他们的成绩不理想或者达不到父母期望时，就会感到沮丧和不自信，很多孩子由于抵制不住这种压力，或多或少会在心理上产生一些偏激的想法。

试想：这是多么不公平、多么残忍可怕的标准啊！这种评价对孩子一生的影响又是何等的恶劣啊？如果父母仅以这样的标准来评价孩子的优劣，即使没有其他的要求，孩子也会产生对分数和名次的过度追求。

有一些父母总是用孩子的学习成绩单来评价孩子。如果“分数高”就以为孩子具备了成功的潜质，如果“分数低”，就严厉地管教，甚至棍棒相加，逼迫孩子下一次考好。这些父母总认为这就是在管理孩子，是对孩子负责，实际上对孩子的成长弊大于利。出现这些问题的原因到底是什么呢？一则是长期的“应试教育”歪曲了教育的内涵，误导了“真”教育；二则是父母没有真正认识到究竟“什么是教育”“什么是学习”“学习的主人到底是谁？”“学习的目的到底是什么？”教育是培养品学兼优、德才兼备，将来推动社会向前发展的人，学习是培养人们对万物的认知、对知识的好奇心、爱钻研的创新精神、提出问题和解决问题的能力、在生活中遇到任何困难都能够找到解决的方法，成为一名在社会中能独立生存、生长，不断进取、发展的人，学习的目的是如此，教育也是如此。

只有这样，人们才会觉得考试成绩并不是评价优劣的唯一标准，而决定自己未来的是通过学习而得到的各种优秀的品德和处理各类事务的能力。

只有这样，孩子才能更好地生活、学习得不那么辛苦；才能在不同的领域逐步拓宽自己的能力，健健康康地成长，由此而获取未来走向幸福生活的能力。

持有“只有考试分数高才是好孩子，考试分数低就注定是坏孩子”这个观念的父母，应该冷静地反思：“培养孩子学习的目的到底是什么呢？”有些父母提出：“孩子去学校干什么？学知识。”“为什么要学知识呢？考大学。”“为什么要考大学呢？为了找个好工作。”“什么是好工作呢？能挣钱。”等一连串的问题。

实际上，“学习是为了考个好大学、找个好工作”这个观念，忽略了孩子的特长和爱好，由于过度在意孩子的分数，扼杀了孩子的个性，与其说这是教育，不如说是在驯化，是在打着“教育”的名义对孩子进行道德绑架，因为孩子“考试分数不高”就否定他，说他是一个坏孩子。特别是有些父母习惯了用“考试分数高低”作为评价孩子优劣的标准，并且成为父母口中炫耀攀比的资本，迫使孩子们也进入了“唯父母之命是从，以成绩论英雄” 的苦海中。

由于这种错误教育观念的影响，父母在培养孩子的时候，只注意孩子的课业，而不在乎孩子品德方面的培养，对孩子未来生存能力的培养产生了极为残忍的扼杀。试想：如果孩子品德出了问题，酿成大错或者犯罪等，考试成绩再优秀，将来还能有怎样的机会呢？

【案例】

宁夏一所重点高中出了一个高才生王希（化名），是全国中学生化学竞赛宁夏赛区理论和实验技能测试一等奖获得者，从小学到大学考试分数一直名列前茅，可以说是万里挑一甚至十万里挑一的学生，被保送北京大学化学系。

谁能想到，就是这样一个出类拔萃的学生，竟然犯罪入狱。

1997 年 5 月 15 日，王希把铊盐投到了同学的杯子里致使其中毒。虽然这位同学被抢救过来，王希也坦白了自己的所作所为，但王希依然需要承担法律的惩罚。1998 年 2 月 20 日，王希被某市某区人民法院以故意杀人罪判处有期徒刑 11 年，剥夺政治权利 3 年。

【共同分析】

王希的案例是多么惨痛的教训啊！当年，王希以当地高考状元的分数，被保送到北京大学化学系，就是由于不注意个人品德的修炼，最终成为可怕的“杀人未遂犯”而受到法律的惩罚，最终成为社会的败类，被人人唾弃。像这样的案例不是个例，也正是警示我们每一个教育工作者反思：品德修养在培养上是何等的重要啊！

拓展阅读

不要为“一时”误了“一生”

横琴粤澳深度合作区华发容闳学校五年（1）班　刘妍培

品德是一生的，分数是一时的。

品德会决定言行举止，如果小时候形成了不好的品德，它就会伴随一生，并难以改变。品德是一生的，勿以恶小而为之，勿以善小而不为。无数案例告诉我们，许多触犯法律的人最初也只是做了一件小小的坏事，可是日复一日，心存侥幸，终究酿成了灾祸。

分数是一时的，分数会因为努力的程度而发生改变，一分耕耘一分收获，努力多了，就自然而然能够收获更多的成就。但是如果人品堕落，那么再多的努力，再多的分数也没有办法改变。

我有一个同学，或许因为学业繁重，他不想再努力了。每次老师布置的作业，他都要抄袭别人的。他不用再绞尽脑汁地努力就可以得到完美的成绩（高分）。他在其中找到了轻松。此后，抄作业就成了他的一种习惯。可这些成就毕竟是空虚的，就像一个气球，它看似体积很大，但一压就破了。真实的实力只有一点点。我也曾试图劝阻，但是效果甚微。我心急却又无奈。

在一次平常的考试中，他妄图像平时一样获得轻松的成绩，可在老师严厉的目光下，他不敢贸然行动，只好胡乱地完成答卷。

事后，老师对他进行了批评教育，并耐心地对他说："品德是一生的，分数是一时的，不能为了满足一时的虚荣心而去抄答案。品德很重要，它决定了你的言行举止。抄作业就是偷知识，不劳而获，自欺欺人，终究会得不偿失的。记住，只要你努力了，学习就会变好，分数就会提高。诚实勤奋的品格将会让你受益终生的。"

老师的这段话，我不知道他有没有记住，但是像烙印一般停留在了我的脑海里。

对于一个学生来说，最在乎的就是成绩了。但是古人有云："修身齐家治国平天下。"期中修身即为做人的根本。它要求我们具备正直的品格、宽广的胸怀、积极的态度、不断学习的精神。品德也是做人的灵魂，我相信品德高尚的人不管走到哪里都一定能够受到他人的尊敬。纷繁复杂的世界里，我们要坚守信念：做事先做人，品德至上。良好的品德，是做人的根本，这是"一生"的。优异的成绩，只是"一时"的，一时没有考好，没关系，只要我们继续努力，终将会有傲人的成绩。假若丢掉了品德，即使当下你的"分数"再高，"一生"也会变得黯淡，而唯有优秀的品德才会陪伴一生，走向幸福。因此，优秀的品德才是成功路的通行证！

后记

品德是渗透在日常生活的点点滴滴中。在人生成长的长河中，好的品德和不好的品德都会变得越来越明显。走的快和走得好，我选择走得好，我想要一步一个脚印，走得踏踏实实。

父母感言

品德是一个人最大的靠山，是一种内在力量。一个人，成绩好，业务强，或许能让他获得他人的掌声，但是只有人品正，才能受到他人的敬重，才能在一条路上走得更远。也希望孩子你能够拥有良好的品德，伴随你一路前进。（妈妈：严 燕 ）

教师赏评

看到你的文字，总会觉得娇小的你的体内有一股坚定的、强大的力量。我们的生活里，见过太多的“眼看他起高楼，眼看他宴宾客，眼看他楼塌了”的例子。有时候我们会心急，急着去远方、去高处，急着获得掌声，想要“出名趁早”。却忘记万丈高楼平地起，如果根基在沙滩上，一切都白费了。格物致知修身养性，成绩、能力能让你到达巅峰，可是品德却决定你停留在哪里。（指导老师：毕 聪）

学会做事（在你的生活中是否也遇到过相同或相似的事，感觉如何？写下来。）______________________________

____

____

让优秀品德成就美好人生

广东省深圳市罗湖外语实验学校初二（5）班 曾耀华

寒假的一天，我和几个小学同学约好了一起写作业。我们到了家附近的肯德基时，正临近午时，我和已经到的同学四处寻找位置 ，可到处都是浮动的人头。

就在我们还在为找位置而苦恼的时候，一声大喊吸引了我们的注意。只见那人披着长长的卷发，两眼瞪天，一副目中无人的样子，在人群中十分显眼。“喂，你们这旁边的几个座位，有人吗？我们要坐。”他嚣张的语气不像是在请求别人让座位，像是要求别人把座位让给他。在一旁的我也忍不住皱了皱眉头。心想："就这语气，有空位也不给他。"果不其然，坐在位置上正在吃着汉堡刷着手机的小哥闻声抬头瞟了他一眼，轻描淡写地说了一声"有人！"可能是因为小哥的态度坚决，加上大家的目光都盯着他，"卷发"便灰溜溜地走了。

过了一会儿我们的人都到齐了，大家在自助机上点好了餐，可依然没有找到位置。四处张望，看到刚才那位小哥旁边的两个位置还是空着，我们迟疑着走上去，恳切地问道："哥哥，你的朋友还没到吗？能让我们先坐在这儿一会吗？"大概是我们的语气温和，他居然爽快地答应了："没问题啊，我的朋友还在路上，你们先坐着吧。你们比刚刚那人有礼貌多了。"小哥温和地微笑着，一点也看不出来刚刚的强势，真是判若两人。

我们坐在小哥的旁边，安静地吃着汉堡，小哥放下手机和我们聊了起来，问我们是哪个学校的学生，上几年级了。没多久，小哥的朋友们来了，这时候店里已经过了高峰期，小哥起身，和他的朋友们去了另外的桌子，让我们安心地继续坐在这。看着小哥转身而去的背影，我忽然想起莫泊桑的一句话："一件极细小的事可能成全你，也可能败坏你。"

后记

在人与人交往的过程中，细微之处可见人品，道德品质的修养比考试分数更重要，不仅可以促进人生发展，更重要的是还可能决定事情的成败。

父母感言

宝贝通过自己的亲身经历，告诉我们文明有礼的品德能让别人感受到你的善意和家教，书本上学得的是知识，生活中学到的是品行。（妈妈：蔡奕宝）

教师赏评

小作者通过问座位的前后两个小故事对比，生动细致地刻画了文明守礼好少年的形象，告诉我们友善美德必受到他人的尊重和善待的道理。通过这次经历，小作者深刻认识到细节的重要性，肯定了文明守礼，懂礼貌的好品德。（指导老师：陈洪英）

学会做事（在你的生活中是否也遇到过相同或相似的事，感觉如何？写下来。）________________________________

____

____

种下心灵的领悟

广东省深圳市罗湖外语实验学校初二（4）班　杨　慧

天气正好，阳光明媚。清风吹过树梢，将叶子剪碎了。

正值盛夏，蝉儿乱鸣，街道上的人们都穿上轻便的服装，一起相邀上山游玩。父亲带上我和他的朋友一起去公园种树。

我们乘车来到指定地点，见到一位穿着义工服装、面容和蔼的人，他是父亲的朋友曾叔。

曾叔带我们来到小公园，这里人很多，还有不少人穿着义工服装的人。

按照要求，我们拿好东西后，曾叔开始示范，他将泥土挖开一小块，熟练地抱起树苗，轻拿轻放，再将泥土盖上，一棵树苗就这样种下了。

“这也太简单了吧，随便挖一下就好了啊。”看到这，我不禁自傲起来。“这可不是随便弄弄就完事的，虽然这些树苗现在没什么，但在这些小生命里，就是一个小世界了。”曾叔叔温柔地说道。我仔细琢磨着，好像明白了什么。不禁羞愧，低下了头。

阳光照射在地上，人们辛苦种植着，风吹过，衣服向后摇曳，将一切艰辛都甩在身后。我更加卖力了，父亲也十分开心，将小树苗递给我，我将铁铲拾起放下，重复多次。挖坑，埋下，时而擦擦汗水。我们在这盛夏，一起与自然共舞。

看着这小树苗，与那周围环绕的大树，我幻想着它几年后它们是否还记得我呢？我在树上做了个标记，心里不禁自豪起来。

在公园里的种树活动让我看到并领悟了什么是朴实、勤劳、平淡与善良，一股对生活的炽热之情跃然涌入我的心田，这优秀的品质绵延在我的心中许久、许久，让我懂了许多。

后记

在这一次种树活动中，我收获了很多。因曾叔叔正确的教导与父亲温柔的陪伴，我学会了勤奋，热爱自然，热情待人等。我相信这些品质会一直陪伴着我，使我一生受益。

父母感言

成长的路上你要学的东西很多，虚心会使你进步，劳动会使你成长，帮助他人会使你快乐，给他人带来快乐会让你幸福！我们希望你是一个踏实的人。人生太过短暂，希望你坚持做有意义的事。长大后你会知道，做好一件事很难，但决不要放弃。不管人世间有多少痛苦和无奈，我们都希望你正直、勇敢和独立，成为一个优秀的人！（爸爸：杨 涛）

教师赏评

作者选取生活中植树的素材，角度新颖独到。文章中描写了一个重要的人物，曾叔，当作者对植树这件事不以为意的时候，曾叔的话让作者领悟到敬畏生命、敬畏自然的重要性。后面两段，实实在在地践行了性格要从行为开始培养这一主题，结尾更是升华主旨，点明中心，是一篇非常优秀的文章。（指导教师：黄镟璇）

学会做事（在你的生活中是否也遇到过相同或相似的事，感觉如何？写下来。）________________________________

____

____

恪守美德，尊美尚美

广东省深圳市罗湖外语实验学校初二（3）班　章皓泽

在人群中相知、相遇，蓦然回首，以关爱为火，温暖绽放。

红叶零落，在瑟瑟秋风中，我的头发杂乱无章地垂在头上。此时，公交车上的我正狼狈地靠在车门旁。不久，门开了，一位老奶奶柱着拐杖，步履蹒跚地向前挪着小步，费力地爬上公交车的台阶，走进公交车内。小小几步，仿佛耗尽了老奶奶全部力气，在车上熙熙攘攘的人群中显得那么单薄无助。车内循环播放着“请给老人让座”的广播声音。可车上的人见到老奶奶走上车，都沉默不作声，或低头玩手机，或闭眼假寐。无人关注颤颤巍巍的老奶奶，老奶奶只得用力抓住乘客的座位扶手，干枯的身体仿佛摇摇欲坠。我看了一眼，低头不语亦无奈。

忽然，一声清脆的童声传来，打破沉默，“奶奶，您坐这儿吧，我快到了。”我循着声音看去，约莫是一个四五年级的小学生，那清脆如同百灵鸟的声音久久在车间回荡，如三月春风。老奶奶脸上绽放了笑容，皱纹似冰雪般在此刻融化。我不禁思考，在这个匆匆忙忙的都市，一切都变得匆匆忙忙，人们在生活的缝隙中紧张呼吸，人与人之间也披上了一层冰冷的外衣，是那纯真的善良打破了这一层冰，是关爱，是人间四月天。

我相信，总有一天，温暖将伴我们砥砺前行！

我相信，彼岸定有春暖花开。

后记

关爱，让朋友之间的友情更加牢固，让家人之间的关系更加和睦，让社会更加美好。望我们能永葆一份温暖，让人间溢满真情。

父母感言

从小孩子就阅读《三字经》《增广贤文》《论语》等，以培养、传承中华民族传统美德。甚是欣慰，从孩子的文章中读到了他的所思、所想、所记。希望孩子永远记着做人的重要道理，成为一名德艺双馨的人。（妈妈：戴 俊）

教师赏评

“老吾老以及人之老，幼吾幼以及人之幼。”作者细心观察生活、思考生活、感悟生活，在一件平凡的公交车让座的小事中，领悟到礼让、关爱他人之大道理。人物描写用词讲究、刻画细致，语言精练有力、笔力尽显。生

动的笔触将一份感动传递给每一个人。也让读者看到了小作者一双善于发现的眼睛，一颗敏于思考的心。（指导教师：何 璇）

学会做事（在你的生活中是否也遇到过相同或相似的事，感觉如何？写下来。）

品学兼优表现在生活细节中

广东省深圳市罗湖外语实验学校初二（3）班　苏琬晴

有一天，我在看电视访谈节目时看到一位感动中国的人物——叶连平。

他是一名优秀的共产党员，他热爱教育事业，几十年如一日地扎根基层，全心全意为广大学生，尤其是关爱留守儿童。叶老先生情系教育，以德树人，不仅讲授文化课，更以自身言行引领学生如何做人。他对自己很苛刻，一件旧背心穿了近60年，旧了破了还舍不得扔，尽力省下钱来，去帮助留守儿童等需要帮助的孩子，无论是生活上还是学习上，都尽力资助他们。他坚守在三尺讲台40多年，勤勤恳恳地授予学生知识，退休后仍坚守在留守儿童之家，把一生奉献给了公益教育事业，始终如一，不求回报。

看到这，我内心大为震撼。叶老用自己的行动诠释了一个教育者的初心和使命，让我深刻体会到了坚守和奉献的力量。

光明日报曾这样评价他：“叶连平，一束萤火虫般的亮光，照亮了乌江边上的小村庄，让我们看到了教育的力量，也看到了乡村的希望。”是多么高尚的品德，多么无私的行为才能配得上这样有力量的文字赞美啊！

看完叶老的事迹，我深受启发：什么是真正的优秀？是成绩优异，还是多才多艺？什么是真正的成功？是金钱的积累，还是地位的提升？

或许都不是，真正的优秀和成功是能够对社会有所贡献，能够帮助他人点亮梦想。叶老以他高尚的品德和无私的大爱促使自己一直为社会贡献着力量，并在一天天的践行中始终保持初心。

因叶老的感人事迹，我也要鞭策自己关爱他人、认真做事。为父母分担家务，在学习上、生活中帮助同学等，用实际行动去影响和帮助更多的人。

后记

叶连平先生的事迹让我收获颇多，我懂得了要做一个品格高尚的人。在实践的过程中我发自内心地感到充实，还收获了更好的友谊和成绩。通过这些实践，我自身的道德修养也提升了一个境界。我深有启发，在生活中要涵养自己的品德。

父母感言

孩子看完叶连平先生的事迹，颇为感动，她和我们分享时忍不住感叹“叶老师太伟大了。”最近，我们也发现了孩子的许多变化，从前更为关注个人感受的她现在变得体谅他人、包容他人，也更积极主动地帮助他人。我们为她的变化而感到欣慰。（妈妈：陈庆云）

教师赏评

人无德则不立。那些拥有高尚的品格、大写的人格的人总会在历史长河中熠熠生辉。本文通过介绍叶连平先生的感人事迹，赞扬了叶连平先生的善良节俭、克己奉公、勤恳认真的品质。作者从中收获甚多，明白了要做一个有高尚品格的人，如乐于助人、孝顺父母、关爱他人、勤劳上进等。古语有云：“见贤思齐。”相信乐于思考、善于学习的你会越来越优秀。（指导教师：何 璇）

学会做事（在你的生活中是否也遇到过相同或相似的事，感觉如何？写下来。）______________________________

____

____

学习能力是优秀品德形成的基础

学习能力是获得和运用知识的基础，也是各种优秀品质 的综合表现，主要表现在感知与认知、自控力、理解与创新、学习与操作能力等诸多方面，其中感知、认知能力是学习能力提升的开始。

感知与认知能力是指能够将外界传入大脑的信息进行正确的综合分析，并做出相应的行动的能力。例如，能够全神贯注地听、看，保持听、看的内容与文字表达的内容相一致，而不是偏旁颠倒或写一半忘一半等，出现感知认知偏差的关键是理解与创新能力。

理解与创新能力并不是机械地学习课本知识，关键是能将所学知识储存在大脑中，并能够在此基础上给予适当的创新，使传统的知识与现实的需求形成有机的结合，有机结合的关键在于计划与控制能力。

计划与控制能力是指能够自动自发地安排自己的学习计划，并在实施中给予适当的自控和自觉的遵守，而不是拖拖拉拉，造成拖拉的主要因素是操作能力。

操作能力是指手、眼、脑相互协调并用，专心致志，而不受外界干扰。

【案例】

每位父母都希望自己的孩子能拥有良好的品德，如何培养孩子的良好品德呢？

小刚的父亲总结对小刚的培养经验时说：我认为培养孩子的良好品德要做到以下几点：

第一，父母要做到对孩子有效地说服，不能用命令的口气要求孩子怎么做，而应该发挥情感的作用，耐心地与孩子讲道理，进行情感上的交流，务必做到以理服人，以情动人。

第二，在生活中，父母一定要给孩子树立榜样。榜样的力量是无穷的，无论是老师还是家长都应该首先做好自己，让自己拥有良好的品德，孩子就会经常受到耳濡目染，形成健康良好的品德。

第三，要发挥集体的作用。孩子要在集体中生活，每个孩子都有集体观念，父母可以利用集体的约定，改变孩子平时难以纠正的缺点。

第四，要鼓励孩子发现自身的价值，按自己正确的价值观行事。

第五，对孩子的进步，要给予适当的奖励。父母可以选择物质奖励和精神奖励，但是，一定要奖励孩子的具体的道德行为，如待人友善、诚实守信等。

第六，发现孩子的错误和缺点，要给予适当的批评和惩罚。

【共同分析】

孩子犯了品德方面的错误，要及时给予适当的惩罚，这样有助于孩子纠正错误和良好品德的形成。对于孩子来说，拥有良好的品德，能得到大家的尊重，获得老师的赏识，是促进学习成绩提高的关键，也是一种优秀的品德。拥有良好的品德得到别人的尊重，从而获得良好的人际关系。

拓展阅读

醒悟在一次运动会上

广东省珠海市香华实验学校五年（3）班　刘子睿

一年一度的学校运动会在万般期待下终于开幕啦！

今天虽然不是艳阳高照，有点阴天，偶尔还飘着几丝细雨，但也抵挡不住我们激动和昂扬的心情。

我们班全体同学身穿橘色上衣，黑色裤子和白色鞋子，这种着装搭配是多么的亮眼和有朝气啊！

我们拿着各自负责的道具，迈着矫健而整齐的步伐向着舞台走去。到达舞台中央，随着音乐的响起。我们变换着队形，开始了表演。

领舞的8位同学在前面尽情地挥洒着自己优美的舞姿，中间拿彩球的同学把彩球举在胸前抖动，后排拿彩旗的同学把彩旗高高地举在空中摇晃。我在后排摇摆着彩旗都听见了现场的欢呼声和惊叹声。就连副校长都跟着我们的节奏舞动起来。我的心里特别激动，感觉这么多天全班同学的努力彩排没有白费。

随着音乐的结束， 我们的表演也完美落幕，我们迈着整齐的步伐走下舞台。多么精彩的开幕式啊！

众望所归， 我们开幕式表演最终取得了第二名的好成绩，我们全班都欢呼雀跃。

这些天彩排的每个瞬间历历在目，领舞的8位同学每天晚上都聚在一起不停地排练，他们比我们付出了更多的时间和精力。家委家长也请假为我们集体彩排精心编排、挑选服装和道具。拿彩球和彩旗的同学虽然只是绿叶，但每一次走位都非常认真。班主任更是为了我们的演出劳心劳力。

开幕式是一个团体项目，并不是靠一两个人的努力，而是靠全体同学的共同努力，精诚协作才能呈现最好的效果。团结合作、坚韧不拔，让我们感受到集体的力量，让同学间默契更好、关系更融洽、更团结了。

后记

运动会开幕式的入场式虽然只有短短的几分钟展示时间，但是却是一个班集体的精神面貌的展现，能让参与其中的同学们深深体会到集体荣誉感，是不可或缺人生经历。

父母感言

爸爸妈妈很开心你懂得团队协作的重要性，相信你在哪里都可以很好地跟大家相处，齐心协力，为共同的目标一起努力！（爸爸：刘 畅）

教师赏评

小作者通过运动会的细致描写，展现班级多日排练结果，文章文笔细腻，结尾处议论点睛，意味无穷，能感受到小作者对取得的优异成绩的骄傲与自豪。（指导教师：杨嘉浩）

学会做事（在你的生活中是否也遇到过相同或相似的事，感觉如何？写下来。）

多一份爱就多一分幸福

广东省深圳市罗湖外语实验学校初三（2）班　罗斯咏

过往的岁月像一片片凋零的枯叶与花，缓缓流淌，而人间的温情总能跨越时间的长河，将记忆烘烤得蓬松而馨香。

夏日清晨，旭日东升，一抹晨曦从窗外透入，屋内被映照得一片金黄，倍显温馨。

轻推房门，一阵阵燥热袭面而来，顿时竟有些头晕眼花。我洗了把脸，清凉的水让我总算是清醒一些了，母亲温和的呼唤声从厨房传来：乖乖，早餐好了，快来吃。”我应答着拖沓着脚步向饭桌走去，内心却是有些抗拒的。如此炎热的早晨实在是打消人的食欲便盘算着草草吃两口应付了事。

走进客厅，映入眼帘的是两小碗的绿豆莲子羹，以及一些洗净的挂着滴滴水珠的葡萄。我顿时心生愉悦，母亲似是觉察到了我的喜悦，笑道：“这合你口味吧，就知道你会喜欢……大夏天的，早上可以吃得清凉些。”

望着她和煦的笑容，心生暖意。那一刻，母亲的心离我那么近。

凛冬将至，凌晨六时，天色微明。过了许久，天上的碎星与弯月才完全隐去，寻见旭日破晓，只不过仍旧阴风怒号，树影摇曳。

温暖舒适的被褥似是在挽留，可我却不得不离去，冬日的早晨总让人昏昏欲睡。打不起精神，世间万物似乎沉醉于美梦之中。此刻，我却闻到了从厨房飘来的香气，有些惊诧两碗热腾腾的云吞还冒着白气，绿色的小葱点缀其间，让我在这寒冷的冬日体味到浓浓暖意。

这样一个张嘴都能呼出白气的早晨，母亲却已劳碌得满脸通红，豆粒大小的汗珠顺沿着颈部的轮廓滑落，打湿了衣襟。

望向母亲辛勤的背影，鼻子不禁有些酸，那一刻，母亲的爱离我那么近。

时光只解催人老，匆匆地离去，淡淡芬芳中，袅袅燃尽的是光阴，岁月也在不知不觉中逃走。这三年，是拼搏的三年，也是温暖的三年，斗转星移，世事变迁，唯有那浸润在点滴中的母爱永恒。一切都在母亲默默倾泻的陪伴和关怀间变得温馨而又充盈。

三年朝暮，离我最近的那个人，是母亲。她与我同行，走过青葱岁月，唯爱永恒。

后记

母爱似龙眼甘甜的汁液，点点滴滴，渗入生活和我的心，正是这些看似平平无奇的细节，细细碎碎的小事，促成了母爱，让我感受到爱最本真的模样便是陪伴，是关怀，以此篇感恩我的母亲。

父母感言

每一个平凡的日子，灶台边的忙碌，出门前的叮嘱，早出晚归，月升日落，母爱看似默默，实则浸润无声，敏锐的孩子于点滴生活中感受到了这份情感的温度与伟大，字里行间真情流露，令人颇感欣慰和动容。（妈妈：李艳春）

教师赏评

小作者以细腻的笔触，描写了与母亲相处的点点滴滴，感受到生活中微小的细节，虽没有华丽的辞藻，却富含真情实感，令人动容，感受到母亲最真实、最亲切的关怀。（指导教师：聂 华）

学会做事（在你的生活中是否也遇到过相同或相似的事，感觉如何？写下来。）______

______

______

______

______

温一壶清茶，暖简洁人生

广东省深圳市罗湖外语实验学校初三（2）班　邱奕湘

薄薄阳光下，端一杯绵绵细茶，细品流年间，暗淡的茶韵借几缕雅致回首流年，我爱上了家乡的习俗——泡茶。

听凭茶引，且听茶吟。芳香清意府，碧绿净心源。野泉烟火白云间，坐饮香茶爱此山。从小随祖父长大，自打我小时候家门口就种着茶丛，这种茶丛很常见，在寻着小镇上街市的叫卖声，从小贩摊处买一块茶糕，而今回首，这仍是孩提时最美好的回忆，这记忆更是因茶的充盈与饱满而变得蓬松而馨香。

春水生津，秋香沁心，烈日晴空之时随祖父务农，而茶田在两小山丘之间。只待几日春雨后，雨过天晴，祖父身前身后披着大麻袋，行于山水之间，亲自摘取盈着水珠的新芽，轻轻放入袋中。阳光热烈中慢品茶香，水波温柔里寻茶丛新芽。穿梭于排排茶丛间，光辉之下，草木与人之间，随日更而逐年；与茶韵熏陶中扎根自然，共享茶香。

学会品茶，只因它是自然最美的礼赠，而我会用一盏年华去品一刻筐采盈盈。杯盏之间，沉淡然心。

春日午后，同祖父品一盏茶。于祖父的书房坐下，取一蒲团，观叶蜷舒春，素琴漫卷。

茶烟升起之前，祖父会先刷好茶壶，而我在角落卧着，静待烟起。祖父将茶叶放入洗净的茶壶，冲洗两三泡后静置。待云脚初开，茶香浮起，便可寻祖父接一盏清茶。“茶要慢品细品，于清香回味其中的甘苦。人生之路，经历岁月的风风雨雨，正如茶叶的浮浮沉沉，也当有挫折，才能散发清香。”祖父说着，我懵懂地点了点头，细品茶香。

人生如茶，浮尘往来，当秋天的愁绪湮来之时，何不借一盏茶的时间做个清明简宁之人，把苦涩留给自己，散发出来的都将是清香。晨起煮茶，暮时观云。任茶叶沉淀，将流年浸泡在茶韵的诗篇，用朴素和淡然的心性回馈自然。

茶本无言，沉下心去热爱，终会使它沉淀的苦涩光芒万丈。

后记

人生如茶，这更需要我们静下心来好好沉淀、思考。茶的奉献精神更值得我们去学习，不妨做一盏茶吧，将苦涩留给自己，把清香传给他人。

父母感言

孩子平时善于观察生活中的点点滴滴，并且心思细腻，观察仔细，从这篇关于“茶”的文章中写出了自己的想法，整篇文章逻辑清晰，叙事有序，仿佛一杯清茶暖透心扉，让人回味无穷。（妈妈：邱晓玲）

教师赏评

文章线索明朗，主题突出，紧紧围绕着茶展开描写，通过与祖父品茶过程的描绘，体味到茶中所蕴含的淡泊和宁静，描写细腻，使读者仿佛身临其境，内容紧贴生活，切入点小，角度新颖。（指导教师：聂 华）

学会做事（在你的生活中是否也遇到过相同或相似的事，感觉如何？写下来。）____

____

____

真诚——彰显的是道德之花

广东省珠海市九洲中学初一（8）班　何梓颢

夜色朦胧，太阳还没睁开惺忪的双眼。

当我走在街上时，浓厚的大雾遮挡了一切，我却听到了扫地声和脚步声。再往前走，隐约看到一位身穿橘色上衣的人。走近了，发现是位清洁工老人在扫大街。现在不过是清晨五点多钟，但大街上却都已经干干净净了，可想他是来得有多早。

日上三竿后，我路过一个拐角，只见围着一圈人，中间的那位老人正是我一早遇到的清洁工。他身边还站着一位年轻人，脚下一片狼藉。

听大家议论，我才知道那位年轻人把老人的垃圾车弄翻了。老人只不过说了他一句：不要乱扔垃圾，但还是把地上的垃圾扫干净了。没想到那年轻人又故意把老人的车推翻，风一吹，垃圾遍地都是。老人生气了，揪住年轻人不撒手，非要他清理干净。看着围观的人越来越多，年轻人指了指老头，又指了指地，嘴硬道："不就是扫地吗！这老头子除了多管闲事，啥也干不好，大家说他扫地能扫好吗"周围的人看着老人，议论纷纷了起来。

老人若有所思，没讲话。不一会儿，就从大树后拿出来两把大扫帚，一把丢给了年轻人：″看着，每人一百米，谁先扫完谁有理！″

老人说罢，就埋头扫起地来。年轻人愣了一下，架不住周围的人起哄，只好拿起扫帚。他看看老人，挥起扫帚左右开弓，划出一道道美丽的弧线，扫帚过后，不仅没有扬尘，而且地面干干净净。年轻人挥起扫帚，蹩脚而狼狈，扯扯拉拉几下子下来，不仅地没扫干净，还弄得"狼烟"四起，周围的人掩鼻躲避不及。

五分钟不到，老人的一百米结束，周围的人纷纷鼓起了掌，年轻人还在原地打转。老人擦了擦额头上的汗，走过来，放下扫帚，把年轻人的扫帚要了过来。

"我是老了，在很多方面是比不上你们年轻人。可是扫地，你还真不行……"

年轻人面红耳赤，在众人的哄笑中落荒而逃。

周围的人散了，我走过去，帮老人收拾垃圾车。

"爷爷，您老了，干活肯定会力不从心，但您扫地为什么比那个人厉害？"

老人站了起来，用手摸摸后脑勺，笑道："丫头啊，我这把年纪是不能犟了。可我这一辈子信奉真诚，无论干啥都得用心。我干这个活要早起，既不能弄出太大的声音，以免打扰大家休息，还要避免把尘土扬起来，妨碍过路的人。

我干的事虽然很小，但我得多替大家考虑。”

多可敬的老人啊！干的工作微不足道，但他以真诚示人，在平凡的岗位上诠释着不平凡的坚守。这让我想到毕淑敏的一句话：我们可以不永恒，但我们真诚！春华秋实，薪火相传，道德就在这微小的事件中，在这开花结果的更替中，不断生长，充满力量！

阳光强烈，太阳似乎也在给老人这真诚的品德点赞。

后记

“清洁工的品德“告诉我：唯有爱心，才会获得成功，换来一个个的喜悦和幸福……

父母感言

孩子通过对一位年迈的“清洁工”与“年轻人”的对比，抒发出对生活的热爱，启发人们热爱和享受大自然的美妙，“清洁工”与“年轻人”的对话虽然有些“龌龊”，但刷新了人们对品德的认知，增强了提升品德修养的重要性。（妈妈：黄芳丽）

教师赏评

小作者把“清洁工”与“不讲道德的年轻人”对比写得具体生动，读起这篇文章，便欣赏一位清洁工老人的高贵品德！文章结尾“在平凡的岗位上诠释着不平凡的坚守，干的工作虽然微不足道，却以真诚示人”点明主题，“我干的事虽然很小，但我能更多的替大家考虑……”深入人心的语言启示着人们去回味、去感悟。（指导教师：黄安琪）

学会做事（在你的生活中是否也遇到过相同或相似的事，感觉如何？写下来。）

本篇复盘

◎ 小问题

思考下面的问题，帮助你理解加强孩子品德修养的必要性。

1. 阅读本篇你认为培养品德的意义与价值是什么？
2. 培养孩子品德的目的是什么？
3. 培养孩子品德首先要做到什么？
4. 培养孩子品德有哪些要注意的环节？
5. 培养孩子品德的方式不同，效果有什么不一样？
6. 你认为学校、家庭应该怎样培养青少年的品德？
7. 你准备怎么做一个有品德高尚的人？
8. 你认为怎样才算是一个品德优秀的人？

◎ 信息反馈

生活中许多成功的案例都与品德修养有关，你面对这些问题是怎么做的？你身边的人又是怎么做的？请将此记录下来，写一篇 500 ～ 800 字的文章，扫描以下微信公众号二维码传上去。

陶行知学院
微信公众号

Part4

知识与财富篇

篇前小叙

本篇是以“陶行知生活教育系列丛书”中的《知识与财富》为蓝本，根据北京师范大学珠海校区（原分校）北京理工大学珠海校区（原学院）和暨南大学珠海校区近等18名教授深入居民社区，充分调研、了解家庭教育中存在的问题展开的“大学教授谈家庭教育”讲座整理而成，教授们通过“获取知识的目的是应用”“要努力实现财富自由”“把知识应用于实践才幸福”“知识是渊博的，生活是多样的”“走向财富自由三部曲”等主题，列举大量案例启发父母：要把握好“理财意识培养的三个年龄段以及如何“实现财富自由”“别让家“富”毁了孩子的前程”等生活教育新观念。孩子们通过身体力行，记录自己的认识过程，形成了一篇篇优秀的小作文。

名师导航

陶行知说：

- 生活即教育，社会即学校，教学做合一。
- 知识是财富的源泉，只有通过不断学习，才能积累更多的财富。

杜威说：

- 知识是创造财富的基础，只有通过不断学习，才能获得更多的知识和技能，从而创造更多的财富。

胡适说：

- 独立之人格，自由之思想。知识是个人成长和发展的重要因素，只有通过不断学习，才能获得更多的知识和技能，从而更好地适应社会发展的需要。财富是实现个人幸福的重要保障。

蔡元培说：

- 知识是推动社会进步的重要力量，只有通过不断学习，才能获得更多的知识和技能，从而为社会做出更大的贡献。知识的历史犹如一支伟大的复音曲，在这只曲子里依次响起各民族的声音。

导师简介

米洪海

北京师范大学珠海校区（原分校应用数学学院院长，模糊系统研究中心主任），中国运筹学会模糊信息与工程学会理事。曾任河北省运筹学会理事，天津市数学会理事，天津市大学数学研究会理事。2003 年主持完成的教学研究与改革项目获河北省优秀教学成果二等奖；作为主研，完成 21 世纪初高等教育教学改革项目（世行贷款）承担 973 国家重大项目“复杂生产制造过程实时智能调度问题的数学理论与方法”和国家自然科学基金“变论域自适应模糊控制与平面运行多级倒立摆实现”的研究，承担一项省级高等教育教学改革研究项目“基础课精品课程群建设与优质教学资源开发和研究”。主编教材五部，在专业核心刊物发表论文 40 余篇。

苑　飞

北京师范大学珠海校区副教授。主讲概率论与数理统计、统计学、多元统计分析、质量控制与检验等多门核心课程。发表论文多篇，其中 2 篇被 EI 收录；参与“陶行知生活教育系列丛书”中的《教育与创新》《规矩与成长》《品德与分数》《知识与财富》《行为与性格》《尊重与情商》《安全与发展》《音乐与人生》《批评与表扬》等著作的编写。

本篇主题：知识被应用了就是财富

本篇要点：

本篇从“不可忽略的财商教育”谈起，由浅入深地导出“什么是‘财商’”“为什么要进行财商教育”“要从小激活孩子财商的基因”“如何培养孩子的财商”“树立正确的财富观”“分年龄特点展开财商培养”家庭教育新话题；提示父母“提升财商学会理财”“给孩子存钱不如教会理财”“给孩子财产不如给财商”“理财意识培养的三个年龄段”“理财意识培养的五种方法”“走向财富自由的三部曲”；关于如何培养孩子的财商重点讲述了“要注重培养孩子的商业思维”“如何由贫穷变为富有”“怎样才能实现财务自由”“从小让孩子学会用脑赚钱”“要从小学会投资理财”通过案例提示父母“别让家‘富’毁了孩子的前程”“富裕家庭给孩子带来的危害”“家‘富’替代不了孩子的‘未来’”“知识是获得财富的基础”等家庭教育新观念。

陶行知经典故事

请木匠当老师

山海工学团的成立使孩子们读书有着更加广阔的空间，把原来烧香拜佛的红庙当成了教室，可是，依然不能像正规学校那样有课桌椅。

上课的时候，同学们便自己带来大小、高低不一的凳子。

一星期以后，学校请来了木匠师傅，他闷着头做凳子，一天能做好几个。

陶行知走过来，看见木匠师傅满身是汗，就递给他一杯水说："孩子不是请你来做凳子的。"木匠疑惑地望着陶行知："那叫我来做什么？""我们是请你来做'先生'的。""我可不识字。"木匠慌了。

陶行知笑着说："我是请你来指导学生做木工的。你如果教会一个人，就可得一份工钱。如果一个也没教会，那么就算你把凳子全做好了，还是一文工钱也得不到。"木匠显出为难的样子。陶行知亲切地说："不要紧，你不识字我们教你。我们不会做木工，拜你为先生。我第一个向你学。"说着，陶行知拿起一把锯，对准木板上划好的线就"吭哧""吭哧"地锯起来。

第二天，广场上摆着木匠工具，老师带着孩子们学做凳子。有个家长嘟囔着："孩子是来读书的，不是来做木匠的。"大人看见孩子拿起工具，觉着不小心就很容易弄破手，也皱起眉直摇头。陶行知笑着说："我有一首诗读给大家听听：'人生两个宝，双手与大脑。用脑不用手，快要被打倒。用手不用脑，饭也吃不饱。手脑都会用，才算是开天辟地的大好佬。'你们看写得如何？"小朋友都拍手说好，那个大人也不好意思地笑了。

从此，每天孩子们都学做凳子，他们也当"小先生"，教木匠师傅认字。

三个月后的一天，班里的50个孩子，都坐着自己做的凳子。讲台上还有孩子们自己制作的杠杆、滑车等玩具和仪器。家长们挤在窗口、门外，信服地点头叫好。

陶行知在讲台前，又念起了一首刚写好的诗："他是木匠，我是先生。先生学木匠，木匠学先生，哼哼哼，我哼成了先生木匠，哼哼哼，他哼成了木匠先生。"孩子们看看坐在他们身边一起听课的木匠，大家都笑了。

姚文采是陶行知的同乡，陶行知请他到晓庄学校教生物课。

第一次上课，陶行知就让他先把书本摆到一边去，要"随时教育、随地教育、随人教育"。

姚老师教了10多年生物课，从来没有不带书本去上课的时候，他弄不懂陶行知是什么意思。

傍晚，他看见陶行知与两个蛇花子在亲切地交谈。

陶行知和那两个人谈完话，就叫学生领他们去洗澡，然后告诉姚文采："这是我从南京夫子庙请来的两位老师，来教大家捉蛇。晓庄附近有许多蛇，经常咬伤人，让蛇花子来教大家捉蛇，你看怎么样？"姚文采没说话。

蛇花子开始为晓庄学校师生上生物课了，课堂就在山里。

几天以后，最胆小的女孩子也敢捉蛇了，她们说："只要击中要害，蛇并没有什么可怕呀！"大家还懂得了蛇没有脚为什么跑得快，蛇没有耳朵怎么听得见声音，以及蛇是老鼠的克星等知识。

姚老师终于理解了陶行知的用心。他带领学生采集标本；把挖草药的老农请来教认草药；请种花木的花匠来教种植花木的方法；请中国科学社的专家来教怎样辨别生物科别及定学名。

晓庄附近的花草树木都挂起了学名牌，生物课从此上得生动活泼。

【共同分析】

陶行知有感而发为孩子们做了一首《手脑并用歌》"人生两个宝，双手与大脑。用脑不用手，快要被打倒。用手不用脑，饭也吃不饱。手脑都会用，才算是开天辟地的大好佬。"非常形象地体现了应用知识的重要性。

获取知识的目的是应用

1. 对劳动的敬畏

劳动是人类生存发展的需要，是人类遵循一定的规律，利用、改造自然，不断适应自然，从而获得幸福生活资料的活动。人类发展史就是一部人类的发展进步史。唯有劳动才丰富了人们的物质生活，使我们从茹毛饮血到佳肴美酒、丰衣足食，从兽皮遮羞到华衣时尚，从山洞茅屋到名车豪宅；劳动丰富了我们的精神生活，结绳记事、语言文字、文学作品、歌舞影视、理论研究等每一个进步，休闲娱乐、健身美容、旅游探险等每一项提升都是一曲劳动的赞歌；劳动拓展了我们从事各种活动与交流的空间，从封闭的部落到一体化的世界，从飞鸽传书到信差邮寄，从电报电话到视频聊天，从嫦娥奔月的梦想到登陆月球的现实，从环球航海到步入太空，显微镜、望远镜、宇宙飞船、航天飞机、太空站、核电站、互联网、计算机……无一不彰显着劳动的伟大。

我们崇拜劳动，是因为劳动是人类生存的基础、发展的源泉，是社会进步的阶梯。

2. 对工作与职业的崇拜

工作是每个人在自己所处的历史阶段，根据个人、社会发展的需要所从事的有意义的劳动。

人们通过各种不同形式的工作，为自己、为他人、为社会付出自己的劳动，做出积极的贡献，是个人立足社会的最根本的前提。

工作是多种多样的。有些工作是正式的，有经济报酬的；有些工作是志愿服务的，没有经济报酬。前者是从经济学角度来讲的，是个人与他人互换各自的劳动，从而得到丰富多样的物质、精神生活的必要形式；后者是从社会学意义上讲的，人们所从事的劳动，未必全部都有经济上的回报，还有诸多劳动是无偿的，但却是非常有意义的，而且是人所必须要承担的责任和义务，因此，我们不能只顾向“钱”看。

【案例】

劳动创造幸福

李明是一个普通的农民，出生在一个偏远的山村。那里的土地贫瘠、生活艰苦。然而，李明从小就明白一个道理：只有通过辛勤劳动，才能改变命运。

因此，李明从小就跟着父辈们学习耕种，不怕脏、不怕累，干起活来总是干得最起劲的一个。

随着时间的推移，李明积累了丰富的农耕经验。他深知：要想在贫瘠的土地上获得丰收，必须付出比别人更多的努力。于是，他每天起早贪黑，辛勤耕耘，不放过任何一个可以提高产量的机会。在他的精心管理下，那片原本贫瘠的土地逐渐变得肥沃起来，庄稼也一年比一年丰收。

然而，李明并没有满足现状。他深知：要想真正发家致富，单靠种植庄稼是远远不够的。于是，他开始尝试利用农作物的残渣和废弃物来喂养家禽、家畜，这样，既节约了成本，又提高了土地的利用率，同时，他还积极学习现代农业技术，引进新品种、新技术，不断提高自己的农业生产水平。

经过几年的努力，李明的家庭收入逐渐增长，生活也变得越来越富裕，但他没有忘记村里的乡亲们，主动将自己的经验和技术传授给他们，帮助他们共同走上致富之路。

在李明的带领下，村里的农业生产水平得到了显著提高，许多乡亲也实现了脱贫致富。

李明的成功引起了当地政府的关注，政府为了鼓励更多的农民像他一样勤劳致富，给予了李明一定的政策扶持和资金奖励。

这些奖励并没有让李明沾沾自喜，反而更加坚定了他靠劳动发家致富的信念，因为他深知，这些荣誉和奖励都是靠自己的辛勤劳动换来的，只有继续努力，才能让生活更加美好。

如今，李明已经成为当地有名的农民企业家。他不仅在农业生产上取得了显著成绩，还积极拓展其他领域，如农产品加工、乡村旅游等。

李明的事迹传遍了整个地区，成为勤劳致富的典范。

【共同分析】

李明的故事告诉我们：勤劳是通往成功的必经之路。只有通过辛勤劳动，用自己的双手和汗水，才能实现自己的梦想，书写属于自己的辉煌篇章。

拓展阅读

在一次买菜中学到的

广东省珠海市兆征纪念学校六年级　柳梦旋

暑假里一连几天我都跟着奶奶去菜市场买菜，看着奶奶买菜的样子，很想自己试一试，便对奶奶说："奶奶，天气这么热，您又做家务又买菜太辛苦啦，今天我来试试好吗？""啊？你行吗？" 奶奶十分惊讶地看着我。

我自信满满地大声说："我行，我一定能行的，您就看好吧！"

清晨，我提着篮筐来到菜市场，啊！菜摊上的菜品琳琅满目：娇嫩的青菜、白白的莲藕、红红的辣椒、紫色的茄子……都仰起小脸冲我笑呢，好像在对我说："小朋友我可新鲜了，快把我带回家吧！"我东看看，西瞧瞧，心里却没主意了，唉！这买菜说起来容易，做起来还真的有些难啊。以往我只需跟在奶奶身边，主意都是奶奶拿，今天好不容易等到我独自拿主意时，面对这么多选择，真的很难啊！

"快来买带鱼，刚刚海上钓来的，不新鲜不要钱喽。"

我循声望去，海鲜摊贩前摆着好几条带鱼，个头很大，通体银白，一看就惹人喜爱。啊！妈妈最喜欢吃红烧带鱼，买一条吧！我快步走到鱼摊前，学着奶奶的样子，左捡右挑地选择着，卖鱼的老板看着我好奇地问："小姑娘，你会挑吗？”我胸有成竹地说：“当然会了！奶奶教过我的。”我挑了半天，选了一条即厚实又宽大的带鱼，鱼鳃鲜红鲜红的，又看看鱼的眼睛，没问题，眼睛还闪着光呢，“好了，就这条。”带鱼被我选中后交给鱼老板，擦干手……这时奶奶嘱咐我的一句话回响在我的耳边：“买菜不仅是要挑新鲜的，还要注意讨价还价，尽量买物美价廉的……”，我没白跟奶奶学了几天买菜本领。便学着奶奶的样子：“老板，这鱼多少钱一斤？”“45 元。”“能不能便宜点啊，前天，我奶奶在你这买的，只要 40 元，您看在老顾客的份上，便宜点呀。”“好，好，好，看你这小姑娘挺能干的，这么小就会买菜了，40 就 40 卖给你吧。”鱼老板称好了鱼，我拿出手机扫码支付——第一次交易完成了。万事开头难，买鱼后，开了个好头，接下来就是选其他菜了。

我漫步走在卖丝瓜的摊前，白白胖胖的丝瓜，身穿白色衣服，头上还戴着一朵大大的黄花，看上去肯定是刚摘来的。记得奶奶说丝瓜表面没有茎凸起，抖起来有弹性，就是嫩的，我按照这个标准挑了两根丝瓜，还是像买鱼一样：讨价还价——手机扫码——交易完成——放进篮筐。

带鱼、丝瓜买好后，我对买菜有了点小经验，心想：原来用自己学来的知识去做事，真的能事半功倍啊！

实践出真知，我照刚才的样子又买了活虾、茭白、猪肉、咸鸭蛋和姜、葱、蒜等菜品。

后记

采购结束，我提着满满一篮子自己亲自采购的菜，走在回家的路上，心里特别有成就感，一想到中午就能用我独自买的菜做红烧带鱼、肉丝茭白、肉末炖蛋、盐水对虾、丝瓜，成就一顿丰盛的午餐，心理甭提有多高兴了。

父母感言

这一顿饭真是让我们又惊又喜，这一次尝试更是让我们对平时文静内敛的她刮目相看，一个精打细算的小大人形象呼之欲出。孩子平常有好吃的总会跟家里人分享，是个暖暖的孩子。经历是生活的调味料。放手让孩子展现他们的隐藏技能吧，他们比我们想象中能干。（爸爸：柳桂华）

教师赏评

只有自己亲手买的菜，吃起来才更加津津有味吧。小作者巧妙地借鉴奶奶的买菜经验，并运用到自己的实践中。这样的习作源于生活，真实可信，富有情趣，非常有意思，尤其是作者巧妙地运用语言、动作、心理活动等细腻的描写，内容充实，文笔生动，字里行间无不体现当家的乐趣！（指导教师：李月华）

学会做事（在你的生活中是否也遇到过相同或相似的事，感觉如何？写下来。）________________

____

____

卖报纸悟出的学问

广东省深圳市罗湖外语实验学校初二（3）班　刘承铭

放假时，我参加了一个在街头卖报纸的活动，爸妈十分高兴，说这不仅能让我体会社会生活，还能锻炼我的社交能力。

街头上，每位参与者拿到了二十份报纸，本以为卖出二十份是轻而易举的事，但我却大错特错了。路上的每一个人都有自己的事，并不驻足于此，我只好追上他们：“您好，请问您需要今天的报纸吗？”多数人回答不需要或是匆匆离开，不予理睬，只有极少数的人愿意购买。偶尔有好心人看是学生在卖报纸而愿意买上一份并赠予了一些支持鼓励的话语。这时候我原本有点受伤的心才感受到了一丝丝温暖。第一个小时里，我只卖出十一份报纸，比我预想中的要少。

我继续往前走到了一个广场，许多人正坐在露天茶座享受着下午茶。我想：悠闲的人肯定会买份报纸的吧？可现实却只卖出了五份。我又走进一旁的餐厅，一个客人打算买一份，这时店员却过来提醒说店里不允许外来人员推销售卖东西并催促我离开，我只好灰溜溜地走出餐厅，既难堪又沮丧。

谁知，这时下起了大雨。为了不让报纸被打湿，我只好躲进狭小又挤满人的雨篷下，还差点因为地面湿滑而摔了一跤。

不知不觉间，两个小时就到了，我卖出了二十五份报纸，收入五十块钱，扣除成本后也才只赚到了十二块五。

离目标差得太远了！我深刻地体会到了工作的辛苦，也感受到了每一个平凡劳动者的不易和伟大。现在的我要珍惜现有的美好学习环境，好好学习，掌握更多的知识和技能，在未来为社会贡献自己的一份力量。

后记

为了能把报纸卖出去，要拿着重重的报纸四处兜售，要和不同的陌生人交流，要找到能尽快把报纸卖出去的办法；过程中有人友善，有人冷漠，更有人会毫不客气。这一次的卖报活动让我懂得了工作的艰辛，体会到父母工作的不容易。我只有努力学习，趁大好青春努力奋斗，才能获得更好的未来！

父母感言

通过此次的卖报纸活动，让孩子体会到了工作的艰辛和不易，也收获了成长。现实工作中会有很多突发的事情需要我们解决，希望孩子能在学习的黄金时期认真、努力地学习知识和技能，多看多了解身边的人、事、物，并学会思考。通过学习和思考提升自己的能力，在未来能成为一个对社会有用的人。（妈妈：陈 健）

教师赏评

“纸上得来终觉浅，得知此事须躬行。”文章写了假期作者卖报纸的经历，事例叙述生动具体，趣味性强。通过侧面描写、心理描写等，细致体现了卖报的艰辛。在售卖报纸的过程中，作者虽然遇到了挫折，但依然不放弃，迎难而上，既体会到了生活的不易，也磨砺了坚韧的品格，展现了乐观向上的人生态度。全文条理清晰，语言流畅，值得我们学习。（指导教师：何 璇）

学会做事（在你的生活中是否也遇到过相同或相似的事，感觉如何？写下来。）

当“师傅”的快乐

横琴粤澳深度合作区华发容闳学校五年（2）班　饶朴真

小A同学是我的好朋友，他心地善良、多才多艺，却对数学一窍不通。他下定决心要学好数学，便找我“拜师”，作为他的朋友，我也想助他一臂之力，我便成为小A同学数学道路上的“指路人”。

课间，我们“师徒”二人总是聚在一起讨论数学难题，有时候是小A静静听我讲解，有时候我们俩也会争得面红耳赤。在此期间，我教会小A许多难题，而我的数学思维能力也随之水涨船高。

记得学“鸡兔同笼”这个知识点的时候，小A为了弄明白，课上课下都在奋发图强，却还是一知半解。看到他这么努力，作为他的“师傅”不能不管。我决定抽出周末时间教他，为了达到更好的效果，我学着老师平时给我们备课一样认真地做了许多功课，整理出重点，还特地准备许多教具用来实践。

终于到了周末，我迫不及待想要把这些“真金”传授给他。起初我自信满满，一步一步地讲给他听，他也专心地听着，讲完后看他一脸茫然，我也泛起了愁。我再讲，他依旧脸上写满了迷茫。我挠挠头，心想：总不能让他一直局限在我的方法里，说不定我的方法并不适合他，需要让他自己“独立行走”才行！

随后，我将准备好的教具摆在他的面前，给他出了一道题，并鼓励他用自己想用的方法去解题。这一次，我不再让他亦步亦趋跟着我的步骤来，而是在他思考的时候给他一些小小的“锦囊妙计”，给出一些点拨。没想到，没一会儿的工夫，他就自己解出了这道题。

我也充满好奇，凑过去一看，不禁感叹道：“你这个方法妙啊！我怎么没有想到！”小A听到我的夸赞，一脸笑意和自豪，看着我真诚地说道：“要不是你给我了灵感，我也不能这么快想出来这个方法！你这个师傅我可真没白认！”这一次的切磋，不仅让他学明白了知识点，还大大促进了我们的“师徒情谊”。在后来的国际袋鼠数学比赛中，我们遇到了“鸡兔同笼”问题，比赛结束，我们默契地相视一笑，一切尽在不言中。

这件事让我也悟出一个道理：不被常规而局限，思维会更活跃。从今往后，不管是学习方面还是生活当中，我都会用更卓越的思维做事情，这使得我做事情也变得更加轻松。

知识被运用了才是财富。故步自封只会像一只青蛙一样，坐井观天。是啊，如果知识一直留在脑子里，那它和废品有什么区别。知识只有被运用，它才能帮助你获得成功。知识让我收获的不仅是能力，是解决问题的方法，它还让我收获了友谊，让我的生活变得更加有滋有味，丰富多彩。我想，当我们把知识视作一种无穷的财富，并乐于与他人分享时，我们将开启一扇通往智慧和成长的大门。而我，对此充满了期待。

后记

国际袋鼠数学比赛里，我斩获了二等奖的好成绩，每每想起，我都觉得这和我给小A当“师傅”有非常大的关系。都说“三人行必有我师焉”，我想这就是知识带给我的最大的魅力。我一直觉得学习是一件很快乐的事情，它能让我觉得自己像是一个源源不断吸收水分的海绵，让我觉得充实而快乐。

父母感言

看到孩子对知识的汲取如此热爱，我颇感欣慰。获取知识应该是一件快乐的事情，虽然学习的过程会有痛苦，但也和快乐并存，希望在未来的路上，你能够秉承着这种求真务实、求知若渴的精神，勇敢地奔向你的未来。（妈妈：饶艳婷）

教师赏评

朴真是一个热爱学习也乐于分享的孩子，我相信在分享的过程中，一定能收获到与众不同的快乐。字里行间，我看到的是一个拥有力量的人。正如罗翔老师说过，知识是用来帮助自己、帮助别人的工具。知识的真正价值，是在于如何将它运用在实际生活中，造福自己和他人。（指导老师：毕 聪）

学会做事（在你的生活中是否也遇到过相同或相似的事，感觉如何？写下来。）____________________

努力实现财富自由

实现财富自由是很多人都在追求的目标，大家都希望自己变得越来越有钱，怎样才能变得富有呢？最重要的就是要学会储蓄和投资，利用神奇的复利让自己的财富积累起来！

1. 富有的前提是要储蓄

不储蓄，绝对不可能变得富有；只储蓄，也不能成为富人。要想富有，必需要有储蓄观念。

2. 让钱生钱是致富的硬道理

依靠储蓄获得一笔基础资金后，再选择自己擅长的项目进行投资。进行早期投资前要通过阅读和向他人学习经验，最大限度地保证这笔基础资金不受损失。

3. 一边努力攒钱，一边把攒下来的钱用来投资

投资可以让资产不断增加。攒钱和投资都应该尽早开始。财富自由是很多人都在追求的目标，都希望自己变得越来越富有，那么怎样才能做到富有呢？最重要的就是学会储蓄和投资，利用神奇的复利让自己的财富积累起来！

4. 财富也有时间效用

复利公式大家可能都听说过，但却很少有人真的按照它去做。一小笔钱财富，只要将它不间断地进行投资，经过一段时间，它就会变成一笔可观的财富！

5. 早储蓄、早投资、早受益

有人认为还年轻不着急储蓄，要等到有一定的基础才开始储蓄，这种想法只会让储蓄计划一拖再拖，最后很难实现。根据财富的时间效用，储蓄时间越短，损失越大。

6. 不要为贫穷找理由

即使贫穷，也不要抱怨，抱怨不如好好努力，克服逆境。控制自己的消费欲，不被人们崇尚消费的观念所影响。

【案例】

小张做了十几年建材生意，在珠江新城有一套市价 200 万左右的公寓自己住。在番禺还有套市价 60 万左右的房子，一直放在中介出租，每年能收 24000 元的房租。基金里放着 165 万，银行里有 145 万存款，还有一辆奔驰轿车。

在商海拼搏这么多年，她感觉心里很累，总想放下生意去过几年闲云野鹤的生活。她一直单身没有成家，每月的支出不多，也比较享受这种生活状态。她这种情况算不算实现财富自由了呢？

老张十几年前在某城市拥有 10 辆出租车，每辆出租车雇用了两位司机，每月除去所有费用，每辆出租车可以盈余 8000 元左右，那么 10 辆车一共就是 8 万，全家人生活富裕。而某打车软件的出现，彻底颠覆了他家的这种营收状态，司机可以自己花几万块买一辆车做“专车司机”，同时实现“时间自由”。而老张的出租车不仅找不到司机被闲置，车价也是一落千丈。

【共同分析】

从以上案例中不难发现：判断一个人是否实现财富自由，要看他的欲望；判断一个人能实现多久的财富自由，要看他在满足基本开支的情况下，何时遇到大笔的支出。

拓展阅读

今天我“当家”

广东省珠海市兆征纪念学校六年（1）班　谭玥琳

暑假的一天，爸妈都不在家，我起床后，肚子“咕噜咕噜”地叫个不停。

我揉着惺忪的睡眼，打开冰箱，空空如也，连个鸡蛋都没有。

瞅瞅放米的食品柜里，只剩米箱里的半桶大米了，我本想吃点泡饭填补饥肠辘辘的肚子，眼看计划落空。爸妈忙，只能我自己想办法了。

于是，我翻箱倒柜，终于找到了备用的 80 块零钱。打算自己买菜下厨，做我的第一顿饭。说干就干，我攥着口袋里的 80 块钱，出了门。

一路上，我欢欣雀跃地哼着小曲儿，三步并作两步走，不一会儿就到小区旁边的菜市场。菜市场里十分热闹，小贩的吆喝声，顾客的讨价还价声，融成一首和谐的市井交响曲。

忽然，听到一个嗓门清脆、干脆利落的老板娘大声喊道：“快来买呀！新鲜的大白菜！刚拔出土的胡萝卜！”招引着众多前来买菜的顾客。偶尔，又听生鲜区的高音喇叭在循环播放：“走过路过，不要错过！新鲜肥美的鲫鱼、对虾、草鱼，统统便宜啦！”

此起彼伏的叫卖声引得我左顾右看，一下子没了这“当家”的主意。心想：这买菜可真不是件容易的事啊。想着想着……，我循着拥挤的人群，来到热闹的蔬菜摊位前。这儿的蔬菜又鲜又嫩，我仔细地挑选一番，几颗“长相清秀”的青菜入筐了。

继续前行，我清了清嗓子，模仿着大人的样子不慌不忙地问老板：“这青菜多少钱一斤啊？”老板一边打量着我，一边回答：“五元！”说着伸手就来称我挑好的菜，我看着这长势喜人的青菜，边递袋子边准备掏钱，购买蔬菜的任务完成了，正在我低头准备掏钱的时候，突然又瞥见摆放在一个角落里的小葱，“买几根小葱来调味”，一个新的念头悄然而生，便试着跟老板讨价还价：“老板，我是第一次买菜，带的钱不多，能不能优惠一点，凑个整？”老板被我逗乐了，满脸和气地说：“凑整零头抹得太多了，我生意也不好做。这样吧，小葱你自己选几根，就算送给你了。”没想到讨价还价这么容易，我爽快地付了钱。美滋滋地提上“战利品”，收好找还的零钱，径直奔向生鲜区。

有了前面的经验，我先问价再挑拣。

水箱里活蹦乱跳的虾吸引了我，就它了！“老板娘，您这虾怎么卖啊？”我模仿旁人老道的样子问道。

“42一斤！今早刚到的虾。”听到这个高价，我咽了咽口水，回过神来，提高嗓门大声说：“哎呀，太贵了！那边只卖35一斤，您能便宜点不？”老板娘很不情不愿地嘟囔道：“你这小姑娘年纪轻轻，砍价本领还不小！好吧好吧，看你第一次来，就给你算这个价吧，我的可是最鲜活的，早上码头第一批海鲜，以后常来哦。”一边说一边给我捞水箱里的虾。我鼓起勇气接连问了螃蟹、鲳鱼的价格，结果，被老板的高价吓得瞠目结舌，打了退堂鼓。

在菜场兜了几圈下来，大致了解了各种蔬菜的价格，用为数不多的钱买了较便宜的土豆、丝瓜、鸡蛋等常吃的菜，提着一大包“战利品”回到了家。

一进厨房，我开始淘米、洗菜，切菜下锅，翻炒烹饪，把平常跟妈妈学到的煎、炒、蒸、煮的功夫通通拿出来。不一会儿，我就烧好了几道有模有样的菜，最后一道是丝瓜炒蛋，我端着它兴奋地送上餐桌。

正准备吃饭时，门铃响了，我想：一定是爸妈回来了，刚好可以尝尝我的手艺，当爸爸妈妈看到餐桌上摆着的我做的菜时，又惊又喜，都夸我能干！

虽然这次做的菜不是特别好吃，有的盐放多了，有的盐放少了，尤其是鸡蛋让我炒得有点焦了，虾也熟过头了，但是，听着爸爸、妈妈边吃边夸我的赞美和激励声，我心里甭提多开心了！

后记

有时候把奇思妙想变成现实的感觉真奇妙，好像自己是魔术师，凡事多去尝试不管结果如何，都是好样的。

父母感言

这顿饭真是让我们又惊又喜，想象着她买菜、做菜的过程，一个精打细算的小大人形象呼之欲出。实践很重要，孩子能把平时所学的知识应用到实践中去，很了不起。（妈妈：钟瑞儿）

教师赏评

小作者巧妙运用语言、动作、心理活动等细腻的描写，从买菜到烧菜一气呵成，内容充实，文笔生动，字里行间无不体现当家的乐趣！（指导老师：李月华）

学会做事（在你的生活中是否也遇到过相同或相似的事，感觉如何？写下来。）______________________________

____

____

第一次做义工

广东省珠海市九洲中学初二（11）班　高千雅

今天是一个特殊的日子——我第一次参加义工活动。

我穿上整洁的义工服，心中充满着期待和兴奋，这段意义非凡的旅程就要开始啦。

我随着一群志同道合的朋友们抵达义工地点后，我被分配到了一个小学，将在这里陪伴孩子们度过愉快的一天。

我和伙伴们一起进入了教室，一群可爱活泼的孩子便簇拥着围了上来。他们的笑容和纯真让我感到无比温暖，我知道我将度过一个充实而难忘的一天。

首先，开展的是一系列有趣的活动，绘画、手工制作和游戏等。我和孩子们一起挥舞着彩笔，在纸上勾勒出五彩斑斓的世界；我们共同制作各种形状的手工作品，每个人都充满创造力地展现着自己的想象力；我们还进行了一场激烈的游戏比赛，孩子们尽情地奔跑着，笑声回荡在整个教室。

在活动的间隙，我与孩子们交流着，聆听着他们的故事和梦想。他们的天真和热情让我感受到了生命的活力和美好。我尽力给予他们关怀和鼓励，希望能成为他们成长路上的一位朋友和支持者。

随着时间的流逝，一天的义工活动即将结束。当孩子们向我们挥手告别时，我感到一丝不舍，但更多的是对这次宝贵经历的珍惜和感激。这一天，不仅让我感受到了帮助他人的快乐和满足，也让我更加深刻地理解到了友爱与奉献的意义。

回家的路上，我心中充满了感慨和喜悦。这次义工经历不仅给了我宝贵的人生体验，也让我明白了行动的力量和意义。我相信，未来我会继续积极参与各种志愿活动，用自己的行动为社会贡献力量，成为一个更加有爱心和责任心的人。因为我深知，每一次的付出都将为世界增添一份温暖和美好。

后记

“做义工”的过程告诉我：帮助他人，不仅能收获快乐，还能获得友爱，并促使自己成长。

父母感言

“做义工”不仅可以锻炼孩子的社交能力，还能培养孩子的社会责任感和爱心，这样的体验活动让孩子成长不少，收获很多。（妈妈：张 琦）

教师赏评

小作者把“做义工”的过程写得具体生动，文章结尾更是点明主题。作者叙事有真切的体验，真实的描写，朴实的语言中流露着作者的内心，文笔细腻，行文流畅。（指导老师：马腾隆）

学会做事（在你的生活中是否也遇到过相同或相似的事，感觉如何？写下来。）______

______

______

读万卷书，行万里路

广东省深圳市罗湖外语实验学校初三（2）班　陈禄元

阅诗书万卷，揽大千世界，观四时之景，感世间百味。这三年，我阅读了大量诗书，李白便成了那个我最近的人。

从小学升至初中，有些不适应，思念小学的点滴回忆，不知该如何前行。来到初中，我们先学习古诗词，读到李白之诗《渡荆门送别》之时，其尾句言道：仍怜故乡水、万里送行舟。联意象万千，回至味无穷。

当我细细思索之时便明白，即使李白的小舟已行过千山万水，但故乡之水伴随他走过离乡之路，踏上一望无际的旅途。我的往昔亦是如此，不必过度留恋，把它埋藏于心底，它自然会伴你走过无声岁月。我心中与李白共鸣，他成为离我最近的人。

一阕诗词、一点回忆。

现我已步入初三，但刚升入却是又有些许不适应，压力也愈发变大。在第一次的数学小测中，不太理想的成绩令我寝食难安，但当我读到李白的《行路难》时，便有了一点触动。

纵使他“欲渡黄河冰塞川，将登太行雪满山”，在他的人生道路上有再多苦难，他依旧会怀着“长风破浪会有时，直挂云帆济沧海”的乐观心态。

这给予了我极大的鼓励，纵使初三艰苦，但仍须全力以赴。同时，他的《梦游天姥吟留别》中的写景更为一绝："云青青兮欲雨，水澹澹兮生烟"。如此，诗词之路声声慢，悠悠诗词点化意。其内涵之万千，令我超越了平常的自己。

高山苍苍，江水茫茫，诗词之美，山高水长，凡日月之所照，皆是诗词的闪光之处，是你，让我超越了平常的自己，也让我明白了，知识只有用了才是财富！

后记

至今仍旧感谢李白的诗词，帮助我摆脱了困境

父母感言

诗词的美不仅局限于文字，更源于根植在诗人内心里坚韧不拔的心，你能在李白的诗中汲取自己成长的力量，我们为你感到骄傲。（妈妈：王 莉）

教师赏评

通过合理的叙述，反映出意味深长的哲理，行文流畅，简洁，充分发挥了自己的想象力，文章流畅连贯，再加上一些精妙诗句的使用，是点睛之笔。诗词之美，天高水长！（指导教师：聂 华）

学会做事（在你的生活中是否也遇到过相同或相似的事，感觉如何？写下来。）____________________

____

____

知识被应用了才是财富

在现代社会中，人生的大部分时间都是在工作中度过的，跨过人生精力最充沛、知识日益丰富和完善的院校生活，工作便成为绝大部分人生活的重要组成部分。

有什么样的工作，就有什么样的生活。生活所需要的，就是工作所付给的，工作是丰富多彩的，生活也就是美丽生动的。

工作可以满足我们的生活需要。美国心理学家亚伯拉罕·马斯洛的需要层次理论，并把人的需求分为：基本需要和成长需要两大类，按照生理需要、安全需要、社交需要、尊重需要、自我实现需要分为五个层次。这五个需要像台阶一样依次排列，如下图所示。

马斯洛需求层次理论模型

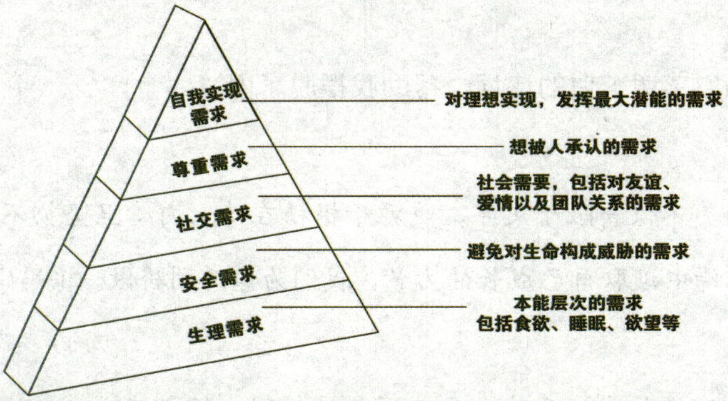

一旦底部的第一种需求得到了满足，下一步的需要就变得重要并渴望满足。显然，人们每一种需求的满足都不可能离开工作（劳动实践）的支撑，而且越是高层次的需要就越明显。如果问起工作（劳动）的缘由时，大多数人都会说："当然是为了幸福的生活。"这句话道出了人们对工作（劳动）根本属性的通俗认知。

工作赋予时间更多的意义。

当人们初次交谈时，不自觉地会问："你是做什么的？""你打算做什么？"人们一般以"一名教师""一名律师""一个银行职员"来回答。这里的"教师""律师""职员"，就是我们的社会角色，都承担着一定的社会责任，并得到同学、朋友、家庭及社会的认可。当我们获得一份很有竞争力的工作时，我们会有一种特殊的自豪感；如果没有工作，就会沮丧、失落，甚至自卑。

工作是我们获得了维持生活生存的方式。但是，工作不仅是为了"面包"，更重要的是从中获得经验，使我们所获得的知识得以应用，从人生发展的角度来讲，它使我们获得经验、受到锻炼、得到尊重、找到归属，体现价值。尤其是当工作赢得人们的赞赏时，为我们带来“我竟如此重要的不可或缺”等人生体验时，那种成就感、满足感、自豪感就成了工作对我们的丰厚回报和最高奖赏。此时此刻，我们会体会到工作有多么重要，多么美丽，多么绚丽多彩。生活中，我们就会油然而生：我快乐，因为我工作。我重要，因为我奉献。工作是美丽的，我也因此而美丽。

【共同分析】

人们在任何时候，都希望有充实感。进入社会时，人们往往是通过学习、工作、休闲、与他人交流等方式使时间充实起来。作家尤金·德拉克洛尔斯所说，通过工作“我不但创造产品，而且赋予时间意义。”工作使我们有了忙碌的感觉，工作赋予我们重要的社会角色。

拓展阅读

勇于实践获取真知

广东省珠海市文园中学初三（23）班　蒋铭洋

“实践是打开科学宝库的钥匙，实践是开启智慧的源泉，实践是检验真理的唯一标准。”物理老师的一席话使我茅塞顿开，深刻理解了这话的含义。

物理课上，梁老师给我们布置了一个任务：自制一个小乐器，要求能弹奏出简单的曲子。音乐和物理都是我的所爱，两者的完美结合更是令我兴奋不已。

回到家后，我立刻在网上搜索、查询相关资料，经过深思熟虑，我最终确定了目标：制作一个皮筋琴。

接下来就是材料准备了，我买来一包皮筋用来做琴弦，照着网上的样子找来一本书做琴身，再拿一支铅笔架起琴弦，做琴码。咦，声音怎么不对呢？听起来闷闷的。我又来回拨弄了半天，还是一样。于是，我拿起了物理书认真复习，寻找原因，哦……原来音色取决于发声体本身。发声体本身？就是这本书吗？我带着疑问开始在家里翻箱倒柜，找到了一个金属月饼盒。我把皮筋一根根套了上去，这可比套在书上紧多了，轻轻一拨动，“铮……”就是这个声音，好有古筝的感觉啊！我尝试移动铅笔和拉紧皮筋来调试每根琴弦的音调，可是怎么都调不准。

就在我急得团团转时，妈妈递给我她的手机：“试试这个吧，我下载的一个调音器。”这可真是及时雨啊！我摸索了一阵，开始一个音一个音地调整，果然很好用。但是，新的问题又出现了：每次好不容易调好的音总是不能固定下来，没一会儿就跑了。我就在不断地调音、跑音、再调音中不知不觉就到了深夜，我的作品还没完成，心中难免有点泄气。到底用什么方法才能固定住这些皮筋呢？带着疑问我进入梦乡。

第二天，我突然灵光一闪：胶！在尝试了各种胶带、胶水后，我最后选中了强力胶。我先把所有皮筋的一边都滴上强力胶固定好，对着小风扇吹使其凝固，然后再一根根调音，每调好一个音，马上用强力胶固定好皮筋的另一边。大概一个小时后，所有的音都调好了，所有的皮筋也都固定好了。凭着记忆，我小心翼翼地弹出了简短的“孤勇者”，好一个行云流水的感觉啊！我兴高采烈地向老师发视频汇报成果，获得了老师的肯定。

通过动手制作皮筋琴让我明白了实践才能出真知，也培养了我不急不躁，坚持到底的执着性格。

后记

短短两天的实践，我苦恼过，也焦躁过，但最终还是通过学习和思考解决了各种难题，取得了成功。

父母感言

孩子从小就喜欢拆东西，对于这次手工制作特别感兴趣。当天晚上就忙到半夜，又是翻书，又是上网查资料。本来我还挺担心他因为做手工而耽误了写作业，可是当我看到他在制作的过程中不断思考、尝试、总结经验，我又觉得这样的任务挺好的，可以让他主动去探索知识，还可锻炼他的动手能力。手工制作完成后，孩子特别有成就感，他对这门学科更有兴趣了。（爸爸：蒋 兵）

教师赏评

文章语言平实自然，细节描写丰富，特别是心理活动写得生动传神。文章紧扣主题，真情真挚，读来感悟深刻，体现出作者对科学世界的不断探索和钻研精神。（指导教师：杨嘉浩）

学会做事（在你的生活中是否也遇到过相同或相似的事，感觉如何？写下来。）______________________________

____

____

油锅里的学问

广东省深圳市罗湖外语实验学校初二（9）班 全 嘉

寒冬的黄昏，油锅“扑滋”的响声，火光隐隐透出窗外，油香的暗暗浮动，是我每次回老家过年对厨屋的记忆。

一到过年，奶奶都要炸一锅油馍。油馍的香成了厨屋的香气，年的味道。这次回老家过年，我不再是旁吃者，开始为奶奶搭下手。

随着“扑滋”“扑滋”的响声响起，这场战斗就正式打响了。

面一下锅，就需要快速地把它拉边，让它靠在边上。看上面边缘起色，再翻个面就行。可一眨眼，馍就沾满了整个锅，赶忙用长筷扣住，想给奶奶留下油炸空间。还没当我忙过来，爷爷却要翻面，油条扣住、拉回，扣住、拉回。有的来不及拉回就和刚下锅的馍粘在一起，又要一一拆解。两只筷子舞弄着面团，但却发现越弄越粘，缠成一团。怎么办呢？我灵机一动，想到平时用的固体胶，如果风干了，会失去黏性，因为它水分流失，变得干燥。

那油条经过油炸后变得干燥，是不是也会更容易掰开？我试了试，让它先在油锅里炸，等它油炸变脆，然后轻轻用力一掰，果然就分开了。

等到油条起色了，还要给它翻身，但我却翻得笨拙，不好操控。爷爷看着我手忙脚乱的丑态笑了，给我演示了一遍。不需费力地拿起来，只需侧面一拨，借势就行了。我这愚钝的脑袋才拐过弯来，后面就顺风顺水了。

此次学习，我不仅悟出了油锅里的妙道，更学会在实践劳动中运用知识，解决问题，就像叔本华所说："只是理论而不付诸实践的智慧，犹如重瓣玫瑰，其色赏心悦目，凋谢了却没有种子。"在劳动实践这条路上，我需要越加奋进。

后记

这次炸油馍的经历，不仅让我学会了一项新技能，让我在劳动时学会运用知识。在这个过程中，我也体会到了家人的关怀，食材的味道，家的味道。这份情感会荡漾在我的记忆里，在我困难时激励着我前进。

父母感言

读了这篇文章，收获满满。这次回老家和孩子一起感受了家里过年氛围的浓烈，也感受到了孩子的成长。孩子变得更加懂事、听话、能干，变得越加成熟了。看着他在劳动时开动脑筋的样子，很是欣慰，希望他在未来展翅高飞，追寻自己的目标。（爸爸：全晓锋）

教师赏评

文章构思精巧，语言流畅，小作者爷爷的形象跃然纸上。作者通过生动的描写，向孩子展现了一次做油条的经历，层层递进，结构清晰。最后作者对于这次经历的感悟更是引人深思。从中作者感受到家的温情和生活的智慧，蕴藏着作者对生活细致的观察和对亲情的感悟。这些生活智慧和道理，终将在作者未来的路上化为前进的动力。（指导教师：黄镟璇）

学会做事（在你的生活中是否也遇到过相同或相似的事，感觉如何？写下来。）______

______

______

我学会修自行车

重庆市酉阳土家族苗族自治县民族小学四年（11）班　张　震

那是一个阳光明媚的早晨，我写完作业，妈妈提议我去骑一会儿自行车。我蹬上自行车，踩动踏板，听着两旁树上的虫鸣鸟叫，心情畅快极了！

骑着骑着，突然“啪啦”一声，我连同自行车一起重重地摔到了水泥地上。我挣扎着爬起来，仔细检查发现：原来是自行车的链条脱落了。

突然，我想起爸爸以前修理自行车的样子，便把自行车放倒在地上，找了一根树枝，挑着车链子上的孔，一点一点地往轮齿上面套。套到最后一个孔，不知是链条不够长，还是其他原因，怎么也套不进去。

我一手抓住链条，一手把孔一个一个卡到轮齿上，还是不行。我一屁股坐在地上，看着自己手上的黑色油污，一时间没了主意。

疑惑中，我突然想起一本叫《自行车维修养护宝典》的书里提到过修车链条的方法。我连忙一路小跑回到家，找出那本书认真研究起来：先把链条放在后齿轮上部，再把链条弄平整，让齿轮和链条完全啮合，然后把链条挂在前部齿轮下面，挪动车辆，让后轮离开地面，最后顺时针踩动踏板就能将链条恢复到位。

我回到原地，按照书上写的步骤摸索着。不一会儿，我发现了诀窍：只要把车子往前推一点儿，再慢慢地把铁链子套上去，靠着自行车往前走的力量，铁链子就能套上齿轮啦。

我立马试了试：先把链条放在后轮上部；平整链条，让两者完全啮合；把链条挂在前部齿轮下面；挪动车辆，让后轮离开地面；顺时针踩动踏板，链条真的就装上了。

自行车被我修好啦！我再次扶起自行车，转动了一下车把，踏上脚踏板，自行车又完好无损地转动起来了。

啊！太好了，太好了……我竟然学会了修自行车！

后记

太阳已经偏西，柔和的阳光洒在我骑自行车的身影上，我在回来的路上，边骑边想：幸亏有了《自行车维修养护宝典》这本书，我才修好了自行车。

以后我不仅要多读书，还要多思考，把书上的知识多多运用到生活中。

父母感言

其实做什么事都不难，只要用心去做就会成功。他的修车经历，让我深刻体会到"世上无难事，只怕有心人"的真正含义。（妈妈：田 琼）

教师赏评

本篇文章围绕修车这件事情展开，紧扣主题。叙事较为清晰，前因后果交代得很清晰，并能够做到详略得当。在记叙事件时能够关注到细节，描写较为细致，如"手上的黑色油污"等，环境描写烘托出人物心情。文章能通过以小见大的手法以事喻理，能从生活的"小水滴"折射出太阳的光辉，在结尾处升华主旨，获得读者感悟，体现出小作者具有一颗发现美的眼睛和勤于思考的心灵。（指导教师：田凤玲）

学会做事（在你的生活中是否也遇到过相同或相似的事，感觉如何？写下来。）______________________________

____

____

知识是渊博的，工作是多样的

知识的渊博性让我们深入理解世界，工作的多样性让我们有能力应对世界的复杂性。在这两者之间，我们如同航海者，驾驭着知识的海洋，探索着无限的可能性。在这个过程中我们带着对知识的敬畏和对工作的热情，驶向更加精彩的未来。将所获得的知识，应用到不同的岗位，有着不同的意义和价值，我们必须将各类知识应用到实践中，才会学有所用，塑造出五彩缤纷的世界。对工作本身而言，每一种工作都承担着特定的社会使命，都意义非凡，在现实生活中，越是看似平凡的工作往往越是需要更多的知识来支撑。例如，生活中我们可以不听音乐、不看舞蹈，也可以没有音乐家、舞蹈家，但是，没有人可以不吃饭、不穿衣，也就是说生活中不能没有农民这个职业；我们可以没有计算机、没有电视，但是不能没有电，没有发电工……况且，没有了像农民、发电工这样看似平凡的职业，我们的生活链条就会中断，也就没有了人类最起码的生活。

【案例】

务工人员有多大贡献

在这个充满挑战与机遇的时代，务工群体以其坚韧不拔的精神和辛勤的汗水，为中国的经济发展做出了不可忽视的贡献。

据统计，2022 年中国务工人员总量达到了 2.95 亿人，这一庞大的数字背后，是无数务工人员在各个领域默默奉献的身影。他们从事着建筑、制造、服务等多个行业的工作，为城市的繁荣和乡村的发展贡献着自己的力量。无论是高楼大厦的崛起，还是基础设施的完善，都离不开务工人员的辛勤付出。另外，务工人员的贡献不仅体现在经济增长的数量上，更在于其对社会发展的推动作用。他们的到来，促进了城乡之间的交流与融合，推动了城市化进程的加速。同时，务工人员也是消费市场的重要组成部分，他们的消费需求拉动了相关产业的发展。

【共同分析】

劳动没有高低贵贱之分，工作不分三六九等，只要我们把知识应用于实践，无论是脑力劳动，还是体力劳动，凡是社会需要的都能发挥巨大的能量，都是值得欣赏的；无论从事脑力劳动者，还是体力劳动者，在社会的各个岗位的劳动者都在以自己特定的方式，为社会做着奉献，都在为他人、为社会提供着服务，都值得全社会尊重的。

拓展阅读

再富也不能乱花钱

浙江省宁波大榭开发区第二小学四年级　周旭尧

“丁零零……”伴着闹钟的铃声，我伸了个懒腰，兴奋地想着：今天我有钱了，赶紧起床买东西去喽！

今天是我第一天当家！我迅速吃好早饭，拿着昨晚爸爸给我的一百元钱，蹦蹦跳跳地去超市。一进超市，琳琅满目的商品映入眼帘，巧克力、薯片、爆米花，还有我最爱吃的冰激淋……我一下子把爸爸昨晚对我说的话抛到了九霄云外。我左瞧瞧，右瞧瞧，一会儿拿起糖果往购物车一扔，一会儿拎起饮料往车里一放。不一会儿的工夫，我的购物车就装满了。

我来到收银台前，收银阿姨算好钱，让我付款，我把手伸进口袋，居然掏出一张纸条，上面写着：“儿子，你今天要买的东西可别忘记了哦！”哎呀，我居然忘记了爸爸交给我的任务。此时，我的脑袋里出现了两个小人，一个说：“别管这张纸条，想怎么买就怎么买，反正已经拿到手了，赶紧结完账去吃吧。况且今天你当家呢。”另一个小人说：“别这样，这是你爸交给你的任务，你一定要遵守诺言。更何况，你不买菜回家，爸爸妈妈中午怎么吃呢？零食以后也可以买呀。”

这时候，收银员阿姨说：“小朋友，快点结账啦，后面还有很多人等着呢！“我的脸唰一下红了，我说：“阿姨，我不买这些了。”我赶紧往超市里面走去，去买计划好中午要吃的那些菜。

当我回到家的时候，爸爸妈妈已经回来了，夸我干得不错。吃着妈妈烧好的菜，我心里美滋滋的，还好买菜回来啦，不然今天中午吃啥呢。

后记

把零食放回去的时候，真是不舍得呀！但一想到家人还要吃午饭，最终我还是把买零食的念头打消了。

父母感言

孩子第一次拿这么多钱独自去买东西，他能够忍住诱惑，为家人着想，爸爸妈妈还是很欣慰的。（妈妈：宋对玲）

教师赏评

第一次拿着这么多钱去超市买东西，一股脑儿地把自己喜欢的零食放进了购物车。等到结算的时候，小作者想到了家人的需要，放弃自己想要的东西。合理地花钱说明你长大了，真好！（指导教师：鲍君娜）

学会做事（在你的生活中是否也遇到过相同或相似的事，感觉如何？写下来。）________________________________

____

____

整理家务的惊喜

广东省珠海市兆征纪念学校六年级　夏燕妮

暑假的一天，我吃完早饭，没事做，有点无聊，于是就给妈妈说，我想打扫房间。妈妈笑着说：“把家里打扫干净，你感觉是不是舒服多了呢？好吧！完成任务，会有奖励的”。听了妈妈的话，我心里一阵高兴。准备撸起袖子大干一场！

可是，从哪开始下手呢？我在客厅看了一圈，茶几上这么乱，就从这里开始吧。我先把茶几上的东西都挪到沙发上，然后拿来一块湿抹布，仔仔细细地把茶几擦干净，最后把东西分类放回茶几上，果然收拾一番后，茶几上的物品整洁有序，看着心情舒畅！

接着收拾沙发，我想着沙发底下一定掉进去很多物品。

我拿来扫帚，伸进沙发底下，果然！玻璃球、小汽车、袜子……真是“大丰收”啊。咦？居然还有一元硬币，我顿时喜出望外。我再往里面仔细打扫，肯定还会有意想不到的收获。果然，五毛钱的硬币也有。我数了一下，大概有 10 元钱。

太开心了！照这样，如果再打扫打扫其他地方，岂不是要发财了！

收拾完沙发，客厅看着已经焕然一新，很有成就感。我决定去我的房间整理衣柜。打开衣柜先把夏天穿的衣服挂在一边，然后把冬天的衣服叠起来放在另一边。衣服整理好了，拉开抽屉，准备整理袜子。叠袜子时，我碰到一个硬硬的东西，是什么？我扒开袜子一看，原来是我丢失已久的手表！我用力地眨了眨眼睛，生怕这是错觉。这可是我最喜欢的手表，当时丢了还伤心了很久呢，如今失而复得，这可真是个大惊喜。

我一直以为手表丢在外面让别人捡走了，没想到就在我的抽屉里！我戴上手表，看了又看，失而复得的惊喜让疲惫感一扫而空。

后记

今天的整理真是“一箭四雕”，打扫了卫生，让家里干净整洁，扫出了遗落的钱，可以得到妈妈的奖励，还整出惊喜：我最爱的手表失而复得了！真不敢相信，做家务还能有这么多的收获，真是太意外了。

父母感言

孩子知道主动干家务，这让我们很欣慰。在做家务中，又有那么多的收获，相信孩子以后也会爱上做家务的。（妈妈：王秋华）

教师赏评

本文在事情的情节描写上，不仅细致微妙，而且真实有趣，入情入理，在使用语言描写、动作描写、心理描写等手法上，文笔细腻，行文流畅。（指导教师：李少珠）

学会做事（在你的生活中是否也遇到过相同或相似的事，感觉如何？写下来。）____

____

____

在超市购物中感受到的

广东省珠海市香洲区第十小学三年级（1）班　潘旻希

“丁零零……”伴着早晨闹钟响起，我伸了个懒腰，摸了摸昨晚妈妈给的一百元钱，心想：今天我当家，赶紧起床买东西去吧！

我迅速起床吃过早餐，蹦蹦跳跳地奔向超市。

超市里琳琅满目的商品：巧克力、薯片、爆米花、冰激凌……，好多好多都是我爱吃的……满货架的食品看得我眼花缭乱，此时此刻，把妈妈昨晚给我的嘱咐早已抛到了九霄云外了，我漫步在超市各个货架前，左瞧瞧，右望望，一会儿拿起这个，一会儿拿起那个，凡是自己喜欢的都统统收进我的购物车，不一会儿，购物车就装得满当当的了。

我推着自己亲自采购而且又十分喜爱的食品，来到收银台，阿姨便一件件地帮我算钱，这时，我习惯地把手伸进口袋，突然摸到一张硬硬的纸片，急忙拿出来，打开一看上面写着：“儿子，今天你第一次独自到超市购物，可别忘记了买西红柿、鸡蛋、面条……”哎呀，糟糕！我怎么光顾选自己喜爱的食品，把妈妈交代的全给忘了呢？

此时，收银员阿姨说：“小朋友，快点结账啦，后面还有很多人等着呢！”刹那间，我的脸一红，急忙对阿姨说：“阿姨，我不买这些了。”放下装满零食的购物车，赶紧跑向肉、菜区，按照卡片上妈妈交代的食品又重新选购起来。

采购结束，我走在回家的路上，心想：“第一次购物，怎么一看到自己喜欢的东西，就忘乎所以，居然把妈妈交代的任务都给忘了呢？如果今天按自己的意愿买了零食回家，怎么给妈妈交代呢？更何况，不按妈妈的购物清单，中午饭大家又吃啥呢？唉！幸亏口袋里有卡片的提醒，不然，我真的不知所措了。”

回家的路上，我十分懊恼地想着今天自己做的事，联想起以往“与同学相处总不融洽”“在家里常惹妈妈生气”等等……这些“不融洽”“不和谐”难道不是自己过于“自私”造成的吗？

回到家，爸爸、妈妈都已下班回来，我提着自己第一次采购的食品，耷拉着脑袋，爸爸、妈妈并不知道我在采购过程中的曲折，还不停地夸我干得不错，可是，我的心里怎么也接受不了这样的“夸赞”，直接对妈妈坦白说：“妈妈，幸亏您给我的卡片，不然，今天的午餐就只能吃巧克力、薯片、爆米花和冰激凌了”，爸爸打趣地问道：“噢，你的购物筐里没有这些啊？”，我说：“是妈妈的卡片提醒了我，不仅买到了家里急需的菜，还让我认识到：自己以往过于自私的错。”妈妈用欣慰的眼神望着我，摸着我的脑袋嘴里喃喃地说了句：“好孩子，认识到自己的错能及时改就很好。”

一次看似十分简单的超市购物，妈妈给我上了生动的一课。

午餐开始了，我吃着妈妈烧好的菜，心里美滋滋的，又一次明白了如何做人、如何做事的道理，心里甭提多高兴了。

后记

当我把自己平时最喜爱的零食放回去的时候，心里真是不舍得呀！但一看到妈妈的卡片，又想到家人要吃午饭，便把这些零食迅速放了回去，按照妈妈的提示，重新购买了新的食物，后来，自然联想到，平时自己过于自私的危害。

父母感言

孩子第一次拿这么多钱独自去买东西，为了大家忘掉自我，能忍住对自己喜爱的食品的诱惑，尤其是还能联想到自己以往“与同学相处总不融洽”“在家里常惹妈妈生气”的原因，爸爸、妈妈也为你的这一行为所感动了。（妈妈：吴汝莲）

教师赏评

通过独自到超市购物并被自己喜欢的食物所迷惑，忘记了妈妈的嘱托一事，联想到自己以往“与同学相处总不融洽”“在家里常惹妈妈生气”的原因，合情合理地把事情叙述得清清楚楚！尤其是文中的人物语言、神态及自己的心理描写，展现出一幅生动感人的情景，在朴实的语言里

还蕴藏着生活气息，让人感到“如临其境、如闻其声”，整篇文章生动感人。（指导教师：杨嘉浩）

学会做事（在你的生活中是否也遇到过相同或相似的事，感觉如何？写下来。）____

____

____

____

____

给弟弟当一次“小老师”

广东省深圳市罗湖外语实验学校初二（3）班　詹雅岚

夜色微凉，我从书柜抽出一本书，看到一篇是介绍如何更好地表达自我的文章。第二天清早，弟弟拿着他的练习题，走进房间拉着我，让我给他解答几道数学题。我迟疑了，不禁心想：我不擅长表述，等会儿他听不懂怎么办？。但看着弟弟着急又希望我答应的神情，我忽然想起昨夜看的书，便答应了。

看完题目后，我站在家中的小黑板前，回忆着书中教的方法：首先，表达最重要的是自信和流利的文字传述；其次，讲述要讲重点，不可主次不分；第三，讲述要思路清晰，逻辑分明。接着，我便根据书中教的方法有模有样地讲了起来。我一手拿着练习题册，一手用粉笔在黑板上“刷刷”地写着。

我越讲越兴奋，脑海中的解题思路，如同决了堤的洪水，浩浩荡荡，哗哗啦啦地流出。在一道道题目讲解顺利结束后，我满脸期待地看向弟弟，问：“听懂了吗？”弟弟目光炯炯地看着黑板上的板书，点点头说：“那肯定的。”

得到肯定的回应后，我又欣慰又开心地笑了起来。

当“小老师”的体验，不仅增强了我的信心，还巩固了之前学过的数学知识。我从中受到启发：书是获取知识的源泉，好书是一位渊博的老师，它教育和影响着我们，而我们从书中汲取的知识，只有应用了才是财富啊！

不经意间的一次阅读，加上当“小老师”的经历，让我受益匪浅，并收获了成就感与自豪感。

后记

通过这次当“小老师”的体验，我体会到用所学知识去帮助他人的成就感；通过读书，不仅让我学会了如何更好地表达，还让我懂得了“知识运用了才是财富”的道理。

父母感言

读书不仅能自己增长知识，还能帮助身边的人，收获知识的同时也收获了快乐！孩子从书中体验到这种一举多得的知识增长方式，我们为此感到欣慰。希望孩子再接再厉，继续去发现生活、拥抱生活、热爱生活，感受越来越多、越来越美的生活经历。（妈妈：林秋茶）

教师赏评

一次阅读，增长了智慧，促发了一次当“小老师”的成功体验，收获了自信和自豪感，并让小作者体会到知识的力量，更增进了姐弟情谊，这大概就是“开卷有益”吧。全文语言流畅，行文舒展自如，一些精妙词语的运用，为文章增加了不少文采。文章结尾的思考有感而发，水到渠成。（指导教师：何 璇）

学会做事（在你的生活中是否也遇到过相同或相似的事，感觉如何？写下来。）______________________________

____

____

走向财富自由三部曲

世界上每个人想有财富自由，谁也不想依赖别人养活自己，可如何实现这个财富梦想呢？关键是要对财富有明确的认知。

本杰明·富兰克林说：“人生有两条通向幸福的道路：降低要求或者增

加财富，聪明的人，会同时给自己创造两条路。”

每个人都有权利去实现自己的财富梦想，为了让这个梦想成为现实，首先要对这个目标有一个准确的认识。

这个准确的认识就是在拥有财务保障、财务安全和财务自由（投资理财三部曲）的前提下，稳步地投资理财，如：保证你生存的资金是多少（财务保障）？剩余的资金是否合情、合理、合法（财务安全）？投入的资金多长时间能达成你的发展目标（财富自由）？

第一部曲：财务保障

财富目标确立以后，需要考虑如何用自己的能力改善自己的财务状况。

假如在日常生活中，你突然断了生活来源或者急需一大笔资金，你所能支配的资金能支撑多久呢？这笔资金不能用于投资理财，这是一笔保证生存的资金，你需要明确每个月有多少固定花销，包括自己和家人偶尔生病需要的费用。可以用列表记录每个月的固定开支和固定存款来明确自己的财富情况，这样，你的生活才有保障。

第二部曲：财务安全

有了“财富保障”可以安全地渡过一次危机，生存投资、理财、创业也有了安全感，可以时刻准备面对一些未知的意外。但是，也有可能一旦意外情况发生，就会花光所有的积蓄。因此，还需要保证财富安全。

首先，要确定风险属性。根据具体情况及个人的风险承受能力，选择投资种类；其次，根据收入和支出状况，确定负债水平，以免影响正常生活；最后，对财务资源进行分类，在保证财务安全的基础上，通过投资增加财富。

第三部曲：财富自由

实现财务自由的原则是创造资金，减少负债，管理日常开支。

因此，想获得更多的资金增值，就必须管理好自己的投资并对一切开支都有较明确且科学合理的规划，这样才能更好地实现财富自由。

【案例】

约翰·斯蒂斯·潘伯顿医生创造了一种由糖、水、古柯叶、坚果和咖啡因组合而成的全新混合饮料。他声称这种饮料可以治愈神经性疾病，包括头痛、神经质和抑郁症。尤其是能将饮用者带入极其美妙的状态。

销售宣传的第一年，潘伯顿医生花费 73 美元做广告，只卖出了 50 美元的产品，接下来的 5 年，这种状况没有取得太大改善。由于资金缺乏，潘伯顿医生把配方以 2300 美元的价格卖给了亚特兰大的一位药剂师。

药剂师凯德勒有足够的资金让产品合理地打入市场。

11 年后，他以 2500 万美元的价格把可口可乐公司和配方卖给了欧尼斯·伍德瑞夫。

伍德瑞夫是一位银行家，他把这家公司转变成了股份制公司；第一年他就卖出了价值4000万美元的股票。除去收回投资，他获得1500万美元的可观收益。

1929 年至 1937 年爆发了全球最大的经济危机。尽管如此，还是有一些人在进行投资。如果在 1932 年以单价 20 美元买入可口可乐股票，1937 年再以 160 美元卖出，5 年内翻了 8 倍！

这样的区别是如何产生的呢？那就是对资金的持有！不要让财富从指缝中化为乌有，至少牢牢抓住其中一部分。那么不只是在财务上，你将在各方面都获得回报。

也许立刻实现财务保障比较困难，但如果没有财务保障，肯定会更加艰难，有了财务保障，就已经创造了实现财务目标的前提。

【共同分析】

财富自由对你而言，意味着什么，怎样才算“财务自由”？搞清楚这个问题之前，我们首先要保证实现财富安全，唯有“财富安全”才是实现“财富自由”的保障。

拓展阅读

家庭财政官

浙江省宁波市鄞州区横溪镇中心小学四年级　陈鹏宇

又到了爸爸妈妈发工资的日子了，我异常高兴。因为根据之前的家庭民主会议，我被推选为四月份的“家庭财政小管家”。

我看着爸爸妈妈交上来的两沓厚厚的、红彤彤的钞票，心里有些飘飘然了：嘻嘻，当家的感觉真不错！可是钱到手还没捂热，爸爸就开始伸手向我要钱，只见爸爸毕恭毕敬地向我说道：“新官上任，福泽乡里，这个月的零花钱你得给我涨涨啊！”妈妈也不甘示弱，进言道：“马上要到五一节了，亲戚间人情往来的礼物，你可要拨点预算啊！”

我大笔一挥，批得豪气。但当我把钱一拨出去，发现问题了，原来厚厚的两沓钱，一下子少了近三分之一，今天可才是月头啊！我为我刚才的豪爽懊恼不已，但于事无补，拨出去的钱总不能再收回来吧！这样可有损我“家庭财政官”的威名啊！还是想个办法好好补救吧。

有了，学妈妈的样子，理财。

俗话说：你不理财，财不理你。于是我借了妈妈的手机，对比了一下微信和支付宝的7日年化收益率，果断地将钱存入了零钱通，并暗暗告诉自己：下次，可要吃一堑，长一智了，那些不必要的开支，要能省则省，能缓则缓了。

就这样安安稳稳地过了半个月，除了日常的菜钱和爸爸妈妈的通勤费，也没有其他开支了。我仔细地在账单上加加减减，顿时又信心满满。我坚信在我的运筹帷幄下，我们家这个月的财政肯定会有所结余。

可是好景不长，当妈妈把 3 月份的水、电、燃气、网费和通信费等账单递给我，找我批钱时，我一下子又炸了锅，这么大一笔开支！看着妈妈手机零钱通上所剩不多的数字，我感觉那月尾的西北风离我们不远了。

哎！平时肆无忌惮地挥霍着水、电和燃气，还时不时地跟同学煲个电话粥，原来这都是流淌的金钱啊！我想放弃，可碍于面子，又不得不硬撑下去。

我跟爸爸妈妈汇报了这个月的家庭收支情况，然后提出缩减家庭伙食开支的计划，争取咬咬牙度过这个月的家庭财政危机。

爸爸妈妈听了相视一笑，爸爸从口袋里掏出向我多批的零花钱，妈妈从钱包里拿出了一半的人情费，递给我。拿着钱，我微微一愣，但很快又明白过来：一个家庭减少不必要的开支和把一些较大的、必不可少的开支，平摊到几个月支出，同样重要。

这真是难忘的一次“家庭财政官”经历，它让我明白了把好家庭的财政大门，对一个家庭的健康发展是多么重要。

后记

一次失败的家庭理财经历，给我带来别样的感受，从有钱时候的豪横，到财政见底时的勒紧裤腰带，整个人的心情像过山车，跌宕起伏。但同时也使我明白了大人生活的不易和合理理财的重要性。

父母感言

一次不经意的安排，让你体验了一把“家庭财政小管家”的角色。虽然这次过程不太完美，但你能从中得到启示，积极弥补过失，比什么都重要。（爸爸：陈吉栋）

教师赏评

这篇习作写得太精彩了，羡慕你有这么明智的父母，让你在一次当“家庭财政官”的活动中，收获颇丰，这是很好的教育方法，同时也为你的习作提供了素材。因为有自己的亲身经历，文章内容写得真实，情感跌宕起伏。（指导教师：徐婷亚）

学会做事（在你的生活中是否也遇到过相同或相似的事，感觉如何？写下来。）

不断尝试才会成长

广东省深圳市罗湖外语实验学校初二（4）班　彭杨轩

又是一个春节，雪花飘洒，天空尽处是一片苍茫，唯独留下了冬天里那一份温暖的菜香，我眼前浮现出那热气腾腾的酿豆腐，卷起我纷纷思绪。

“这么喜欢吃酿豆腐啊，”爷爷问道，“要不要学学怎么做啊？”“可以啊，要不明天？”我答应道，“那就明天！”爷爷爽快地说。

第二天，我早早地起床跟着爷爷学做酿豆腐。

爷爷常说：“无论做什么事都要事先做好准备，做酿豆腐也是一样，要先准备好材料。首先是最外层的空心豆腐，之后是里面的馅料，馅料里需要猪肉、炒米花、香葱、荸荠、香菇，最后是调料，需要五香粉、芝麻油和食盐。”爷爷边说边从冰箱中拿出这些材料，我接过来放到厨房台面上。

“接着就是食材的加工。”爷爷边说边将猪肉、香葱、荸荠和香菇剁成馅料，随后将调料加到馅料中，又递给我一双手套，让我用力搅拌。十分钟后，爷爷看了看说，“差不多了就放一边，让香料充分浸到馅料里。

又过了半小时，爷爷把馅和空心豆腐拿到桌上，给我示范如何酿豆腐，先是将豆腐撕出一个小角，将馅料塞到豆腐里，接着又挤了挤，豆腐变圆了，一个酿豆腐就包好了。我兴奋地拿起一块豆腐，小心翼翼的撕开一个角，将馅放进去，顺利地包出一个酿豆腐，爷爷夸奖说“很好”。

看着充满成就感的我，爷爷笑着说：“不仅是酿豆腐，做任何事情都一样，要先计划好，做好充分的准备，这样才能把事情做好。”

听了爷爷的话，我想：对呀，我们要想学习、生活得好，就必须事先做好准备，计划好每一个环节，就像“酿豆腐”一样，一丝不苟地做好，我们的生活才能更幸福。

后记

写这篇作文来源于生活中的切身感受。酿豆腐的美味让自己久久不能忘怀，生活中的这些事也让自己觉得特别温暖。爷爷传承了手艺，自己学习了技能，又动手做成功了，所以非常有成就感，因此有感而发。

父母感言

一段酿豆腐的故事，也是少年学习成长的故事，更是一段春节中温馨的故事。笔法细腻，感情真挚，其中有少年的好奇心，有温暖的亲情和传承。愿今日之少年，不负韶华，继往开来。（爸爸：彭国栋）

教师赏评

文章中运用了大量细节描写，细致描绘从准备食材到做酿豆腐的过程，尤其是由此联想到生活中做每件事都需要有计划地事先准备好，同主题巧妙呼应，文末点题。（指导教师：黄鏇璇）

学会做事（在你的生活中是否也遇到过相同或相似的事，感觉如何？写下来。）____________________

____

____

吸住“眼球”满足“胃口”

湖北省武汉市育才小学六年（2）班　陈梓恩

端午节到了，妈妈要我去卖香包。

“不！”我刚准备转身，“成本我出，赚的钱是你的！”身后传来满诱惑的声音。“好嘍！”我爽快地答应下来。

江滩，无疑是个卖货最好的地方。

上午的阳光柔和温暖，柳条迎着微风飘舞，形形色色的人在这里来来往往，我手撑着脸，思考着什么人会买香包呢？或许爱孙子的奶奶会买。

我漫无目的地走在林荫小道上，望着前方的祖孙俩，鼓起勇气，冲上前："奶奶您好，给您孙子买个香包吧！可以驱邪避鬼，防蚊，而且还不贵！……"这样讲了足足有三分钟，口干舌燥，头晕目眩。

眼看着胜利在望，奶奶笑着拿出钱就要买下了，突然，小男孩稚嫩的声音在我耳边响起："奶奶！这是小女生戴的，我才不要呢！"

话音未落，我犹如晴天霹雳一般，愣在了原地。

我想：刚刚费尽口舌谈定的生意，就这样被搅黄了？我不可置信地看着小男孩。

实在没办法，我只能尴尬地笑了笑说：谢谢！便仓皇而逃。带着对小男孩的怨气，我再次开始寻觅新的客户……

一路"叫卖"的事实证明：世间并不是所有事都那么简单。无论你怎么围追堵截，斗智斗勇，哪怕是把"香包"当玩具卖、让年轻情侣"买香包"做定情信物、向跳广场舞的阿姨介绍"香包"，让爷爷奶奶给漂泊在外的孩子买一个做护身符……，都无济于事的以失败而告终。

太阳被乌云遮住，空气沉闷而压抑，微风燥热，我手上的袋子像要把我压垮似的越来越重。

受到如此挫折，我并没有灰心，越挫越勇，重整旗鼓，用手里的气球捏了几只动物玩偶，顺便拉上我们家的宠物鸟，顶着下午的烈日，再次出发……

这次的目标是游乐场。我的目光在路人中徘徊，眉头紧锁，一心想着该怎么推销。突然一个小女孩朝我走来，她穿着粉色的连衣裙，两个小辫子走起路来一甩一甩的。没等我开口，她便抬起头，轻声地问道："姐姐，你肩膀上的鸟是真的吗？"

"是的。""真的！"小女孩兴奋地提高了音音，脸红扑扑的，惊喜地看着我。

此时此刻，我感觉周边的人都目光怪异地看着我，我不好意思地柔声对这位小妹妹说：“妹妹你摸一下，小点声好吗？”

不曾想，不一会儿，这个古灵精怪的小女孩，拉来了一大帮好朋友。他们轮流着和我的鸟玩，那欢声笑语涌满了游乐场。阳光洒在他（她）们白嫩的脸上，微风拂起他（她）们被太阳染成金色的头发丝，这场景不禁地迷住了我的双眼。

等我回过神来，猛然想到：我的任务还没完成呢？便连忙拿回鸟，准备继续兜售我手中的产品。

可我万万没想到：这小女孩竟然先我一步，指着我手里的袋子问：“姐姐，这是什么呀？我可以看一看吗？”

我稍稍犹豫了以下，惊喜地回答道：“可以哦，这是香包，是我要卖的东西！”

“那我可以买吗？”

开始，我没太在意，心想：一个刚刚结识的小朋友，年龄又那么小，怎么会有钱买东西呢？她爸爸妈妈会同意吗？想到这些便轻描淡写地“嗯”了一声。

没想到，我真的没想到，过了一会儿，一位气质不凡的阿姨，笑眯眯地走过来问：“小朋友，你的香包卖不卖？”我先是一愣，忽地转过神来，耐心地为她数起香包来，一个、两个、三个……

没想到一个上午费尽口舌都没卖出去一个，可因为一个小女孩对小鸟儿的好奇和喜爱，致使我的香包卖出了第一单，而且还是一个大单。

小女孩炫耀着把香包挂在腰间，冲进了孩子堆里，引来了一阵又一阵的羡慕，不一会儿我便“生意兴隆”了。

我应接不暇地卖着一个又一个的“香包”，脸上洋溢着收不住的笑容，不经意地望向那个小女孩，一副傲娇得意又讨喜可爱的样子。

就这样，下午不到一个小时的工夫，我的香包卖完了。

走在回家的路上，我想：今天的成功，除了我拼命地叫卖外，还要感谢我的可爱的“小鸟”和可爱的“小妹妹”，是他们为我做了广告，吸住了顾客的眼球，让我成功地完成了任务！

这件事，能让我记到现在，我深深的感到：赚钱的方式有很多种，唯有“吸住顾客的眼球，满足顾客的胃口”才是最重要的。

后记

以前，我总习惯对那些穿着红夹克组织公益活动的社区志愿者、到处发传单的人冷眼拒绝。这次，我深刻体会到：为了赚钱一次次被拒绝后的失落；更感受到了来自不同人的温暖和鼓励，这正是“赠人玫瑰，手有余香”啊！这份温暖与善意，我将永久地传递下去。

父母感言

原本是一次基于“赚钱不易”的生活体验，我们预想孩子肯定会遭受拒绝，鼓励她即便这样也要微笑积极面对。大人能想到的，万万没想到孩子体会到了：“吸住了顾客的眼球，满足了顾客的胃口！”这含义深刻的经商哲理，也使我们恍然大悟！（妈妈：魏 巍）

教师赏评

文章语言平实自然，描写细致生动。通过卖香包时的场面描写和“我”前后心理活动的对比，重点抓住了小女孩言行的描写，并因此而引发对作者香包的兴趣，从而促成销售的成功。文末还总结出：“吸住了顾客的眼球，满足了顾客的胃口！”的经商哲理，真是难能可贵！（指导教师：夏 添）

学会做事（在你的生活中是否也遇到过相同或相似的事，感觉如何？写下来。）________________

保护自然就是保护财富

广东省深圳市罗湖外语实验学校初二（9）班　陈希玥

“绿水青山就是金山银山。”可见，自然环境之宝贵，远远高出了“金钱”的贵重。

当然，财富是一个人成家立业的前提，但是，要保持一直有财富并不容易，随着年龄的增长，我慢慢明白了其中的奥秘。

晨光熹微，太阳明艳高照，我与妈妈在公园里游玩，公园里游人如织，微风轻拂过我的鼻尖，越过人群，终于寻得一片宁静之地。一小块儿本应绿油油的草坪，却被许多透明的塑料袋、人们吃完洒落在地上的零食，还有杂草和树叶埋没了。

如此美丽的草坪，如果将这一处处垃圾清除干净，不仅还原人们一个清洁美丽的环境，还能对分类垃圾进行废物利用，变废为宝，不是可以积累更多的财富吗？于是，我和妈妈决定清理草坪上的垃圾。

我们先从垃圾中挑选出了一些较为干净的袋子用来装垃圾，然后做了个分工，妈妈负责捡拾一些用过的纸巾等生活用品，我负责地上散落的杂草以及零食。

清理垃圾的过程是漫长又艰难的，草坪上的垃圾到处都是，捡完这一处发现另一处又散落一地。

我和妈妈对垃圾进行了分门别类堆积起来。经过不懈努力，草坪上的垃圾终于被我们清理干净了，我长吁一口气，感到无比的舒畅。

绿油油的草坪显示出亮眼的外貌，游人路过，不仅可以欣赏到大自然的优美，还可以更好地陶怡个人情操。

财富是幸福的基础，世界的幸福需要你、我、他来守护，我们不仅要管理好自己，学会理财，还要履行保护大自然的责任，守护这个属于我们自己的美丽的世界。

大自然是最宝贵的财富，保护自然，就是保护财富，造福自己，更关键的是要造福千秋万代！

后记

收拾草坪上的垃圾，不仅是一项实践活动，更重要的是培养了我的理财能力，提高了对财富的认知，今后的日子里我会保持这份勤俭节约的精神，多做一些力所能及的事情。

父母感言

捡垃圾是一项公益活动，丰富了日常生活。孩子在捡垃圾时的认真负责使我感到有些惊讶，那天天气正好，我与孩子一起清理草坪的场景，是这炎热夏天最好的风景，希望孩子今后也能像那天一样，热爱大自然，热爱我们这个城市。（妈妈：汪远凤）

教师赏评

文章叙述清晰，行文流畅，开头直奔主题，通过对和妈妈一起捡拾垃圾一事，突出了爱护环境就是保护财富这个主题，文中生动地描绘了充满生机盎然的绿色环境，提醒人们要履行保护自然这个属于我们自己的责任。（指导教师：黄璇璇）

学会做事（在你的生活中是否也遇到过相同或相似的事，感觉如何？写下来。）____________________

本篇复盘

◎ 小问题

思考下面的问题，帮助你理解培养孩子财商的必要性。

1. 阅读本篇你认为培养财商的意义与价值是什么？

2. 培养孩子财商的目的是什么？

3. 培养孩子财商首先要做到什么？

4. 培养孩子财商有哪些要注意的环节？

5. 你认为学校、家庭、社会应该怎样培养青少年的财商？

6. 你准备怎么做一个财商高的人？

◎ 信息反馈

在日常生活中很多事情都需要财商培养，以提升生活质量，你面对这些问题是怎么解决的？你身边的人又是怎么处理的？请将此记录下来，写一篇500～800字的文章，扫描微信公众号二维码传上去。

陶行知学院
微信公众号

陶行知生活教育系列丛书

父母必读

让行为形成习惯养成性格

主编 缪 力 周文彪

XUEHUI 学会 ZUOSHI 做事 ZHONG 中

副主编 史 馨 张北常 侯 健 姜 楠 辛 诚 王俊强

天津大学出版社
TIANJIN UNIVERSITY PRESS

内容提要（中）

本书分为上、中、下三册共11个篇章，本册为《学会做事》中册，由“行为与性格篇”“尊重与情商篇”“勤奋与责任篇”组成，每个章节的论述都以“名师导航”“导师简介”以及“陶行知经典故事”引出，由“本篇主题及要点”提出论点，小作者通过亲身实践在“拓展阅读”中提出论据，彰显了“行知合一，言行一致”的育人风格。每篇结尾处又以“本篇复盘”提出问题，供读者思考，感悟“父母感言”和“教师赏评”的家校共育的风格，以加深读者的深度思考和理解。

图书在版编目（CIP）数据

学会做事. 中 / 缪力, 周文彪主编 ; 史馨等副主编. 天津 : 天津大学出版社, 2024. 4. -- ISBN 978-7-5618-7767-8

Ⅰ. G782

中国国家版本馆 CIP 数据核字第 2024K0A503 号

出版发行　天津大学出版社
地　　址　天津市卫津路 92 号天津大学内（邮编：300072）
电　　话　022-27403647
网　　址　www.tjupress.com.cn
印　　刷　唐山楠萍印务有限公司
经　　销　全国各地新华书店
开　　本　787mm × 1092mm　1/16
印　　张　41.25
字　　数　698 千字
版　　次　2024 年 6 月第 1 版
印　　次　2024 年 6 月第 1 次
定　　价　98.80 元（全三册）

Part5

行为与性格篇

◎ 篇前小叙
◎ 名师导航
◎ 导师简介
◎ 陶行知经典故事
◎ 和谐相处价值观
◎ 与自然界的和谐相处
◎ 做生活中幸福的人
◎ 做幸福生活的守护者
◎ 要乐于奉献唤醒关爱
◎ 拓展阅读

篇前小叙

本篇是以“陶行知生活教育系列丛书”中的《行为与性格》一书为蓝本，由北京师范大学珠海校区（原分校）北京理工大学珠海校区（原学院）和暨南大学珠海校区等18名教授、副教授深入居民社区开展的“大学教授谈家庭教育”活动而形成，教授们从德国卡尔·雅斯贝尔斯《什么是教育》一书中“养育孩子就像种树，可以给树施肥、浇水，期待它按自己的方式开花结果，但你不能命令它长得快些，慢些，或者长成什么样子。”的话题谈起，引出生态主义之家庭教育观，启示父母要注意孩子从小的行为修养，注意不断修正孩子的不良行为，使之养成健康良好的习惯，由此导出“行为源于情绪，导致习惯；习惯源于行为，决定性格；性格源于习惯，决定命运”的观点，提示父母要掌握好孩子良好性格形成的要素，保护好孩子的自信心和自尊心，要注意孩子的心理健康，让孩子“玩”出健康，茁壮成长。在培养健康良好性格的过程中，形成了一篇篇生动感人的生活小作文。

名师导航

陶行知说：

➢ 因为道德是做人的根本。根本一坏，纵然是你有一些学问和本领，也无甚用处。

➢ 做人，要有道德，不要尽干些伤天害理的事，要做个顶天立地、光明磊落、问心无愧的人。

杜威说：

➢ 教育乃是社会生活延续的工具。教育是生活的过程，而不是将来生活的准备。

➢ 所谓恶人，无论有过多么善良的过去，也已滑向堕落的道路而消逝其善良性；所谓善人，即使有过道德上不堪提及的过去，但他还是向着善良前进的人。

胡适说：

➢ 自由自由，天下多少罪恶，都是借你的名做出的！有几分证据说几分话，有七分证据不说八分话。

蔡元培说

➢ 教育不仅是为了培养人才，更是为了塑造人格。与其守成法，毋宁尚自然；与其求划一，毋宁展个性。

➢ 美育是与德育相辅相成的，只有通过美育，才能真正完成德育的任务。

导师简介

史　馨

北京师范大学珠海校区教授，电影学博士、影视编导，香港《亚洲周刊》法国特约记者。作品有《诗意的忏悔——雅克·贝汉自然生态三部曲》《〈上学路上〉人文情怀与复调美学》，电影纪录片研究《漂移的世界：论现代视域下的“真实电影”》，参编“陶行知生活教育系列丛书”共 10 册。

姜　楠

珠海市九洲中学党总支书记，广东省特级教师。2021 年担任广东省中小学名校长工作室主持人，完成省教育科学省市课题 8 项，出版有《优化阅读教学的评价与案例分析》《乐天文豪苏东坡：且将诗酒趁年华》《教育同心圆：五育并举视野下的家校共育》等 4 部专著；发表《缔结友好姊妹校湾区教育齐发展》《初中语文校本阅读教学评价与实践》等论文 8 篇。依托陶行知“千教万教教人求真，千学万学学做真人”教育理念，确定九洲中学教学主张为“真诚教育，激情教学”办学思想，建构起“求真”育人体系。

本篇主题：人生要学会与万物和谐相处

本篇要点：

本篇以“生态主义之人生价值观”为主题。通过人与万物和谐相处的若干案例，提示父母，孩子要成才就要从小不断修正其不良行为，使之养成健康良好的习惯，从而导出“行为源于情绪，导致习惯；习惯源于行为，决定性格”“性格源于习惯决定命运”的哲理。启发父母意识到：习惯是孩子成长的种子，成才需要养成的习惯以及培养健康良好性格的基本特征、良好品德形成的关键期、如何保护孩子的个性、良好性格形成的要素、促进孩子心理健康的关键因素等。

陶行知经典故事

蜻蜓的故事

在一个阳光明媚的午后，陶行知先生带着一群孩子来到了一片绿意盎然的草地上，他们的任务是观察和研究蜻蜓。

陶行知先生一直主张：教育不仅仅是传授知识，更是引导孩子们发现和探索世界的过程。

孩子们兴奋地追逐着飞舞的蜻蜓，而陶行知先生则坐在一旁，静静地观察着他们。不久，一个男孩兴奋地跑来，手里拿着一只捕获的蜻蜓，得意地向陶行知先生展示着自己的成果。然而，陶行知先生并没有夸赞他，而是轻轻地摇了摇头说："这只蜻蜓的生命已经在你手中结束了。"

男孩愣住了，看着手中的蜻蜓，眼中闪过一丝愧疚。他明白，自己为了满足好奇心而剥夺了一个生命。

陶行知先生借此机会向孩子们讲述了生命的珍贵和尊重自然的重要性。他告诉孩子们：观察和研究并不意味着伤害和破坏。相反，我们应该用心去感受和理解每一个生命。

在未来的社会中，我们或许会有更加先进的科技手段来研究生物和自然现象，但我们不能忘记，尊重和敬畏生命是每一个人的基本素养。

陶行知先生的《蜻蜓的故事》就像一面镜子，让我们时刻反思自己的行为，提醒我们保持对生命的敬畏和尊重。

【共同分析】

这个故事启示我们，教育不仅仅是传授知识，更是培养人的品格和情操。陶行知先生的教育理念强调实践与体验的重要性，鼓励孩子们走出教室，到大自然中去感受真实的世界。在这样的教育方式下，孩子们不仅能够学到知识，更能培养出对生命的敬畏，以及对自然的热爱和保护。

和谐与健康的价值观

1. 和谐的内涵与意义

人与自然和谐相处，是保证人类健康的关键，健康是指身体、智力、情感和精神的全面良好状态，自然界的万物是为人类提供健康资源的源泉。

（1）健康和谐价值观。自然界全面健康发展的目标，是平衡、整合自然界和人的身体、情感、智力和精神四个维度的健康，创造一种人类与自然共同生存，相互制约的环境。

（2）平衡的生活方式。人们的工作、学习和生活的合理交替是关键的平衡生活方式。如休闲和游戏、关爱身体健康、加强个人身体锻炼、与家人朋友一起旅游等一切满足精神需求的方式。

（3）关注安全和保障。要确保人身、财产和工作、生活场所以及环境都得到安全保护，避免潜在的受伤、危险和损失。

2. 身心健康的要求

身体健不健康并不仅是指身体上有没有疾病，还包括较高的生活质量和对自身、对生活的美好感受。要保持良好的身心健康，需要做到以下几点。

（1）按时作息。工作（学习）的目的是更好地生活。人不是机器，需要休息和生活。建立生物钟，让睡眠质量更高，杜绝因身体原因引发精神过度紧张。要常提醒自己：生活比工作（学习）更重要。工作（学习）一旦影响身体健康，美好生活便不复存在。

（2）放慢节奏。现代社会，快节奏的工作（学习）已成为常态，适当地放慢节奏，可以缓解压力带来的高度紧张。有计划地生活，可以有意识地放慢脚走，慢点儿说话，多思考，多观察周边发生的事情，尝试放松自己是保护自己身心健康的重要保障。

（3）克制私欲。克制住自己的欲望，学习、工作、生活就没有那么大的压力了，关键是要能够抵抗外界的诱惑，别为了一时的满足，耽误了重要的人生规划。

（4）愉悦心情。不要让别人决定你的行为，人生的幸福是将快乐的钥匙始终握在自己手中。工作或学习越忙，越要能控制局面，不要让局面控制你，遇到不良情绪，除了自我调节和消化外，还可以找个发泄的出口，让它尽快地宣泄出去，以保持自己的心情愉悦。

（5）创造空间。繁忙的学习（工作）之余，要创造属于自己的独处空间，调整自己的心态，做好自己，然后才能以更好的状态，迎接学习（工作）上的挑战。

（6）转变态度。当你对学习（工作）生活感到厌烦时，并不是学习（工作）生活变得无趣了，而是你放大了它的缺点，忽略了它的优点，有时让我们快乐的并不是事物本身，而是我们对事物的看法，我们对它们的态度将在很大程度上决定我们的心情，心若改变，心态就会变，心态改变，心情就会变。

（7）人际关系。在与他人交往时，我们能从他人身上发现优点，使自己成长，在帮助他人时，能发现自己的能力，发挥自己的长处，体验自己的价值，并在帮助他人的同时享受愉悦。另外，要友善对待别人的错误和缺点，从吸取教训的立场出发，去分析造成错误的原因，而不是一味地去指责或嘲讽，要记住对别人宽容一些、耐心一些是建立人际关系的基础，良好的人际关系是通向“整体健康”的康庄大道。

人与自然和谐发展，才能促进人的身心健康，而这条和谐之路还有很多工作需要努力才能实现。

首先，我们需要加强环保教育，提高公众的环保意识和责任感。只有当每个人都认识到自己的行为对环境和生命的影响时，我们才能够真正地做到与万物和谐共生。

其次，我们需要制定更加严格的环保法规和政策，对于破坏环境和伤害生命的行为进行惩罚和制约。

最后，我们还需要积极推动科技创新和绿色发展，发展更加环保和可持续的产业和技术，为与万物和谐共生提供有力的支撑。

【案例】

漓江畔的共生乐章

漓江位于华南地区，以其清澈见底的江水、奇特秀美的山峰而闻名于世。这里的山水相映成趣，构成了一幅幅动人的画卷。而在这幅画卷中，人与万物和谐相处的场景屡见不鲜。

在漓江的岸边，村民们依水而居，他们的生活与江水紧密相连。他们深知水是生命之源，因此格外珍惜这片水资源。他们会定期组织清理江边的垃圾，并防止随意倾倒污物，以保护江水的清洁。遵循江中生态，不滥捕鱼虾。

除了珍惜水资源，漓江畔的村民们还注重与动植物的和谐共生。他们尊重自然规律，不随意砍伐树木，也不破坏动物的栖息地。因此，这里的山林郁郁葱葱，各种野生动物也在这里繁衍生息。村民们与这些动植物和睦相处，共同构成了一个和谐的生态系统。

漓江畔的村民们还传承着一种古老的农耕文化——梯田文化。他们利用山地的地形特点，开辟出一片片层层叠叠的梯田。这些梯田不仅提高了土地的利用率，还为村民带来了丰收的喜悦。在耕作过程中，村民们遵循自然规律，采用传统的耕作方式，使得土地得到了充分的休养生息。

漓江畔还流传着许多关于人与自然和谐共处的民间故事和传说。

这些故事和传说不仅丰富了当地的文化内涵，也教育着人们要珍惜自然资源、尊重自然规律。在这些故事的熏陶下，漓江畔的人们更加懂得与自然和谐相处的重要性。

【共同分析】

如今，漓江畔的人们与万物和谐相处的模式已经成为当地的一张名片。

越来越多的游客来到这里，欣赏美景、感受万物和谐的氛围。

只要我们尊重自然、珍惜资源、遵循万物生长的规律，就一定能创造一个美好、幸福的家园。

拓展阅读

给禾苗治病

浙江省宁波大榭开发区第二小学三年（1）班　黎梦成

妈妈说，外公家种了许多稻子。我不知道稻子长什么样，就让妈妈带我去外公家看看。当我来到外公家的稻田时，我看到了绿油油的禾苗。

清晨，我和外公一起走进田里。“哇，禾苗这么多啊！”我惊叹道。可是，突然，我看见了几株禾苗没精打采的。它们会不会是渴了呢？我马上叫“专家”——外公来看看。

外公看了看禾苗，找到了原因，原来是有虫子在咬禾苗，禾苗才“疼”得无精打采。我问外公：“这下怎么办？”外公说：“我先看看是什么虫子在作怪，然后再对症下药，这就和看病一样。”“那是什么虫啊？”外公指着禾苗被咬的地方回答道：“是稻飞虱，得用专门杀稻飞虱的杀虫剂才能灭掉它们。”外公又往田中间看了看，说：“已经有好几株禾苗被虫咬了，有点儿严重，得赶快用杀虫剂来杀虫！”外公赶紧回去拿杀虫剂和喷药器。

不一会儿，只见外公拿着杀虫剂来到那几株被虫咬的禾苗旁，左喷喷，右喷喷，开始杀虫了。我也想试试看，外公就让我戴上口罩和手套，教我使用杀虫剂。他让我对准被虫咬的禾苗，轻轻地喷一下叶子，不要太用力，就可以了。我也学着外公的样子，喷杀起虫子来。

我学着外公的样子，喷杀起虫子来。

过了几天，我发现被我们喷过杀虫剂的那些禾苗已恢复了精神，伸展着嫩绿的叶子，在阳光下挺立着，看着这些生长旺盛的禾苗，我心想：今年秋天一定又是个大丰收！

后记

外公告诉我，稻飞虱是常见的一种害虫，它专门吸食禾苗的茎汁，使禾苗变黄，慢慢枯萎。他也教了我杀虫的方法，我要用外公教我的方法将稻飞虱消灭干净，不让它们去破坏水稻。

父母感言

小孩从小就跟随我们在城市生活，没见过水稻，不知道每天吃的米是怎么来的。趁着暑假，我们把他带回老家，学习点儿农作物的相关知识，这对他的成长有一定的帮助。（妈妈：熊林玉）

教师赏评

亲近稻田，你知道了农作物的相关知识，掌握了杀稻飞虱的方法，真是收获满满啊！文章结构清晰明了，语言轻松俏皮，充满童趣。

（指导教师：鲍君娜）

学会做事（在你的生活中是否也遇到过相同或相似的事，感觉如何？写下来。）

第一次到阿克苏市比赛

新疆维吾尔自治区沙雅县幸福小学三年级　克巴热·帕如克

期末考试结束后，卢老师打电话跟我妈妈说，我要代表沙雅县去阿克苏参加经典诵读比赛，我高兴极了。

放假后，我每天都抽时间按前期老师的指导练习朗诵《火烧云》。

期待已久的日子终于到来了。阿克苏真远啊，司机叔叔开了三四个小时才到达比赛地点。

一路上，我看着蓝天、白云、红花、绿草，还有一片片小森林，景色真美。

第二天，我早早地起床洗漱，穿上白色纱裙，配上具有民族特色的艾特莱斯马甲，来到比赛大厅等待比赛开始。

不一会儿，主持人姐姐宣布比赛开始，我坐在座位上听选手们朗诵。第一位选手上场了，她声情并茂地朗诵了《中国颂》。

突然，我发现我忘记戴红领巾了，心里一下子紧张得不行，李老师看到了，马上帮我借了一条，戴上了红领巾，我的心才又放松了下来。

选手们一个接着一个上台朗诵，听着他们的朗诵，我想："大家都朗诵得这么精彩，我好像比不上他们啊，怎么办？"李老师看出了我的紧张，对我说："克巴热，跟老师出去再练一会儿？"我赶忙点点头，跟着李老师在比赛大厅外又练习了几遍，李老师鼓励我说："克巴热，行的，不要紧张……"在老师的鼓励下，我的紧张感消除了不少。

终于，轮到我了。主持人姐姐介绍完选手后，我既自信又紧张地迈上台，准备朗诵。

音乐响起，灯光打在脸上，我听见自己的声音在舞台上慢慢响起，"晚饭过后，火烧云上来了……"此时，我一点儿都不紧张了，脑子里回想着李老师指导的点点滴滴，时而缓，时而快，时而轻，时而响，大声地完成了朗诵。

主持人宣布了比赛得分——93.88 分，李老师告诉说："克巴热，你的分数最高了。”我开心极了。

比赛结束了，我捧着一等奖的奖状合影，说不出有多高兴！

后记

上台比赛的感觉真棒，我在写这篇文章的过程中不断地回忆着这次比赛，心情久久不能平静，这真是我终生难忘的一次比赛。

父母感言

这个暑假孩子给我的惊喜真是不一般。看到孩子的这篇文章我很感动，感觉孩子已经长大了，希望孩子今后更加努力（妈妈：迪丽拜尔·达伍提）

教师赏评

比赛结束后，克巴热记录了她第一次到阿克苏市参加比赛的整个过程。经过老师指导，她把握文章重点，经过几次修改，整理成一篇非常有意义的成长记录！（指导教师：王敏杰）

学会做事（在你的生活中是否也遇到过相同或相似的事，感觉如何？写下来。）____

____

____

我当妹妹的小保姆

广东省珠海市九洲中学初二（11）班　李宣儒

清晨，阳光透过窗户洒在床上，我被妹妹一阵阵的咿呀声吵醒了。我一看表，这个时间妈妈已经出门上班了，留下我一个人照顾可爱的妹妹。于是，我披上了我的“小保姆”外衣，准备开始这一天的“冒险”。

首先是早餐时间。我为妹妹准备了她最喜欢的麦片和牛奶，虽然她还不会自己吃，但是我喂她时她总是一脸满足地笑着。吃完早餐，我带她到阳台上感受清新的空气，她兴奋地拍着小手，仿佛在和阳光玩耍。

接着是娱乐时间。我给妹妹找来了一本图画书，里面有各种可爱的动物和精彩的故事。我们坐在地板上，我给她讲述着每一页的故事，她专注地看着我，眼睛里充满了好奇和兴奋。偶尔，她会用小手指着书上的图画，似乎在告诉我她的想法。

午饭时间到了，我为妹妹准备了一份简单但美味的便当。虽然我并不是一个擅长烹饪的大厨，但是看着妹妹吃得津津有味，我感到无比满足。吃完午饭后，我们一起玩起了捉迷藏的游戏，妹妹虽然还不太懂规则，但是看着她躲在沙发后面一动不动的样子，我不禁哈哈大笑。

整个下午，我陪着妹妹一起度过，从游戏到午睡，再到下午的小零食时间，我们之间的默契和互动让这一天过得异常愉快。在这个过程中，我不仅照顾了妹妹的生活起居，也懂得了耐心、责任和关爱的重要性。

今天我不仅照顾了妹妹，更为自己的成长增添了一次宝贵的经历。在未来的日子里，我会继续用我的行为来塑造自己的性格，成为一个更加善良、负责任的人。因为我相信，每一个微小的行为都在塑造着我们的性格，让我们成为更好的自己。

后记

“当妹妹的小保姆”的过程告诉我：唯有“爱”，才会获得“爱”的回报，才会换来喜悦和幸福。通过照顾妹妹这件事，我感受到了妈妈照顾我们多不容易，有多累，以后我要自己的事情自己做，不让妈妈操心，做好妈妈贴心的“小棉袄”。

父母感言

“当妹妹的小保姆”是姐姐的盼望已久的事，这次经历不仅磨炼了姐姐的意志，还从中体会到了责任和爱的重要性，并学会了如何安排事情的进展，从而无形中塑造了她的性格。（妈妈：陈国燕）

教师赏评

作者把“当妹妹的小保姆”的一天写得很精彩，巧妙地运用语言、动作、神态描写，尤其将“早餐、上午、午餐、下午、晚餐”列出了一个生活规律表，使文章脉络清晰，生动形象地刻画出姐妹俩相处的融洽，并体会到父母养育

子女的不容易。（指导老师：马腾隆）

学会做事（在你的生活中是否也遇到过相同或相似的事，感觉如何？写下来。）

采摘樱桃的快乐

重庆酉阳土家族苗族自治县民族小学五年（9）班　石栋天

樱桃成熟了，我和姥爷来到樱桃园里一起摘樱桃。

樱桃园里，红彤彤的一片。今年樱桃的品种特别多：有沙蜜豆、梅枣、冰库、俄八、红绣球……哇！好多樱桃啊！它们可爱极了，一个挨着一个，满树玛瑙般的小樱桃像一个个害羞的小娃娃在树叶间若隐若现。走近一看，小樱桃在阳光的照射下晶莹透亮，让人忍不住想咬上一口。

首先吸我眼球的是樱桃的颜色，有浅粉色、亮黄色、黄红色、深红色、紫红色等。五颜六色的樱桃在阳光的照射下闪着耀眼的光，像是许多璀璨的宝石挂在树枝上，真是太好看了！姥爷告诉我，不同的颜色代表着樱桃不同的成熟度。我随手摘一个深红的樱桃放进口中，一股甜甜的味道弥漫开来。“啊！樱桃太好吃了！”我兴奋地大叫起来。

看着这让人垂涎欲滴的樱桃，我迫不及待地拿着小桶摘了起来。

我轻轻地扒开绿叶，侧着身子，挤进茂密的枝叶间采摘起来。我一会儿踮起脚摘，一会儿蹲着摘，一会儿钻进树丛里摘，有时就像个杂技演员。我挑了一个又红又大的樱桃，直接拽了下来。姥爷见了，连忙阻止我：“樱桃好吃，果难摘。摘樱桃是有方法的，必须把它的把儿也摘下来，这样明年这个地方才能再长出樱桃来。”听了姥爷的话，我小心地握住樱桃把儿，轻轻一摘，一颗小樱桃顿时掉落在我的手里。看着手里的樱桃，我抑制不住地开心。

突然，我发现了一颗颜色十分特别的樱桃，整体是黄红色的。可是我够不着，赶紧叫姥爷帮忙。姥爷搬来了小梯子，可看着这摇摇晃晃的梯子，我的心里直发怵：我可不敢爬上去，万一掉下来了怎么办？姥爷好像看穿了我的心思，伸出双手紧紧地稳住梯子，鼓励我道：“孩子，我给你稳住梯子，你试试吧！”“我……怕……”我一边说一边往旁边退。“来吧！宝贝，你也来体验体验农民伯伯采摘樱桃的辛苦！”姥爷语重心长地说。“是啊！不体验怎么知道街上卖的樱桃是怎么来的呢？”我在心里给自己打气。在姥爷的帮助下，我慢慢地爬上梯子，小心翼翼地把它摘了下来，放入口中。哇！好甜啊！感觉像樱桃口味的糖果，甜极了！一颗、两颗、三颗……不一会儿，我的小桶里已经装满了又大又甜的樱桃。

摘樱桃让我感受到了劳动的快乐，也体会到了农民伯伯们工作的艰辛，真是收获满满！

后记

摘樱桃真的很有趣，这次摘樱桃的体验让我深刻体会到农民伯伯摘樱桃的艰辛和不易，向勤劳的农民伯伯致敬！

父母感言

孩子通过采摘樱桃的实践，并且在摘樱桃的过程中，学会了做事要耐心、细致、不慌张，从摘樱桃过程中体验到农民伯伯的辛苦，还感觉到劳动的快乐。（妈妈：冉春华）

教师赏评

小作者将摘樱桃过程中的所见所闻描写得很细致，尤其是将在摘樱桃过程中的心理变化，用幽默有趣的儿童语言，写出来显得更加有趣，生动感人。文章不仅把事情的过程叙述清楚，还把人物的心理活动描述得具体，真实可信，结构紧凑。（指导教师：刘小娅）

学会做事（在你的生活中是否也遇到过相同或相似的事，感觉如何？写下来。）

与自然界的和谐相处

人与自然界的和谐相处象征着人与自然界万事万物的一种和谐友好的关系，人类作为环境的守护者，在照顾自己健康的同时，还应该保护地球上其他生命的存在，做到万物爱我，我爱万物。

尊重人与自然界万物的健康成长，主要在于对所有生命的尊敬、敬畏和责任感，关注自然环境，为人类培育一个安全健康的生存环境。

纵观人类发展的历程我们不难发现，它是一部与自然、与社会关系的演变史。从最初的刀耕火种到今天的智能时代，人类都是在不断提升、征服自然、改造自然的同时，提升自身赖以生存的环境。然而，人们对自然的不断索取已经演变成一场场疯狂的劫难，让大自然难以承受。例如，草原沙化、淡水短缺、冰川融化、森林消失等，我们所面临的环境已经遭到重创，严酷的事实不得不让我们反思：人与自然应如何相处？

人的任何一种能力的产生都来自对各种环境的适应，人的各种技能生长所面临的周边环境包括自然环境和社会环境。如何把握好人与自然、人与社会的关系，是人类生存与各种技能持续发展的关键。

自然环境是指环绕在人们周围的各类自然因素的总和。人和各类生物共同生活在同一个地球上，这个供生物生存的环境就叫做“生物圈”。

社会环境是指个体或群体所处的各种社会条件的总和，包括物质文化环境和精神文化环境。物质文化环境是由生产方式所决定的，包括生产力、生产关系、生产方式和经济基础，它决定社会的基本性质和面貌，是制约整个社会历史发展的决定性因素。精神文化环境是由政治、法律、道德、哲学、宗教、艺术以及风俗习惯等意识形式所构成的，它反映社会的精神面貌和人们的观念、信仰、心理、习惯等。

社会环境对个体和社会的影响是全方位的。在个体层面，社会环境塑造了个体的价值观念、行为模式和心理状态。例如，经济环境的变化会影响个体的职业选择和收入水平，政治环境的变化会影响个体的政治态度和参与程度，文化环境的变化则会影响个体的审美观念和生活方式。

【案例】

哭泣的胡杨

在辽阔的鄂尔多斯平原上，有一个美丽的地方——额济纳，这里生长着一种神奇的树，生而千年不死，死而千年不倒，倒而千年不朽，这种树的名字叫胡杨。

三百年前，胡杨是这片土地的主人，三百年后，却成了这里绿色生命消逝的见证者。

在距离额济纳旗达来呼布镇西南 28 千米处有一片荒漠洼地，曾经是一片水草丰美的地方，湛蓝的湖水、青青的草场，每到秋天，胡杨树那金灿灿的叶子会把草原染成一片金黄。

由于自然环境和人为的破坏，森林面积在逐渐减小，导致胡杨林可能在不久的将来消失，绿洲也将变成沙漠。

胡杨根植于贫瘠的滩涂，守望着千年的沧桑，经历了一次次暴风骤雨的洗礼，面对长达数月的干旱和荒凉，适应了冬日的寒冷，淡漠了夏日的骄阳。风沙不分四季地无情抽打，丝毫动摇不了树对叶的千般挽留，叶对根的万般向往。

风雨过后它依然挺拔，枝繁叶茂，面对恶劣的自然环境，它表现得不离不弃，不卑不亢。

胡杨抱团抗争，发奋图强。枝干不放弃任何一片树叶，把沙石阻挡。其情其景，催人泪下，荡气回肠，彰显的是繁衍传承中的顽强。

【共同分析】

是什么原因导致胡杨将来可能消失？面对胡杨的遭遇，你有何感想？想一想在你的记忆中周边的环境与过去有什么不同？需要你掌握的知识有哪些？

拓展阅读

脚步里的收获

湖北省武汉市育才小学六年（1）班　梅馨予

那是阳光明媚的一天，微风拂过树梢，片片银杏树叶迎风起舞，有些金黄，有些翠绿，在阳光下闪闪发光。点点阳光洒满操场，脚步声、欢笑声交织在一起，汇成一曲悦耳的交响乐回荡于耳边。

临近下课，同学们都兴奋异常，手攥着跳绳，一个个好似蓄势待发——准备随时冲出去。“丁零零……”下课铃一响，同学们就如脱缰的马儿飞奔出教室。

我也不例外，来到操场上，正准备一展身手，只听一旁的同学说道：“今天体育课的长跑测试，你准备好了吗？”我心里咯噔一声，啊？怎么又有长跑测试？

我慢吞吞地来到跑道上，阳光格外刺眼，树上的叶子被阳光照得垂下头来，我尽可能往队伍后面缩，好让老师看不到我。

阳光像是故意跟我作对似的，拨快了时间的钟。体育老师发话了，“来，这四位同学准备好！各就各位——预备——跑”

唉，还是轮到我了，看着围观的同学们，我只能硬着头皮做好准备姿势。

看着这条一眼望不到头的跑道，我的心里越发紧张，手心里的汗也越冒越多。

阳光仍然停留在头顶，我奋力向前跑去。奇怪，我感觉体力消耗得似乎比以往任何一次都要快，不一会儿，我就大汗淋漓了。

怎么办？怎么办？要是我现在停下来，大家肯定会嘲笑我，要是继续跑，我肯定也会落到最后的！

越想两条腿就越不听指挥，好像在专门跟我作对，步子变得越来越慢，我的胸口也像是被大石块儿压着似的越发沉重起来。

糟了！其他几个同学已经超过我一大截了，我使劲儿迈着步子，可怎么也赶不上他们。我的脸上火辣辣的，双脚变得有千斤重，感觉自己就要累得哭出来了——我多么希望能让时间停下来呀！

我已经落在最后了。就在我准备放弃的时候，耳边忽然传来同学们的加油声："加油，你可以的！你可以的！""快跑呀！快超过他们！""加油，只剩下半圈了！加油哇——"

我抬起头，看到同学们扯着嗓子在赛道旁为我鼓劲。他们的眼神里充满了信任和期待，我的心突然温暖了起来，那一刻，我告诉自己，不能让他们失望。我试着调整了呼吸，脚步也逐渐轻快起来。我迈开大步，用尽全力向前奔去。

是啊，我为什么要想着放弃呢？我一定要坚持，坚持跑到终点！想到这里，我踏着阳光用力冲破"屏障"，阳光的碎片似乎幻化成一股风不断推着我向前，也激发了我心里那股无形的力量。

超过一个又一个……终于在最后关头，我用力一跃！

"第二名！"同学们纷纷涌上前来祝贺我，阳光洒在操场上，给操场镀上了一层金色，我的嗓子火辣辣的，但心里却温暖极了。

我感觉到太阳正看着我们，又微笑着拨慢了时间的钟，想让我们好好庆祝一番。奔跑的脚步声和欢笑声随着点点阳光洒满了校园的每个角落。

后记

坚持是一种品质，一种态度，更是一种精神，在面对体育课上长跑测试的挑战时，正是坚持帮助我跨越了内心的障碍，最终冲向终点。所以，无论今后做什么事情，我都会记得坚持的重要，在面对困难时，不轻言放弃。

父母感言

坚持的意义在于当我们遇到困难和挑战时，它能够给予我们继续前行的勇气，就像海上的灯塔不断指引我们前进。坚持是一个过程而非结果，希望她能学会享受这个过程，并从中学习和成长。（妈妈：张 华）

教师赏评

小作者围绕体育课上长跑测验的经历展开叙述，细致生动地描写长跑测试的整个过程。作者通过环境描写来烘托人物心情，让读者的情绪随着自己情绪的变化而变化。文章语言流畅，感情真挚动人，情节跌宕起伏，扣人心弦。“锲而舍之，朽木不折，锲而不舍，金石可镂。”人生路漫漫，难免会遇到坎坷挫折，要相信坚持的力量，只要一直坚持下去，终会不断成长，迎来梦想花开！（指导教师：沈舞秀）

学会做事（在你的生活中是否也遇到过相同或相似的事，感觉如何？写下来。）______

______

______

坚持就会收获美好

广东省珠海市第八中学八年（12）班　刘天赋

炎炎夏日十分难耐，我与家人来到风景优美的斗门黄杨山爬山。

黄杨山果然名不虚传，高耸入云的山脉穿越云层，站在山脚下一眼望不到山顶，那雄伟的气势，显得无比磅礴。

我和爸爸妈妈一起沿着崎岖不平的山间小路，游览着碧绿树林，脚下踩着延绵不断的绿草，路边五彩斑斓的野花在向我们招手，空气中弥漫着绿草与鲜花喷发出的清香。偶尔，还可以听见树林中悦耳动听的鸟叫声，优美的山间美景，让人陶醉迷恋其中。我们顺着山路，来到陡峭高耸的台阶，慢慢地爬了上去。

不一会儿，我们来到了半山腰。天公不作美，竟下起了蒙蒙细雨。雨点虽然细小，但还是打湿了我们的衣衫，给我们的爬行增添了更多的困难。

我不禁回头眺望，啊！我吓了一大跳：怎么这么高！这给本来就胆小的我，增加了一丝恐惧。

随着衣衫被打湿，害怕、懦弱、胆怯的心又凝聚成一种微微的失望与退缩。我抬头望去，家人早已爬了上去，与我有着一定的距离。遥望过去，爸爸轻轻地向我挥挥手，示意我加油，快点追上去。

在被失望和退缩困扰时，我忽然看到路边被树叶盖住的地方微微露出了一个会动的生物，我定睛一看，是一条毛毛虫的身上散着好几片树叶，被雨水浇得湿透了。只是露出了小小的尾巴，正在挣扎着往外钻呢，绿绿的小尾巴在奋力地冲着我摇摆着，似乎在暗示我："坚持，坚持就是胜利！"，看着奇迹发生了，毛毛虫奋力一摆，钻了出来！它不惧细雨和风沙，一直顽强地努力往外爬，想要重见天日。

此时此刻，我呆住了，深深地被毛毛虫这种坚持不懈的精神感动了。

古人云："路虽远，行则将至，事虽难做则必成"，不正是这个道理吗？毛毛虫的这个举动令我颇为触动，它遇到那么多的困难都依然在努力，不放弃地向前爬，最终取得了胜利！而我只是……想着想着，我鼓起了勇气，找回自信——勇敢地站了起来，坚持，坚持就是胜利！我继续迈着坚定的步伐，踏着崎岖不平的山间小道，向上爬去……有了信念之后的我信心倍增，步伐也变得越来越快，越来越轻松。不一会儿，我就顺利到达了顶峰，和爸爸妈妈汇合了。

我站在山顶上远眺，整个珠海的城市美景尽收眼底，一览无余。

细雨拍打着我的头发，微风吹拂着我的皮肤，这一切唤醒了我内心的斗志。当欣赏着城市的美景时，我的心中快活无比，心想：这不正是坚持的力量吗？坚持，不仅能锻炼我们的意志，让我们欣赏到壮阔的山景，还能让我们收获更多意想不到的惊喜。

后记

当我站在山顶上的那一刻，我突然觉得自己的心胸开阔起来，珠海美景尽收眼底，这告诉我坚持，去努力、去拼搏才能有更多的收获、更好的机会——这就是坚持的力量！

父母感言

通过一次冒雨爬山的经历，孩子体悟了坚持的道理，领略到美不胜收的风景过后，孩子懦弱、胆怯的心和退缩的心态得到了改善，每一次辛苦付出之后一定会有意想不到的收获，加油，宝贝！（爸爸：刘锦丹）

教师赏评

本文情真意切，条理清晰，过渡自然。小作者把自己爬山过程中的内心活动写得生动活泼，在毛毛虫奋力爬出的情节描写上，不仅细致微妙，而且真实有趣，入情入理，文笔细腻，行文流畅。（指导教师：杨嘉浩）

学会做事（在你的生活中是否也遇到过相同或相似的事，感觉如何？写下来。）________________

爬山铸就我坚强的毅志

广东省深圳市罗湖外语实验学校初二（3）班　黄泽然

成长路上，踟蹰和彷徨时常扰乱前行的步伐，虽有迷茫，但我们未曾迷航，因为坚持是对信念和梦想最好的诠释。坚持不在言语中见才成效，而在每个早起的清晨中，在滚落的汗水里，在从不停止的步履下。我们在坚持中，不断编织着通向梦想的征程。

天还未亮，我跟爸妈来到山下，准备爬山。

刚爬完第一段路，我就累得气喘吁吁，腿也不自主地抖起来了，汗水像瀑布一样往下流。我双手撑在腿上，抬头往上看，一级级石梯盘曲而上，一眼望不到头。我忍不住打起退堂鼓：“妈，要不……”“再坚持会儿！加油！”谁知妈妈快速打断我的话，继续前进。

好不容易爬完了第二段路程，来到了一个休息亭。此时我已口干舌燥，两条腿如同灌了铅，汗水迷蒙了我的眼睛。望着又高又陡的第三段路，真想掉头下山回家。

妈妈看出了我的心思，意味深长地说：“儿子，不经一番寒彻骨，怎得梅花扑鼻香！”我咬咬牙，我鼓起勇气，继续着艰难的登山之旅。

终于，初升的太阳映红了天空的云霞，洗涤我一身的疲劳，沉重的呼吸侵占了我此时的大脑，我坚持下来了！

坚持是以一颗恒心对抗诱惑与嘈杂，是立志后的坚守，是笃行中的执着。无论是对原则始终如一的践行，还是朝着目标一往无前的奔跑，抑或是对爱好不曾褪去的热忱，都闪耀着坚持的光芒。正是无数次动摇后的坚定，让坚持更可贵，让梦想走近。

坚持如生命瀚海中的舟楫，让我们得以对抗岁月的洪流，有所期盼也有岸可寻。以行为培养品格，让品格决定成败。

后记

一份坚持的背后是一次次意志力的磨砺和挑战。在坚持的过程中注定存在困苦，但繁花硕果是唯有坚持才能换来的回馈。

父母感言

古往今来，人们为坚持献上的赞颂不绝于耳，其实，没有不可抵达的终点，你我的坚持之路同样值得书写记录。孩子，坚持下去，成功定会如愿到来。（爸爸：黄朝健）

教师赏评

“不是因为有希望才坚持，而是坚持才有希望。”本文记录了作者一次爬山的经历，从几经动摇、想要放弃到战胜困难、坚持登顶，作者不仅体会到了成就感和自豪感，更明白了唯有坚持不懈，方能看见希望之曙光的道理。文章语言简明扼要、言至意达。文末议论充满哲思，可谓点睛之笔。如“坚持是以一颗恒心对抗诱惑与嘈杂，是立志后的坚守，是笃行中的执着。”等语言皆给人以启迪。佳作也！（指导教师：何 璇）

学会做事（在你的生活中是否也遇到过相同或相似的事，感觉如何？写下来。）

人心齐，泰山移

广东省珠海市希望之星实验学校四年（1）班 沈圣贤

记得我八岁那年的暑假，妈妈第一次带我走进篮球场，我拿起篮球拍了几下，尝试投篮，第一次没进，第二次，碰到了篮筐，差一点点，第三次，成功地把球投进了篮球筐。虽然那是矮一些的练习筐，但也让我感受到了篮球进球的魅力，我知道我已经喜欢上这项运动了，我告诉妈妈我想学习打篮球，于是妈妈帮我报了名，我正式加入了篮球队，开始了篮球培训。从此每个周末我都会早早地写完作业，然后马上跑到篮球馆参加训练。

经过三个月的训练，教练通知我们要进行一场友谊赛。

到了比赛那一天，我和队友们都非常紧张，入场后不一会的工夫，比赛就开始了，裁判把球高高地抛上了空中。不好，被对方一个高个子的球员抢到了，这时我才开始评估对方的阵容，对方有一个高个子和两个中等个子的球员，而我方球员连我在内三个都是中等个头，看来这场三对三的比赛，对方有着身高优势啊！正当我思考时，对手已经跑到了我们的篮下，只见他奋力一投，结果被我方队友抢下篮板，他以迅雷不及掩耳之势跑到了中场，准备投篮。不好，那个高个子给投篮的队友来个大盖帽，幸好这时队友反应快，瞬间把球传给了我。我也来不及多想，一个三步上篮就把球进了。

第二球，对手给了我们一个措手不及，他们布局先让一个球员在他们右边篮下，再让另一个球员在中场的左边，让最后一个球员在我们篮底的右边。比赛继续，当我们开始防守，他们篮下的球员就把球传给了中场球员，中场球员又把球传给了我们篮下的球员，传球的速度太快，还没等我们反应过来，篮下的对方球员已经轻松地投中篮了。

破解对方布局后，后面我们有了经验，开始了严密的防守，不给对方传球的机会，队员们开始打出了默契，但是对方的实力也不容小觑，但是，最后我们还是以六比五的成绩拿下了这场比赛。

后记

通过这场比赛，我明白了篮球并不是一个人的运动，需要队友之间的配合才能赢得比赛，就像古人说的一句话："人心齐，泰山移。"

父母感言

在你八岁那年的暑假，我第一次带你去篮球馆，你很兴奋、很开心，你告诉我：想要学打篮球。后来又有了自己的篮球偶像，训练也非常刻苦。你热爱篮球运动，并因为篮球还交到了不少好朋友。你在篮球场上的表现格外自信，我相信你一定可以成为一个很棒的篮球运动员。（爸爸：沈 程）

教师赏评

文章把篮球比赛的过程叙述得很清楚， 将人物的活动描述得很具体，真实可信， 生动有趣。全文结构紧凑，文笔流畅。通过参加篮球训练、比赛，你领会了运动背后的精神，懂得通过运动培养自己优秀的品质和团结协作的能力。孩子，老师希望你真正做到坚持并热爱运动，让生活变得有趣，绽放更多运动的色彩。（指导教师：马 莉）

学会做事（在你的生活中是否也遇到过相同或相似的事，感觉如何？写下来。）________________

做自然中的重要一环

我们生活在这个美丽的地球上，自然界是我们赖以生存的空间环境。然而，随着人类的发展和进步，有时却忽略了保护自然环境。因此，我们有责任和义务来关爱自然，保护我们的家园。

首先，我们要了解自然的重要性。自然为我们提供了生存所需的空气、水、食物和其他资源。同时，自然也为我们提供了美丽的风景和休闲场所。如果我们不珍惜和保护自然，那么我们的后代将无法享受到这些宝贵的资源。

为了保护自然，我们不妨从以下几个方面入手。

（1）节约资源。我们应该尽可能减少对自然资源的消耗。例如，选择使用节能电器、节约用水、减少垃圾的产生等，这样不仅可以减少对自然的破坏，还可以降低生活成本。

（2）植树造林。植树造林是保护自然的重要措施之一。树木可以吸收二氧化碳，释放氧气，净化空气。同时，树木还可以防止水土流失，保护土壤和水资源。

（3）保护动物。我们应该尊重和保护动物的生命权，避免捕杀野生动物，保护它们的栖息地。同时，我们也可以通过捐赠或志愿服务等方式支持动物保护组织的工作。

（4）垃圾分类。垃圾分类是保护环境的重要措施之一。将垃圾分类投放，以便于回收和处理，这样可以减少对环境的污染，并提高资源的利用率。

（5）宣传环保知识。我们应该向身边的人宣传环保知识，提高全民环保意识，这样可以让更多的人参与到保护自然的行动中来。

在保护自然的过程中，我们也可以享受到许多乐趣。例如，可以参加户外活动，欣赏大自然的美丽风景；可以参加环保志愿活动，为保护环境贡献自己的力量；还可以通过学习环保知识，提高自己的环保素养。因此，我们要做好保护和珍惜自然的重要一环。

【共同分析】

作为自然界的一分子，我们每天都接受大自然的馈赠，例如，空气、阳光、水以及所有让我们赖以生存的物质要素，是它们给了我们生命的养分，使我们健康地生存下来。同时，作为自然界的重要成员，我们又扮演着不同的社会角色，一举一动乃至一言一行都受到社会规则的制约。面对浩瀚的自然和严峻的社会局势，我们必然要肩负起历史的责任，去改造自然，服务社会，此时此刻，我们何尝不是自然中的重要一环？

拓展阅读

我学会了包饺子

广东省深圳市罗湖外语实验学校初二（9）班　余金泽

过年时，饺子自然是必不可少的。

妈妈有令，家庭“地位”低微的我哪敢不从。我到厨房洗下手，带着湿哒哒的手，就准备撸起袖子加油干。我正要把手伸入面粉袋中，“啪”的一声，妈妈及时拍掉了我的手，说道：“你不知道手湿的时候不能碰面粉吗？”

我不好意思地赶紧把手擦干，然后开始和面，我把和好的面团弄成小球状，擀平，放上馅，最后再给它包起来，步骤明确、简单。但是当我拿起面团时，我开始意识到事情的严重性。我和的面团十分黏手，完全没有办法把它完完整整地放在桌面上。

妈妈的一句话打破了困境：“孩子啊，你难道是打算让面粉落灰吗？”

真是“一语惊醒梦中人”啊，可以再用干面粉！我在手上撒上干面粉，果然，当我再次触碰面团时已经没有那么黏了，接下来就简单了。可是我包出来的饺子依然奇丑无比，无奈之下，我只好看妈妈是怎么包的。

妈妈手法娴熟，几下就成型了。看完妈妈的示范，我便开始模仿，从刚开始的不熟练到后来已经可以和妈妈做得十分相似了。

在生活当中有很多的小事情并不是看起来那么简单，就像我这次包饺子，水、面的用量及和面时的力度，都需要和谐，万物都是相同的，唯有和谐相处，才能达到预期的效果。包饺子的过程虽然看似简单，但是，细细品味它却蕴含着深刻的道理，我们只需要虚心努力去尝试，就可以把事情做得更完美。

后记

包饺子，一件小小的事，使我明白了深刻的道理，万事必须和谐相处，和谐可以弥补生活中的各种不易。

父母感言

生活中，有许多小事，看似简单实际上没有那么轻松，让孩子认识到做任何事情都离不开和谐相处，自己的不足有时就是没有及早察觉做事的规律，孩子进一步明白做人、做事和谐相处至关重要，做事要谦虚，与人与事都需要和谐相处。（爸爸：余志君）

教师赏评

包饺子是生活中的一件小事，但是作者却悟出了“万物和谐相处的道理”，从刚开始的不熟练到后来的熟练，都与和谐相处有关，作者能在家务劳动中体会做人、做事要和谐的道理，难能可贵，希望小作者继续虚心学习，努力做好更多的事。（指导教师：黄铙璇）

学会做事（在你的生活中是否也遇到过相同或相似的事，感觉如何？写下来。）

行为孕育性格

深圳市罗湖外语实验学校初二（3）班　詹梓灵

好的行为促进好性格的养成，良好的习惯让我们事半功倍。

小学一年级开始，妈妈就让我做每天的时间规划表，但我非常抗拒，因为我认为写了规划表也不一定会去做，况且计划赶不上变化，这分明就是在浪费时间。但妈妈却坚持让我做，也因为这件事我与妈妈多次发生冲突。

一个寒假，妈妈又要求我做时间规划表，我习惯性地拒绝。但这次，妈妈从抽屉里拿出一张白纸和一支笔，然后坐到我身边。她首先让我列出所有需要完成的任务，接着教我如何根据优先级排序，划分出完成每个任务的时间表。每项任务都被我赋予了一个具体的时间段。

在妈妈的指导下，我开始尝试按照规划表来安排我的学习和休息时间。刚开始并不容易，我总是控制不住自己想要多玩会儿手机，或是在看书时分心。但每当这个时候，我就会看看贴在墙上的时间规划表，它像一盏指路灯，提醒我要坚持和自律。

渐渐地，我发现自己的学习效率提高了，每天的任务都能按时完成，甚至还能留出时间来阅读我喜欢的小说。我开始享受这种有条不紊的生活，享受每完成一项任务后的成就感。时间不再是我的敌人，而是我最忠实的伙伴。

现在，我已经能够独立制作和调整我的时间规划表了。我学会了如何在紧张的学习生活中找到平衡，学会了如何合理分配每一分每一秒。这份来自母亲的礼物，不仅是一张表格，更是一种生活的智慧，一种掌控时间的能力，一种有规划的良好习惯。

后记

从那以后，我再也没有因为时间不够用而焦虑过。每当我看到那张已经有些泛黄的时间规划表，心中都会涌起一股暖流，感谢那个寒假，感谢妈妈，感谢那一堂珍贵的时间管理课。

父母感言

有人说过：“成功的人无一不是利用时间的能手！”制定时间规划表不仅可以更好地管理时间，而且可以培养良好的习惯，让自己的生活和学习松弛有度、劳逸结合。孩子，加油！希望你能成为时间的主人，让自己的人生更充实更有意义。（妈妈：田梓涓）

教师赏评

本文记述了作者学习做时间规划表的过程，从“内心抗拒”到“认真践行”，在其中收获了知识和成长。让作者不仅懂得了规划时间的重要性，更养成了做计划的好习惯。文章感情真挚，富有思考。古语有云：“凡事预则立，不预则废。”相信事先做计划和准备的习惯会让你受益终生。（指导教师：何 璇）

学会做事（在你的生活中是否也遇到过相同或相似的事，感觉如何？写下来。）

我学会了做鸡蛋饼

广东省深圳市罗湖外语实验学校初二（3）班 张乔恩

中国的美食文化博大精深，北京的烤鸭、长沙的臭豆腐、广东的盐焗鸡……都让人欲罢不能。但我最喜欢的还是普普通通的鸡蛋饼。

这道菜，奶奶在我还小时经常做，它的味道让我无法忘却。所以，我准备向奶奶请教鸡蛋饼的制作方法。

制作鸡蛋饼的材料并不多，只需四个鸡蛋、适量的面粉和水。我为这道美味只需这么少的材料而感到惊讶。

首先要开始做准备工作。我拿出一个碗和一双筷子，将它们洗净、甩干。我学着奶奶的样子开始打鸡蛋，先把鸡蛋在桌边敲敲，在裂痕处用力将蛋壳一分为二，使黏乎乎的鸡蛋液流进碗里。哎呀，鸡蛋壳也掉进去了！我只好拿筷子一点一点地把它们挑出来，弄得好不狼狈。

接着，我按照奶奶的指示加了一些水。要开始加面粉了，这可不是一件简单的事。一不小心面粉多了，又得加水；水多了，又得加面粉。整得我一度想要放弃。不过好在幸运女神是站在我这边的，几次小碰壁后，后面的事都顺畅多了。

鸡蛋糊搅拌好后，就开始煎饼了。我在热锅中加入一些油，不一会儿，油珠便不安分地蹦起来，这时就可以倒糊了。我从外围开始往中间倒，随着“滋啦”的声音，鸡蛋的香味扑面而来，我咽了咽口水，等着给鸡蛋饼翻面。用筷子将它翻了个面后，更浓的香气扑鼻而来。

不一会儿，一碗面糊就变成了眼前一张张金黄的鸡蛋饼。用筷子夹一块，塞进嘴里，柔软的口感触动了我的味蕾，做饼时的劳累顿时消失得一干二净。果然不放弃就不会有更坏的结果。

后记

我学会了做鸡蛋饼。虽然过程并不是一帆风顺，但在我的坚持与努力下还是成功了。学做鸡蛋饼不仅让我学会了一项新技能，也让我明白了一个道理——遵守规律，让万物和谐，就一定能成功。

父母感言

简单的生活不仅让孩子感受到长辈的爱，还能让孩子提高动手能力，学习到不少人生道理，从平淡的生活中体验并记录点点滴滴的美好。孩子能明白坚持才能成功的道理让我很欣慰，希望她今后能做得更好。（妈妈：方秀丽）

教师赏评

文章详细描写了作者学做鸡蛋饼的过程，情节丰富，内容有趣。从一开始做鸡蛋饼时的稍显狼狈，到最后收获成功，这是一个学习的过程，也是一个成长的过程。作者懂得了遵守规律，让万物和谐，就一定能成功的道理。从小事中悟出人生道理，这优秀的观察力和思考能力，值得点赞！（指导教师：何 璇）

学会做事（在你的生活中是否也遇到过相同或相似的事，感觉如何？写下来。）______________________________

____

____

做弟弟的小老师

广东省深圳市罗湖外语实验学校初二（3）班　苏泽安

深圳的秋天依然烈日焦灼，走在街上便觉阵阵热浪袭来，这天气常常使我烦躁不安、心乱如麻。

周末的大好时光，我在没有空调的书房里辅导弟弟的功课，热得我深吸一口气，又深深呼出，弟弟手里握着铅笔在练习册上飞快游走，嚓嚓作响。身后的书架上静卧着书，桌上的笔筒里静立着笔，一切都是那么平静，而这份宁静祥和很快便被我打破：“你在干吗？才写了五分钟就开始画画，有点耐心行吗？”

话音刚落，随之而来的是几声抽泣，紧接着，泛着光点的泪珠顺着鼻侧、面颊、下颌坠落。我抓住他的手腕，扯开他压在本子上的手，只见歪歪斜斜地画着的两个人物渐渐晕开。我的心，隐隐发涩。

“你……你不也是吗？一……一下子就……就生气……”弟弟一面啜泣，一面带着哭腔喘着。

我的心，被刺痛了一下。我用力抿了抿嘴，轻拍了拍他的肩示意他扭过头，结结巴巴地说道：“那……那个……对不起，我会耐心的，你也要认真。”

“嗯……”弟弟微微颔首，用衣袖揩去了泪水。

原以为会十分尴尬，但出乎意料的是，当我讲出“对不起”三个字，并决意耐心教弟弟时，我的心中，充满了期待与自信。

直到暮霭苍苍，直到月色幽幽，我都耐心地辅导着弟弟，一遍，再一遍，我渐渐明白了——耐心要通过行为培养！

一阵温热的风夺窗而入，翻开那页练习册，泪痕早已干去，而画中的两个小孩，手牵着手，是最好的两兄弟。

后记

刚开始辅导弟弟功课的时候，一种成为“小老师”的自豪感油然而生。在教的过程中，我发现弟弟会经常分心，或是玩文具，或是画画。但这又何妨，我相信，只要我用耐心引导他，用细心教导他，他也可以耐心地做好功课。而我，也在不知不觉中，逐渐塑造了耐心平和的自己，还在与弟弟的相处中明白了培养耐心的重要性，并增进了兄弟情谊。

父母感言

培养孩子的耐心，要从小事做起，从生活的点滴开始，不管做什么事都要有耐心。我们经常会让两个孩子一起相处，哥哥带着弟弟，弟弟学习哥哥，两兄弟一起培养耐心。耐心是磨炼出来的，具有很大的能量，是一种不惧风雨、不畏艰险的勇气。希望两兄弟都能做到这一点！（妈妈：吴丽真）

教师赏评

文章记叙了一次辅导弟弟功课自己也收获成长的经历，哲思满满，情韵悠悠。从内心急躁到惭愧反思到耐心辅导，作者的心情和故事的情节都一波三折，扣人心弦。文章精彩细腻的描写、优美诗意的语言都让人眼前一亮。（指导教师：何 璇）

学会做事（在你的生活中是否也遇到过相同或相似的事，感觉如何？写下来。）________________________________

____

____

做饭还真是个技术活

广东省深圳市罗湖外语实验学校初二（3）班 杨天逸

“洗碗多没意思，明天我来做一顿蛋炒饭，你们来洗碗怎么样？”饭桌上，我眉飞色舞地讲着，心里洋洋自得。

做饭是一项有创造力的技术活，为了做好一顿饭，我开始在网上搜集各种资料。例如，油放多少，什么时候放盐，炒至什么程度才可以出锅……终于万事俱备，只待“登场”了。

为了达到炒饭颗粒鲜明的效果，昨晚我特意叮嘱妈妈多煮一些饭，用隔夜饭做的炒饭才能粒粒分明。

首先，需要提前把剩饭捣成一粒一粒的，捣米的声音落在锅中叮叮当当作响。然后，将4个鸡蛋打成蛋液备用。一套动作行云流水，我欢快地唱起歌来。

开火倒油。当饭下锅后，便是淋蛋液的时间。我右手持碗，身体后仰，小心翼翼地倒了下去。“滋滋——滋——”，一阵滋声后，大功告成。“快来尝尝我的蛋炒饭！”我大声喊道，弟弟连忙跑过来拿勺子舀了一口。刹那间，他的额头像狗不理包子打了18个褶一样皱在一起。

“别装了，一看这表情就知道很好吃。”“哥哥，饭是凉的，不信你自己试。”我狐疑地尝了一口，果不其然。

于是我重启炉灶，重新炒了一遍。“咿，我没放橄榄菜啊，怎么黑了？”不好，火势太大，炒太久，饭黏锅炒煳。这顿蛋炒饭以失败而告终，我得意得太早了。

生活又何尝不像做饭一样，要认真且耐心地对待。急了，好心很可能变坏事。拖得太久，时间没把握好，便会前功尽弃，最终一事无成。

做饭可真是有深度的技术活。在经历了失败后，我变得更有耐心了，并且对做饭的兴趣更浓厚了。

现在我会做的菜更多了，对劳动更加积极了，同时也从做饭中收获了不少技能和智慧。成长过程也像做饭的过程，我们自呱呱坠地便不断学习，不断经历失败与挫折，一次次反省自己的不足，一次次取得新的进步。

后记

这次做饭体验让我深刻地领悟到没有什么事可以随随便便成功，当我们不畏失败、不断积累、不断前行，我们也就成了真正的“人生大厨”。

父母感言

孩子学会了做饭我感到很欣慰，同时他从劳动中也培养了冷静处理事情的良好习惯。在之前，他总是做事急躁，欠缺耐心。现在，他会主动帮父母承担家务了，办事也让人放心了。我希望他以后可以坚持下去，服务社会，实现他自己的人生价值。（爸爸：杨东川）

教师赏评

劳动创造幸福，在劳动中，我们可以懂得生活的意义。本文详细、生动地记叙了小作者做饭的过程，运用一系列的动作描写、语言描写，将其劳动场面描写得淋漓尽致。语言生动，富有趣味性。在做饭的经历中，小作者悟出了生活的道理：人生若灶台，生活如做饭，即便事情微小平凡，我们也一定要认真对待！（指导教师：何 璇）

学会做事（在你的生活中是否也遇到过相同或相似的事，感觉如何？写下来。）

做幸福生活的守护者

幸福生活是每个人都渴望的，许多人在追求幸福的过程中，却忽略了生活中的一些小常识。以下将介绍一些关于珍惜幸福生活的小常识，帮助读者更好地理解和应用这些知识，从而提高生活质量。

1. 要保持积极的心态

要学会对生活的点滴心怀感恩，珍惜所拥有的一切，通过记录生活中的美好瞬间，培养感恩的心，从而增强幸福感。

2. 要对生活持有乐观的态度

平时要以乐观的态度面对生活中的挑战和困难，积极寻求解决问题的方法，而不是沉溺于消极情绪。

3. 制订计划，有效管理时间

制订明确的目标和计划，合理安排时间，以免毫无头绪。通过制定优先级和设定时间限制，提高工作效率；一旦制定了计划，就要坚持执行。通过培养自律性，逐步形成良好的时间管理习惯。

4. 要建立良好的人际关系

掌握与人沟通的技巧，学会倾听和表达自己的想法和感受，避免冲突和误解。通过有效沟通，增进彼此的理解和信任；积极参加社交活动，扩大社交圈子，通过结交新朋友，丰富生活体验，提高幸福感。

5. 要保持身体健康

要保持均衡的饮食，摄入足够的营养物质。避免过度摄入高热量、高脂肪的食物，以预防慢性疾病的发生。要进行适量的运动，增强身体素质。通过运动释放压力，提高心情愉悦度。要保持良好的作息习惯，保证充足的睡眠时间，避免熬夜和过度劳累。通过规律的作息习惯，保持良好的身体健康和精神状态。

总之，要珍惜自然环境给我们带来的幸福生活。我们要保持积极的心态、有效管理时间，建立良好的人际关系。保持身体健康，要通过保护自然环境，提高生活质量，更好地享受幸福生活。

作为幸福生活的守护者，我们从小就要树立环保意识，爱护自然、节约资源，成为小小环保志愿者。积极参与环保活动，倡导绿色出行、减少一次性塑料使用等环保行为。

作为幸福生活的守护者，我们有责任保护环境。从个人到社会，从理念到行动，从科技到法律，每一个层面都需要我们的积极参与和贡献，为创建一个幸福、美满的生活环境而努力。

【案例】

尊重自然爱护生命

在纷繁复杂的现代社会中，我们时常被各种利益和欲望所驱使，忽略了与大自然和其他生命形式的和谐相处。然而，当我们放下心中的执念，与万物和谐共生时，不仅能够获得内心的宁静，更能走向幸福生活的彼岸。

新时代的乡村振兴，可持续发展是第一要义。停止乱砍滥伐，发展生态农业和乡村旅游。不仅生态环境得到了有效保护、食品安全得到了保障，还吸引了大量游客前来体验乡村生活，村民们的收入也得到了显著提升，他们过上了更加幸福和满足的生活。

积极倡导和实践环保理念的人也越来越多。他们关注环境保护，致力于减少自己的碳足迹。他们选择骑行或步行代替开车，使用可重复利用的餐具和购物袋，减少一次性塑料制品的使用。他们还积极参与社区的环保活动，倡导垃圾分类和节能减排。这些行为虽然看似微小，但积少成多，对于改善环境质量和提升个人幸福感有着不可忽视的作用。

【共同分析】

当我们尊重自然、爱护生命时，我们不仅能够获得物质上的满足，更能够获得精神上的愉悦和安宁。这是因为，与大自然和其他生命形式的和谐共生，能够让我们感受到生命的奇迹和宇宙的浩渺，从而激发我们内心深处的敬畏和感恩之情。

拓展阅读

五颜六色的书

湖北省武汉市育才小学五年（11）班　江梓月

惊蛰的午后，天阴沉沉的，空气闷热难耐，令人一种躁动不安。

我匆匆忙忙地吃过午餐，冲进书房，准备继续看书。

刚冲进去半个身子，我就被眼前这杂乱的场景惊呆了：一地的水彩笔和彩铅，还有些油画的颜料粘在地板上。一些书凌乱地散落在地上，书架上的书更是乱七八糟。我心中升起一种不好的预感，几步冲到书桌前：果然！昨天的书已被翻开，书面五颜六色，全是涂鸦……

“江梓鑫！”我一时怒不可遏，满屋子找弟弟“算账”。外婆走过来：“发生了什么事？”

我火冒三丈：“他打翻了我的彩笔！弄乱了我的书架！还在我的书上乱画！”

外婆皱了一下眉：“这多大点儿事嘛，我帮你清理干净不就行了。”听到这话，我的火气噌噌地往上冒：“这多大点儿事？……”

看外婆刚想开口说什么，我立马气势汹汹地继续：“每次我的事都是芝麻大的小事儿，他的事就是比天还大的事！”外婆目瞪口呆，她从没见过我这样张牙舞爪的样子，一时脸色铁青，胸脯一上一下剧烈地起伏着。她眉头紧锁，拳头紧攥，如同一头蓄势待发的猛虎。泥人尚有三分火气——外婆怒了。她狠狠地瞪了我一眼，我不甘示弱地瞪了回去。外婆一下像泄了气的皮球，眼神中流露出我从没见过的神情。是生气？是失望？或许都有吧。我一时有点儿心虚，仓皇地闪进书房。关上房门时，我已经对刚才不尊重外婆的行为有些后悔了……

一晃到了傍晚，憋了一天的雨终究下起来了，凉爽的天气无疑是怡人的，可我却忐忑难安。外婆现在在干什么？我侧耳静听，外面鸦雀无声。我深吸一口气，走出房门。

一个瘦弱的身影，面窗而坐，混合着灯光，显出几分萧瑟。她面前铺着一大盘莲子，此时的她，戴着老花眼镜认真地一颗颗剥着，我的心就像被闪电般“刷”地击中。外婆知道我最爱吃莲子，她帮我剥莲子，只是因为担心我学习辛苦，想给我省下一些剥莲子的时间。

外婆小心翼翼地撕扯着莲蓬的外衣，生怕弄伤里面的果实，拨开莲子头，用手一挤，一个白胖胖圆滚滚的莲子就跳了出来，多像我们小朋友，在家庭的莲蓬里被温暖的爱紧紧包裹，我们无忧忧虑地快乐成长，在知识的海洋里遨游，有一天，当我们准备好了，也会从莲蓬里“刷”地蹦出来，告别爱我们的长辈，独自去面对这个世界，去追寻生命的精彩和存在的价值。此时十一楼的窗外还能看到什么？我不知道。外婆这样剥了多久？我也不知道。我只知道她那落寞的身影在空荡的客厅里显得那样孤独、渺小……

外婆早已将照顾我们纳为她生活中最重要的部分。她不但每天早上早早起床，还要准备好早餐叫我们起床，一顿饭的工夫，外婆七八次放下碗筷去给我们准备东西更是常态。晚上她总是在我们睡着后才放心去休息……我怎么能对这样一位老人发火呢？怎么能不尊重这样一位为我们殚精竭虑的老人呢？

光线打在外婆花白的头发上，闪出令人伤感的光泽。外婆从未以长辈自居，她不仅事无巨细地照顾我们全家的饮食起居，还一直都非常迁就我们。可我呢？我又是怎样对待她的呢？

我悄悄走上前去，从后面轻轻地抱住她。外婆斑白的头微微后倾，轻轻地靠在我的胸前，她轻轻地拍了拍我。

外婆懂我，我好像也开始懂外婆了……

后记

花白的头发、略显驼背的身影，这就是我亲爱的外婆。虽然我最开始不理解外婆的“偏心”，但现在完全理解了。通过这件事我知道了家人之间出现分歧时要学会沟通，互相理解，互相包容，互相尊重。

父母感言

一直以来，你是一个非常懂事的孩子，能够包容他人，理解他人，是我们心目中的好女儿，弟弟心中的好姐姐。今天你和外婆发生了言语上的冲突，但是你能够及时认识到自己的错误，并且主动地同外婆道歉，还理解了老人的不易，爸爸妈妈非常感动，感动你的勇敢，感动你的善解人意！（妈妈：薛　君）

教师赏评

这是一篇温馨感人的记叙文，通过一个小插曲展现了家庭成员之间的情感纠葛。文章结构紧凑，语言简洁，描写细腻，情感真挚，让读者更加深入地感受到尊重的重要性和力量，给人以共鸣和思考。（指导教师：陈晓容）

学会做事（在你的生活中是否也遇到过相同或相似的事，感觉如何？写下来。）______________________________

____

____

在家务劳动中成长

广东省深圳市罗湖外语实验学校初二（4）班　陈洁霞

午后，我执着地拿着一块小小的抹布，清洁着桌子。我擦着擦着，回想起了我在劳动中成长的种种事情，我的心不禁飞回了4年前的家中……

那时，我年幼无知，总是想着一切事情妈妈都可以做，我自己可以什么也不做。一天，我正坐在沙发上看电视，妈妈走过来，认真地对我说：“现在你已经长大了，也该开始替妈妈分担家务了，今天的碗由你来洗。”什么！我一想到那沾满米粒和油腻腻的碗碟就嫌弃，我又是撒娇又是请求，可是妈妈却铁了心要让我洗。我只好走进厨房，忙碌了起来。

片刻之后，“妈妈！ 我洗完了！”我说。“不是吧，这么快，都洗干净了吗？”“当然！”我急忙争辩道，“我肯定洗干净了！”“我检查了才能过关哦。”妈妈说道。我连忙递上一个碗，让妈妈检查，她脸色沉了下来：“你没放洗洁精吧？ 怪不得这么快。”妈妈给我示范，她拿出一个我没洗干净的碗，把抹布浸湿， 挤上一点儿洗洁精，放进碗里擦起来，将油渍去掉后把碗放到水龙头下冲洗干净。妈妈笑着说：“看，这样就干净了。”我突然明白了：干活不仅要快，还要细心。

我学着妈妈的样子，看着一只只“丑小鸭”变成“白天鹅”，看着它们一个个变得洁白如玉，在不知不觉中，享受着劳动带给我的快乐。

从那时起，我爱上了劳动，看着自己的劳动成果，我总是不由自主地露出笑容！我在劳动中成长，从劳动中得到快乐。我要在劳动中慢慢成熟，慢慢成长为一个懂事的孩子！

后记

很多人都认为劳动是苦的、累的。但劳动其实是甜的，是快乐的。劳动带给人的乐趣无穷无尽，可以体会到用自己的双手辛勤劳动，创造出一个个成功，就像在充满生机的辛勤劳动，那种喜悦无法用语言来形容的。

父母感言

天上不会掉馅饼，生活总是一分耕耘，一分收获，俗话说：“梅花香自苦寒来”“阳光总在风雨后”。希望你可以在劳动中感受生活的真谛，在劳动中创造一个又一个成功，你可以的。（爸爸：陈小明）

教师赏评

这篇文章充满了激情，字里行间流露出小作者对劳动的喜爱之情。全文层次清晰，语句流畅，事例叙述生动具体，趣味性强，精心的构思，深邃的思想显示出小作者在劳动中正在不断成长。全文语言流畅，行文舒展自如，

自然洒脱，称得上是一篇佳作。今后的写作之路还很漫长，望你能努力思索不断创新。（指导教师：黄镟璇）

学会做事（在你的生活中是否也遇到过相同或相似的事，感觉如何？写下来。）________

____

____

在第一次劈柴中的感悟

广东省深圳市罗湖外语实验学校初二（4）班　蔡沛楠

今年春节，我和家人一起回到梅州老家看望爷爷。

第二天，刚吃过早饭，爷爷便拿着镰刀，背着竹篓出门了。我赶忙放下碗筷，喊着："爷爷，干吗去啊？""我去劈点儿柴回来。"爷爷笑呵呵地看着我。

我顿时来了兴致，央求爷爷带我一起去。没想到爷爷连连摆手："你？别开玩笑了，这可是一门技术活儿，你一个城里的孩子哪能学会？"

"爷爷，就带我去吧，您可以教我呀！"爷爷同意了。我们绕过一段泥泞的小路，来到后山。在一个不太平坦的小土坡上堆放着一些粗重的木头。爷爷捡起一根木头，拍了拍，点点头："是块好木头！"说完，左手扶着这块足足有半米高的木头，右手举起弯弯的镰刀，对着那木头的中间部分快速地劈下去。"咔嚓"一声，木头断开了！爷爷如行云流水般的动作看得我目瞪口呆。

爷爷又拿起一截木头，一边给我示范，一边说："不要害怕，盯住木头，双手聚力，快速劈下去就可以了。来，试试看！"

我立刻跳过去，接过他手中的镰刀，才发现它看似轻巧却重得要命。我将木头摆放好，然后双手握住刀柄，深吸一口气，集中精神，全力劈下去。咦？没有声响！原来我劈中了空气！我并不气馁，重新来过。"咔嚓"，成功的声音终于响起，与爷爷的掌声融在一起，竟是那样动听。

我干劲儿十足，趁着这股热情劲儿，不遗余力地把一根根木头从地上拾起来，又一步步稳稳地劈开。虽然最后我因劈柴累得气喘吁吁，但我心中却十分欢喜。

当我和爷爷背着劳动果实回到家时，我听到爷爷十分骄傲地对妈妈说：“你们把孩子教育得很好！爱学习，能吃苦，还孝顺……哈哈！”

妈妈也笑着回应：“俗话说，少成若天性，习惯成自然，好的品格就是要从日常行为开始培养。”

后记

第一次劈柴使我体会到了生活的心酸与艰苦，也让我学会了面对困难永不放弃！过程很艰难，但是，只要不放弃就会成功！

父母感言

很高兴见到你在生活中的成长，并且选择这件事作为你写作的题材，亲身经历，真心体会。所以，希望你在未来的路上也能保持这颗热爱劳动的心，并持之以恒地、勇敢地面对困难，解决问题。（爸爸：蔡仕周）

教师赏评

作者选取生活中的素材，角度新颖独到，可见作者是一个热爱生活、热爱劳动并对新事物有好奇心的人。文章构思巧妙，并着重运用语言描写和动作描写，爷爷的形象与他的勤劳而有耐心跃然纸上。结尾升华文章主旨，借妈妈之口说出这件事蕴含的哲理。（指导教师：黄铱璇）

学会做事

（在你的生活中是否也遇到过相同或相似的事，感觉如何？写下来。）

打“水漂”

广东省深圳市罗湖外语实验学校初二（4）班　陈非凡

寒假中，小小的“水漂”使我颇为感慨。两座青山，几星灯火，数道白烟，点缀着一座美丽的小镇。

潺潺溪水在一条小河中间贯穿，不分昼夜地流淌了不知多久，这便是我的家乡。

“水漂”也算是一种古董级文化了，以前的小孩子没有多少娱乐活动，玩“水漂”就成了他们为数不多的快乐。

这种快乐，我常常想不明白，后来我才知道，这是“水漂”的功劳，一块儿不大的扁平石子，一颗争强好胜的心，便给予了他们美好的童年。

初见，争强好胜。

每次走在空气湿润的河岸边，远远便能听到几声嬉笑，我知道，这是村里孩子们在打水漂。我按捺不住那急切的心情不由得加快脚步，加入进去。我们在杨柳岸边，掷下一块又一块石子，比谁扔得远，打得多。我不甘示弱，铆足了劲，用力一扔，想超过所有人，却总是输。我便更加频繁地努力了，不时惊起河里的一群鸭子，在水里慌乱地扇动着翅膀，像是在抗议，引得我们哈哈大笑。

多年后回到老家，我做的第一件事便是来到那熟悉的岸边。我在地上找到几块合适的石头，朝着河面一下又一下，但总是漂不了几个。我有点恼了，越发地用力起来，想甩得更远，打得更多，直到累得气喘吁吁。爸爸走到我身边说：“打“水漂”靠的不是力气有多大，而是技巧，是心态，你越想一下练成，就越容易失败。”说着，爸爸捡起了一个小小的石头，摸了摸，轻轻一扔，水面顿时激起一连串的水花。

再想，感叹人生。

佛曰：“一花一世界，一叶一菩提。”越是平常越要认真对待。石头分好坏，但并不是越好看的石头打的“水漂”越好，那些起步平稳的、心态平和的，可能开始飞不了太远，但是缓急自如，张弛有度才让人惊艳。遇事何必急躁。为何不像一块普通的石头，稳步向前，踏踏实实呢？

后记

打水漂的乐趣令我印象深刻，使我惊叹其魅力，虽然看起来幼稚，但我仍乐在其中。

父母感言

通过孩子作文，瞬间回到小时候，也感叹孩子通过“水漂”领悟到人生中的踏踏实实才是真，我感受到孩子真真正正地长大了，希望他做事能像文中一样脚踏实地，踏踏实实，稳重前行。（妈妈：卢红梅）

教师赏评

作者选用打水漂这个题材，详细描写了自己打水漂的经历，并从打水漂这件小事中领悟到做人做事要踏踏实实的道理，以小见大，引人深思。（指导教师：黄镟璇）

学会做事（在你的生活中是否也遇到过相同或相似的事，感觉如何？写下来。）

在妈妈生病的日子里

广东省深圳市罗湖外语实验学校初二（9）班　庄雅霖

妈妈病倒了，时不时从她房间传出几声咳嗽声。

我想做一顿午饭给老妈吃。可我从小到大只会煮面啊！这可怎么办啊？

于是，我点开网站，搜索老妈最爱菜谱，映入眼帘的是琳琅满目的教学视频，我随机点开一个，跟着教程我开始在厨房里准备食材。

“第一步，下一碗水”等等，多大的碗啊？“待所有食材下锅后，下一勺盐……”等等，多大的勺啊？“接下来就可以出锅啦！哇，看起来真美味！”视频里的教学老师感叹道。

我低头看着自己做的，似乎与视频里的毫不相干。我小心翼翼地将这碗菜以及一碗米饭端到老妈房间的小桌子上，郑重地敲了敲门说：“上菜啦！”

我焦急地等待老妈的反馈，此时的我越是听到碗筷碰撞的声音，心越是紧张。终于，老妈说道：“宝贝呀，你做的干炒牛肉真是太好吃啦！”我沉默了半晌，说：“但是我做的是水煮牛肉。”

“啊，对，妈妈没尝出来，哈哈。”妈妈尴尬地笑了笑，我以为她是嫌弃我做得太难吃了，心情莫名有些低落，打开手机，惊讶地看到老妈在社交平台发布的动态，配图是我做的干炒牛肉，还配上了一段话：“暖心的宝贝（爱心）”

我一边气恼她打趣我的行为，一边因为这盘菜传递的爱意而心生温暖。

后记

我们常常在盲目仓促的生活中遗忘身边重要的人，爸爸妈妈为我付出了很多，在他们需要我照顾的时候，一定要尽心尽力地好好孝敬他们，勿等后悔之时，才知道我们的重要。

父母感言

我最亲爱的孩子，我们为你的每一次进步感到惊喜和感动。你已经懂得了什么是责任，什么是担当与实干，这不仅是你的骄傲，更是妈妈的骄傲，希望你今后再接再厉，更上一层楼。（爸爸：庄东松）

教师赏评

作者选用了我们身边的一个典型素材，主要讲述了在妈妈生病的时候自己为她做水煮牛肉的一件事情，语言生动、诙谐、幽默。通过这件事的描写，让我们看见了家庭中的温馨，尤其是通过对“我”的心理描写，凸显了这件事情对“我”的特殊性和独特性。动作描写呼应了主题，结尾处，妈妈朋友圈的一句话更是点亮了整篇文章，将情感推向高潮，令人回味无穷。

让读者不仅联想到：母亲不仅是一个默默无闻甘愿付出的人，更是一个

无条件支持我们的人，余味绵长，令人深思、感慨。（指导教师：黄镟璇）

学会做事（在你的生活中是否也遇到过相同或相似的事，感觉如何？写下来。）______________________________

____

____

____

乐于奉献，唤醒关爱

在日常生活中，经常有人感叹人与人之间关系的复杂，那是因为他（她）没有真正地把握人与人之间关系的本质。“人”字的结构就是相互支撑，只要生活中我们能够做到多一些理解，少一点埋怨；多一点实干，少一点空想；多一些真诚，少一点虚伪；多一些真诚，少一点计较；多一些协作，少一点私欲；多一些公德，少一点观望；多一些奉献，少一点获取。人际关系就一定能处理得很好。

经过多年的研究表明：勇于奉献和关爱对个人和社会都有积极的影响。具体表现在以下几个方面。

1. 对个人的心理健康和幸福感有积极的影响

经常参与志愿者活动的人比那些不参与的人更快乐、更满足。对个人的心理健康和幸福感有积极的影响。

2. 对社会的和谐稳定有积极的影响

乐于奉献对社会的和谐稳定有积极的影响，可以减少犯罪率、提高社会和谐度等。

3. 对个人的社会关系也有积极的影响

经常参与志愿者活动的人比那些不参与的人更有可能建立良好的人际关系。

4. 对个人的成长和发展也有积极的影响

通过参与志愿者活动，人们可以学习新的技能、拓展人际关系、提高自信心，这样对个人的成长和发展有着积极的影响。

“人”字的内涵

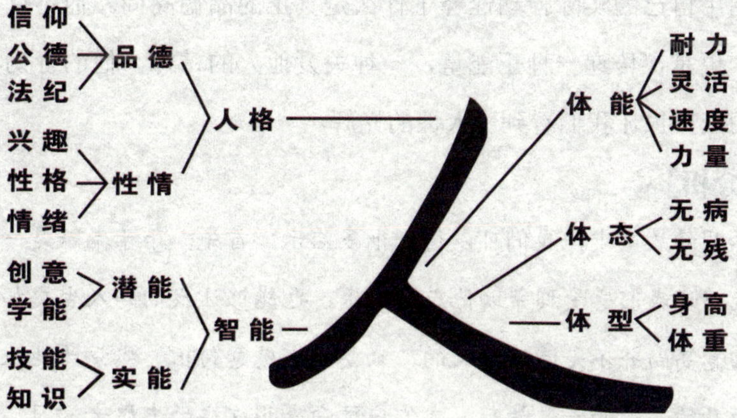

做有“真人”需要有良好的品德，对万物有浓厚的兴趣；温顺的性格，稳定的情绪；有创意、有学识，掌握一定的知识与技能，更重要的是保证有健康的身体。

【案例】

乐于奉献，品德高尚

——记一位无私奉献的志愿者

在我们的社会中，总有一些人，他们默默无闻地付出，用自己的行动诠释着乐于奉献、品德高尚的真谛。他们不求回报，只为他人着想，他们的存在如同一盏明灯，照亮了我们前行的道路。

李明是一位普通的上班族，在业余时间，他却将大部分精力都投入了志愿服务中。无论是帮助孤寡老人做家务，还是为贫困地区的孩子们筹集学习用品，他总是冲在最前面。他的身影经常出现在各种公益活动现场，他的笑容和热情感染着每一个人。

那是一个寒冷的冬天，李明得知一个偏远的山村里有一群孩子因为家境贫寒而面临辍学的困境。他毫不犹豫地组织了一次募捐活动，并亲自前往山村，将募集到的资金和物资送到了孩子们的手中。当看到孩子们收到新书包、新文具时那灿烂的笑容，李明的眼中闪烁着满足和欣慰的光芒。

李明用自己的实际行动诠释了什么是真正的品德高尚。他不仅是在做一件好事，更是在传递一种正能量，一种关爱他人的精神。他的行为不仅影响了周围的人，也让我们看到了人性的光辉。

【共同分析】

从李明的故事中，我们可以得到很多启示。首先，乐于奉献是一种美德，它不仅能够让我们感受到帮助他人的快乐，也能够让我们的人生更加有意义。其次，品德高尚并不是遥不可及的，只要我们愿意付出，愿意为他人着想，就能够成为品德高尚的人。最后，我们应该向李明这样的志愿者学习，用自己的行动去传递正能量，去关爱他人，让我们的社会变得更加美好。在我们的生活中，像李明这样乐于奉献、品德高尚的人很多。他们或许并不起眼，但他们的存在却让我们的社会变得更加温暖、更加美好。我们要向他们学习，用自己的行动去践行乐于奉献、品德高尚的精神，为我们的社会贡献自己的力量。

拓展阅读

读书增加了我的自信

北京市第十七中学初一（2）班　黄思雨

俗话说："书中自有黄金屋，书中自有颜如玉。"读书使人的灵魂升华，让人陶醉，还使我变得自信。

我手捧《简·爱》正读得津津有味。突然，有人拍了一下我的肩膀。我抬头一看，原来是语文老师。"思雨，你上次的演讲稿写得不错，这次演讲比赛就你来吧！"老师笑着对我说道。

"啊——我？"我的心里犹如晴天霹雳，我低头看看自己的虎背熊腰，又想着自己从小一跟陌生人说话就脸红，赶紧推辞道："我不行的……""为什么不行？"老师打断我，"要有自信，没做过怎么就知道自己不行？"老师说完就离开了。空荡荡的走廊里，只剩下我呆若木鸡地站着，想着台下那几百双眼睛一同注视着我，我的腿就不自觉地打战，顿时有些欲哭无泪。

放学的路上，我低着头慢慢地走着，看着初春刚萌生的嫩芽，我不禁仰天长叹："我真的做不到啊！""嘿，干吗呢？对了，告诉你一个好消息，你在这次作文竞赛中获奖了，别忘了请客。"突如其来的报喜让我的思路一断："啊？噢——""真羡慕你啊，作文老是那么好！"朋友一脸羡慕的表情伴着一阵带有淡淡花香的春风将我心中的抑郁稍稍吹淡了一些，心中轻松了许多，好像演讲对我来说也没那么难了。

第二天的课间，我正坐在座位上看书，一旁却传来了几个同学的争论声，也许是注意到了我，同学递来一张纸："你能帮我看看吗？这是谁的诗？"我低头一看就说道："'天生我材必有用，千金散尽还复来'出自李白的《将进酒》；'长风破浪会有时，直挂云帆济沧海'这句也是李白的，出自《行路难》。""不愧是你啊，上面这句'腹有诗书气自华'真是和你太搭了。"

同学们在一旁赞叹不已，我却在一旁思考着。我？一个外表无奇又胆怯的普通人也会被赞扬？我想起了昨天自己那副愁眉苦脸的样子，一切像走马灯一样在我脑海中回放。看着手中那本《简·爱》，我如梦初醒一般，"我是贫穷的、卑微的、不美丽的，但当我们的灵魂走进坟墓时，我们是一样的。"

自信，我需要给自己自信，而读书让我变得自信。我泛起微笑，那是一种凤凰涅槃、浴火重生的喜悦。我相信自己能成功地完成演讲。

到了比赛的那一天，我看着台下那几百双眼睛，深深地吸了一口气。"大家好，我是来自初一（2）班的黄思雨……"我的声音坚定、有力，甚至慷慨激昂。

在我演讲完成的那一刻，台下爆发出雷鸣般的掌声。我的心被一缕名为"自信"的春风吹拂着，昔日的自卑与胆怯不见了踪影，留下的只有自信和勇气，而这都是读书带给我的。

后记

通过读书我真正明白了“行为孕育性格”的含义。以后我仍然会好好读书，更加自信，面对未来，微笑出发！也正是因为“读书”这个好的行为习惯，我才变得自信。我以后要延续这个好习惯。

父母感言

孩子比较内向，害怕在人前展示自己。但是从小在爷爷的影响下爱看书，也正是因为“读书”这个好的行为习惯，她才能改变自己的性格，从自卑到自信，才能成就自己，有诗书气自华。（妈妈：苏爱红）

教师赏评

行为变成习惯，习惯养成性格，性格决定命运。作者通过自己的亲身经历给我们诠释了这句话的含义。文章如行云流水，开头直接点明“读书这一行为习惯让她自信”这一中心。文中巧妙运用语言、动作、神态、心理活动等描写，细腻而生动地刻画了作者从自卑到自信的转变，内容充实，文笔生动。结尾扣题，强调“行为孕育性格”这一主题。（指导教师：郑　旭）

学会做事（在你的生活中是否也遇到过相同或相似的事，感觉如何？写下来。）____

____

____

在麦浪飘香中成长

广东省深圳市罗湖外语实验学校初二（9）班　王雨欣

小时候，祖父去麦田里收割麦子，而我屁颠屁颠地跟在他身后，如同一只跟屁虫。

那时我会躺在金黄的麦田里，任思绪漫散。麦田另一边，祖父正辛苦劳作，他黝黑的脸庞上覆满汗水。

这次回乡，当看到祖父又拿起镰刀收割麦子时，我也想去试一试。于是，我如从前一般跟在祖父的后面，祖父细细地教着我割麦子的动作，并耐心地嘱咐。

“雨欣，小心点儿，别伤着了，一步一步来。”“好！”我模仿着祖父的样子，头戴草帽，右手拿镰刀弯着腰，面朝黄土背朝天，左手攥着麦穗，割完一刀往前一勾，勾住前面的麦子又割，左手拿不了就放在身后，又继续割。或许是因为第一次尝试，所以，我割得很慢，不过才一会儿，心就急躁了起来，想更快一些。渐渐地，麦穗歪七杂八地割下，随意躺在地上。我抹了抹汗水，刚想停下来歇息，转眼却看见祖父依然认真的样子，且对这样枯燥乏味的活儿毫无怨言。

我愣住了，懊悔地低下了头，想了想，为什么祖父能坚持我却不能呢？我慢慢调整了心态，回到了初始时的状态，一步一步耐心地将麦穗整齐地扎好。

锋利的麦芒在我的手上留下了粗糙的痕迹，我却仍然不停手上的动作，照着祖父说的，慢慢地割着麦子，始终守着初心，不急不躁。

待傍晚余霞散尽，地上的麦穗堆积成了一座又一座的小山。我将地上收拾干净，并用担子扛起了一捆捆扎紧的麦穗，似是有些重，沉甸甸的，我的步子也慢了下来，但是一想到这是我亲手割的麦子，心中便油然而生一种自豪感，因为我学会了坚持。

一茬一茬的麦子在生长，一如生命，永远崭新，永远热烈，守着初心，在岁月的长河中绵延。我不仅学会了割麦子，也懂得了坚守自己所热爱的，认真对待每一件值得的事物，只有这样才能真正的拥有价值。每一个宏伟目标的实现，都需要坚持作为基石。

后记

每一种优良品格的形成，都需要日复一日的坚持。在人生的道路上驰骋，我们需要将坚持的精神深深地镌刻进我们的血脉里，在每一个想懈怠的瞬间选择继续努力，在每一个想放弃的瞬间选择继续前行，在每一个想怀疑的瞬间选择笃信。

父母感言

人只有葆有内心的一份淡静从容，才能宠辱不惊。在挫折面前，孩子能及时改变态度，遵从本心，去对待每一件事。学会割麦这件事，既锻炼了她的身体，又发扬了实干精神，体验了劳动创造幸福的意义，培养了动手能力。（妈妈：顾建芳）

教师赏评

作者写了自己幼时看祖父在麦田中劳作，长大后模仿祖父尝试割麦的美好回忆。整篇文章语言朴实，既贴近生活又不失美感，运用语言描写和动作描写，生动形象地写出了收割麦子时的辛苦，情感表达细腻，感染力强，文章内容层层叠进，写出了作者收麦子时的心情变化，体现了劳作的不易，更体现了认真的重要性，作者懂得了一步一步来才是最好的节奏的道理。（指导教师：黄镟璇）

学会做事（在你的生活中是否也遇到过相同或相似的事，感觉如何？写下来。）________________

____

____

做家务，从洗碗开始

广东省深圳市罗湖外语实验学校初二（9）班　刘姝言

今年寒假，饭后收拾家务这一大重任落到了我、堂姐和表弟三人身上。两桌人，十几道菜，着实让我这只是偶尔洗过几次碗的人犯难？我耷拉着脸，噘着嘴，皱着眉，看着满是油渍的筷碗盆盘，不知从何下手。

看看堂姐和表弟，风轻云淡、动作娴熟的模样，我不情不愿地拿起碗，偷瞥着表姐的动作，学着先将碗中的食物残渣倒入一个盆里，再将碗按由大到小的顺序，运到水槽中。手上油腻感很顽强，碗碰撞得“叮当”响。接着，我在锅中放满水，小心翼翼地挤些洗洁精在水中，拿上毛巾，生疏地开始从碗心至碗边再至外表，慢慢地擦着一个个瓷碗。

没多久，一直前倾着身子洗碗的我便开始腰酸了，手早已在泡沫中泡出皱纹，真难受！

就在这时，表弟的声音响起："表姐，我们去玩了哈！"表弟的活已经干完了，听到此，我不禁有点儿羡慕，微有些失神，"呼"！手中的碗不小心滑落！

我赶紧拉回思绪，不敢再分神了，努力让自己的心情平静下来，使它渐渐凝成一摊平静的清水。

时间走得静悄悄，但速度不慢，恍然间，随着最后一个碗的冲洗结束，一丝轻松感与满足感涌上心头。

此后的每一餐都由我们负责饭后清洁。不知从何时起，我开始主动站起来收拾碗筷，更不知从何时起，我总是充满干劲儿做完每一件事。或许是因为当初心中的清水吧，太过难忘，太过平静。

"不积跬步，无以至千里"，做事，从洗碗开始！开始勤劳动，扫去惰性；开始不焦躁，沉稳用心；开始让心，蓄成一池清水，汇至汪洋前程！

洗碗是一件十分普通的小事，我认为对于一个正在接受劳动教育的学生来说，应该经常做。人是有惰性的，之前我就很喜欢以学习为借口，推脱收拾房间等劳务。但是在这个寒假，我做到了坚持每天做家务，做着做着，就发现自己已经习惯了劳动，也真正明白了道法书上所说的"我们的所有辉煌，都是由劳动创造的"的道理。

整个过程给我的体会很奇妙，或许是因为那些只能出现在作文中的经典情节——单单通过一件小事便养成劳动习惯，突然发生在自己的身上，就感到很惊讶。

同时也从中体悟到了，要静下心来，认真对待每一件事并全心全意地做好它，才能体会到这件事情的真谛。而成长正在缓缓地沉淀自己的性情，尘埃落下，方能获得一池清水，这才是一个人在决定追逐梦想后，面对漫漫遥途之前，要养成的一个品性。

后记

如果劳动，就要认真完成劳动中的每一个细节，学习也一样。我相信，只有坚持不懈，日积月累，才能真正领悟到做人的深度。

父母感言

对孩子不能一味宠爱，应该放手让他们飞翔，磨砺意志，鼓励他们展现自己的风采，使他们在面对飓风时，能够迎难而上、逆风而行，而不是一味退缩。身为父母我们会在他们迷茫时给予帮助。这次孩子仅通过洗碗一事便有如此感悟，理解了生活中的处事不惊，做事镇定自若的境界，感觉孩子在成长，渐渐成熟，我们都很欣慰。（爸爸：刘 军）

教师赏评

小作者用简朴优雅的语言告诉读者劳动的重要性与乐趣性，引人入胜。作者运用自身的经历，提醒我们要将热爱劳动的精神投入日常学习中，扫除惰性，在成长道路上勇闯直前，坚持不懈。另外，小作者激昂的语言，也激起我们对劳动的渴望。（指导教师：黄镟璇）

学会做事（在你的生活中是否也遇到过相同或相似的事，感觉如何？写下来。）______________________________

____

____

我的意志在插秧中磨炼

广东省深圳市罗湖外语试验学校初二（9）班 张雯蓓

放假了，我回了趟老家。一路上走过一块又一块稻田，农民伯伯正在稻田里忙着插秧。

在家乡的田野里，当我正在迷恋着田野看得入神的时候，爷爷奶奶下田来了。

我学着爷爷的样子，卷起裤脚，脱下鞋子下到水里。刚一下去就感觉水很凉，插起秧来便可感到一丝丝的暖意，稻田里软软的泥在我脚趾中滑动，那种感觉好神奇啊！

我抬起脚向前跨了一步。谁知前面有一个坑，我的一只脚恰好陷了下去。我花了九牛二虎之力把脚拔出来，伸出来一看全是泥。我深一脚浅一脚地来到爷爷面前，他给我做示范：两腿叉开半蹲，左手拿秧，右手从中取出两三根秧苗，插入泥里。嘿！ 原来这么简单。

我连忙对爷爷说：“爷爷，我想在你后面种，你留一段田地给我！”爷爷答应了。我拍拍胸脯说：“您放心吧，我一定会好好种的。”爷爷听了，便向后走，隔了一段距离继续插秧。

我从旁边拿来一捆稻秧，紧攥在左手里，学着爷爷的样子，两腿叉开，半蹲，然后右手从左手里拿出三根秧苗，插在了泥里，谁知太用力了，“嗵”的一声，水溅在了我脸上。这时，我感到腿上有点儿痒，用手一摸，软软的，滑滑的。这是什么东西？我心里挺纳闷，便把脚抬了起来。唉呀！一只蚂蟥！蚂蟥小水滴一样暗绿色的身体， 上面有五条黑黄相间的坚条纹，牢牢地吸在我的腿上，我慌忙地把它弄下去，甩得远远的，我的腿上渗出一点点鲜红的血，我简单处理一下，又继续插秧。

虽然我只插了八九捆稻秧，也没有那么完美，但此时的我，已是汗流浃背。这回我算是尝到了“汗滴禾下土”的滋味了。

后记

经过一阵的练习，我跟着爷爷奶奶插秧插得也越来越好了，我体会到了他们的辛苦，以后我会体谅爷爷奶奶，替他们分担辛苦。

父母感言

孩子，看到你的成长我感到很高兴，学会了如何劳动，学会了分担家里的事情，希望你以后也能继续加油，帮助爷爷奶奶，孝敬爷爷奶奶，感恩他们。（妈妈：陆素娜）

教师赏评

整篇文章题材新颖，结构清晰流畅，叙述了作者跟着爷爷学会了插秧

的故事，也让作者明白了爷爷奶奶工作的辛苦。文章内容丰富，值得品味。（指导教师：黄镟璇）

学会做事（在你的生活中是否也遇到过相同或相似的事，感觉如何？写下来。）

第一次做小龙虾

重庆市酉阳土家族苗族自治县民族小学五年（1）班　罗佳雪

吃小龙虾的季节到了，一到周末，我就嚷嚷着让妈妈做小龙虾。

妈妈被我缠得没办法，只好答应说："可以，不过买和烧可都是你一个人干哟！"我想，这有啥难的，就十分爽快地答应了下来。

第二天，我独自来到菜市场，很快找到了一个卖小龙虾的摊位。小龙虾正挥舞着它们的大钳子，犹如一个个威风凛凛的"铠甲战士"。我赶紧拿来一个篮子，准备挑选小龙虾，可刚一伸手，龙虾就挥了挥它的大钳子向我示威，我不敢靠近了。怎么办？到底买不买呢？正当犹豫时，我发现身边的阿姨用手抓住小龙虾的尾巴，这样手就不会被夹到了。于是我按照阿姨的方法抓了许多小龙虾。

回家后，我把小龙虾放入洗菜盆中，加入清水，再放入适量的食用盐、白醋、小苏打、白酒，然后用筷子搅拌，对小龙虾进行杀菌去污。

大约 20 分钟后，我用刷子一只一只地刷洗，清除虾壳和虾肚上残留的污泥。让我意想不到的是，小龙虾几经周折，尾巴却还能有力地甩动着，仿佛在卖弄舞姿，于是我刷得更加卖力了。

洗刷完毕，我开始对它们进行"截肢手术"——剪去它们的头、钳子和脚。最后我用手指轻轻捏住虾尾最末端的鳞片，往下一折，轻轻一拉，这样就把虾线抽出来了，动作一气呵成。我可是有备而来的，提前从网上看了很多处理小龙虾的视频教程呢！

小龙虾处理干净后，就开始炒了。我对照着食谱上的步骤，先往锅里倒点油、烧开，撒上去腥的姜片和葱段。结果佐料刚一入锅，就发出一阵“嗞——”的声音，把我吓了一大跳。还没等我反应过来，一颗小油珠溅到了我的脸上，痛得我惨叫一声，立马逃开了。可小龙虾还得吃啊！为了避免那热油再次溅到脸上，我便一手拿着锅盖挡着，一手把龙虾倒入锅里。

“喇——”这次的声音更大了，我被吓得连连后退。我赶紧找来锅铲在锅里翻炒几下，然后倒上适量的水后立马盖上锅盖焖煮。焖了一会儿，我小心地揭开锅盖，把盐、料酒和小龙虾专用配料倒入锅里。渐渐的，我不再害怕了，把锅盖放下，大胆地翻炒起来。不一会儿，香喷喷的小龙虾就起锅了。

看着又红又亮的小龙虾蜷成一个个球，“趴”在鲜香的汤汁里，一种从未有过的成就感涌上心头。但想着从买虾到炒虾的经历，我明白了劳动的艰辛和父母的不易。于是我端着刚出锅的小龙虾让爸爸妈妈先品尝，他们看着盘中热气腾腾的小龙虾，眼中都充满了惊讶与欣喜，对我赞不绝口。

听着爸爸妈妈的赞美，吃着自己第一次亲手做的小龙虾，我感觉比以前任何时候吃过的小龙虾都要香。

后记

第一次亲手做的小龙虾，感觉比以前任何时候吃的小龙虾都要香，因为其中凝聚了我的辛苦和汗水。自己做小龙虾不仅锻炼了我的动手能力，还充实了我的暑假生活，也让我体验到了爸爸妈妈的辛苦！

父母感言

一个人只有经历过了，才会懂得生活并不是你所想象的那么容易、简单。希望年少的你，在不断尝试中体验生活，感悟百味人生。随着好习惯种子的不停播撒，孩子已经开始收获良好品格的丰硕果实。（妈妈：田 艳）

教师赏评

小作者制作小龙虾的过程叙述得非常流畅，人物动作描写得真实动人，画面感极强，事物变化微妙，真实有趣，入情入理。文笔细腻，行文流畅，

给人以身临其境的感觉。（指导教师：田月平）

学会做事（在你的生活中是否也遇到过相同或相似的事，感觉如何？写下来。）

本篇复盘

◎ 小问题

思考下面的问题，帮助你理解培养健康良好性格的必要性。

1. 你认为行为对性格的形成有什么影响？
2. 健康良好的性格，从行为开始培养的意义是什么？
3. 养成健康良好的性格首先要做到什么？
4. 培养健康良好的性格有哪些要注意的环节？
5. 你认为学校和家庭应如何配合培养青少年健康良好的性格呢？
6. 为什么说“爱满天下”是“人际和谐的根、战胜困难的神”？

◎ 信息反馈

在日常生活中时时处处都需要和谐相处，你面对这些问题是怎么解决的？你身边的人又是怎么处理的？请将看到的或者自己亲身经历的事，写一篇 500 ～ 800 字的短文，扫描微信公众号二维码传上去。

陶行知学院
微信公众号

Part6

尊重与情商篇

篇前小叙

本篇是以“陶行知生活教育系列丛书”中的《尊重与情商》为蓝本，由北京师范大学珠海校区（原分校）北京理工大学珠海校区（原学院）和暨南大学珠海校区等18名教授、副教授深入居民社区、充分了解家庭教育中存在的现实问题的情况下开展的“大学教授谈家庭教育”活动而形成，教授们在讲座中启示父母：要提升孩子的情商，就要从尊重孩子开始。父母要尊重孩子的隐私，孩子懂得尊重和宽容，才会感恩，情商来自尊重，孩子受尊重，情商才会逐步提升。拥有爱心，就有了求知求美的动力。恶作剧会“惹祸”，父母要及时引导孩子改正错误。要及时消除孩子的恐惧心理。孩子懂得感恩，才会茁壮成长。父母受到启发后，转变了家庭教育观念，不仅尊重孩子，修正了父母与孩子相处方式的不足，并促使孩子情商不断地提升。在这个过程中，孩子记录了生活中发生的小事，从而形成了一篇篇生动感人的小作文。

名师导航

陶行知说：

- 真教育是心心相印的活动，唯独从心里发出来的，才能打到心的深处。
- 我们要活的书，不要死的书；要真的书，不要假的书；要动的书，不要静的书；要用的书，不要读的书。总体来说，我们要以生活为中心的教学做指导，不要以文字为中心的教科书。

杜威说：

- 教育者必须首先尊重每一个受教育者的个性、兴趣、需求和能力。这种尊重不仅是对个体价值的认可，更是对教育过程的认真态度。当教育者尊重受教育者时，他们更容易激发学习者的积极性和创造力，从而培养出独立思考、勇于探索的个体。
- 一个懂得尊重他人的人，往往也具有较高的情商。因为他们能够理解他人的感受和需求，尊重他人的差异和个性，从而在人际交往中展现出同理心和包容心。

胡适说：

- 尊重他人，尊重自己，尊重知识，尊重事实，这是每个人都应秉持的基本原则。
- 人必自侮，然后人侮之。
- 与人交，推其长者，讳其短者，故能久也。
- 君子和而不同，小人同而不和。

蔡元培说：

- 人之所以为人者，在能尊重他人。
- 教育之目的，在使受教育者具有完全之人格，而非仅供知识之灌输。
- 在教育中要注重情商的培养，让学生具备尊重他人、理解他人的能力，从而更好地适应社会、贡献社会。

导师简介

侯 健

北京师范大学珠海校区（原分校）教授，博士生导师，承担高等代数、空间解析几何、高等几何、微积分、高等数学、线性代数、概率统计等多门核心课程的教学。1993 年至今研究模糊控制与人工智能。发表论文 20 余篇，其中 4 篇被 EI 收录，另有 1 篇获得了第六届中国科协期刊优秀学术论文三等奖；出版专著和教材各 1 部；主持和参与国家级、省部级和校级项目共 5 项。参与“陶行知生活教育系列丛书”共 10 册的编写。

张北常

现任深圳市罗湖外语实验学校党总支书记。长期扎根在教育工作的第一线，历任年级组长、教务主任、德育主任、副校长和校长。在学校管理、教科研学等方面有着丰富的经验。曾荣获“深圳市优秀教师”“深圳市先进教育工作者”“全国教育科学规划教育部规划课题年度科研先进个人”等称号。在罗湖外语实验学校践行“各美其美，美人之美”的办学理念，锻造了“美育教育”品牌，迅速成为罗湖区优质学校。

本篇主题：让尊重提升孩子的情商

本篇要点：

本篇从“父母要尊重孩子的隐私”讲起，列举了生活中大量的“尊重使人情商提升”的相关案例，讲师们结合培养自己孩子的经验，导出“情绪与情商的培养”“孩子情绪不佳的疗法”“如何保护好孩子的隐私”“要尊重孩子之间的友情”“正确面对孩子的感情生活”等育儿成才的经验，启示父母：要善于发现和培养孩子的个性，在家庭教育中要做到尊重个性，培养爱好与特长；用爱的情感感染孩子，不断激发孩子对生活的兴趣；要不断鼓励孩子发挥特长以及如何保持积极的心态等。

陶行知经典故事

主动向小学生认错

1932年，国民党反动派查封了南京晓庄师范学校，师范附属小学也被迫停课。师范附小的同学们自发办起了“儿童自动学校”，由学习好的学生当老师，连校长、工友也由学生担任。

虽然时局动乱，但整个学校依然秩序井然，书声琅琅。

消息传出，陶行知写了一首诗称赞说：“有个学校真奇怪，大孩自动教小孩；七十二行皆先生，先生不在学生在。”受到赞扬，同学们都很高兴。

有个年仅八九岁的小同学找到陶行知，毫不客气地提意见：“照先生的写法，我们学校算不上‘真奇怪’。”陶行知一惊，和颜悦色地问：“小朋友，你只管说，我的诗错在哪里呀？”那孩子指着第二行说：“小孩就不能教大孩吗？我们学校里，就有年龄小成绩好做大龄同学老师的同学。要是像先生写的只是‘大孩自动教小孩’，有什么‘真奇怪？’”。

“说得对，说得对。”陶行知诚恳地认错检讨说：“小朋友，非常感谢你的指正，我马上就改。”

说完，陶行知把“大”字改作“小”字，成了“小孩自动教小孩”。然后又问：“这样改行不行？”小孩咧嘴笑了：“先生改得真快真好！”

【共同分析】

陶行知主动向小学生认错的故事，注重了尊重和理解学生，注重了正面激励和引导学生，注重了以身作则和有错就改。为学生们树立了榜样，对于促进学生的全面发展和提高教育质量具有重要的指导意义。

生活中要充满自信

每个人都想活出自己的价值、自我的风采，保持自我的本色，在生活的管弦乐中演奏出自己的乐曲，实现自己的成功。因此，只有鼓励自己，相信自己，依靠自己，才能撑起自己头顶上的一片天，才能获得比梦想更多的成就。

自信是成功的基础，没有自信，就没有成功。

什么是成功呢？是不是只有“名人”“业绩显著者”“学习成绩优秀者”才能成功呢？答案是否定的。因为在每个人的生活经历中都有成功的记录。比如，“第一次学会做饭”“第一次独立生活”“第一次因进步受到老师的表扬”“第一次在某项比赛中获得好名次”等等。成功的生活经历，会给我们带来无比的喜悦，这就是我们人生前进的动力，使我们更加自信。

在人生道路上，自信作为一种重要的心理素质，对于个人成功起到了至关重要的作用。无数成功人士的经历都证明了这一点。

首先，自信能够激发个人的潜能。在面对困难和挑战时，自信能够让我们更加坚定地追求目标，不畏艰难险阻。

其次，自信能够提升个人的竞争力。在竞争激烈的现代社会中，拥有自信的人往往能够更好地展示自己的才华和能力，从而脱颖而出。

最后，自信能够促进个人的成长和发展。一个自信的人往往能够更加积极地面对生活中的挑战和机遇，从而不断学习和进步。

【案例】

王晓红从小就表现出对学习的浓厚兴趣，成绩一直名列前茅。在高中时期，她面临了一次重大的挑战。由于家庭原因，她不得不转学。面对新的环境和激烈的竞争，王晓红一度感到迷茫和自卑。

然而，王晓红并没有因此而放弃。她深知，要想在新的环境中脱颖而出，必须依靠自己的努力。于是，她开始制订详细的学习计划，并付诸实践。他利用课余时间参加各种学科竞赛和社团活动，锻炼自己的能力和信心。在这个过程中，她逐渐找回了自信，成绩也有了显著的提升。

高考临近时，王晓红虽然面临着巨大的压力。但她并没有因此退缩。相反，她更加坚定了自己的信念，相信自己一定能够取得好成绩。最终，她凭借出色的成绩考入了国内一所知名大学。

【共同分析】

王晓红在转学后并没有因为环境的改变而气馁，反而更加努力地学习，最终取得了优异的成绩。她通过参加各种学科竞赛和社团活动，不仅锻炼了自己的能力，还提升了自信心，为高考的成功打下了坚实的基础。在高考前她坚定信念，相信自己能够取得好成绩，这种自信也让他在之后的学习和生活中更加勇敢地迎接挑战，实现了自我价值的不断提升。

自信可以激发潜能、提升竞争力和促进成长。因此，我们应该在日常生活和学习中注重培养自己的自信心，相信自己的能力和潜力，勇往直前地追求自己的梦想和目标。

拓展阅读

表现在飞盘游戏中的尊重

北京市第十七中学初一（1）班　王梓睿

尊重是一朵花，装点着我的生活；尊重是一面镜子，映照着我的人生路。在我的生活中，有件事让我至今记忆犹新，因为它让我学会了尊重他人，让我提高了情商。

“再正一点，再正一点……”我纠正着大鹏的姿势。“哎呀，怎么又飞偏了，你能不能动动脑子呀！”大鹏在扔飞盘游戏中一次又一次地飞偏让我不耐烦起来。只见大鹏的脸憋得像块红布似的，泪水在眼眶内打转，嘴张了一下，仿佛要说什么，但终于还是没有说出来。只见他突然捡起飞盘向家的方向跑去。

“什么人呀！约我玩飞盘，说两句就跑了！”我一进门就向妈妈抱怨着。“怎么回事？”妈妈诧异地问道。我气愤地向妈妈说了事情的经过。我话音刚落，只见妈妈拿起滑板说道：“没事，我陪你去玩滑板！”我心想：“我刚学会滑板，妈妈陪我练练也挺好！”于是我高兴地接过滑板和妈妈来到了小广场。由于还不熟练，我刚一上滑板就重心不稳，狼狈地摔倒在地上。

妈妈突然大笑起来：“哎呦，我儿子滑板怎么这么菜啊，真是太丢人了！”听完妈妈说的话，我感觉脸上火辣辣的。“妈妈！我刚学会！这不公平！”我委屈地大声冲妈妈喊道。只见妈妈正色地说：“孩子，你现在能理解大鹏为什么跑了吗？”我愣了愣，低下头。我意识到了自己的错误，原来不被尊重这么痛苦。

我来到大鹏家，为自己对他的不尊重而郑重地道歉，我的声音传达了我内心的诚意和愧疚。可是他却没有为此生气，反而说道：“没事的，我们都是朋友！而且我抛下你跑了也是不尊重你，我也应该向你道歉。”随后，我们再次下楼玩起来。大鹏的技术还是没有提升，但是我很耐心地指导他：“拿飞盘的手一定要稳，出手的时候注意甩臂抖腕，出手的瞬间要加大速度……对！这次好多了，加油！”我一次次地鼓励着他，他的笑容也越来越灿烂。终于，在我们的不懈努力下，他的飞盘技术越来越好。

这件事过去很久了，但仍让我记忆犹新。这不仅是一场飞盘游戏，它更让我学会了尊重，培养了情商。正如孟子曰：“爱人者，人恒爱之；敬人者，人恒敬之。”

后记

尊重是一种美德。作为青少年，作为一名学生，我们应该发扬这种美德。

我相信有了尊重，友谊会更加浓厚，情感会更加真诚。

此后，飞盘成为我们的最爱，他每次都会带着飞盘找我玩儿，我们的友谊在互相尊重中更上一层楼。

父母感言

为人处世是一门大学问，生活即教育，孩子在游戏的过程中体会到与人交往必须互相尊重的道理，这是一个不小的进步。希望孩子能在未来的生活中继续步履不停，铿锵前行。（爸爸：王学保）

教师赏评

尊重他人是情商提升的基础。作者在和朋友玩飞盘的过程中，学会了尊重他人，提升了情商。文章开门见山，直接点题。全文描写细致，作者在妈妈的点化下明白了换位思考，尊重他人。接着作者找到朋友，用实际行动表现出对朋友的尊重，入情入理。文章运用语言、动作、神态、心理等描写手法，文笔细腻，行文流畅。结尾引用孟子的话，再次强调了尊重他人的重要意义，并倡导青少年发扬这种美德。（指导教师：郑 旭）

学会做事（在你的生活中是否也遇到过相同或相似的事，感觉如何？写下来。）

一碗板面，一份乡情

安徽省阜阳市太和县曙光学校七年级学生　高圣骅

“太和板面吃的就是面劲道、汤鲜辣、菜青脆。”我一边摔着板面，一边向围观的父母评委讲解着，“这一碗板面，寄托着太和人的乡愁。余光中的乡愁是一枚邮票、一张船票、一湾海峡，太和人的乡愁就是一碗板面……”

上周日，我们在学校食堂举行了“厨艺秀”活动。我做的就是板面。

进入食堂操作间，我先在锅中加入适量的清水，用来煮面。再把炸好的板面料放入另一口锅中加热，使羊油融化，板面料中的羊肉和辣椒混合的香味随着热气蒸腾起来。很快，香味吸引来了一大批父母评委。我开始向父母评委介绍这独一无二的太和味道，嘴上说着，手也没闲着，拿出提前备好的面剂子开始摔板面。

面剂子是小圆柱体形状，用高筋面粉制成，大概有一根手指粗细，长度也与手指相仿。我把面剂子6个一组摆放整齐，拿出小擀杖，上下擀几次，“手指”变成了“尺子”，然后我把它们依次叠放在一起，向外拉，同时上下摆动手臂，使面摔在案板上，这样的摔打可以使面更加劲道，这也是“板面”这个名字的由来。

“啪啪啪”，摔三两下后，面变得更长更薄了，再将它们对折，用小拇指勾住板面再摔几次，随着几声响亮的“啪啪啪”，一把像裤带一样的板面就摔制成功了，“啪啪啪”，在一旁观看的父母评委掌声四起。

“咕嘟咕嘟”，水已经烧开了，我把板面轻轻放入锅中，用筷子快速拨动面条，盖上锅盖。等到水再次沸腾的时候，把小青菜下入锅中。白色的面、绿色的菜在水中舞蹈着，等到水再次沸腾，捞出面条与青菜，盛进碗里，再在碗中加入大半碗面汤，用小勺子把鲜红油亮的板面料盛入碗中。如果觉得不够咸，不够辣，那么再加几勺板面料，捞上几根辣椒皮，再多放几勺羊肉。再加上一颗在板面料里卤出来的鸡蛋，一碗色香味俱佳的板面就做成了。

我小心翼翼地把做好的五碗白绿红搭配的板面端出后厨，摆上桌面，等待老师和父母评委的品尝和打分。班主任李老师点名要尝我的板面，吃了后甚至怀疑卤蛋是从板面馆买的。受邀而来的张校长在一众炒菜中看到了我那“鹤立鸡群”的板面，就说我们班的学生多才多艺，连太和本地美食都会做。吃了板面后更是赞不绝口。一位同学说他要尝尝，但他做了一个“全面调查”——把一碗板面都吃完了。父母评委们对板面的评价也很高，有的说我做的板面色香味俱佳；有的则不动声色，以“光盘行动”证明我做的板面是一道美味。

后记

板面，在外地人的眼中是太和的特色美食；但对太和人来说，板面，是烟火人间、温暖家乡的一种象征。我选择做板面，不仅是我对它感兴趣，更是因为作为一名土生土长的太和人，我对家乡味道的情有独钟。

我会做地道的太和板面，这让我感到无比自豪！

父母感言

一碗板面能让你从中学到这么多的知识，悟出这么多道理，这是我们当父母的万万没想到的。你爱学习、爱生活，会学习、懂生活，这让我们很欣慰。也希望你能做出更多、更美味的食物，爸爸妈妈永远支持你。（妈妈：付 娟）

教师赏评

做板面料、卤蛋、摔面，高圣骅同学在每个环节中都做得像模像样。这是对板面的热爱，也是对家乡的热爱。一碗板面，折射出了对家乡的深情厚爱。文章以小见大，窥一斑可见全豹，实属精品。（指导教师：邢慧莉）

学会做事（在你的生活中是否也遇到过相同或相似的事，感觉如何？写下来。）________________________________

____

____

生活中要学会尊重

广东省深圳市罗湖外语实验学校初三（12）班　文家羲

古人云：“爱人者，人恒爱之；敬人者；人恒敬之。”人世间，众生平等，生命需要彼此的尊重。原来的我，并不懂得尊重是什么。

在一次考试结束后，爸爸妈妈带我去爬梧桐山。

路上非常堵，车完全动不了。我和爸爸妈妈便坐在车上聊天。突然，我听见有人敲玻璃，我以为是幻听，没在意，过了一会儿，又有敲玻璃声，我回头一看，一个老人手里端着一个空空的看上去十分陈旧的铁碗，头上戴着一个破草帽，几块儿烂布料缝补在一起的衣服包着他瘦弱的身体，腋下夹着个木棍做拐杖，像麻秆一样的手正在敲打着玻璃，敢情是个乞讨者。由于关着玻璃，我听不清他在说什么，好像是“好心人，给点儿吃的吧，饿死人了。”我心想：我才不管呢，辛苦挣来的钱给了你，谁知道你是不是骗子呢。正想着，前面的车走了，爸爸也发动了车，车呼啸着从老人身边开过。

直到上了初中，在一次英语考试中我看到了一篇文章，文章的内容大概是这样的：有一个小男孩去宠物店买狗，老板把所有的狗都抱出来给他看，他发现有一只小瘸狗，便问老板那只小瘸狗多少钱，老板说：“这只小狗我可以送给你，它是一只瘸狗。”但贫穷的小男孩却坚持用和买其他狗同样的钱买小瘸狗。老板问他为什么，小男孩撩起裤腿，露出用钢管固定的腿说：“因为它和我一样，我们都是平等的，它也需要我们的尊重。”

读完这篇文章，我的眼眶湿润了，人与动物如此，人与人亦如此，我们都需要彼此的尊重。我不禁想起了那天的老人，当汽车从他身边呼啸而过时，他会怎么想？我尊重他了吗？想想他那空空的破碗，有人尊重他吗？我们为什么不能尊重他？我们都是一样的呀！

从那天起，我学会了尊重。尊重源于对他人境遇的同情共感，从而架起心与心之间的桥梁。从此，每次见到捡瓶子的老人，我都会主动往她的袋子里放一个空瓶子，我随手放进的一个空瓶子，对于她来说，都是珍贵的财富。“道虽迩，不行不至，事虽小，不为不成”，勿以恶小而为之，勿以善小而不为。从她的“谢谢，谢谢”中，我读到了人与人彼此尊重的可贵。

尊重别人也会给自己带来快乐，而这种快乐是通过人与人彼此尊重产生的，在尊重别人的同时，别人也尊重了自己，自己也尊重了自己。

人世间，众生都是平等的，学会尊重他人，你会快乐许多。人人都是一样的，没有谁比谁高贵，谁比谁卑贱之说，用一颗平常心，去尊重你身边的每一个人吧！

后记

通过这件小事我学会了尊重他人。在以后的生活里，无论是面对身边的陌生人，还是面对亲人朋友乃至小动物都应给予尊重地对待，尊重他人是一种修养，尊重他人的同时亦是尊重自己。

父母感言

能够让孩子在生活中学会尊重他人，是让我们十分欣慰的事情。在平日里，希望自己能为孩子做一个榜样。随着孩子慢慢长大，我们做父母的也希望孩子能够学会更多面对生活的方法，开心快乐地成长。（妈妈：郑 女）

教师赏评

在叙述时，作者将“尊重”巧妙嵌入，从爸爸开车路过初时的“要饭的”到尊拾荒老人，再到结尾处的点题，尊重点亮成长之路。（指导教师：石 栋）

学会做事（在你的生活中是否也遇到过相同或相似的事，感觉如何？写下来。）________________

____

____

仙人掌给我的启发

黑龙江省哈尔滨市虹桥中学初三（9）班 杨刘子易

有人喜欢华丽高贵的花，有人喜欢小草，而我却喜欢平淡无奇的仙人掌。它没有婀娜多姿的身段，没有扑鼻的香味，也没有华丽的衣裳，但是我对它却情有独钟。我家曾经养过一株仙人掌，刚买回来时它是绿油油的，全身长满了一簇簇棕色的刺，又短又密，很讨人喜欢。仙人掌很好养活，只需要隔三差五地浇浇水即可。所以，即使在我并不很细心的照料下，仙人掌还是欣欣向荣地长起来了。也没几个月，仙人掌就横七竖八地占据了整个花盆，为了限制它地生长，我用绳子缚住它的余枝旁节。

仙人掌也能开花，每逢夏季淡黄色的花不知什么时候就冒出来了，包裹着浓郁的清香，在翡翠色仙人掌映衬下，妙趣横生。有时浇完水，看着花儿在水珠的点缀下，熠熠生辉，可爱极了。

暑假，我和伙伴们一起参加夏令营，忘记托付妈妈给仙人掌浇水了。我回来后，连忙去看仙人掌——它已然是一副蔫蔫的样子，干瘪吓人。我连忙取来水浇灌，水花了很长时间才渗透已干裂的泥土中，但仙人掌仍然没有转变。我已经不抱什么希望了，心里难过极了。下午我再去看——绝了！仙人掌竟然活了过来！尽管还是有些干枯，但确实有了生机。我怀着欣喜和惊奇的心情，连忙给它浇了几大瓢水——这样仙人掌应该能好得更快吧！

过了一晚上，我怀着期待的心情再去看仙人掌。令我万分惊讶的是，仙人掌彻底死掉了，大量的水浸泡着它的根，它病恹恹的，无力地栽倒在湿土里，啊！是被水淹死了。

后来，我了解到，仙人掌极其耐旱，大旱后浇水一定要适量，不然它会因吸收不了过多的水分，缺少呼吸而溺死。我这时才明白，仙人掌喜欢干旱，不宜过度浇水。此时，我的心情久久不能平静，心想：击垮人们的往往不是困难，而是度过难关时，那些虚假“胜利”。

的确，回到我们的生活，每个人都能拥有极大的张力承受各种艰难困苦。往往摧毁人们的，却是那度过难关时的骄傲和大意。有人之所以能承受“胜利”果实的洗礼，是因为他们不骄不躁，始终如一，把“宠辱不惊”留到最后，是他们心静如水，一往直前。

前不久，我学习成绩有点下降，在不懈地努力下，终于有所提升。但我却开始骄傲，沾沾自喜，对学习也不再上心。谁知好景不长，成绩便一落千丈，我想，这就是“虚假”的胜利酿成的苦果吧！

后记

当我意识到自己的错误后，我懂得了一个道理：任何时候都不能因“虚假胜利”而粗心大意！生活、学习都要像仙人掌那样坚韧不拔，不畏危难险阻。

人的品德应该高于仙人掌，永远“宠辱不惊”地对待生活中的每一个瞬间。

父母感言

孩子一直是我们的骄傲，他知错就改，认真踏实，看到他写的作文一言一句都有理，我们也很欣慰。孩子能从一盆小小的仙人掌中得到这么多的启发和道理，相信在未来的日子里，他可以收获更多的知识和技能，孩子加油！（妈妈：刘 淼）

教师赏评

文章中过程叙述很清楚，人物活动描写也很具体，真实可信，生动有趣。全文结构紧凑，语言流畅，描写细致。事物变化微妙，真实有趣，入情入理。（指导教师：腾 薇）

学会做事（在你的生活中是否也遇到过相同或相似的事，感觉如何？写下来。）

我住院了

新疆维吾尔自治区沙雅县幸福小学四年级 马博钰

暑假的第一天一大早，我们一家人就自驾车来到了乌鲁木齐，准备好好玩上几天。妈妈还打算顺便带我和弟弟到医院做个全身检查。体检结果令人崩溃：我的腺样体肥大，要做切除手术。

听到这个消息，我茶饭不思，觉也睡不好。最后，在爸妈的鼓励下，我带着一百个不情愿住进了医院。

住院天天要做治疗，还要抽血，一天到晚我只能躺在床上看太阳东升和西落。

住院这段时间，我只能在治疗和睡觉中度过，只有睡着了才能忘记生病的痛苦。

最难受的是还不能出门，一天到晚缩在小小的病房里，吃着医院里难以下咽的饭菜。

终于到了我做手术的这一天了。

下午两点，护士姐姐带我到了更衣室，我快速脱下自己的衣服，换好了手术服。

护士姐姐看我换好了衣服，就进来给我挂上止痛用的吊液。

“爸爸，做手术痛不痛啊？”“爸爸，做手术得多长时间啊？还有多长时间轮到我了？”

正在我和爸爸说话的时候，护士姐姐一下子就把针扎在了我的手上。

“爸爸，什么时候要做手术啊？”我依然焦急地问爸爸，护士姐姐仿佛看出了我的焦虑，安慰我说：“这个小伙子，一看就是个坚强的好孩子，做手术一点儿都不害怕，你进去睡一觉就做好了。”听了姐姐的话，我好像没那么害怕了。

等到两点半，护士姐姐走进来叫我：“宝贝，轮到你啦！跟姐姐一起去手术室吧，让爸爸妈妈在门口等着，你做完后立马就能见到他们。”“该来的还是来了，该挑战的还是要挑战。”我心里想着，忐忑不安地跟着护士姐姐走进了手术室。

给我做手术的医生温和地说：“孩子，别怕，先躺到手术床上去，叔叔一下子就给你治好了，你相信我！”我颤巍巍地爬上手术床，躺在了手术台上。

刚想说些什么，也不知怎么的就睡着了。

等我醒来的时候，手术已经做完了，我的鼻子上还挂着氧气瓶。医生送我出来时，我一眼就看到在门口焦急等待着的爸爸妈妈。

令我不可思议的是：我虽然做了一个手术，但完全没有感觉到痛，只是感觉非常饿。大概是术前我一上午没吃东西的缘故吧。

手术做完了，医生说还要等六个小时才能喝水、吃饭。

唉！我苦苦地煎熬了六个小时，终于可以吃东西了，爸爸给我买了一碗粥，因为太饿了，把粥喝完后，又把爸爸的饺子吃了一半，肚子才感觉到饱。

做完手术的这几天，爸爸妈妈时时刻刻围在身边照顾我，细心周到。

后记

三天后，我终于出院了，自由了！第一次住医院做手术的事，一直在我脑海里徘徊，久久难以忘记。这次住院我深刻地体验道：父母的不易以及医生的辛苦，我对身体健康重新定义。我们少年一代一定要加强体育锻炼，强健自己的身体！

父母感言

这次孩子住院，让我看到他的坚强和懂事。刚听说要动手术，满脸的拒绝，可当我和他爸爸给他做了思想工作后，孩子欣然接受了。整个过程都是极力配合医生的治疗，身体恢复得很好！（妈妈：文莉琴）

教师赏评

生活作文就是把自己的生活经历记录下来。从小作者的文字记录里，我们能清晰又深切地感受到这个暑假住院这一段“难忘”的经历：有抗拒，有恐惧，有坚强，有意外……生活经历促使成长，记录生活促进进步。（指导教师：王敏杰）

学会做事（在你的生活中是否也遇到过相同或相似的事，感觉如何？写下来。）

尊严是人生最宝贵的财富

尊严是人类文明进步的标志，是自我价值的体现。在这个纷繁复杂的世界中，尊严如同一颗璀璨的明珠，照亮我们的人生之路，它是我们在社会中立足、成长的基石。

尊严体现了个体的自我价值。一个人无论处于何种境遇，都不应被剥夺尊严。尊重自己，意味着认识到自己的价值，不卑不亢，维护自己的形象和权益。在这个过程中，人们学会自爱、自尊和自重，这是个体走向成熟的标志。

尊严是人生最宝贵的财富，它不仅是个人精神层面的追求，也是社会文明进步的体现。在维护个人尊严的同时，还必须尊重他人的尊严，共同营造一个充满尊重和理解的环境。

学会尊重，学会放手，学会欣赏，学会品味，放手是一种相互尊重的“福”，也是一把解开一切矛盾的金钥匙。

人们总是习惯于羡慕别人的生活，总会给自己带来混乱和迷茫，甚至使自己不得安宁。实际上，羡慕别人换来的代价，就是失去自我，失去尊严。反之，不去羡慕别人，日子就会变得平静而从容；不妒忌和羡慕别人，就会找到自己生活的乐趣，完成自己的事业，达到自己的目标，过好自己幸福的生活。

懂得尊重别人，换来的是自己的尊严。事实上，维护人格尊严，就是维护自己做人的权利，就是尊重自己。试想：连人格尊严都可以放弃，也就是自己贬低自己，自己都不尊重自己，别人又怎么会尊重你呢？

自然界万千植物都有幸被人所赞美，甚至渺小如草也得到垂青，但唯有浮萍却只用来作贬义的形容，每个人只要坚持做好自己，尊重他人，必将得到他人的尊重和垂青。

【案例】

俄国作家屠格涅夫有一次在街上散步，一位乞丐跪倒在地向他哀求道：“先生，给我一点儿食物吧。”屠格涅夫寻遍全身无一点可充饥之物，只好说：“兄弟啊！对不起！我没带吃的！”这时，乞丐站起身，脸上挂着泪花，紧握作家的手说：“谢谢你！我本已走投无路，打算讨点儿吃的后就离开这个世界的，您的一声‘兄弟’让我感到这世间还有真情在，给了我活下去的勇气。”

【共同分析】

从案例中我们可以看出：尊严是人生最宝贵的财富，屠格涅夫对乞丐称呼了一声“兄弟”，乞丐便感激万分，由此可见，任何人都需要尊重，尊重给人温暖。

拓展阅读

插队风波

安徽省阜阳市太和县民安路小学五年级　赵龙霄

今天，我去食堂吃饭，看到排队的人超多。排队时，我一眼看到了我的好朋友任科霖，心想：他是我的好朋友，一定会同意我插队的，于是，我急忙向他喊道：“任科霖，我可以站你前面吗？”任科霖点点头，同意了。

我穿过拥挤的人群，来到任科霖的身前，没想到任科霖后边的队长刘旭阳却大声嚷道：“谁呀，你，你为什么插队？”说完，还推了我一把。

我有点不服地和他互怼起来，可刘旭阳不依不饶。过了一会儿，听了他的话，我已经无言以对，也知道自己这个做法不对，于是，就回到后面重新排队了。

不一会儿，轮到任科霖打饭了，他向我摆摆手，邀请我继续插队，我犹豫了一下，看看前面还有很多人，于是，还是决定过去插队。“你怎么又来了？不遵守纪律！孙老师怎么讲的！”刘旭阳又冲着我发火了。

当时我不知咋的，犯了犟脾气，拧着头站在那里，就是不走。我万万没想到，此时的刘旭阳，又一次伸手推了我一下，因为我毫无防备，一下子摔倒在地上，心里感到很委屈，眼泪在眼眶里直打转。

刘旭阳看到我摔倒了，手忙脚乱地前来扶我。这时，食堂值班的老师看见了，走过来问清了缘由后批评了我。这顿饭我吃得索然无味。

饭后回到教室，我依然闷闷不乐。

不一会儿，任科霖和刘旭阳回来了。任科霖向我道歉说：“没想到会有这么大的麻烦，当初不该让你插队。”刘旭阳说：“我不该推你，不是故意把你推倒的。”

听了他们道歉的话，我感动得不知说什么好，心想：插队，明明是我的错，两个帮我的同学反而给我认错，真的很不好意思。

后来，我才慢慢明白，同学之间的团结友爱，是建立在勇于承认错误，敢于面对错误、纠正错误的基础上的，而不是相互包庇，相互怂恿，这件事本来就是我的错，要不是我想插队，怎么会有后面的这些事呢？

后记

插队风波是我引起的，同学反而给我道歉，我很懊恼。从此我要更严格遵守食堂就餐纪律，规规矩矩地排队了。

有了这次教训，我保证严格遵守食堂就餐纪律，规规矩矩做人，老老实实做事！

父母感言

孩子回家向我讲了他在学校食堂发生的事，我严肃地批评了孩子。如果能允许插队，那以后其他的事都可以不讲规矩，不尊重他人，因此，希望孩子知错就改，在将来的成长路上，严格遵守纪律，这样，将来才能做一个遵纪守法的好孩子。（爸爸：赵恒鑫）

教师赏评

赵龙霄同学向我讲了发生在食堂里的插队风波，为赵龙霄同学主动承认错误的行为点赞！在作文中把插队风波的起因、经过、结果写得清楚明白，这是记事作文的写作关键。（指导教师：孙献山）

学会做事（在你的生活中是否也遇到过相同或相似的事，感觉如何？写下来。）

甜甜的西瓜，浓浓的爱

广东省珠海市兆征纪念学校六年级　钟芷颖

今天，学校为了拉近老师和学生之间的距离，加深师生生友谊，大家决定中午师生聚在教室一起吃西瓜。

西瓜一登场，顿时吸引了大家的眼球。它穿着黑绿相间的外衣，又大又圆，真像一个大篮球。

要切西瓜啦！同学们有的跃跃欲试，有的猛咽口水，还有的做好了接西瓜的手势……只见老师手里拿着水果刀，手起刀落，“咔嚓”一声，西瓜一分为二。

哇！鲜红的西瓜瓤儿一下子露出来了，里面果肉红彤彤，一颗颗黑色的籽点缀其间，红配绿真的让人移不开眼神。

我眼睛一眨也不眨地盯着西瓜。这时，身边传来阵阵咽口水的声音，循声望去，只见大家的眼睛一边紧紧盯着讲台上的西瓜，一边伸手想去接西瓜了呢。

终于开始切瓤儿了，马上就可以吃到西瓜了，真是好期待啊！老师把瓤儿切成一小块一小块，放到碗里，发到每位同学手中。

开始吃西瓜啦！一口咬下去，松松的、沙沙的瓜瓤，凉凉的果汁顿时溢了出来。咽下去，啊！清凉爽口，甜丝丝的。于是，第二块、第三块……再看看大家，个个脸上洋溢着满足的笑容。

今天中午的教室里，老师和同学一起吃西瓜的氛围，洋溢着一种说不出的师生友谊，同学们嘴里甜滋滋，空气中也都是西瓜味儿。

大家围坐在一起，互敬互爱，同学感觉到了老师的关爱，老师也感觉到了同学的尊重，促进了师生的友谊，加深了师生感情，这西瓜吃到嘴里甜在心里。同学们都说：这个西瓜是自己目前吃过最甜的西瓜。我们期盼着，下次再团聚，再一起吃美味的西瓜。

后记

虽然平时我也常吃西瓜，但我们和老师一起吃西瓜还是第一次，也是最美味的一次。一个西瓜中蕴含着老师对学生满满的爱，也让我更加热爱我们的班集体，更爱我们的老师！

父母感言

甜蜜的西瓜，可爱的孩子，一篇短文，瞬间让我们回到儿童时代那无忧无虑的生活。和同学一起吃西瓜的经历，将成为你未来成长的美好回忆。（妈妈：谢月静）

教师赏评

文能怡情，小作者用细腻的笔触记录下同学们和老师一起在教室里吃西瓜的感受与心理活动，也记录了浓厚的师生感情，充满了真情实感，令老师刮目相看。（指导教师：李月华）

学会做事（在你的生活中是否也遇到过相同或相似的事，感觉如何？写下来。）

妈妈的爱

广东省深圳市罗湖外语实验学校初三（3）班　王　熇

如果说，爸爸的爱像大海一样宽广，那母亲的爱就如春天的第一缕暖风，晨曦的一缕阳光，使我们温暖，给我们幸福。

严父慈母，老一辈人传下来的是那么的真实，我们不仅仅是对母亲的爱和敬仰，也是对母亲最大的报答。

母亲的爱也许我们一辈子都无法去还清，但是我们也要尽自己的全力去报答母亲的宽容与慈爱。

从小我就十分喜欢听周杰伦写的歌，因为他总能将感情烘托到极致。我觉得母亲节，最应该唱给妈妈听的就是周杰伦的《听妈妈的话》。我们应该努力不让母亲失望，听她的话，不让她受伤。

母亲是家庭中不可或缺的角色。在记忆中，每个人的妈妈都不同却又相似。

以前总觉得妈妈的唠叨是世界上最可怕的法术，反反复复几句话，就能让人立马缴械投降，长大后才知道，其实每一句唠叨背后都潜藏着妈妈对我们无微不至的关心和呵护。

妈妈是我们坚强的后盾，为我们的事情操劳而整晚睡不着觉，也会为了我们的学习而大发雷霆，天天说“不管你了”，但是最关心你的依旧是她。她不是超人，却比超人还伟大，是我们最觉得踏实的人。有妈妈在仿佛一切都不是大事，因为妈妈会教你怎么做，但是，她也有老的一天，头上的白发，连染发剂都遮不住了，她也许就真的老了。

妈妈被忽略的是平日的辛劳，在电影《你好，李焕英》中，有一句令人印象深刻的台词：“打我有记忆起，妈妈就是中年妇女的样子，所以我总忘记，妈妈曾经也是个花季少女。”

妈妈并不是天生就是超人，而是从医院中响起一声婴儿啼哭，那一刻起，妈妈才成为超人，全能的超人。

现在我们应该郑重的跟妈妈说一句“妈妈您辛苦了！妈妈我爱您。”

后记

母爱的力量是无穷的。在一声声问候、一次次呼唤中，无不蕴含着母亲对我深沉的爱，我必将用余生去呵护她，感谢她，最后化为一句话：“妈妈，我爱您。”

父母感言

希望孩子坚守自己的信念，乐观、积极向上。与孩子相处的点点滴滴，见证了孩子的成长。看着孩子一天天长大，愈发懂事与成熟，我们很是高兴。（爸爸：王 辉）

教师赏评

母爱凝聚着世界上最伟大的力量！母爱子，子孝母，这美丽的图画在我脑海中勾勒出来，很美很美。（指导教师：杨 鑫）

学会做事（在你的生活中是否也遇到过相同或相似的事，感觉如何？写下来。）____________________

____

____

____

____

____

____

____

____

____

____

____

自尊与自立：人生的脊梁

每个人的身上都有自己的优点和缺点、长处和短处，要多看自己的优势和长处，不要过分地关注缺点，要善于发挥自己的优势和长处，遇事大胆尝试，要主动接受挑战，不断创造成功。

自尊是人格之本，是人对自身人格的肯定，是人正常发展的需要，也是人最重要的内在价值。自尊不仅体现在对外在仪表的修饰，更体现在保持积极健康的心理状态。自尊包括自己尊重自己和得到他人的尊重。自尊首先表现在自我尊重和自我保护上，还包含要求和努力争取他人、集体和社会对自己尊重的期望。

在人生的大舞台上，自尊自立如同一根坚实的脊梁，支撑着我们面对挑战，迎接风雨。它们是我们内心的力量，让我们在逆境中崛起，成就辉煌的人生。

【案例】

自尊自立，创新无限

——苹果创始人乔布斯的成功之路

乔布斯以其独特的视角、坚定的信念和不懈的努力，将苹果从一家小公司打造成了全球最具影响力的科技企业之一。他的成功，离不开自尊自立的品质，这也是他一生秉持的理念。

自尊是乔布斯的内在动力，驱使他不断挑战自我，追求卓越。他在创业初期，就展现出了非凡的自信和自尊。面对市场的冷漠和技术的挑战，他从未退缩，反而更加坚定了自己的信念。他坚信，只要拥有独特的创意和卓越的产品，就一定能够赢得市场的认可。这种自尊，让他在困境中不屈不挠，勇往直前。

自立是乔布斯成功的基石。他从不满足于现状，总是敢于挑战传统，勇于开拓新的领域。在苹果的发展历程中，他多次带领公司走出困境，开创新的市场。他敢于砍掉没有特色的业务，将产品数量从 350 种精简到只剩下 10 种，这种胆识和决断力，正是他自立精神的体现。他坚持自己的设计理念，取消物理按键，以大屏幕取而代之，这种颠覆性的创新，也源于他自立的品质。

乔布斯的成功，不仅体现在他的商业成就上，更体现在他的人生哲学和领导风格上。他始终坚持以人为本，注重员工的成长和发展。他相信，只有拥有优秀的人才，才能创造出优秀的产品。因此，他非常重视团队的建设，鼓励员工发挥自己的特长，追求自己的梦想。这种领导风格，不仅激发了员工的积极性和创造力，也为苹果的发展注入了源源不断的动力。

乔布斯的成功，还体现在他对市场的敏锐洞察力和对消费者需求的精准把握上。他能够准确预测市场趋势，把握消费者的心理，从而推出符合市场需求的产品。他始终坚持自己的设计理念和产品方向，不被市场的短期波动所影响，始终保持对产品更新的热情和追求。

乔布斯的成功告诉我们，只有拥有自尊自立的品质，才能在人生的道路上不断前行，创造属于自己的辉煌。

首先，将用户体验放在首位，通过不断精简和优化产品功能，确保每一款产品都能满足用户的实际需求。

其次，这种专注不仅体现在产品设计上，也贯穿于公司的战略规划和日常运营中。他常鼓励团队成员保持开放的心态，勇于尝试新的想法和技术。正是这种持续学习和创新的精神，使苹果公司能够不断推出具有颠覆性的产品，引领行业潮流。

再次，坚持卓越和品质，只有这样才能赢得用户的信任和忠诚。因此，乔布斯要求团队成员在每一个细节上都做到尽善尽美，确保产品的品质和用户体验达到最佳状态。

最后，专注和坚定，不断向前发展。企业和个人必须保持持续学习和成长的态度。通过不断汲取新知识、掌握新技能，才能更好地适应市场变化和用户需求。注重产品质量和用户体验，不断追求创新，才能在市场竞争中立于不败之地。同时，个人也要追求卓越和品质，不断提升自己的能力和素质。

【共同分析】

乔布斯的成功经验为我们提供了宝贵的启示。通过保持专注、持续学习与创新、重视团队与人才以及追求卓越与品质，我们可以更好地应对市场变化和用户需求，实现个人和企业的持续发展。无论是在逆境中崛起还是在追求梦想的过程中，自尊自立都是我们不可或缺的力量。这种力量让我们勇敢地面对困境，坚定地追求梦想，最终实现人生的价值。

拓展阅读

我学会了宽容

广东省珠海市斗门区城南学校八年级　蹇欣颖

小时候，我的父母就教育我要做一个宽容大度的人，但因年纪尚小，我想不明白宽容的意义。在一个冬日午后，我悠闲地躺在沙发上看书，这时，淘气的表弟兴冲冲地跑进我的房间，在房间里左翻翻右翻翻。只见他手里正拿着一个精美的水晶球——那是我小时候母亲送给我的生日礼物！我情急之下大喊道："这是我的东西，不要碰！"结果表弟被吓了一跳，水晶球从手中滑落，摔碎了。

我非常生气，把表弟推搡出门，然后头也不回地关上了门。我看着碎了一地的水晶球眼泪流了下来。过了很久，我听见有人敲响了房间的门，但我并不理会，门外一阵窸窸窣窣后又回归平静，我这才打开门，看到门口放着一个盒子，里面放着一个崭新的蓝色水晶球，还有一张字迹歪歪扭扭的字条，上面歪歪扭扭地写着“对不起”三个字，一看就是表弟的字。

吃晚饭的时候，表弟小心翼翼地朝我看过来，我故意不看他，他表现出很失落的样子。母亲的视线在我们之间来回打量。

吃过晚饭，母亲来到我的房间，问我：“你和表弟发生什么事啦？”我向母亲说了水晶球一事，母亲思考了一会儿，对我说：“表弟乱翻你的东西，打坏了水晶球，固然不对，但他认识到了自己的错误，还赔偿了你的损失，我们是不是应该宽容一点儿呢？而且，平时你和表弟的关系很好，现在冷落他的你是不是也不好受呢？”说完，母亲就离开了我房间。

我思考着母亲的话，回忆着我和表弟的快乐时光，决定原谅表弟了。我找到表弟了，对他说：“弟弟，我原谅你了，生了你这么久的气，我也有点抱歉。”他抬起头，看着我，眼睛里流露出不可思议的目光，又慢慢地低下头，嘴里念叨着：“真的吗？弄坏了你的水晶球，对不起。”看着他开心的样子，我心里顿时觉得舒服多了。

后记

通过这一次我明白了，宽容别人就是宽容自己。俗话说：“海纳百川，有容乃大。”只有拥有一颗宽容的心，才能体会到人生的快乐。

宽容别人，就是给自己铺路。拥有一颗宽容的心，生活才会更加美好。

父母感言

水晶球意外摔坏的这件事，让欣颖明白了“宽容”二字的真正意义，做父母的我们感到很欣慰，感到孩子确实长大了。（爸爸：蹇述明）

教师赏评

小作者通过对水晶球被摔坏的这件事的描述，细致充分地展现了对表弟从愤怒，到冷落，再到原谅的心理变化过程，学会了正视内心所感所想，又从表弟的知错、赔礼、道歉中学会了宽容，解开了心结，最终悟出宽容的重要内涵。（指导教师：鲜章勇）

学会做事（在你的生活中是否也遇到过相同或相似的事，感觉如何？写下来。）____

____

____

一件烦心事使我自强自立

希腊私立汉语言学校六年（2）班　周子琳

生活中，我听到的最多的一句话就是“你太瘦了，要好好吃饭”。这也成了让我最烦的话，“瘦”成了我最烦的事。

有一次，妈妈带我去哈尔滨医科大学医院检查眼睛，我们上了公交车，在最后一排位置上坐了下来，旁边坐的是一位老奶奶，没一会儿，妈妈有点儿坐不住了便和老奶奶聊起天来。老奶奶对妈妈说：“你家孩子是不是不怎么吃饭，或者特别挑食啊？看他的胳膊和我孙子的手腕一样粗”。

妈妈说：“不是啊！他天天都吃很多饭，我也不知道为什么，光吃就是不长肉。”

我坐在旁边听着妈妈和老奶奶的对话，心想，妈妈每天早餐给我吃一个鸡蛋、两杯牛奶，中午、晚上还有鱼、肉、青菜等，各类营养样样不少，可我就是不长肉，是不是身体有问题呀！

想着想着，我顺眼瞥了老奶奶一眼，没想到这一动作让老奶奶看到了，她说：“看！还不愿意了，我说的没有错啊！以后注意合理饮食就是了！”我的行为和老奶奶的话语，惹得我好不开心，我看到前面有一个空位，顺便就移了过去，老奶奶再也不作声了。

还有一次妈妈带我去买裤子，店里的老板看我腰太细，就拿了一条特别瘦的牛仔裤，可惜我穿上这条裤子依旧往下掉，妈妈二话不说，像往常一样，直接冲到卖松紧带的柜台，买了一段松紧带，给我系上说：“好了，就这样凑合吧！”就这样我们交了钱，买了一条不合适的裤子回家了。

走在回家的路上，我心想："我光吃饭不长肉，大人说我有病，买的裤子不合体，妈妈给我买个松紧带系上还说'好了，就这样凑合吧！'我的生活难道就是这样凑合的吗？"

想着，想着，我心里好委屈，干脆自己的事自己办，我便在网上和书店里找了很多有关健康养生方面的书，并积极参加体育锻炼，增强体质，使自己越来越健壮。

妈妈高兴地说：没想到，能自己调整状态，改变自己，你长大了，自立了！沿着这样的路，继续前行，我相信，你一定行的！

后记

从这件事中我领悟到：任何事情都要靠自己，靠自己没有解决不了的难题，靠天、靠地、靠父母都不如靠自己，只要精神不滑坡，办法总比困难多。雷厉风行，说做就做，无论何事决不能怨天尤人。

父母感言

孩子，妈妈没想到一次无意的刺激促使你长大！这可谓歪打正着吧！看完你的短文，妈妈心里虽然有些难受，但是，看到激发出了你自主自立的行为，妈妈又感到宽慰！以后妈妈不会逼你吃这吃那了，因为你已经明白了怎样健康的成长，也不会在别人面前说你了，"自己的事自己做！努力吧！妈妈做你的坚强后盾！"（妈妈：石 丹）

教师赏评

文中的人物描写情真意切，条理清晰，过渡自然。作者以朴实的童心把自己的内心活动自然在文中流露，而且写得生动感人，尤其是在事情的情节描写上，不仅细致微妙，而且真实有趣，入情入理。（指导教师：陈敏怡）

学会做事（在你的生活中是否也遇到过相同或相似的事，感觉如何？写下来。）______

______

______

______

独自带妹妹的体验

新疆维吾尔自治区乌鲁木齐市第129初中三年级 薛梦琪

妈妈这段时间在考驾驶证，一有时间就需要去练车，奶奶回老家还没过来，照顾妹妹的重任就落到了我身上。

这不，今天中午妈妈早早地做好午餐，狼吞虎咽一通，就放下碗，边收拾防晒装备，边嘱咐我照顾好妹妹，就急匆匆地出门了。

妹妹没啥好操心的，就是吃饭是个大难题。

平时她老爱吃一口，跑一圈，一会儿看电视，一会儿玩玩具，一顿饭下来可是要花费不少时间，平时妈妈都是“棍棒伺候”。我得想个法子让她一口气吃完。于是，我耐心地对妹妹说：“妹妹，过来吃饭长高高，蔬菜营养好。”妹妹一听，头一扭跑得更远了。只见她随手拿起茶几上的笔在本子上写写画画，一会儿又去窗口东看西看，说什么都不肯过来好好吃饭，看来得使出我的杀手锏了。于是，我努力露出温和的表情对妹妹说：“吃完饭姐姐陪你玩游戏好不好？”这下，妹妹被吸引了，跑过来好奇地问：“什么游戏？

看来有戏，我便开心地回答她：“当然玩你最喜欢的游戏啦！”说完她便自觉上桌端起碗大口吃起来，我心里窃喜道：小样儿，还治不了你了。

没一会儿，妹妹就吃完了，刚放下碗，就急忙拉着我去陪她玩游戏。我三下五除二收拾完餐具，说：“姐姐来陪你玩游戏咯！”

这个游戏的名字叫“开饭店”，妹妹当厨师，我当吃饭的客人。她给我炒了一盘“红烧茄子”，煮了一道“水煮鱼”，饭后还搭配了当季最新鲜的水果——西瓜、葡萄，别说，还真是荤素搭配、营养全面呢，这个小老板兼厨师还当得真不错！接着我们又玩了“开超市”的游戏，虽然有点儿幼稚，但我还是陪她玩了很久，看她玩得满脸笑容，我也很有成就感。

后来，我想教妹妹玩猜字谜游戏，我出题她答。可连续出了几个字迷，她一个都没猜对，好几次我都想发脾气，最后还是忍住了，她还是个幼儿园小班的小朋友，字都不识几个，咋知道呢？我太强人所难了。

玩着玩着，妹妹连打几个哈欠，看来她每天雷打不动的午睡时间到了，我赶紧带着她去床上睡觉，在她轻轻的呼吸中我也跟着入梦了。

不知过了多长时间，迷迷糊糊中，我听到开门的声音，一看时间，下午5点了，妈妈回来了，她进房间微笑着问我："怎么样？"

我绘声绘色地给妈妈讲了下午带妹妹的过程，妈妈欣慰地摸摸我的头说："没想到妹妹那么小，也需要尊重啊！你真厉害！真是妈妈的小帮手。"

我心里暗暗地想：是啊！谁都需要尊重，不能不分青红皂白，动不动就"棍棒伺候"，这不能从根本上解决问题。

后记

第一次单独在家照顾妹妹，我深切地体会到"尊重"的力量，当妹妹得到"尊重"时，立马修正了自己的缺点，也更听话了。妈妈平时照顾我们两个孩子，哪顾上想那么多，真不容易啊！通过这件事，不仅让我感到了尊重的力量，而且有了足够的耐心和勇气，带好妹妹，也同时注意与人相处中，一定要发挥"尊重"的力量。

父母感言

孩子单独在家照看妹妹，通过"尊重"获得成功，理解了与人相处"尊重"的力量，不光增强了她自身的责任感，也让两姐妹之间更加友爱。（爸爸：薛少彬）

教师赏评

小作者温柔可爱，抓住了解决问题的关键，第一次带妹妹就这么成功，而且体验到"尊重"的力量。文章在心理描写、动作描写等环节写得特别详细，充满童趣。小作者能够担起带妹妹的任务，不仅为妈妈分忧，也锻炼了自己，加深了姐妹之情。（指导教师：鲁玉红）

学会做事（在你的生活中是否也遇到过相同或相似的事，感觉如何？写下来。）

迟到的温暖

广东省深圳市罗湖外语实验学校初三（1）班　李思萱

那是一个风雨交加的傍晚，似乎是来自上天的惩罚，家里停水、停电，我们晚餐只好叫了外卖。

天气从来不曾这样可怕，像天河缺了口子，狂风卷着丝雨像无数条鞭子，狠命地往玻璃窗上抽，雷电一闪一闪的，像巨蟒在云层上飞跃，好似大地惹老天发了怒，一个暴雷猛地在窗外炸开。我的怒意也随之被点燃——都过去了一个多小时了，外卖怎么还没到？就算是下雨不方便也不能迟到这么久吧！

我无法平复心中的烦躁，一颗急不可待的心在作祟，肚子也在咕咕作响……望着还没有响声的门铃，我呆呆地坐在客厅里。

“叮咚——”门铃终于响了，我扔下手机，起身打开了嘎吱作响的大门。“对不起，刚刚路上不小心摔了一跤，您点的外卖我给您重新送，您看行吗？”看着眼前这位气喘吁吁的外卖员，不知怎的，我的心中产生了一种说不出的滋味，肚子也有了几分饱意。

“没关系的，你要不要先进来坐一会儿？外面雨下得太大了，等雨停一会儿再说吧。”我方才急躁的心情瞬间化为乌有，眼眶竟湿润了。

外卖员被我邀请进屋后，我见他雨衣被划了一个大口子，不由自主地转身为他拿了一把雨伞，定睛一看伞上还印着笑脸图案，好像在暗示我们：每一天都要像这笑脸一样快乐。外卖员看着我朝他递把伞，愣了一下说：“谢谢您，谢谢您！”然后接过雨伞，泪水在他沧桑的脸庞流淌。他转身背对着我，过了许久，又重新拿了一份新的外卖。“这是我补偿给您的，你看能不给我差评吗？”泪水还停留在他的脸颊，他却重新拾起笑容，朝我咧着嘴笑。

我点了点头，回了他一个微笑。

“麻烦您了！我还要继续赶路，祝您生活愉快！”望着他离去的背影，一颗晶莹剔透的泪珠从我的眼眶中落下，似羽毛般轻抚过我的脸颊。我在心中默默回答道：你也是，生活愉快。

我关上了门，拿起手机删除那条还未发送的差评，给了他一个五星好评，以及那一句“生活愉快！”

窗外，雨还在淅淅沥沥地下着。

后记

后来一次上网，我无意间看到了一个差评对外卖员所造成的负面影响之大，幸好那晚的我没有那么做。无意或有意间，那晚的温暖如同子弹一般在不同的时间内击中了我两次，一次是被情绪所控制的我，还有一次是无知的我。

或许，这就是迟到的温暖吧。

父母感言

通过一件小事能够体现出人的情商，这件事似乎并不是那么起眼，但能够给别人带来无限的温暖。人与人之间的尊重也就体现出来了。（妈妈：胡华秀）

教师赏评

从一次风雨交加的夜晚外卖员送餐事件，描写出了小作者从不耐烦、急躁、气愤到感动、温暖的心理变化，体现出尊重的力量。（指导老师：温雪萍）

学会做事

（在你的生活中是否也遇到过相同或相似的事，感觉如何？写下来。）

原来是我没懂

广东省深圳市罗湖外语实验学校初三（9）班　张宝月

原先我以为友谊仅仅是玩伴间最浅薄的情感，开心时就一起爬树摸鱼，沮丧时便作鸟兽散，原来是我没懂，友谊并非如此。

炎炎夏日，我与朋友小梦相约去看蔚蓝壮阔的大海，我自告奋勇想要带路，因为我曾经去过一个美极了的沙滩：那里的沙滩又细又软，有展翅高飞的海鸥，有横行的小螃蟹，还有清凉舒爽的海风。

我们带着憧憬与向往，踏上了旅途，为寻找我以为我早已懂得的情感而出发！去看那海风与浪潮！我与小梦乘坐公交车前往，我们在车上兴高采烈地讨论着。我们聊得太过尽兴，以至于忘乎所以坐过了站。我们下车后，满眼陌生与破败的景象，站台上是两个迷惘的少年，仿佛有一块巨大无比的石头落在面前，上面赫然写着“艰难险阻”四个大字。

我顿时有些不耐烦，甚至任性地想要直接走掉。“同伴不就是一块儿玩的人吗，既然玩不成，那还待在一起干吗啊？”我在心里幼稚地想。后来我才发现，原来那时的我没有懂得友谊的真谛。

挣扎一番，最后我们还是决定继续前往。我们只好摸索着找一条正确的道路，指引我们到达向往已久的海滩。

烈日当头，我心中的烦闷与躁动愈演愈烈，明明是去与玩伴享受美好风景，却落得如此下场，我着实不甘。望向身旁的同伴，她心平气和地走着，与我一同寻找着正确的道路。明明是我给她带错了路，她却丝毫没有埋怨我，反而对我说着：“我相信你，我们一起寻找正确的道路吧！”我躁郁不安的心情一滞，明明是我犯的错，没有注意到站的地点，我又有什么可烦躁的呢？

这时我似乎刚刚懂得友谊的意义，原以为我早就知晓了似得，此时，我才发现，原来好多道理是我没懂。

我们终于找到了本该早就到达的站台，可是我又在关键时刻掉链子了，忘记了通往海滩的正确路径。

我羞愧不已，自告奋勇地想带同伴一同出游，却拉着同伴在路上浪费了大半的时间与精力。我轻颤了颤睫毛，脸似乎变得火辣辣的，后来想起，大概是惭愧得红了脸。我试图向她解释道："我真的去过这样一个美丽的海滩！只是不小心忘记了通往它的方向……我原本以为我会记得的……"，但毕竟那也是我小时候去的地方，记忆早已模糊不清。我有些语无伦次。她忽然开了口："我相信你！我相信是有这样一个海滩的，我们快找到正确的道路吧！"

我微微有些动容，为她的真挚和信任而感动。

这一刻，我忽然发觉：我以为我早就明白了友谊的意义，其实我没懂。

最终，我们找到了那片海滩。此时夕阳西下，金色的阳光洒落大地，使一切都变得金灿灿的。阳光洒落在我们的身上，也照亮了我们的心田。海风微拂过我们的面庞。嗅着海边特有的咸涩气息，我们在沙滩上肆意奔跑着、欢笑着，直至日落。

友谊需要同伴间相互谅解、信任、支持，给予对方鼓励，并以真诚对待对方。

这一刻我才明白，原来友谊是这副模样。我就一直没懂友谊的意义。

后记

我们应珍视身边的友谊，与朋友们互相帮助、谅解、鼓励。生活中的故事使我对友谊有了更加深刻的体会，我也将不断努力，不断进步。

父母感言

随着年龄的增长，与朋友相处的方式也在一点一点进步。孩子在尊重他人的过程中学会了与他人相处，与此同时，记录下生活中点点滴滴的美好与道理，成为一份独特而又珍贵的童年回忆。（妈妈：卢 仿）

教师赏评

细腻的情感如小河流水般细细流淌，文章语句流畅，情感真实、丰富，人物形象鲜明，语言朴实且耐人寻味。（指导教师：温雪萍）

学会做事（在你的生活中是否也遇到过相同或相似的事，感觉如何？写下来。）

一次钓鱼让我成长

广东省深圳市罗湖外语实验学校初二（9）班　林　蓢

今天我和爸爸去钓鱼。我们走了半个小时，终于到了河边，我气喘吁吁地找了棵树靠着，只见爸爸取出鱼竿和鱼线，不紧不慢地绑线。我不耐烦地催爸爸快点儿。爸爸刚绑好线，我就直接甩竿了。

唉！真是出师不利呀！瞧！鱼线钩在树枝上了。这叫一个“愁”啊！爸爸帮我把鱼线从树枝上弄下来后，我再次小心翼翼地把竿甩了出去，之后便守株待兔，等鱼上钩。“咕噜咕噜”水面上冒出了小泡泡，我觉得这肯定是条大鱼，便不管三七二十一，直接收竿。结果，鱼没上钩，终究是心急吃不了热豆腐。最终，我钓了半天也没钓到一条鱼。

这时，我听到身后传来一声“哇”，我转头一看，只见爸爸钓上了一条大鱼，我心里多少有些羡慕和嫉妒。便急忙跑过去要和爸爸换位置。“爸爸，我们换下位置吧！你这儿鱼多。”爸爸笑而不语，答应了。可是我在这里还是急急躁躁，一条鱼也没有钓到。爸爸忍不住出声了：“你要耐心一点儿，等水面冒出许多泡泡，浮标动了时再收。不然你这样是不可能钓到鱼的。”

听了爸爸的话，我决定耐心一点儿，只有耐心，才有可能钓到鱼。我刚把鱼竿放下来，浮标就动了，我急忙收竿。唉，那鱼还是被我吓走了……终于，功夫不负有心人，第二次，终于钓到了一条小草鱼。我正高兴呢，没想到乐极生悲，那条鱼从钓钩上掉了下来。真是白高兴一场！虽然这一次没有钓到鱼，但钓鱼的过程十分有趣，而且体会到耐心的重要性。

后记

耐心是生活中不可缺少的一部分，它在这个快节奏的时代，显得十分珍贵。我们许多人常常因为没有耐心，十分急躁错过很多机会。而当我们静下心来耐心地等待时，就会发现生活的美好。

父母感言

通过与我的一次钓鱼经历，孩子领会到耐心的真谛，希望以后也能如此地耐心做好每一件事，遇到挫折时，也不气馁。而我们同样也会耐心地教导你、帮助你，使你一步步成长。（爸爸：林文献）

教师赏评

作者讲述了与爸爸钓鱼的事。内容生动有趣，贴近生活。近距离地写出了与爸爸钓鱼的过程和心理活动。“我”与爸爸换位置，童真童趣跃然纸上，让人感到十分真切。（指导教师：黄镟璇）

学会做事（在你的生活中是否也遇到过相同或相似的事，感觉如何？写下来。）______

______

______

尊重他人，做最好的自己

尊重的内涵是平等、价值、人格、修养。“尊重”两个字看似轻于鸿毛，实则重于泰山。它如空气，是与人交往融洽之道。懂得尊重的人，总是让人舒适温暖。

尊重是指对他人的价值观、权利、观点、意见和感受表达尊敬和关注的态度和行为。尊重是做人的一种基本的道德准则，体现了对人类尊严和平等的认同。尊重的概念涵盖以下内容：

1. 平等尊重。

每个人都应被平等对待，无论其种族、国籍、性别、宗教、身体状况、年龄、性取向等，每个人都有权享有尊重和平等的待遇。

2. 关注他人的观点和意见。

尊重包括对他人观点和意见的认真倾听和理解，即使与自己的观点不同也要尊重他人自由表达的权利，并且乐意与他人进行建设性的讨论和对话。

3. 保护他人的权利和尊严。

尊重涉及保护他人的权利和尊严，不侵犯他人的身体、财产或精神上的权益，不进行任何歧视、欺凌、羞辱和侮辱行为。

4. 接纳和包容他人的差异。

尊重包括接纳和包容他人的差异，尊重每个人独特的个性、生活方式、文化背景和信仰，不将自己的标准和价值观强加他人。

总之，尊重是一种基本的人际交往原则，能够建立和谐、包容和平等的社会关系。它要求我们秉持平等、理解和宽容的态度，尊重他人的权利和自由，并且友善地对待他人。

【案例】

尊重他人，做最好的自己是每个人都应该秉持的生活原则。这不仅是社交礼仪的体现，更是内心修养的体现。在人际交往中，不仅要尊重他人，更要尊重自己，做最好的自己。

小张是一个普通的公司员工，在工作中，也会遇到一些不友好的同事对他冷嘲热讽，甚至无理取闹。。

面对这些困境，小张并没有选择针锋相对，而是选择了尊重他人，做最好的自己。

小张深知，尊重他人是要建立在良好的人际关系基础上的。于是，他无论面对什么样的同事，都保持着微笑和耐心。

当同事们在背后议论他时，他充耳不闻，用实际行动证明自己的价值。平时，他努力提升自己的业务能力，不断学习新知识，用实际行动赢得同事们的尊重。

要想得到别人的尊重，首先要做好自己。

小张明白：只有自己足够优秀，才能赢得他人的尊重。

因此，他在工作中从不敷衍塞责，认真对待每一个任务，而且勇于承担责任，不怕困难，用自己的实际行动证明了自己的能力和价值。

随着时间的推移，小张的努力逐渐得到了回报。

没过多久，同事们开始认识到他的价值了，对他的态度也变得越来越友好，闲余时开始主动与小张交流，并寻求他的帮助和建议。

小张不仅赢得了同事们的尊重，还收获了友谊和大家的信任。

【共同分析】

这个案例告诉我们：尊重他人和做最好的自己是相辅相成的。只有尊重他人，才能建立良好的人际关系；只有做最好的自己，才能赢得他人的尊重。这两者共同构成了成为更好自己的重要基石。尊重他人意味着要关注他人的感受和需求，理解他人的立场和观点。在人际交往中，要学会倾听和包容，避免对他人进行无端的指责和批评。当遇到不友好时，要保持冷静和理智。

拓展阅读

清洁小达人

辽宁省大连市金州区南山小学六年级　丁忠黎

对待清洁任务，我向来一丝不苟。每次整理自己的房间，我必须做到一尘不染才满意，人送外号“清洁小达人”。

临近过年大扫除了，我毛遂自荐，争着要一人完成大扫除。爸爸听了，眼睛都要“夺眶而出”了，问道：“一个人？我没听错吧？”妈妈连忙阻止：“不行，不行，你一个人哪能干得了”我拍着胸脯，向他们表示：保证完成任务！

我一边听着音乐，一边准备着清扫工具。我先拿着擦玻璃器和一盆混了洗洁精的水，来到窗户前，看着这灰蒙蒙的玻璃，我迫不及待地将擦玻璃器浸入水中，耐心地等到它湿透，然后小心翼翼地将两块玻璃器吸附在玻璃上，玻璃器在窗外那面带绳子的一定要固定在手腕上，防止脱落时掉到楼下砸伤路人。妈妈一个劲儿嘱咐要注意安全，我严格照办，保证无误。一切就绪后，从上到下，从左到右，每一个角落我都不放过。玻璃器走过的地方一片明净！脏水顺流而下，好似逃兵，随着我的摆动，仓皇逃窜。而我，就像凯旋的战士！看着明亮如新的玻璃，感觉心情也变得和它一样通透。妈妈称赞道："真干净啊！像镜子一样！"

随后我将水倒掉，将擦玻璃器洗干净后，拿起一块湿抹布将书桌，书架里里外外地擦两遍，把附着于表面的灰尘全部擦掉，然后用干抹布吸干水分，再把书分类摆放整齐，床头柜和门框也同样处理，全部擦完后喷一点儿酒精消毒。

两块抹布洗干净放回原处后，我把拖布浸湿，沿着地板的纹路去拖，这样能有效去除纹路中的灰尘。一些无法拖到的地方，就只能用手将抹布伸入其中，蹲着、趴着、撅着……千姿百态、千奇百怪，最终目的——让灰尘无处可逃。

拖完后，我将家里的每一样物品放回原处并摆正。这样大扫除就算真正结束了。放眼望去，窗明几净，一尘不染！

再看看镜子里的自己，汗水灰尘混合交织，给我打扮成了名副其实的花猫脸，但爸爸妈妈的笑容真的比花还好看。看着他们，我诗意大发：清洁小达人，再次抖精神。画张花猫脸，家里变清新。爸妈都快乐，幸福过新春！嗯嗯嗯——哈哈哈——。

后记

自己亲手把家里打扫得干净利落，可真是累啊！但是看着一尘不染的家，好有成就感。这就是所谓累并快乐着吧！

父母感言

平常总对孩子娇生惯养，不让干家务活。这次大扫除还是可以的，而且干得有模有样，看来只要放手让孩子干，孩子一定能干好。（爸爸：丁长东）

教师赏评

一身诗意的清洁小达人，一本正经中不乏幽默！生活中勤劳的孩子，会更加感受到生活的乐趣。（指导教师：王洪丽）

学会做事（在你的生活中是否也遇到过相同或相似的事，感觉如何？写下来。）

多一分尊重就多一分爱

广东省深圳市罗湖外语实验学校初三（14）班　郑培芹

一阵烟雨，穿过长廊，踏入庭院，空气中是洋槐与春泥的味道。我收伞，起步走入屋内，外婆见我来了，抬眉浅笑："来，挑几颗吧。"话毕，便取出一筐新料，珠圆玉润，雪白透亮，我仔细挑拣着，一丝犹豫涌上心头，纠结半晌，外婆在一旁笑着，眸中给了我莫大的尊重。

雾潋清鹤，江南烟雨中，外婆的口中不见了唠叨，只有亲情满怀，互敬互爱。

山抹微云，亭台楼榭踏碎琼瑶，磐石雨松而立，坐听春韵奏芭蕉。择完取下一根细线，外婆的手腕翻飞，将珠翠一粒粒串了进去，我在一旁极力模仿，珠子在一粒粒的碰撞，迸发出清脆的声响，串完后打上一个结，用火柴轻轻烧一下，收好尾，将一粒珠翠移盖至上面，我欣喜地套在手上，满脸堆满了微笑，亲情荡漾，尊重满怀。

软拂春晓，指尖挑露珠，将尊重刻于眉眼间，外婆辞去的是辛劳，留下的温暖的爱。

烟雨缱绻，在纷扰浮嚣的社会中，在青色烟雨中的尊重不辞辛劳，以技养身，以心养技，在几十年的慢行中用尊重，对抗着寂寞，串起爱心的光影。匆匆光阴，只为那一份真情的爱，为那一刻永久的幸福，那温柔笑意永远镌刻在我的心间，那满脸的褶皱也让我明白，多一分尊重，就多一分爱心。

烟雨醉春，青山依傍着江川，江南雾霭间，给予我们幸福的就是那尊重发起的爱之花悄绽于烟色间。

后记

江南浓浓雾霭，是外婆眸中的爱唤醒了我心中的幸福，我愿伴外婆身侧，永远品味她给我们的幸福。

父母感言

孩子可以在生活的小事中体会到尊重与爱的关系，能够思考文化传承的意义，让我们很欣慰，我们会一直与孩子一起见证生活中的所有美好，尊重孩子，记录美好。（爸爸：郑德全）

教师赏评

文笔优美，用词典雅，结构清晰，层次分明，小作者在散文诗般的语言中叙述了一次游行烟雨江南的经历，自然地抒发了自己在尊重和被尊重中获得的爱以及对尊重、爱与幸福的认识和追求。（指导教师：聂 华）

学会做事（在你的生活中是否也遇到过相同或相似的事，感觉如何？写下来。）____

____

____

怀揣分寸，茕茕孑立

广东省深圳市罗湖外语实验学校初三（14）班　刘子涵

捧一盏花碗，馥郁一寸心间；插一株柳，庇荫擎覆额前。吹落蒲公英梦的羽翼，心怀分寸，用尊重让生命之重，芬撒人间。

豆蔻年华，怀揣童稚的天真，心如断了线的纸鸢，四处觅寻。挣脱开祖母紧攥着的手，一路颠簸到蒲公英盛放的沃土，小孩子心性，跛扈得很，一脚踩扁一个蒲公英。祖母忙上前阻止，她蹲下来，澄澈的眼眸与我平齐：“你把蒲公英都踩伤了，它们多疼啊。”用泥土覆盖起它们的残肢断臂，祖母说：“你要道歉！蒲公英也是有生命和尊严的。”我抬眸，懵懂中闪着一丝对生命的敬畏与尊重，原来即使是对植物，也要有分寸。

尊重，这枚种子逐渐扎根于内心深处，于我，是一种生命的觉悟。

几年后，又见祖母。闲暇之余，我帮祖母整理杂物，却发现一张留与我的嘱咐：有时间，种种那些逝去的蒲公英。蒲公英本不需要种，它们自有生命中远航播撒的种子，但是这是一份对生命的忏悔，更是对祖母的尊重。我携几粒蒲公英身上脱落的种子来到草地上，埋下一颗颗未了的夙愿。拨开细腻微润的土壤，嵌进几粒洁白的蒲公英种子，一个个稚嫩的生命再次孕育，承载起我对蒲公英生命与祖母嘱托的尊重。

青春岁月，怀揣着成熟的尊重，心如皈依的信念，崇敬而肃穆神圣。鼻翼上挂着的泪珠，明澈了我对生命的感悟，更加珍惜与尊重。

又是一年蒲公英盛放之季，回到故乡，祖母领着我去那片草地，却惊喜地发现几株簇拥着的蒲公英，它们柔软如丝绸，包裹住石碑，迎风微笑。在蒲公英的波澜起伏中，我仿佛看到了生命的美丽绽放。生命，因尊重，温暖再度尊重每一株蒲公英，即便它再渺小；无论有多么微不足道，都是生命中不可或缺的美好。它与祖母，茕茕孑立在世间，授我以对生命与自然的尊重与分寸。阖眸，盈满敬畏，不再踟扈。

后记

在开遍蒲公英的人生之路上，谨记祖母的嘱咐，尊重每一个低微而高尚的生命，用分寸感虔诚以待每一个茕茕而立的生命。祖母对待生命的态度让我收获和感悟到了很多，对分寸感的改观，对生命的尊重，让我意识到尊重的重要性。

父母感言

看了这篇文章，才突然发现孩子的成长，能在与祖母的相处中学会尊重他人，尊重生命，学会把握分寸，是不小的成长。（妈妈：王丽丽）

教师赏评

文章语言优美，修辞手法丰富多样，结构清晰，叙事流畅。自然地讲述了与祖母一同去看蒲公英盛放的经历，从一棵蒲公英中体会到生命的真谛，在渺小中也能创造伟大，内容充实饱满。（指导教师：聂 华）

学会做事（在你的生活中是否也遇到过相同或相似的事，感觉如何？写下来。）

在家务劳动中获得快乐

广东省深圳市罗湖外语实验学校初二（9）班　宋泓豆

“家里好久没有没有搞卫生了。”晚饭时，奶奶突然提起。干活，家里只有我能来！我便信心满满的揽下来：“明、后两天打扫家里卫生就交给我吧！”

次日早晨，天光乍破时，我穿上防尘罩衣上了三楼。今天的任务是扫地和整理。

我费了些时间整理好物品后，就剩落满灰尘的地板了，我握着扫帚左右移动，尽力将扫帚的角伸进一些缝隙里把掩藏的灰尘带出来。这房子至少有几个月没扫过了，我轻轻挥动扫帚，厚厚的尘土屡屡扬起“沙尘暴”。呛得我只好戴上口罩接着扫。等三楼扫完便很轻松了，没到中午就完成了。

第二天上午，我开始擦洗窗户，一拎起抹布，我就不禁皱眉。窗边瓷片上的灰积成了黑乎乎一片。抹布来回擦拭了几次，再放入桶中，一桶清水瞬间像被一小瓶墨染了似的。窗户间隙中还卡住了一只只“小可爱”，还有几只活的！噫……我不自觉地屏住了鼻子并捂住了嘴。刚想下楼喊奶奶过来帮忙清理，忽然想起这次的清扫我答应了全部由我来完成，不能让家里人来帮忙，我一定能弄干净！于是我把抹布缠在手上，一股脑地带上所有的虫子，把它们冲下了下水道，然后，继续使劲擦拭。经过我的多次清理，窗边渐渐露出了它原有的玉白色。我似是被激励，便更努力地擦着其他窗户。

时间就在忙忙忙碌碌中悄然度过，云霞渐入天边。擦完窗户拖完了地，终于全部完成了任务，心中充满了无比的满足与自豪。

我承担起家务，学会了独立劳动。望着天边那一抹暖阳，喜悦与自豪如同气球般在心里升起，劳动使我快乐！

后记

面对窗户上的虫子，原来我都是喊奶奶帮我弄掉，这次，我能忍着恶心，用抹布把它们捏起来处理掉，突然觉得很骄傲。

父母感言

我们因为工作忙，常不在家时，孩子能主动帮助爷爷奶奶做家务事，承担家庭责任，我们很欣慰。希望孩子能尽力帮助长辈做事，成为一个好少年，收获更多的成长。（爸爸：宋盛佳）

教师赏评

这篇作文生动而真实地记叙了作者的一次劳动，以生动趣味的语言，展现了一个积极承担家庭责任，热爱劳动的好少年。（指导教师：黄铤璇）

学会做事（在你的生活中是否也遇到过相同或相似的事，感觉如何？写下来。）______________________________

____

____

____

与人相处要彼此尊重

在人与人的交往中，把握交往的原则与完善交往的技巧很重要。

尊重他人有着强烈的相互性，我们应本着“送人玫瑰手留余香”的原则，给人一个微笑，别人会回赠你一个春天。在人际交往中如何才能做到彼此尊重、和睦相处呢？

1. 充分认可与理解

大千世界，无奇不有。每个人都有自己独特的生存智慧和方式，这种差别让人与人之间和而不同，异彩纷呈。要想人际关系更和谐、更融洽，做到和睦相处，就必须认可人与人之间的差别，对异于自己的生活、处事方式要给予充分的理解，互不干涉并给与尊重。

2. 相互欣赏与关爱

人们生活的背景不同，经历也有差异，各自都有着独特的人生体验。正所谓尺有所短，寸有所长，也就是说我们要用赞赏的目光发现别人身上的闪光点，并以别人之长，补自己之短。每个人虽说处于不同的生活环境，扮演着者不同的生活角色，但都有着个人精彩的人生。对他人投入爱，就会同样得到他人的爱。唯有此，生活才会充满温情。

3. 尊重、合作与帮助

尊重他人不仅是一种道德，还是一种生活的智慧，一个人的力量是有限的，需要别人的合作与帮助，才能实现预期的目标，合理分工和与人合作不仅可以提高效率，更重要的是建立起一种全面的人际关系，以满足各自的社会需求，获得别人与全社会的尊重、理解与认同。

【案例】

卓别林的谦逊与尊重

在一次巡回表演中，著名喜剧大师卓别林，认识了一个对他仰慕已久的观众。两人相谈甚欢，很快就成了好友。表演结束后，这位朋友请卓别林到家里做客。作为棒球迷，好友带着卓别林欣赏自己收藏的各种棒球藏品。面对兴致勃勃的朋友，卓别林全程微笑注视，认真聆听。

卓别林回到家里，费尽周折找到了朋友喜欢的那个棒球明星。请他在棒球帽上签名，并表示要将此当作礼物送给那位朋友。卓别林的举动，让他身边的人很是不解。因为大家都知道，卓别林对棒球从来就不感兴趣。然而，卓别林却说："我是对棒球不感兴趣，可我的朋友对棒球感兴趣。"

那位朋友知道了卓别林这个举动后，特别感动，将他送来的棒球帽永久珍藏。两个人的友谊也延续了一生。

一个真正成熟的人，永远不会以自己的三观去衡量别人的层次高低、爱好好坏。相反，他们在坚定自己立场的同时，也能够尊重他人。

康德曾说过一句话："我尊重任何一个独立的灵魂，虽然有些我并不认可，但我可以尽可能地去理解。"

生活中并不是以某个人的行为规则为标准，每个人都有自己的标准。学会谦逊，永远不要轻易低估任何一个人。

【共同分析】

尊重他人是一种文明行为，与我们的日常生活息息相关，可以从以下几个方面做起，养成尊重他人的习惯：当你不经意冒犯了别人，请真诚地说声"对不起！"当别人不经意冒犯了你，请真诚地说一声"没关系！"当别人遇到困难时，请伸出你的手，给他坚强与鼓励！当自己遭遇坎坷时，请昂起头，让微笑带给你无限生机。

拓展阅读

给外婆过生日

浙江省宁波市鄞州区横溪镇中心小学三年级　吴愉烁

正月二十五是外婆的生日，从放寒假开始，我就盼着这一天，希望能给外婆过一个开心的生日。

早上一睁开眼，我就给外婆打了一个电话，给她唱了《生日快乐》歌，并表达了对外婆的祝福。

我和爸爸妈妈准备给外婆一个惊喜，我们拽着外公外婆来到了银泰城，走进了一家烤肉店。

妈妈点好了菜，不一会儿，几盘牛肉便端了上来。爸爸把肉放在烤盘上，“吡吡吡……”一阵阵香味马上扑鼻而来，我们直勾勾地盯着即将烤熟的肉，我的口水都快流下来了。没多久，香喷喷的烤肉就可以吃啦！我赶忙给外公外婆夹上烤肉，等他们尝了以后才咬了一口自己碗里的肉，好吃极了！

“外婆，我要给你做一个生日蛋糕，你等等哦！”我边说边在盘子上摆上两片生菜，在生菜上面放了一大块肉，再浇上一点调料，放一朵菜花，一个独特的生日蛋糕做好了。“外婆，Happy Birthday ！”外婆开心极了。

我们在欢声笑语中结束了用餐。我说：“外婆，今天我来请客，下次外公生日，也是我请客哦！”“谢谢，我们烁烁真是长大了！”外公外婆开心地摸着我的头。

妈妈告诉过我，陪伴是最好的礼物，我希望我能一直陪着外公外婆，让他们快乐地过好每一天！

后记

人的一生很长也很短。但我们是不是也应该反思一下自己，陪伴长辈时间是不是越来越少了？妈妈说的没错，陪伴是最好的礼物。外婆是我最爱的人，我会经常去看望外婆，希望外婆永远健康、平安。

父母感言

孩子是外婆手把手带大的，跟外婆有很深的感情。因为学业的关系看望外婆的时间也越来少。但她意识到了这个问题，会经常去看望外婆。我们作为父母也很骄傲，希望宝贝能一直保持一颗感恩的心对待身边的人和事。（妈妈：俞筱萍）

教师赏评

孩子的天性是最朴实纯真的，小作者对长辈的尊重与爱是在母亲和家庭的耳濡目染中建立的。小作者把外婆的生日放在心上，精心策划，让外婆在家人的陪伴中愉快度过，正像孩子的母亲说的：陪伴是最好的礼物。（指导教师：邬超蕾）

学会做事（在你的生活中是否也遇到过相同或相似的事，感觉如何？写下来。）______

______

______

端午·乡情

广东省江门市新会尚雅学校七年级　张焯岚

端午节是我国的传统节日，在我的家乡也备受重视。临近端午节前的几天，巷子里总是热热闹闹。

天还没有大亮，洪亮的声音打破了清晨的宁静："起床了"乡亲们架好柴火，随着手里火机清脆的响声，火生起来了。接着，是一阵阵急促的脚步声，乡亲们手里拎着大包小包的食材，迎着缕缕初阳，他们的汗水像是在发光。

太阳爬上了山，阳光洒满大地，像一盘金子被打翻了。这一条"生产线"开始工作了。奶奶一边和乡亲们唠嗑，一边包着粽子，手上的活儿一点都不含糊。只见她打开粽叶，娴熟地舀起一勺米，放入包好的粽叶里，再传给下一个人。再看看那几位乡亲，额头上早已布满了汗珠，身上的衬衣被汗水浸湿也不自知，他们早已沉浸在欢乐之中，全然忘了其他的一切。

大约两个小时过后，粽子包好了。我帮忙把粽子放进滚着沸水的大铁锅里。奶奶说："耐心等等吧，起码要三四个小时，糯米才完全熟透哦。"等待的时间虽长，但在和小伙伴们的嬉笑中，时间也过得快。

"吃粽子了！"不知是谁喊了一声。我赶紧放下手中的事情，和乡亲们一起，挤到那大铁锅前。拿好了碗，急切的目光盯着锅里翻滚着的粽子，手里的筷子不自觉地向锅的方向移动。酝酿着酝酿着，粽子的清香溢满空气。

奶奶慢慢地揭开锅，一股浓郁的粽香带着滚烫的热气直冲脑门。我从人群中艰难地挤出来，碗里是奶奶帮我夹起的大粽子。打开这个热气腾腾的粽子，我咬上一口，糯米的甘甜与咸蛋黄的咸香混合在一起，是一种美妙的体验，像是糯米和咸蛋黄在口中携手共舞，既细腻，又很甜蜜，吞进去，便是一股暖流流过心田，满足感、幸福感升腾而起。

奶奶总说："邻里乡亲一起过的，才叫节。"的确如此，记忆中的端午节，我们总是在和乡亲们一起包粽子中度过的，这样的粽子格外香甜。

后记

左邻右舍一起包粽子吃，才更有节日的味道，坐在一起谈天说地吃粽子，这才是真正的端午节。

父母感言

感受节日的味道，最好就是参与其中，孩子有真实的生活经验，才能有感而记。（妈妈：郑霞女）

教师赏评

小作者以细腻的笔触记录了乡里邻间同过端午的场景，作文写得真实而生动，体现了青少年对家乡文化、传统文化的认知。（指导教师：黎惠瑜）

学会做事（在你的生活中是否也遇到过相同或相似的事，感觉如何？写下来。）______

______

______

妈妈生病了

广东省珠海市兆征纪念学校五年（1）班　王诗涵

清晨，吃过美味的早餐之后，妈妈正在厨房清洗早餐后的碗筷，我在客厅读写课文。随着时间的流逝，厨房里静悄悄，里面鸦雀无声！突然，不好的预感窜上我的心头，我赶紧起来跑去厨房，看到妈妈痛苦地蹲在地上，我忙问："妈妈，怎么了，怎么了？"妈妈说："我没事，只是头晕。"

我的心里像是揣着一只小兔子在乱跳，心都提到嗓子眼，既着急又害怕。

我小心翼翼地扶着妈妈走回卧室，让她慢慢躺在床上，转身去厨房给妈妈倒了一杯温水。

妈妈脸色发白闭着眼睛躺在床上，听见我进来，马上睁开眼睛微笑着对我说："吓到了吧，妈妈没事，睡一觉就好，你学习去吧。"

我轻手轻脚把门关上，继续去学习，可还是忧心忡忡，心神不宁，忍不住悄悄地去看妈妈好几次。太阳已高高升起，妈妈还在沉沉地睡着，我的心里一边担忧她的身体状况，一边想怎么能让妈妈吃到热乎的饭菜，因为不会烧饭，我在自己的零钱包里拿了钱，下楼去小区旁边的面食店买面条。

我边走边想着，妈妈如果醒来发现我不在家，肯定会着急，于是，我逐渐加快了脚步，买好面条，飞快上楼把面条放好，叫醒妈妈起床吃饭。妈妈看到我买的面条，热泪盈眶地夸我长大了，会照顾妈妈啦！

看到妈妈醒来，吃了我买的面条，心里一块石头重重地落地。因妈妈平时精细入微地照顾我，今天换我照顾最爱的妈妈！

还有一次，在我年纪还小的时候，妈妈右手摔骨折在医院动手术，因爸爸工作繁忙没办法照顾，只好叫来外卖，我喂妈妈吃饭，我叫护士阿姨换针水，全程我一个人照顾妈妈。妈妈说，那时候她吃着我喂她的每一口饭，眼里的泪水忍不住地滑落，她把所有的爱给予我，我也回馈给予全部的爱给妈妈。

这段经历让我更加珍惜和妈妈在一起的时光，想起《世上只有妈妈好》这首歌："有妈的孩子是个宝，没妈的孩子像根草……"妈妈的病使我深深体验了这首歌的深刻含义，爱妈妈的情感油然而生，我如同妈妈的护身符，保护着妈妈，陪伴着妈妈，希望她尽快好转，成为我健康幸福的妈妈。

后记

那次妈妈住院，我把妈妈从手术室推出来，因麻药药效还没有过去，妈妈面无血色地昏睡着，我以为我失去了妈妈，吓得直哭，护士阿姨说：妈妈只是睡着了，但我还是害怕，一直呆呆地守在她的身边，此时我真的体会到失去是多么的恐惧，我还小，有些事还弄不明白，但是，我会面对困难和挫折，勇往直前！

父母感言

因为妈妈生病，孩子独自照顾妈妈的经历，不仅磨炼了她的意志，还促使她更加热爱生活，享受家庭的美好，更使孩子亲身体验到了关心他人的重要性，唯有尊重和关心他人才会得到其他人的爱。（妈妈：王 慧）

教师赏评

小作者不仅把妈妈生病的过程写得生动感人，还把照顾的过程描写的活灵活现！文末点题：想起《世上只有妈妈好》这首歌：“有妈的孩子是个宝，没妈的孩子像根草……”，妈妈生病使我深深体验了这首歌词的深刻含义”巧妙地突出了主题，使文章前后呼应，生动感人，给读者以启发。（指导教师：李少珠）

学会做事（在你的生活中是否也遇到过相同或相似的事，感觉如何？写下来。）________________

____

____

拜年锻炼我的情商

广东省深圳市罗湖外语实验学校初二（9）班　卢得灿

“蹦！叭！”一阵阵热闹的鞭炮响起……

春节是中华民族的传统节日，象征着团结兴旺，“千门万户曈曈日，总把新桃换旧符。”相传，吃人的年兽离开后，人们互相串门以表示庆贺，故称为“拜年”。我们都知道，年兽只是一个传说，但是“拜年”的习俗却一直流传下来了。

大年初一，鞭炮声充满了大街小巷，锣鼓声震天动地，大街小巷洋溢着喜庆的气氛。

出门拜年之前，妈妈让我带上一件礼物，我环顾四周，突然瞄到有一盒三文鱼躺在冰箱的角落，橙红相间彰显喜庆！过年送鱼，年年有余！一路上我一直暗自佩服我的聪明。。

来到伯母家，伯母看到三文鱼，犀利的目光让我的身体像被针扎一样。接下来的一刻钟真是度秒如年，感觉我的腿和脚都无处安放，豆大的冷汗从额头滚落下来。伯母把我叫到一旁，我的心又一次提到嗓子眼，伯母说："拜年不带鱼，这种生鲜，会给人造成关系不融洽的误会"。我醍醐灌顶。

伯母拍了拍我的头说："新年快乐！"这拜年喜也红包，忧也红包。想要红包收的多，四字好词必须多。

"恭喜发财"一进亲戚家，我那能说会道的嘴却被姐姐那像开了光的嘴巴给抢前一步，感觉所有人盯着我，"祝，爷爷……额……恭喜发财，嗯……大吉大利！"我像挤牙膏似的挤出几个字，脸一阵红一阵白。

拜年结束后，我在心中发誓："一定要学好拜年"，这拜年不仅是晚辈对长辈的尊重，对于人与人的交往与和谐相处也至关重要。

中华民族是礼仪之邦，其博大精深的文化源远流长，学拜年，学传统，贴近中华文化，何乐而不为呢？

后记

拜年送礼有讲究，吉祥话也不能少，相互问候，互相祝福，不仅加深了感情，还提升了情商，通过拜年我更加深刻地理解了："书山有路勤为径，学海无涯苦作舟"这句名言的含义。。

父母感言

其实，我们也是和孩子一样是一步一步走过来的，拜年的讲究还真不少呢！看到孩子因拜年而引发的窘迫并认识到自己的不足，我感到无比欣慰。中华文化源远流长，还有更多的知识等着我们学习。愿孩子能在以后的学习中不忘初心、砥砺前行！（爸爸：卢贤伟）

教师赏评

作者选用了一个我们生活中常见且贴合中国传统文化的题材，热闹的春节，丰富的文化习俗，文章内容结构紧凑、跌宕起伏，生动有趣，语言幽默风趣，描绘出"我"去拜年时遇到的窘迫与关爱而且有感而发。（指导教师：黄镟璇）

学会做事（在你的生活中是否也遇到过相同或相似的事，感觉如何？写下来。）______

______

______

与祖母共酿的菖蒲酒

广东省深圳市罗湖外语实验学校初三（13）班　黄诗雅

每年五月初浴兰节时，我都会与祖母一同去山洼里头采菖蒲叶。而祖母这次也答应我，教我酿菖蒲酒，祖母说，酿酒最重要的是细心和耐心。

我找到那个挑着担的背影了——她正小心地在池边挑拣菖蒲叶，隐隐能嗅到那清冽的淡香。山间的气息令人舒心。无浮翠流丹，无空花阳焰。只有切实的晨光在照应世间原始模样。我帮祖母将菖蒲叶摘下，耐心地用池水漂过，又将刨掉的根与叶分放在两个簸箕里。汗于我的眉心聚集，滑动着眉宇的痕迹，最终在耳后垂挂、坠落。

挑拣完菖蒲叶，使其彻底洗濯干净，刷在叶上的杂音，与旁边蒸粽子的

水汽声搅在一起。菖蒲的根如白玉一般晶莹剔透，似缎带般的绿叶一起被祖母晾晒在屋檐下的阳光里。待到晾干后，将它们切碎成段，我切得有些卖力，汗从我的手心中渗出，刀柄也险些握不住。切完之后将它们放置在有事先放过糖水的罐子里，再处理大门冬、菌芋、苦参、麻子仁……然后将它们撒进一个罐子中。十六味的杂陈绝对是菖蒲酒无可比拟的特点。我的汗顺着颊线滴在罐子盖上，将身下罐子的红布晕出一些奇形怪状的图案。

待了数十日，或许更久，终于向祖母求得小抿一口菖蒲酒的机会了。它色泽金黄，甘甜的滋味在舌苔上挥之不去。在浴兰节，为此待的是雾锁菖蒲千影叶，庭中酒，醉清风。菖蒲酒美清尊共，只见未艾一弄，酒香醇厚。我为此而乐不可支。

菖蒲酒里蕴藏的不仅是半枫荷的草木精华，还酿着对一草一木的呵护，

酿着祖母一心一意的用心。菖蒲叶的清香浸润我的心魂，我也养成了细心、耐心的性格。

后记

通过在五月的浴兰节与祖母一起洗菖蒲叶、酿菖蒲酒，让我感受到了丰富生动的节日文化与浓厚的节日氛围，我也在取材酿酒的过程中培养了细心、耐心的性格，收获颇丰。同时我也会在生活中延续这种细心与耐心的品格，在成长的道路上不畏风雨、迈步向前！

父母感言

孩子把与祖母酿菖蒲酒这一件事情描述得很细腻，写出了自己的体会和感悟，文笔流畅，文思深刻。希望孩子今后也能秉持细心与耐心，于行为实践中锻炼自己，成就自我！（妈妈：邓春妍）

教师赏评

文章开头点出中心思想，结尾又能和开头前后呼应，文中描写酿酒过程仔细而不拖沓，最后用醉清风映射出因为耐心而收获的美好，点明自己的写作主旨。整体文章叙事流畅、立意清晰，文字令人感到清风拂面般的舒适，希望小作者会一直沐浴在细心、耐心带来的春风中！（指导教师：陈 丹）

学会做事（在你的生活中是否也遇到过相同或相似的事，感觉如何？写下来。）

本篇复盘

◎ 小问题

思考下面的问题，帮助你理解尊重对情商提升的作用。

1. 培养孩子尊重他人能力的目的是什么？

2. 培养孩子尊重他人能力首先要做到什么？

3. 培养孩子尊重他人能力有哪些要注意的环节？

4. 培养孩子尊重他人能力有什么效果和表现？

◎ 信息反馈

在日常生活中很多矛盾都需要通过尊重来解决，以此提升与他人交往的能力，你面对这些问题是怎么解决的？你身边的人又是怎么做的？请将此记录下来，写一篇 500 ~ 800 字的文章，扫描微信公众号二维码传上去。

陶行知学院
微信公众号

Part7

勤奋与责任篇

- ◎ 篇前小叙
- ◎ 名师导航
- ◎ 导师简介
- ◎ 陶行知经典故事
- ◎ 社会责任的意义与价值
- ◎ 承担责任，敢于担当
- ◎ 要在培养责任感上下工夫
- ◎ 责任心乃成家立业之本
- ◎ 责任心乃社会和谐的根本
- ◎ 做对社会、对他人负责的人
- ◎ 拓展阅读

篇前小叙

本篇是以“陶行知生活教育系列丛书”中的《勤奋与责任》为蓝本，由北京师范大学珠海校区（原分校）、北京理工大学珠海校区（原学院）和暨南大学珠海校区等18名教授、副教授自发组织起来，深入居民社区在充分了解家庭教育存在的实际问题后，开展的“大学教授谈家庭教育”活动而形成。教授们通过大量家庭教育案例，导出“承担责任，敢于担当”“个人生活与社会责任感”“责任的意义与价值”“责任心乃成家立业之本”“人际和谐的根、战胜困难神”“做对社会、对他人负责的人”“从小就要让孩子有责任心”“培养责任心与敢于担当精神培养的策略”“用真爱点亮孩子的责任心”以及“如何培养孩子爱己爱人的能力”等人们十分关切的问题。父母们在受到启发后，身体力行，不仅注重了孩子责任心的培养，还动员孩子记录了对责任心培养的全过程，形成了一篇篇生动感人的优秀作文。

名师导航

陶行知说：

- 捧着一颗心来，不带半根草去。
- 千教万教教人求真，千学万学学做真人。
- 教育是人类社会进步的原动力，而培养责任感则是教育的核心任务。
- 教育的最大成功，在于培养出能够承担社会责任的人才。

杜威说：

- 勤奋是天赋的才能，而责任则是我们对其的运用。
- 勤奋是一种习惯，一种通过不断的努力和实践，使自己的能力得到提升和完善的过程。
- 勤奋是实现目标的过程，而责任则是确保这一过程顺利进行的重要因素。
- 勤奋是天赋的才能，而责任则是我们对其的运用。

胡适说：

- 要想国家强大，其国民必须知识丰富、思维活跃、勤奋努力、富有责任感。
- 一个人对社会的价值，首先取决于他对社会的责任感。

蔡元培说：

- 教育者，养成人格之事业也。使仅仅为灌注知识、练习技能之作用，而不贯之以理想，则是机械之教育，非所以施于人类也。

导师简介

辛诚

北京理工大学珠海校区（原学院）副教授，会计与金融学院财务会计系主任。曾任金蝶软件股份有限公司高级项目经理、香港盈信集团财务总监、德赛集团公司财务经理、中信重工机械股份有限公司主管会计。发表学术论文 13 篇，其中第一作者核心 8 篇主编《财务会计学》等教材 3 部；主持参与科研课题 13 项，其中主持市级课题 3 项，参与省部级课题 10 项，参编“陶行知生活教育系列丛书”《教育与创新》《规矩与成长》《品德与分数》《行为与性格》《尊重与情商》《勤奋与责任》共 10 册。

王俊强

山西师范大学本科毕业，卡米亚斯大学（Universidad Pontificia Comillas）硕士研究生毕业，现任北京市金融街润泽学校总校小学部德育主任，北京市西城区骨干班主任，青少年心理学习治疗师，具有多年班主任实践管理经验；多年来一直深耕中小教育、教学研究，长期从事小学语文教学；对陶行知生活教育思想有较深的研究，特别注重中小学生的社会实践活动，尤其重视青少年劳动实践课教学。

本篇主题：如何培养有责任心，敢于担当的精神

本篇要点：

本篇从如何培养孩子的责任心谈起，引用大量社会案例启示父母“承担责任，敢于担当”“个人生活与社会责任感”“责任的意义与价值”“责任心乃成家立业之本”“人际和谐的根、战胜困难神”“做对社会、对他人负责的人”“从小就要让孩子有责任心”的家庭教育观念。从而导出：责任心是做人的态度、家庭中要常给孩子承担责任的机会以及培养责任心的策略、敢于担当能力培养的方法、让孩子从小就知恩图报、不让财富成为孩子成长的绊脚石、要让孩子充满爱心、不要错失亲情建立的时机、要培养孩子爱己爱人的能力等问题。

陶行知经典故事

做有责任感的人

在一个阳光明媚的早晨，陶行知来到一所乡村小学，准备给孩子们上一堂关于责任感的课。他走进教室，看到孩子们天真无邪的脸庞，心中充满了期待。他深知，这些孩子们是祖国的未来，培养他们的责任感至关重要。

陶行知没有直接开始讲课，而是让孩子们围坐在一起，给他们讲了一个关于小树苗的故事。他说："有一棵小树苗，刚刚种下不久。它渴望阳光和雨露，希望能够茁壮成长。然而，周围的大树却遮挡住了它的阳光，让它无法充分吸收养分。小树苗感到很无助，但它并没有放弃。它努力地向阳光伸展，终于有一天，它成功地长成了一棵参天大树。"

孩子们听得津津有味，陶行知趁机问道："你们觉得小树苗为什么会成功呢？"孩子们纷纷举手发言，有的说是因为小树苗坚强，有的说是因为它不放弃。陶行知微笑着点头，然后说："你们说得都对。但最重要的是，小树苗有责任感。它明白自己需要成长，需要为大自然作出贡献。因此，它不断地努力，最终实现了自己的梦想。"

接着，陶行知告诉孩子们，每个人也都有自己的责任。作为学生，应该努力学习，掌握知识，为将来成为国家的栋梁之材打下基础。作为公民，应该关心社会，尊重他人，为社会的和谐稳定贡献自己的力量。

为了让孩子们更好地理解责任感的重要性，陶行知还组织了一次实践活动。他带领孩子们来到学校附近的村庄，帮助村民们打扫卫生、修理房屋。孩子们在劳动中体会到了付出的快乐，也明白了自己的行动能够为他人带来帮助和温暖。

通过这次实践活动，孩子们对责任感有了更深刻的认识。纷纷表示，以后一定要好好学习，做一个有责任感的人。陶行知看到孩子们的表现，心中满是欣慰。

【共同分析】

陶行知认为：教育不仅仅是传授知识，更重要的是培养学生的品德和责任感。这一堂关于责任感的课，不仅让孩子们明白了责任的重要性，更激发了他们内心深处的潜能。他用自己的行动和教诲，为孩子们树立了一个榜样，明白了在成长的过程中，责任感是不可或缺的一部分。

社会责任的意义与价值

青少年作为未来的主力军，其对于社会责任的认知与担当日益受到关注。社会责任不仅是对成年人的要求，青少年同样需要培养与践行。社会责任教育对于青少年的全面发展、社会和谐与可持续发展都具有重要意义。

1. 对社会责任的认知

（1）定义与内涵。社会责任是指个体或组织在追求自身利益的同时，应当对社会、环境及其他利益相关者负责。对青少年而言，社会责任意味着要关注社会、关心他人，为社会的进步与发展贡献自己的力量。

（2）青少年的特殊性。青少年正处于生理和心理的快速发展阶段，他们的价值观、人生观正在形成。在这一阶段，加强对青少年社会责任的教育，有助于他们形成正确的价值观，更好地融入社会。

2. 履行社会责任的意义

（1）个人成长。通过履行社会责任，青少年可以锻炼自己的组织能力、沟通能力、团队协作能力等，促进个人的全面发展。

（2）社会和谐。青少年积极参与社会公益活动，有助于增进社会的凝聚力，推动社会的和谐发展。

（3）可持续发展。青少年是未来的主人，他们对社会责任的认知与担当将直接影响到社会的可持续发展。

【案例】

在清扫垃圾中体现的社会责任感

清晨，阳光还未洒满大地，某中学的学生们就已经开始了环保之旅。

在李校长的带领下，先是分组行动，有的班负责清扫街道，有的班负责清理公园，有的班则负责收集分类垃圾。

许多同学表示，原来从未意识到身边的垃圾问题如此严重，看着眼前一袋袋被清理出来的垃圾，深感震惊。同时，大家也明白了，保护环境并非遥不可及的大事，而是需要我们从小事做起，从身边做起。

在活动过程中，同学们不仅清理了环境，也体验到了团队协作的力量。同学们相互帮助协作，共同面对困难完成任务，展现出了中学生的活力和热情。

在清扫垃圾的过程中，大家学会了如何与他人合作，并懂得分享自己的经验和成果。这种合作精神不仅让同学们在此次活动中取得了成功，也将在同学们未来的学习和生活中发挥重要作用。

这次活动让大家意识到，每个人都有责任和义务去保护环境，因为这是我们共同的家园。

此外，这次活动也让同学们感受到了社会责任感的重要性，明白了作为社会的一员，不仅要关注自己的学习和生活，还要关注社会的发展和进步，要承担起自己的社会责任，为社会作出贡献，这种责任感让大家更加珍惜自己的生活和学习机会，更懂得尊重和关爱他人；这种责任感让大家更加成熟和自信，也为未来的成长奠定了坚实的基础。

同学们不仅学会了保护环境的重要性，更学会了承担社会责任的重要性。大家明白了作为中学生应该主动承担起社会责任，关注社会的发展，为社会的进步作出贡献。

总的来说，这次环保活动对学生们产生了深远的影响。这种责任感将伴随同学们一生，成为同学们成长道路上不可或缺的一部分。

【共同分析】

学校加强对青少年的社会责任教育，并将其融入日常教学中，家庭也应常常引导孩子参与社会公益活动，培养孩子的社会责任感。

随着社会的不断进步，我们期待更多的青少年能够积极履行社会责任，为社会的发展贡献自己的力量。同时，我们也相信，在全社会共同努力下，青少年的社会责任教育将会取得更加显著的成效。

拓展阅读

小事也需要有责任心

横琴粤澳深度合作区华发容闳学校四年（2）班　王锦安

责任，说大可以很大，说小也可以很小。五一假期期间，一件小事让我明白了自己身上的责任。

放假的第一天，我正苦思冥想该去哪里玩时，一场倾盆大雨突然来袭。哎，出去玩的计划泡汤了！我正在房间百无聊赖之际，只听妈妈说："今天是五一劳动节，咱们一起来整理一下家里吧？"妈妈话音未落，我就喊了起来："不要，整理家是你们大人的事，我现在的任务是好好学习，长大为国争光。"妈妈严肃地说道："为国争光是需要有责任心的，现在你需要从小事做起，担负起让家庭干净整洁的责任，将来才能更好地为国争光。""那好吧，我需要干什么？"我有点不服且不情愿地说。"你把刚买的电风扇装一下吧。"妈妈指向一个未开封的箱子。

看着眼前的箱子，我想这有什么难的！我拿起剪刀便拆起了包装盒，可是出师不利，一不小心就戳到了手指。我“啊”的一声叫了出来，心里有些抵触，但看了看妈妈那鼓励的眼神，我便多了一点耐心，重新开始装了起来。

可是从哪开始呢，我呆呆地望着一堆零部件，没有一点思绪。对了，看说明书！我比照着说明书，按照步骤找到了每一个零件。我先把支架放进卡槽，固定好底座，再将风扇头安装到升降杆上，接着把扇叶装进风扇头里，拧上螺丝，最后装好前网罩。嘿嘿，大功告成，也不过如此嘛。

在家人期待的眼神下，我插上了电源，得意扬扬地摁下开关，我闭着眼等着那股清爽的风吹来，可是风没等来，等来的却是家人忍俊不禁的表情。我百思不得其解，到底是哪里出错了呢？我又仔细地检查了一遍，哦——原来是扇叶装反了。我连忙按照正确的方向装了回去，再次插上电源，这一次，凉爽的清风扑面而来，全家都为我感到开心。

想着自己的劳动为这个家送来了清凉，我心中油然而生一种自豪感。想想刚才跟妈妈说的话，真是可笑，好高骛远地谈以后的责任，不如现在踏实地做好每一件小事，切切实实承担起家庭中、学校里的一些责任。

后记

看来不论年纪大小，我们每个人都有属于自己的那份责任。在实现自我价值的同时，我想更重要的应该是为家人、为社会作出自己应有的贡献。从一件件小事做起，才有能力承担更大的责任。

父母感言

亲爱的孩子，我们欣喜地见证着你的成长。小小的风扇虽然不大，但却蕴含着你的汗水和智慧，爸爸妈妈看到你能够明白自己对于家庭的责任而感到高兴。（妈妈：黄 金）

教师赏评

劳动最光荣，小作者用那小小的双手、智慧的头脑和善良的心灵再次向我们诠释了劳动的荣耀。报效祖国是远大高尚的志向，拼装风扇是脚踏实地的付出。想要承担更大的责任，就从日积月累的努力做起吧。（指导教师：吴 辉）

学会做事（在你的生活中是否也遇到过相同或相似的事，感觉如何？写下来。）

我和“憨豆”的半天

安徽省芜湖市北塘小学五年级　邵清涵

早上七点半，我睁开了朦胧的双眼，猛然发现本应热热闹闹的早晨寂静无比，“憨豆”是我家的小狗，趴在我的床边不停地扒拉我，似乎是在喊我起床。

这可太奇怪了！憨豆可从来没有喊我起床过，要喊也是喊老妈呀，今天怎么会……正想着，它脖子上的一张纸条吸引了我的注意：姐姐，爸爸妈妈都出去逛商场了，家里面就剩下了我们两个，快起来给我准备狗粮吧，我都要饿死了！

什么？居然连招呼都不打就把我和憨豆丢家里了！我倒不是气老爸老妈没有带我出去玩，而是因为突然有一种被抛弃的感觉，出门就出门呗，都不和我说一声！

起床之后，我给憨豆准备好狗粮和饮用水，在它吃早餐的时候晨读了一会儿，然后戴上手表，给憨豆拴上狗绳，带它去了楼底下为我自己点了一顿丰盛的早餐，顺便还带它在小区里遛了一会儿。

上楼后我写作业，憨豆就卧在我的脚边休息。过了一会儿，我的肚子不合时宜地叫了起来：“咕咕噜噜……”再一看憨豆，人狗四目相对，立刻达成共识：准备干饭！

起锅烧水，等水沸腾后，我在里边下了一小把面，煮熟捞出，加入老抽、酱油，撒上一把葱花、淋上热油就可以吃了！我吃得津津有味，旁边的憨豆忍不住了，流着口水，一下子站了起来，不停地作揖，求我也给它吃点。正当我准备投喂时，“咚，咚咚，咚咚咚”的敲门声让我手上的动作戛然而止。

是老爸老妈吗？不对啊，他们要是回来了可以直接开门，根本用不着敲门。难道是……小偷？这个念头刚浮现在脑海里就被我否定了，小区很安全，是不会有非法之徒的，绝对不会有！那门外是……

我心里既紧张又激动，手里握着刚才下面用的锅铲，把耳朵贴在门上，试图听一听门外的动静。憨豆好像也感受到了危机，一动不动地靠在门上。下一秒，我便被大门狠狠地打了一下脸。开门的正是老妈，她身后站着的则是老爸。他们发现我站在门口，手里还举着锅铲，一副如临大敌的表情，十分惊讶。

我更加惊讶："怎么是你们？"老爸笑着回答道："我们回来还要和你报备吗？怎么，你举个锅铲是想害我们吗？"我尴尬地笑了笑："这不是怕门外有坏人吗？"

这半天真是坎坷而又顺利，枯燥而又有趣，惊悚而又平淡啊！

后记

事后，老爸老妈说我戒备心高很好，一个人在家要特别注意安全，一定要保护好自己。

父母感言

爸妈不在家的半天，不仅照顾好了"憨豆"，还有警觉心。孩子长大了，知道自己的责任感了，爸妈非常欣慰。（爸爸：邵明发）

教师赏评

活泼的语言，有趣的描述，读着小作者的作文，眼前浮现出一个机灵活泼的孩子的形象。（指导教师：钱方薇）

学会做事（在你的生活中是否也遇到过相同或相似的事，感觉如何？写下来。）

我家表弟来啦

河北省石家庄行知小学四年级　瞿子尚

今天，可爱的小表弟来我家玩，我的任务就是给小表弟当一天父母，负责陪他玩。这可难不倒我这个“智多星”，我比他更会玩，哈哈！

小表弟一到，我就带他建造“小动物城”，几乎把家里的“动物”全召唤在一起了。还有两个保护小动物的“怪兽”——守护神。“小动物城”外最大的坏蛋就是灰大盗，它总想着抓走小动物们烤着吃。

“可恶的灰大盗，休想打小动物们的主意！”

“哎呀！呜呜！我还会回来的。”我和表弟轮番扮演不同角色，展开了一番惊心动魄的斗智斗勇的游戏。表弟简直太开心了。

我们玩得正起劲，突然变天了。一会儿工夫，窗外阴云密布，雷声隆隆，伴随一条条闪电划破厚厚的云层，瓢泼大雨顷刻而至。

“下雨天，蜗牛最喜欢了！雨停了，我们去找蜗牛吧！”表弟说。“好啊，楼下小花园每逢下雨就会有不少蜗牛。”我兴奋地点点头。

盼着盼着，雨终于停了，空气那么清新。我们赶紧下楼。

楼下小花园的草丛里果然有不少蜗牛，它们缓慢地爬爬停停，好像在寻找美食，又好像是出来散散步。

我用手轻轻一碰，蜗牛马上把身体缩进了厚厚的房子，没一会儿，它又小心翼翼地探出小小的脑袋，四周张望着，发觉没什么危险，便又不紧不慢地踏上了自己的美食之旅。科学课上学来的关于蜗牛的知识一下子全从我脑袋里蹦出来了，又争先恐后地从我嘴里冒出来。

小表弟用佩服的眼神看着我，仿佛在说：“姐姐，你知道的怎么这么多呀！”我心里乐开了花。

我们就这么看着说着，直到天光渐暗，灿烂的晚霞像一幅油画挂在天空。小表弟要回家了，我们快乐的一天也结束了。

后记

这一天，我和表弟玩得很开心，我的“一天父母”做的还算成功。在陪伴小表弟的过程中，也使我感觉到父母对我们的付出和责任。

父母感言

当一天“父母”看似不是一件难事，但贵在全程自己照顾小表弟，没让我们做父母的插手，也让我们感慨，孩子确实长大了。（妈妈：尚立娜）

教师赏评

“一日父母”没有难住翟子尚同学，她快乐地完成了带表弟的任务，看她的文字，品着她的快乐，是童年天真的模样。（指导教师：崔俊梅）

学会做事（在你的生活中是否也遇到过相同或相似的事，感觉如何？写下来。）

买菜也要有责任感

广东省珠海市香洲区文园小学五年（1）班　邓琳喆

天刚刚亮，我就迫不及待地起床了，快速地洗漱完，便向爸爸妈妈主动申请了今天要承担到菜市场买菜的任务。

吃完早餐，我一路狂奔，不一会儿工夫就到了菜市场。

菜市场里人群鼎沸，抬眼望去，啊！天上飞的、地上跑的、水里游的、土里长的……应有尽有，最吸引我眼球的是各种各样的蔬菜，生菜、莴笋、大白菜、红薯……新鲜美味的海鲜，如虾、鱼、螃蟹……。我最喜欢吃的是那绿绿长长的四季豆。

我东瞧瞧，西望望，这四季豆有深绿色、浅绿色、大的、小的、胖的、瘦的，让我不知从何下手。我转头看看爸妈，本想让他们指点一下，但又一想，答应爸爸妈妈由我来采购了，还得靠自己，于是，便按照自己的想法去挑选，先选了一些浅绿色，大大长长的，没有虫眼的四季豆。

我又想用什么菜和它一起做会更美味呢？

我紧走几步，来到了卖肉摊，案板上铺满了大排、小排、猪腿肉、里脊肉、五花肉。这么多部位的肉，应该买哪里的最好吃呢？我的脑袋里突然回想着爸爸、妈妈、爷爷、奶奶常在饭桌上讨论的饭菜问题，他们常说：猪排、里脊肉比较好。正当我想着时，卖猪肉的老板喊道："小靓仔，看中哪块了？"我不好意思地说："叔叔，我不知道怎么选？"没想到这位叔叔很耐心地问我："你想买来做什么菜呢？每个部位的肉口感不一样，做法也不一样。"我说："四季豆炒肉。""好嘞，来块里脊肉配你的四季豆，保证嫩香。"叔叔称好肉，我付了钱。随后，我又试着挑选了豆腐、生菜、西红柿、鸡蛋，还有大蒜和生姜做配料。然后，又买了一条黄花鱼。

买菜回到家，我急忙给妈妈捶捶背，揉揉脖子，十分感叹地对妈妈说："今天，我真的体会到你不容易了，真是不当家不知柴米贵，不买菜不知妈妈累。"惹得爸妈哈哈大笑……

中午，我帮忙洗菜、洗鱼……，妈妈主厨，很快一大桌菜就做出来了，我感觉这次的饭菜特别香，比平时多吃了好多好多……

后记

买菜也是一门学问。通过一次买菜的经历，我感受到买菜有很大的学问，不像原来想象的那么简单，父母养育我们的辛苦，今天我总算体验到了！

父母感言

读到这篇文章，我感到孩子确实长大了，可以为我们分担了，爸爸妈妈很高兴，也很欣慰。在这次当家中，不仅体会了当家的不易，还体会到了其中的学问，希望你在往后的学习和生活中取长补短，做一个有责任感的好孩子。（妈妈：周晓宁）

教师赏评

小作者巧妙运用人物的语言、神态及自己的心理刻画，向读者展现了一幅生动的买菜场景图，娓娓道来，朴实语言里蕴藏了生活的真谛，感悟到当

家的艰辛，读来如临其境、如闻其声，很有画面感。（指导教师：邓 琴）

学会做事（在你的生活中是否也遇到过相同或相似的事，感觉如何？写下来。）

学骑自行车悟出的责任心

广东省珠海市香洲区壮志学校五年（6）班 张晨曦

人的一生就是一个不断学习的过程，从刚出生时学会用肺呼吸，到学会情绪表达，再到学会各种技能。在学习的过程中，总能发生许多难以忘怀的事，其中最令我难忘且让我有成就感的就是学骑自行车。

去年秋天，我和姥姥去散步时看见别人骑自行车，神气十足。心想：我要是学会了骑自行车，是不是也可以像他们一样神气呢？于是，我央求着姥姥教我骑自行车。刚学骑车时，我那股迷恋劲儿甭提了。但开始学时总是需要姥姥在后面扶着，帮助我保持平衡，几圈下来，姥姥已累得精疲力尽，实在没有精力再帮我扶了。这可怎么办呢？要是摔倒了怎么办？万一擦破了皮、流血了，那得多疼啊！我越想越怕，有点想放弃了，可一想到别人骑车那种神奇劲儿，我休息片刻后，一鼓作气，跨上车，自己壮着胆儿，练了起来……

可是，刚跨上车不久，车子就像喝醉了酒似的，摇摇晃晃，朝着路边的一根电线杆撞去，车头怎么也扳不过来。“咚”的一声，我连人带车重重地摔在地上，摔得我屁股生疼，半天也爬不起来。再看看横躺在地上的自行车，车头都有些歪了。我既委屈又期待地望着姥姥，我多么希望姥姥能过来扶我一把啊，可是姥姥却不为所动，我心里明白：姥姥是想让我摔倒了再自己勇敢地爬起来。

于是，我重新振作起来。经过几次摔跤，我渐渐地找到了感觉，车子像一匹被我驯服的野马，让我轻松地驾驭了。正当我暗自高兴时，我才发现姥姥笑眯眯地向我走来，她抚摸着我的头，语重心长地说："你看，我要是一直扶你，你始终学不会，我不扶你，你反而学会了。虽然摔了几次跤，那又算得了什么呢？"

后记

那天，我不仅学会了骑车，还悟出了一个道理：成功需要勤奋和努力，也需要毅力和勇气。如果总是躲在襁褓中，是永远也长不大的……更体会到了姥姥对我深刻的爱！

父母感言

成功属于不畏困难，勇往直前的人。即使跌倒了，也要自己爬起来。请记住，我的孩子，跌倒了再爬起来，就不算失败。一份无畏，一份豪情，一份自信，在哪里跌倒就在哪里站起来，加油！成功一定会如期而至。（妈妈：李 艳）

教师赏评

本文叙述生动自然，结构紧凑，中心突出，熟练运用多种描写方法，特别是在心理、动作描写方面十分细致。并通过学骑自行车悟出了成功需要勤奋和努力，也需要毅力和勇气的道理，也体会到了姥姥对作者深刻的爱。（指导教师：柯婷婷）

学会做事（在你的生活中是否也遇到过相同或相似的事，感觉如何？写下来。）

承担责任，敢于担当

我们生活在一个充满挑战与机遇的时代。科技的发展日新月异，社会的变革如火如荼。然而，无论时代如何变迁，面对责任敢于担当的精神始终不变。这种精神如同指明灯，照亮我们前行的道路，让我们在风雨中坚定信念，勇往直前。

要培养面对责任敢于担当的精神，就需要从日常生活中汲取养分，不断锻炼自己的意志品质。

无论是在学习、工作还是生活中，我们都应该勇于承担自己的责任，敢于面对困难和挑战。只有这样，我们才能在未来的社会中立足，成为时代的佼佼者。

在未来的社会里，每个人都有机会发挥自己的才能，为国家和社会的发展贡献自己的力量。在这个过程中，我们不可避免地会遇到各种困难和挑战。这时，我们需要勇敢地站出来，担当起自己的责任，为解决问题贡献智慧和力量。

面对责任，敢于担当的精神需要我们具备广博的知识和技能。在未来的社会里，知识就是力量。我们需要不断学习，充实自己的知识储备，提高自己的综合素质。只有这样，我们才能在面对责任时游刃有余，从容应对各种挑战。

同时，我们还需要具备科学精神，善于运用科学知识去解决问题。在未来的社会里，科技的发展将更加迅速，各种新技术、新产业层出不穷。我们需要紧跟时代的步伐，掌握先进的科学技术，为国家和社会的发展贡献自己的智慧和力量。

面对责任，敢于担当还需要具备坚定的信念和高尚的品德。在未来的社会里，需要树立正确的价值观，坚守道德底线，始终保持一颗善良、正直的心。只有这样，我们才能在面对责任时毫无畏惧，勇敢地担当起自己的使命。

在未来的社会里，培养面对责任敢于担当的精神将成为我们共同的目标。

【案例】

在武汉有一所以“行知”命名的学校，该校一直秉承陶行知生活教育思想，特别注重培养学生的责任感和担当精神。

在这个学校里，无论是中学生还是小学生，都被鼓励为“面对责任，敢于担当。”的人。

小明是这所学校的一名五年级学生。

有一天，他在校园里发现了一只小鸟的翅膀受伤了，无法飞行。小明立刻把小鸟带回教室，并用自己的零花钱为小鸟买了些食物和药品细心照料它。

小明的行为引起了同学们的注意，大家都被他的善良和责任心所感动。

在小明的带动下，同学们纷纷加入照顾小鸟的行动中，他们一起为小鸟制作了一个温暖的巢穴，每天轮流喂食和清洁。

在大家的共同努力下，小鸟的伤口渐渐愈合，最终恢复了飞行能力。于是，小明和他的同学们把小鸟放回了大自然，让它重新回到了天空的怀抱。

这件事情传遍了整个学校，甚至引起了社会的关注。各大媒体纷纷报道小明和他的同学们的事迹，赞扬他们的责任感和担当精神。学校也为他们颁发了“面对责任敢于担当的优秀学生”荣誉证书，以表彰小明的善举。

【共同分析】

小明和他的同学们的故事，让我们看到了未来社会的希望。他们用自己的行动证明了，无论年龄大小，只要有责任感和担当精神，就能为社会带来正能量，让世界变得更美好。

拓展阅读

在捡垃圾中悟出的责任

广东省深圳市罗湖外语实验学校初三（8）班　张　阳

有一次我和朋友一起参加了一项志愿活动——去沿途的道路两旁捡拾垃圾。

那天，阳光将冬日的雾气穿透，给万物带来光辉与温暖，在河道旁的林荫路上，我们一路欢歌，握着长柄夹子，搜寻着人们不经意留下的痕迹，我们的职责是将它们收入袋中，一网打尽。

“这有垃圾！”我呼唤着同伴。“来了来了！”我们提起手中的夹子，四指一抓，两只夹子的腿一缩，一个小烟头便束手就擒，我们全神贯注，将所有目光聚在上面，全身上下紧张起来，见它在我们的紧紧把握下被收入囊中，才松了口气，相视一笑，得意扬扬地继续向前搜索。

前方的道路望不到头，我们与各种包装纸与碎屑再见！再见！又再见，我和同伴交替着拿夹子、提垃圾袋，虽说劳累，但乐在其中。

冬天的太阳懒得很，总不愿意多陪我们几刻，而且匆忙在山腰处没了踪影，只留下余晖与微风相照应，抚慰着辛劳了一天的人们。

朝来而暮归，我们也结束了一天的志愿服务，收获了一袋垃圾和一条干净的道路，回去的路上，再看看走过不久的道路，已经焕然一新，真是让人心旷神怡。

后记

在这次志愿服务中，我感受到了志愿者们的辛苦并敬佩他们，也通过自己的力量为社会作出了贡献，虽然凭我一己之力可能微不足道，但我相信“星星之火可以燎原”。我们的责任感也从劳动中产生，我们积极承担社会赋予的责任，社会便会越来越好，处处充满温暖。在未来，我会更加热爱劳动与奉献，积极承担新时代赋予我们青少年的责任。

父母感言

通过真实的社会实践活动，使孩子能够深切体会到志愿者的辛苦，社会责任感也油然而生，可以激发孩子的劳动热情，同时也能让孩子学会感恩，成为心智更加成熟的青少年。（妈妈：曹玉鸥）

教师赏评

作者运用了以小见大的写作手法，通过一件做义工捡垃圾的小事，抒发了一个深刻的主题：做人要有责任感。作者善于环境描写和人物描写，叙事清楚，说理清晰，语言典雅，结尾段富有感召力，可见作者身上具有当代青少年应具备的责任感和使命感。（指导老师：黄　琼）

学会做事（在你的生活中是否也遇到过相同或相似的事，感觉如何？写下来。）

责任体现在篮球场上

广东省珠海市九洲中学初二（15）班　安知睿

一次，我偶然在电视上看了一场篮球比赛，只见运动员先运球，再过人，最后又来了一个上篮，进球得分，这一套行云流水的动作让我特别激动，于是我便下定决心要学习打篮球。

在炎炎烈日的篮球训练场上，教练让我们先跑五圈热热身，可才跑了两圈，我就满头大汗、气喘吁吁。跑完以后，教练又让我们进行运球训练和一系列体能训练：做俯卧撑、蛙跳、走鸭子步，平衡步。在教练的反复指挥和鞭策下，训练终于结束了。

隔天起床，我全身酸痛，吃饭时夹菜都夹不稳了。这么难，这么累，我能坚持吗？我产生了退意。

妈妈看出了我的心思，走过来对我说："做什么事都是需要付出和坚持的，别人能做得好，一定也付出了汗水和时间。"听了妈妈的话，我觉得自己也应该像其他人一样坚持下去。我因为喜欢而选择了学习打篮球，那我就不能轻易放弃。

学习任何东西都不是一蹴而就的，学习打篮球需要长期的体能训练和运球练习，才能为未来的打篮球技能奠定基础，于是，在妈妈的监督和帮助下，我开始日复一日地苦练。在我汗流浃背、觉得自己实在坚持不下去了的时候，妈妈总会鼓励我。经过一段时间的训练，现在，我一口气能做上百个俯卧撑，走平衡步也能够健步如飞，在熟练掌握这些基本动作的基础上，我还学习了运球技术、防守技术……

后记

不知不觉，我不仅球技进步了，身体素质也有所提高，还结交了很多志同道合的朋友。我逐渐有了团队意识，变得更加自信了。无论做什么事情，收获不是一朝一夕的事，一分耕耘、一分收获，只有坚持不懈地学习和付出，才能成为更好的自己，实现自己的梦想。

父母感言

学打篮球不仅磨炼了孩子的意志、锻炼了身体，还让孩子体会到任何事情的成功都要勤奋和坚持。（爸爸：安鸿志）

教师赏评

小作者通过学习打篮球的过程向读者展示了做事只要坚持，就能成功的精神。学打篮球不仅是学习一种技能，更是传递一种永不言败的精神，深入人心地启示人们去体验、去追求。（指导老师：李心乐）

学会做事（在你的生活中是否也遇到过相同或相似的事，感觉如何？写下来。）________________

____

____

在勤奋中成长

湖北省武汉市育才小学五年（3）班 王莉媛

雨丝如绸，轻轻抚摸着窗棂，映照着一个个执着的身影。伴着老师的声声节拍，我踏进了芭蕾舞教室。今天的课堂里，老师教了我们一个具有挑战的新动作——旋转。

旋转能使舞者感觉像被施了神秘的魔法，在舞台上翩翩起舞，脚步如飞，灵动而敏捷，头随着旋转的节奏，优雅地摆动。我们一遍又一遍地练习，时间仿佛被拉伸，半小时过去，我双腿已经开始酸软，头晕目眩直恶心，动作迟迟不得要领：旋转时找不到方向感、旋转后眩晕站立不稳……

渐渐地，身边有的学员的动作已经熟练了，可我却力不从心，散乱的头发沾着汗水贴在脸上，手脚因乏力开始颤抖，动作变得笨拙、僵硬，身体和心理的疲惫，让我又一次燃起放弃的念头。脚步逐渐慢了下来，最终，我瘫坐在地，只剩下满心沮丧和自我怀疑：我为什么要自找苦吃？我坚持的意义在哪儿……

就在万念俱灰时，老师的声音在耳边响起：“不拼尽全力，你永远不知道你的能力有多大。坚持，要对自己负责！”是呀，要对自己负责！我再次起身，摆好手位，踮起脚尖，发丝在风中飘舞，湿透的衣服紧贴在身上，勾勒出肢体的每一个动作。

从从那天起，我的空闲时间几乎都留给了舞蹈练习。

清晨，我在练功房里迎接第一缕朝阳；傍晚，我在把杆前亲吻最后一抹夕阳。

小小的练功房里，有我无数次汗流浃背，无数次摔倒又站起，身体再多的酸痛也无法浇灭我内心奋进的烈焰。

终于，到了展示成果那天，我走上舞台，摆好手位，踮脚，摆头，旋转，立稳，一气呵成。

行云流水间已然忘记了疲惫，心中只有一个声音在欢呼：原来，我也可以！

后记

从那一天起，我明白了：勤奋和努力虽不一定每次都能成功，但能在勤奋和坚持中获得快乐和成长，就是对自己负责，就是最好的收获！

父母感言

勤奋是一种重要的品质，代表着不断努力、坚持不懈和不屈不挠的精神，惰性和畏难心理是人生俱来的本性，是勤劳的天敌，所以，我们希望通过让孩子坚持一项自己的兴趣爱好，培养孩子拥有为梦想不断努力的态度和能力，享受达成目标的喜悦！（妈妈：王红梅）

教师赏评

困难面前，唯有自强不息、锲而不舍方能领略到属于自己的精彩。小作者在坚持舞蹈练习中感悟着成长的真谛，体悟着责任的要义。文章语言清新，动作描写、心理描写具体生动地写出了“旋转”这个动作的难度之大，为后文做了很好的铺垫。“摆好手位，踮脚，摆头，旋转”这些短语的运用让文章更加连贯，读来紧凑，一气呵成。文章用生活事例揭示出勤奋是对自己负责的表现。在勤奋和坚持中获得快乐和成长，就是对自己负责，就是最好的收获！（指导教师：孙翠红）

学会做事（在你的生活中是否也遇到过相同或相似的事，感觉如何？写下来。）

岁月失语，惟石能言

广东省深圳市罗湖外语实验学校初三（14）班　张育宁

假期，我随父母一同回了老家，起初的日子里，待在老家不是沉迷手机，就是颓废在床上，睡得晚，起得晚，假期的时光就像是写在水上的字，顺流而下，想回头寻找的时候总是湿了痕迹。

又过了一个星期，因家中有要事，大人们需要去忙禄，母亲不得不把四岁的弟弟交给我照顾。偌大的房子里，只有我和弟弟的身影，空荡荡的，有一丝寂寞。

弟弟还算乖巧，安静地看着电视，只是时不时问两句："姐姐，爸爸妈妈什么时候回来？"时间总是过得很快，太阳落山，月亮挂起，天色马上就变得幽暗，弟弟的肚子也咕咕叫起，是时候该做饭了。

我走进厨房，不算熟练地起锅烧油，待到油热，我将洗好的青菜下锅，水与油碰撞一起十分激烈，油滋滋地到处喷溅，我的手也被溅出的热油烫出了几个红点。

平时，我总会大声呼喊母亲，可如今母亲不在，弟弟还在等待，我不得不小心翼翼地做完，我知道，这是我的责任，这是作为一个姐姐的责任。

我做的菜并不好看，甚至有一点焦黑，弟弟乐呵呵地吃着，我担心地问弟弟："怎么样，会很难吃吗"弟弟摇了摇头，我却不知这是真心还是对我的慰勉。

那日，因照顾弟弟让我懂得了做人首先要有责任感，如今越长越大，身上的责任也背负得越多，责任是在勤劳中产生的，人们总是会在勤劳中学会担责。

后记

从生活中的一件小事培养自己的责任感，使自己成为一个有责任心，值得社会信赖的人。要提升责任心，平时就要多尝试做不同的事，更好地培养自己的责任感。

父母感言

责任感是每个人不可缺少的，有了责任，才有信任，责任是在勤劳中产生的。（爸爸：张锦枢）

教师赏评

此文文笔朴实，真情流露，能够引起读者的共鸣。叙事饱满丰富，通过因照顾弟弟做菜的经历，感受到了责任心的重要性。文笔细腻，行文流畅。文章整体结构清晰有条理，有利于增强中学生的责任感。（指导教师：聂 华）

学会做事（在你的生活中是否也遇到过相同或相似的事，感觉如何？写下来。）

责任心驱动的成长经历

广东省珠海市紫荆中学桃园校区初一（1）班 韩金珊

人生是一段漫长的旅程，一处有一处的风景，一步有一步的脚印。从稚嫩未脱的孩童，到如今翩翩少年，在成长经历中，有很多难忘的事，现在回忆起仍然记忆犹新。

那年的夏日，酷暑炎炎，太阳高挂，仿佛下一秒就要把天地融化掉，空中飞翔的鸟儿也抵挡不住太阳的这般热情，连忙躲到荫凉的树上乘凉。我百无聊赖，一个疯狂的想法冒出来：我要学会做道菜！说干就干，我蹬地一下跳起来，往厨房跑去，做道我最喜观吃的菜——西红柿炒鸡蛋。可作为新手的我什么都不会，于是把妈妈拉过来，向她热情地表达了一番我想要做的事物后，就开始了并不轻松的学习。

第一步，把需要的食材准备好，之后按照妈妈给出的方法进行操作，我把围裙系在身上，对于这件又宽又大的围裙，穿起来真令人吃力。看着红彤彤的西红柿，不禁令人想起了今天火热的太阳。经过一系列的操作总算是切好了，整整齐齐的西红柿坐在盘子里等侍命令。我从冰箱里拿出了几个鸡蛋，小心翼翼地捧着它们，生怕它们一打滑掉在地上。幸好，鸡蛋最后安全地到达碗中，根据妈妈教的方法均匀地搅拌开金黄的蛋液，然后，在锅中放油，烧热后把蛋液倒入油锅中翻炒，金灿灿的煎蛋在锅中闪烁着耀眼的光芒。天，更热了，厨房里的我做完这些工作，已经满头大汗了。

最后，将西红柿倒入锅中与其他调味品一同起舞，时候到了，鸡蛋也迫不及待地加入这场香甜的舞会，再加上淀粉水勾芡，给这场舞会送去一抹柔和的光环，诱人的西红柿炒鸡蛋就出锅了！

后记

这次经历不仅是让我学会做一道菜，也让我懂得了坚持，每当我想放弃时就能激励自己，这么热的天我都干下去了，还有什么困难能挡住我呢？

父母感言

通过这一次自己动手做菜，孩子不仅学会了一门技巧，还领悟到了很多道理。文章中运用了各种修辞手法，将自己真实的感受描写出来，希望孩子以后能发扬优点，继续努力学习，保持坚持不懈的精神，相信你会成长得更优秀。（妈妈：陈 丽）

教师赏评

文章把做菜的过程叙述得很清楚，人物的心理活动描述得也具体，真实可信，生动有趣，尤其是孩子的那股干劲，那股知难而进的精神，令老师感动！文中故事的情节描写细致，事物变化微妙，恰当运用比喻、拟人的修辞写法，文笔细腻，行文流畅。（指导教师：马 莉）

学会做事（在你的生活中是否也遇到过相同或相似的事，感觉如何？写下来。）______________________________

____

____

____

____

____

____

____

在培养责任感上下工夫

在日常生活中，每个人都承载着为社会作出贡献的责任。青少年作为社会的未来和希望，他们的社会责任感的培养显得尤为重要。社会责任感不仅是个体成长的标志，也是社会和谐稳定、可持续发展的重要基石。那么，如何在个人生活中培养青少年的社会责任感呢？

1. 在家庭中种下社会责任感的种子

家庭是青少年成长的摇篮，父母是孩子的第一任老师。

在家庭教育中，父母应该注重培养孩子的独立性和自主性，让他们从小就知道自己的行为会对他人和社会产生影响。父母可以通过日常生活中的小事，如教孩子尊重长辈、关心他人、爱护环境等，培养他们的社会责任感和公民意识。

2. 在学校里强化社会责任感的意识

学校是青少年社会化的重要场所。学校可以通过课程设置、校园文化活动等方式，加强对学生的社会责任感教育，让学生了解社会责任的内涵和重要性，培养他们的公民意识和社会责任感；组织学生参与社会公益活动，如环保、助老、助残等，让他们在实践中体验到帮助他人的快乐，从而增强社会责任感。

3. 在社会实践中锻炼社会责任感的能力

社会实践是青少年培养社会责任感的重要途径。通过参加社会实践活动，青少年可以深入了解社会、认识国情，增强对社会的认同感和责任感，如可以参与社区服务、环保活动、志愿者服务等，这些活动不仅能让青少年亲身体验到社会的温暖和关爱，还能让他们在实践中锻炼自己的组织协调能力和解决问题的能力。

4. 通过自我修养，树立社会责任感的价值观

青少年要树立正确的价值观和人生观，明确自己的社会责任。在日常生

活中，要时刻关注自己的言行举止，做到自律、自强、自尊、自爱。同时，要学会感恩和回报社会，珍惜社会资源，关心他人疾苦，积极参与社会公益事业。

总之，培养青少年的社会责任感是一项长期而艰巨的任务，需要家庭、学校、社会和青少年自身的共同努力。

无数事实证明：只有在个人生活中不断实践、体验和感悟，青少年才能真正树立起社会责任感，成为有担当、有作为的未来社会有用之才。

【案例】

一位来自未来时空 CEO 的自白

一个清晨，我在一个充满高科技设备却又不失温馨的家庭环境中醒来。

我是一家科技创新公司的首席运营官，更是一名致力于社会公益事业的积极分子。

在这个快速发展的时代，我深知个人生活与社会责任紧密相连，而我也在自己的生活中，努力践行这一理念。

早晨，我通过智能家居系统开启一天的日程。

在享用由家庭机器人精心准备的健康早餐时，我浏览着最新的社会新闻和公益项目动态。

作为社会的一分子，关注社会热点、了解民生需求是培养社会责任感的基础。

在前往公司的路上，我选择了乘坐无人驾驶公共交通工具。这种交通工具不仅能够减少碳排放，还有效地缓解了城市交通压力。作为科技创新公司的首席运营官，我深知科技创新对于推动社会进步的重要性。

我们团队致力于研发更多环保、智能的科技产品，为社会的可持续发展贡献力量。

在工作中，我注重培养团队的社会责任感。

我们定期组织员工参与公益活动，如环保植树、关爱弱势群体等。同时，我们还倡导员工在日常生活中节约用水、用电，减少不必要的浪费。

这些看似微不足道的举动，却能在潜移默化中提升整个社会的环保意识。

晚上回到家中，我积极参与社区活动，如帮助邻居解决生活难题、参与社区环保项目等。我深知，作为社区的一员，我们应该为社区的和谐、繁荣贡献自己的力量。

此外，我还通过社交媒体分享自己在公益事业中的点滴，希望能激发更多人关注社会问题，共同为建设美好社会贡献力量。

在个人生活中，我始终秉持着“以人为本、关爱社会”的理念，将社会责任感融入生活的方方面面。

我坚信，只要我们每个人都积极履行自己的社会责任，未来的社会必定更加美好、和谐。

【共同分析】

在这个充满无限可能的未来世界，如果人人都将努力以自己的实际行动影响和带动身边的人，在每个人的共同努力下，未来社会将变得更加充满希望与活力。

拓展阅读

邂逅胡杨，为我引航

广东省深圳市罗湖外语实验学校初三（8）班　张子侨

当我的目光与之相遇，它正庄严地矗立，凛然，倔强，伟大。

我忍不住停下脚步，驻足凝望。这一望，我望见了生命的力量，有如望见了暗夜行船时的一座灯塔。

我看见的，是一片金黄至震撼的胡杨林，一排排、一列列地挺立着连接成沙漠中最大的屏障。如一位位整装待发的战士，时刻准备着与敌人厮杀。此时暑气初消，本该是秋风乍起的时候，天地间却没有一丝风，倒是让一切都显得更静了，宁静安稳的状态倒像个宜居的好地方。

但如若是春季，沙尘暴频发之时，有多少次摧肝裂胆的风沙肆虐，就有多少次任劳任怨的默默守护；有多少株胡杨落地生根，茁壮成长，就有多少位"绿色布道者"前仆后继，浇灌血汗。日复一日，年复一年，他们在苍茫的沙漠中渐渐站成一株株胡杨，守护着他们的家园，筑起子孙后代们最牢固最安心的城墙。这是何等无私高贵的品格！

我望见了胡杨用一份坚韧将面对困难挫折时的无畏不屈发挥得淋漓尽致。

当我迈步走近它们，便能看见夹杂在战友和敌人之间的胡杨，它们是战死在这里的烈士，一直与风沙抗争到生命的最后一刻，倒伏着、鼓励着、屹立着地继续奋勇杀敌。后来，我得知，有些胡杨少说都存在了几百年了，原来，胡杨"生而千年不死、死后千年不倒、倒后千年不朽"并非传说。

我望见了胡杨用一份执着将对生命无悔的热爱发挥得淋漓尽致。

我缓慢地向它移动，刚靠近，一股不屈的气息就自它周身溢出。我小心翼翼地伸手抚摸着它饱经风霜的枝干，常年的风侵沙蚀，虽让它伤痕累累，但无法伤害到它那颗顽强坚定的心。

我知道，支撑它走过漫长岁月的，是它强劲稳固的根茎。在暗无天日的土里，它拼命挣扎，一寸一寸钻透石块与沙土，不断扎根深处去寻找水源，只是借着低处的一点水汽，便可以奇迹般地存活下来，甚至亭亭如盖。

猎猎风沙从不曾让它有半点畏惧退却，顽强不屈的精神锻造出它的铮铮铁骨，在沙漠烈日的映照下更显郎郎本色。

我望见了胡杨对生命的珍视，尽可能地发挥出生命最顽强的意义。

"成林敢锁狂沙舞，独木能将傲骨扬。"

相比之下，我不禁为自己感到羞愧，生而为人，竟没有一颗树的精神。

回忆起过往浑浑噩噩的日子，学业上，遇到难题便找借口为自己开脱，也总是拿“不适应环境”为理由来安慰自己；享受着父母给予的爱和温暖，却总是不知满足、不知珍惜。遑论有体贴入微、学业有成；经不起批评与指责，容易因辛劳而放弃。

从此，我要学胡杨，就要学它敢于逆风浪，学它不言辛劳不言弃，学它对生命的热爱和对时间的珍惜，学它为了生存而不畏艰辛。努力学习，坚守理想，再学它甘于奉献自己的青春热血。

立誓间，一阵清风裹挟着叶子的清香拂过脸庞，一扫先前的沉重压抑，整颗心不禁亮堂、轻快了起来。烈日依旧如火燃烧，胡杨林依旧逆风生长，感谢它与我邂逅在这个繁华世界的一隅，为我指点迷津，成为我人生诡谲云涌的海域中的长明灯塔。

后记

从今往后，就学胡杨的精神，一半在土里挣扎，一半在风里张扬。

人类正是有了胡杨这样的执着，这样的坚贞和这样的守望，才使得文明生生不息，代代相传，才使得生命之树常青。作为一位新时代青年，胡杨既是与我们共同见证生命精彩的志同道合的同路人，也是我们要不断学习的好榜样。

父母感言

本文主要写了孩子在一次旅行中，看到了挺拔直立的胡杨林，并了解到它们深深扎根，顽强生存，从而使自己的生命更具有意义。为孩子能以胡杨为榜样，积极弘扬胡杨精神而高兴。（爸爸：张宗华）

教师赏评

作者通过写胡杨树挺拔的姿态、稳固的根茎、不屈的气质，来表达对胡杨树顽强不屈、坚韧不拔的精神的赞颂，进而由胡杨树及人，反思自身的不足，最后表达了要向胡杨树学习的愿望。作者运用了多种表达方式，语言优美，富有表现力和感染力。（指导老师：黄　琼）

学会做事（在你的生活中是否也遇到过相同或相似的事，感觉如何？写下来。）

烹饪佳肴悟出责任感

广东省珠海市九洲中学初二（14）班　黄潇尧

要说责任感，我们家非妈妈莫属了，她不仅关爱自己，孝敬外公外婆、爷爷奶奶，对我们的成长也特别尽心尽责。

妈妈关爱我们，可以用无微不至来概括，家里每个人的生活习惯，喜欢吃什么？喜欢穿什么？喜欢做什么？妈妈都了如指掌，细致入微。尤其是妈妈有一双灵巧的手，总能烧出各种各样的美食。例如，我最爱吃的“花开富贵虾”就是妈妈的绝活。

有一天放学，我饥肠辘辘地回到家，期待着今晚的晚饭。妈妈看着在冰箱里翻找零食的我说：“今天我们要做你最爱吃的‘花开富贵虾’”。

听到这个消息，我便没了吃零食的心思，思绪已经飘到了还没做好的晚饭的香味上。

我虽然还不会烧菜，但每每看着妈妈在厨房忙前忙后，将各种各样的食材变成美味的菜肴，总是想跃跃欲试。

我来到厨房，看着妈妈把买来的大虾洗干净，剪去长长的胡须和长长的脚，等锅里的油烧热，把虾倒进锅里。一瞬间，锅里的油噼里啪啦地跳跃起来，仿佛在欢快的舞蹈。

虾很快就从青色变成了红彤彤，等到它们全部变红，扑鼻的香气溢满厨房。

妈妈说：想让虾“开花”，光做熟还不行，还要在盘子里把虾摆出形状，这样看起来，大家就想吃。妈妈看着总是跃跃欲试的我，便非常信任地把这个最重要的任务交给我。

妈妈说：“虾头要朝中间，像搭积木一样，摆成圆形。”我按照妈妈说的，把虾在盘子里叠了三层，还用青椒点缀了一下。一道“花开富贵虾”就完成啦！

吃晚饭的时候，大家都说我摆得好看，看着都想吃！

这次，我虽然没有直接参与烧菜的过程，但在妈妈做这道美食的过程中，我又一次感到了妈妈做事的责任心，不仅要做好吃，还要做好看，就像我们平时学习一样，不仅要完成作业，而且要保证质量。

想跟妈妈学习做菜，不仅学到了技能，也学到了她那种认真负责的精神，希望我的将来也像妈妈一样，做一个对自己、对他人负责任的人！

后记

烹饪佳肴的过程告诉我：唯有抱着一种负责任的态度，勤动脑，才会真正地获得成功。“花开富贵虾”不仅好吃，还很漂亮！为了更好地体验生活，我带着责任心圆满地完成了妈妈交给我的任务。这次烹饪体验，虽然我只是完成了摆盘的工作，但也要尽心地做好。

父母感言

交给孩子摆盘的工作，使孩子感受到责任心的约束。责任心和使命感在每个细小的事情中都得到培养，希望孩子继续努力，做一个对社会，对他人负责任的人。（妈妈：陈迎雪）

教师赏评

小作者把和妈妈一起完成烹饪佳肴的过程写得详尽具体，读起这篇文章，给人以如临其境，如见其人、其物的感觉，小作者和妈妈带着一份责任心完成了“花开富贵虾”的烹饪，让人看了垂涎三尺。烹饪佳肴不仅是一种技能，也是一种培养责任感的方式。（指导老师：吕树一）

学会做事（在你的生活中是否也遇到过相同或相似的事，感觉如何？写下来。）

跳蚤书市

浙江省台州市路桥实验小学五年级　曾天麒

学校要举办跳蚤书市了。

晚上，我兴奋地爬上爬下，在每个书架前翻找着。可每次一拿下来，又觉得舍不得了。虽然全是看过无数遍后闲置的书，但一想到它们的小主人不再是我，心里就有点难过。妈妈看我翻来捣去，便猜中了我的心思，笑眯眯地说："要学会物尽其用，你给它们找个一样喜爱它们的小主人，它们就不会寂寞了呀！"我一想有道理，一下子又开心了起来，在爸爸的帮助下整理了三大袋。我拍拍这些书，心里轻轻地说："放心吧，我会为你们找到喜欢你们的新主人！"

操场上绿草如茵，一张张笑脸融化在空气中，人声鼎沸，热闹非凡。我和几个同学搭组，很快摆出一大溜的书。"漫画册，连环画，军事书，要啥有啥，挥泪大甩卖啦！"我们的嗓门响彻操场，一会就引来好多同学。

下午的太阳有些耀眼，同学们一个个小脸红扑扑的，有的蹲下翻看内容，有的寻找着自己喜欢的书，还有的拿着书兴奋地问价格。可能因为我的书比较多，保管得又很好，卖得还便宜，所以很畅销，连老师都找我买了两套。我忙得满头大汗，心里可开心了。这时，有同学过来看中了我最喜欢的一套书《奇迹猫王》，我开价 30 元，他问了一下："20 元可以吗？"见他翻看时很喜欢的眼神，我便爽快地答应了，他抱着书快乐地走了。我心里默默地说："再见了，小猫王，希望新主人和我一样珍惜、喜欢你。"

书摊上的书在一本本地减少，我让同学帮忙看摊，自己便兴致勃勃地去逛市场了。五花八门的书看得我眼花缭乱，带着阳光味道的吆喝声此起彼伏。我精心地挑选了两本关于特种兵类的书籍，可开心了。整个操场就像一片喧闹的书海，我们就像书海中的一滴滴小水珠，寻找着属于自己的欢乐海洋。

活动结束了，大家都满意地散去。操场上恢复了宁静。我把剩下没卖完的书全部捐给了班级图书角，希望曾经陪伴着我的这些书，能给更多的同学带来阅读的喜悦。

后记

很有意义的图书跳蚤市场活动，不仅可以让闲置的书再次被喜欢的人带走，还能实现知识的传递、交换以及分享，最重要的是能给更多的人带来喜悦，我发自内心地希望经常举办这类活动。

父母感言

孩子满心喜欢地把没卖完的书捐给班级，又把卖书的钱拿去捐助，这种责任感真的让我们欣慰不已。（爸爸：曾 冲）

教师赏评

责任是健康成长的根，生活点滴的记录，都是最简单朴实的责任，让我深深地感到曾天麒同学的责任感，让人很是欣慰。（指导教师：陶荷芳）

学会做事（在你的生活中是否也遇到过相同或相似的事，感觉如何？写下来。）

责任心乃成家立业之本

随着时代的快速发展和竞争的日益激烈，青少年面临着前所未有的挑战和机遇。他们不仅要学习丰富的知识，还要培养各种能力，以适应未来社会的需要。而在这些能力和素养中，责任心是一个不可忽视的重要方面。青少年时期是人生观、价值观形成的关键时期，因此，树立“责任心是成家立业之本”的意识对于他们的成长和未来发展具有深远的意义。

责任心是个体对自己所承担的任务、角色和义务的自觉认识和积极履行。对于青少年来说，责任心不仅关系到个人的成长和发展，更是他们未来能否成为合格的家庭成员和社会公民的关键。只有具备了强烈的责任心，我们才能在学习、生活、工作中不断追求卓越，实现个人价值，同时也为家庭和社会作出应有的贡献。

培养青少年的责任心，首先需要从家庭教育入手。父母应该注重培养孩子的独立性和自主性，让他们从小就明白自己的行为会对他人和社会产生影响。家长要通过日常生活中的点滴小事，引导孩子学会承担责任，如完成家务、遵守家庭规则等。同时，家长也要以身作则，通过自己的言行来影响和教育孩子，让他们明白责任心的重要性。

其次，学校教育是培养青少年责任心的重要途径。学校应该注重德育工作的开展，通过课堂教学、实践活动等多种形式，加强对学生的责任心教育。学校可以结合学科特点，设计一些具有实际意义的教学活动，让学生在参与中体验责任、学会负责。此外，还可以通过开展志愿服务、社会实践等活动，让学生走出课堂，深入社会，切身体验责任的重要性。

最后，社会环境的熏陶对青少年学生责任心的培养具有重要影响。社会各界应该共同努力，为青少年营造一个积极向上、充满正能量的成长环境。媒体要传播正能量，弘扬社会主义核心价值观，引导青少年树立正确的世界观、人生观和价值观。同时，社会组织和企事业单位也应该积极承担社会责任，为青少年提供实践锻炼的机会，帮助他们增强社会责任感。

总之，树立“责任心乃成家立业之本”的意识对于青少年的成长和发展至关重要。家庭、学校和社会应该共同努力，通过多种途径和方式加强对青少年责任心的培养和教育。只有这样，我们才能培养出更多具有强烈责任心的青少年，为国家和社会的繁荣发展贡献力量。

【案例】

社会责任心成就企业家之路

任正非认为：企业的成功并非只是利润的增长，更在于如何通过创新解决社会问题，承担起社会责任。

不忘初心，方得始终。任正非强调，企业的社会价值在于其能够为社会带来积极的变化。华为不仅在经济上取得了巨大成就，还通过教育基金、残疾人关怀项目、环境保护等多元化的方式回馈社会。华为的社会责任项目，如“筑梦未来”“华为未来种子计划”，旨在帮助青年才俊成就梦想，培养科技后备人才。

面对国际市场的风云变幻和激烈的竞争，任正非展现出了一个企业家应有的坚毅和远见。在世界舞台上的每一次挑战，他都以冷静和智慧应对，保证了华为在全球范围内的稳健发展。任正非的领导不仅给华为带来了稳定和发展，也为其他企业树立了应对危机的榜样。

任正非认为：“一个企业如果仅仅是为了赚钱，那它的生命就会非常短暂。只有担负起社会责任的企业，才能获得持久的生命力。”在任正非的领导下，华为已经不仅是国内的龙头企业，更成为国际上科技创新标杆。

任正非以实际行动诠释了社会责任和企业家精神的真谛，他的故事激励着无数企业家追求卓越，同时也鼓舞着广大青年投身于社会建设的大潮中。任正非的成就，是企业家精神的典范，也是社会责任的光辉榜样。

【共同分析】

作为一个企业家，不仅要关注企业的经济效益，更要关注企业的社会责任和影响力，应该用自己的力量去推动社会的进步和发展，为更多的人创造价值和福祉。只有这样，我们才能真正实现自己的价值和使命，成为一个对社会有贡献的人。

拓展阅读

第一次做蛋炒饭

广东省深圳市罗湖外语实验学校初二（1）班　王署佳

寒假的一天，妈妈突然病倒了，爸爸忙着上班，我主动承担起了照顾妈妈的责任。在这期间，我学会了做菜。说起做菜的过程，可谓是“一波三折”了。

那天上午，我看着妈妈恹恹地躺在床上，便说：“妈妈，你想吃什么？今天中午你教我做饭吧！”妈妈说：“好啊，你都这么大了，也是时候该学学了。今天我就教你做一道蛋炒饭吧。”

我先将火打起来，打开吸油烟机，在锅中倒入少许油，待油热了，再将打好的鸡蛋液倒入锅中。

没想到，鸡蛋下了锅油便噼里啪啦地往外蹦，吓得我赶紧跑开。等我再靠近锅时，一股煳味扑面而来。

糟糕，鸡蛋煳了！我将煳了的部分去掉，正准备倒入米饭时，才想起米饭忘记加水了，米饭还是生的，没煮呢。

“没事，你先把鸡蛋捞出来，米饭重新煮。”妈妈安慰道。

我打开电饭煲，洗米，加入适量清水后放回电饭煲里开始煮米饭。

30 分钟后，米饭煮好了。我来到厨房，先将煮好的米饭倒入锅中，再倒入炒好的鸡蛋，翻炒均匀后，加入盐、葱花等调味料，然后，就可以出锅啦！

我将米饭盛好后拿去给妈妈品尝。

第一次做饭，也不知道怎么样，内心十分不安，紧张得手心都出汗了，生怕味道不好。

“可以，味道不错，没想到你第一次做就这么好吃啊！”听到妈妈这话，我悬着的心终于放了下来。

学会蛋炒饭后，我还学会了青椒炒肉、西红柿炒鸡蛋，红烧肉等菜，颇得家里人好评。

后记

为父母做一些力所能及的事，承担起自己在家庭中的责任，不仅自己有成就感，还能从中学习到许多意想不到的生活常识。

父母感言

从孩子给我做饭这件事中，我深刻感觉到勤奋和责任对孩子健康成长的重要性，不仅给我们带来惊喜，也确实看到孩子真的长大了，我为孩子有责任和敢于担当的精神点赞。（妈妈：庄紫燕）

教师赏评

本篇文章描写细腻，叙事清楚，语言功力强，中心明确。通过给父母做饭的事，表达了作为孩子对父母应尽的责任和义务，责任来自勤奋，勤奋孕育责任。作者通过第一次做饭不仅写出了对妈妈的爱和作为儿女应尽的责任，暗指“人越勤奋，付出越多，责任感越强”的道理。叙议结合，由事到理，自然而然。（指导老师：陈洪英）

学会做事（在你的生活中是否也遇到过相同或相似的事，感觉如何？写下来。）______________________________

____

____

____

____

____

制作雪花酥

广东省江门市新会尚雅学校九年级　张以晴

新年将至，为了让大家品尝到我亲自做的美食，我决定制作“雪花酥”来庆祝新年。

那天，我和妈妈从网上看了制作雪花酥的教程，之后就去购买了材料准备回家制作。我一开始很兴奋，按照教程切好黄油放进锅里加热融化，再把棉花糖倒入锅中，然后用硅胶锅铲不断搅拌，使棉花糖一点点融化，轮廓慢慢地融在一起，成为一团。

接着，我撒上奶粉又煮了一会儿。可把火熄灭后，我依稀看到棉花糖变得焦黄了。但我没有在意，而是继续将饼干、草莓干、坚果放入锅里，搅拌在一起，又尝试把这一团放在一个铁盘子上塑形，但是它太烫了，根本上不了手。没办法，我只能寻求妈妈的帮助。妈妈快速地把它揉成一个长方块，又在表面撒上足够的奶粉，掩盖棉花糖焦黄的事实。最后放在常温环境下两小时冷却，再把它切成小方块，这雪花酥就做好了。可在切的时候，整块雪花酥硬邦邦的，难以切开。我的第一次尝试以熬糖太久，棉花糖变得焦黄、硬、少而告终。

第一次做出的雪花酥虽然有点硬，但味道还可以，这又给了我信心。我总结经验，决定继续购买材料，再次尝试制作雪花酥。

第二次制作雪花酥，我便娴熟、有经验了许多。我按照步骤把棉花糖煮融化，严格控制好火候快速熄火，再放入饼干等配料，戴上隔热手套和塑料手套，将其揉搓均匀，塑形冷冻再切开。这一次的雪花酥松软可口，甜而不腻，终于是像样的、可以摆出来的雪花酥了！

趁着手感上来，我又做了几次，将雪花酥包装好当作新年糖，送给爷爷奶奶吃，大家都赞不绝口。看着家人品尝的高兴样儿，我心里美滋滋的。

经过不断地尝试与改进后，我成功地做出了美味又好看的雪花酥，它也成了我的一项“绝活儿”。

后记

我十分喜欢吃雪花酥，因此尝试在新年前制作雪花酥来喜迎新年。尝试后才明白：做雪花酥并不容易，不仅要不断尝试与改进，而且还需要有很强的责任心和耐心，才能制作出好吃又好看的雪花酥。

父母感言

在雪花酥的制作过程中，以晴以强烈的责任心，通过尝试、改进，最终成功制作了美味可口的雪花酥，并且成为自己的一项“绝活儿”。这一体验让她不仅体会到了劳动过程的乐趣和成功的喜悦，还感觉到了劳动的价值。（妈妈：梁凤珍）

教师赏评

“绝活”不可能一蹴而就，作者将更多的笔墨放在了第一次尝试的失败、总结经验、又再做，这才是养成绝活的秘诀呀！作者文笔流畅，动作、神态刻画详细又富有活力，值得我们学习。（指导教师：杨珍婷）

学会做事（在你的生活中是否也遇到过相同或相似的事，感觉如何？写下来。）

拖地板

广东省省珠海市中山大学附属小学四年（1）班　刘思泽

今天，我发现家里靠窗的地板被太阳晒得有点烫，心想：要不我给地板也洗个澡降降温吧！

于是，我拿来了海绵拖。先把海绵拖浸湿，再用出吃奶的力气把水挤干，接着就开始拖地板了，可是拖了一会儿，地板还是很脏。我想：洗碗要用洗洁精，洗毛巾要用洗衣液，我洗澡还要用沐浴露呢，给地板洗澡应该也少不了它们吧！

于是我把这三件宝贝统统找出来，每样往地板上倒了一些，再加点水，用拖把一拖，顿时地板上出现了许多泡泡。

一想到妈妈回来后夸我勤劳能干的样子，我心里就美滋滋的，越干越起劲。当我踩到泡泡上时，突然脚下一滑，我努力控制自己的身体，可还是摔了个四脚朝天。我忍着痛爬起来，刚迈开脚，脚底又打滑了，仿佛进了一个溜冰场。我小心翼翼地一步一步地挪出泡泡堆，找了块抹布，跪在地上，费力地擦了起来。没擦一会儿，我就累得满头大汗。过了好久，终于把地板上的泡泡擦完了，而我也已经精疲力尽了。

当我刚要把这桶满是泡泡的水倒掉时，妈妈回来了，她看见狼狈不堪的我，问道："怎么回事呀？"我说："我给地板洗澡了呀，你看干不干净？"妈妈看着到处都是水渍的地板，又好气又好笑地说："还好不是木质地板，要不早就泡汤了。"啊！擦地板还有这么多讲究？做家务还真不容易呢。

后记

通过这次当家，我终于明白了做家务的辛苦，我也是家里的一分子，从今以后我要多多参与到家务劳动中来，做些力所能及的事，并且也懂得了做事要"三思而后行"。

父母感言

孩子做家务往往是心血来潮，说干就干，我们做父母的要放心大胆地让孩子去尝试。并且要正确地引导和帮助孩子，不要觉得孩子还小，做不好或者太危险就去阻止孩子，要让孩子从小养成良好的劳动习惯。（妈妈：周 丽）

教师赏评

思泽看到地板晒得发烫，而想到给地板洗个澡降降温，真是有趣的想法呢！文章写出了自己给地板"洗澡"的过程，特别是踩到肥皂泡上的画面，真是让人忍俊不禁啊！太有意思了！勤劳的孩子早当家！（指导教师：陈敏怡）

学会做事（在你的生活中是否也遇到过相同或相似的事，感觉如何？写下来。）______

______

______

责任心乃社会和谐的根本

无论是家庭、学校还是职场，责任心都扮演着至关重要的角色，它是人际和谐的基石，是维护良好关系的纽带，在错综复杂的人际交往中，责任心如同一棵深根的大树，根系土壤，为和谐的社会提供坚实的支撑。

1. 责任心促进家庭的和谐

家庭是社会的细胞，家庭关系的和谐与否直接影响到社会的稳定。

在家庭中，每个成员都应该承担起自己的责任。对子女的教育、关爱与陪伴是父母应尽的责任；对父母的尊重、理解与孝顺，是子女应有的担当。当每个家庭成员都能够履行自己的责任时，家庭氛围自然和谐，关系融洽。

2. 责任心促进师生共学上进

学校是一个小型的社会，师生之间、同学之间都需要建立和谐的关系。教师的责任是教书育人，不仅要传授知识，更要培养学生的品德；学生的责任是认真学习，尊重师长，与同学和睦相处。当每个人都能够明确自己的责任，并为之付出努力时，学校的氛围自然积极向上，人际关系和谐融洽。

3. 责任心提升工作效率

在职场中，员工与领导、同事之间的关系直接影响到工作效率和团队凝聚力。员工应该对自己的工作负责，尽职尽责地完成每一项任务；领导应该对员工的成长负责，提供必要的指导和帮助。当每个人都能够以责任心为准则，积极履行自己的职责时，团队的工作效率自然提高，人际关系也更为和谐。

4. 责任心促进人际和谐

责任心促进人际和谐主要体现在以下几个方面：首先，责任心能够增强人的自律性，使人更加懂得尊重和理解他人；其次，责任心能够培养人的合作精神，使人更加愿意与他人协作，共同解决问题；最后，责任心能够提升人的道德水平，使人更加懂得感恩和回报。

5. 如何培养责任心

要培养责任心，首先，要从自身做起，明确自己的角色和职责，做到守时、守信、守约；其次，要学会换位思考，理解他人的需求和感受，主动承担责任；最后，要不断反思自己的行为，及时纠正错误，不断完善自我。

责任心是人际和谐的根，它如同大树一般，深深扎根于我们的内心深处。只有我们每个人都能够积极履行自己的责任，才能够营造出和谐的人际关系，共同构建美好的社会。

【案例】

家庭、工作两不误

王健从小生活在一个温馨和睦的家庭，父母对他的教育非常严格，尤其强调责任心的重要性。

在工作中，他也始终秉持着高度的责任心，尽心尽力地完成每一项任务。

有一天，王健的单位接到了一项重要的公共服务项目需要选派一名负责人。王健毫不犹豫地主动请缨，承担起了这个重任。他知道，这不仅是对他个人能力的考验，更是对他责任心的检验。

在项目执行过程中，他始终保持着高度的敬业精神和责任心，不辞辛劳地协调各方资源，确保项目的顺利进行。

然而，家庭和工作之间的平衡并非易事。

王健深知，作为家庭的一员，有责任为家庭的幸福和谐贡献自己的力量。

在项目的关键时刻，王健的母亲突然生病住院，需要他的照顾。面对这种情况，王健选择了勇敢面对。他白天在医院陪伴母亲，晚上则返回单位继续处理项目事宜。他的责任心不仅赢得了同事们的敬佩，也给了母亲极大的安慰。

经过几个月的艰苦努力，项目终于圆满完成，得到了社会各界的好评。

同时，王健的母亲也在他的精心照料下逐渐康复。

家庭的幸福和社会的认可，让王健深感自己的付出是值得的，正是那份坚定的责任心，让他能够在家庭和工作之间找到平衡，实现了个人价值和社会价值的双重提升。

【共同分析】

王健的故事，不仅是个人的成长史，更是责任心促进家庭和睦与社会和谐的生动写照。责任心不仅让家庭更加和睦温馨，也让社会更加和谐稳定。王健的事迹告诉我们，只要每个人都树立起强烈的责任心，无论是在家庭还是社会，都能够发挥出巨大的正能量，共同创造一个更加美好的未来。

拓展阅读

责任之花开在勤奋中

广东省深圳市罗湖外语实验学校初三（8）班　张锦媛

责任生于勤奋，勤奋孕育责任。

“自古逢秋悲寂寒，我言秋日胜春朝。”湛蓝深远的天空一角露出一道鱼肚皮般的白，云彩在天边划了一道口子，似血般的红涌入天空，如同红墨水滴在水中，绽出一朵朵花来，花卉市场一份独具特色的香气涌来，是清甜的花香夹杂着泥土的芬芳。

“阿姨，我就要那个。”“好”不像那些争奇斗艳如小家碧玉般的花，郁金香开得格外鲜艳，盛大、华丽，是秀外慧中的大家闺秀。

我双手紧攥着郁金花种子回到家，手心的汗水微微沁湿了包装袋的一角，拔开土壤，满怀欣喜地种下，恍惚间看到盛开在仲春的郁金香。

起初几日，我热情高涨，浇水一事更是积极。不到半月，热情退去，郁金香从阳台中央半岛挪到了不起眼的一角。数月后，正值春来，被遗忘的郁香金香叶子早已泛黄，正欲绽放的花苞因水分不够而垂下了头。母亲看着枯萎了的郁金香，嘴里不住地喃喃自语“多好的花呀，你不勤于浇水，怎么能盛开呢。”自此，责任的种子在我心中种下。

来年开春，又买了新的种子，在我日复一日地勤浇施肥中，终于盛开了鲜花，但我深刻地知道，那盛开的不仅是郁金香，更是一种责任。

盛放的郁金香注视着我，我心中明了：责任往往隐匿在勤奋之间。就似品茶，初尝时只觉苦，但咽下后再回味，甜味就回荡在唇齿之间。因此，责任是一个青少年必不可少的高尚品质和美德，作为中国新青年，更应该有责任、有担当，让责任盛放于勤奋之中。

夕阳从山后迸发出来，洒在郁金香上，我在日记上写下：责任终于盛开在了勤奋中。

后记

我对郁金香的照料，使我明白了责任的含义和重要性，责任之花在勤劳的灌溉和培育下才能绽放出绚丽多彩的花朵。

父母感言

从两次种下郁金香中深刻体会到勤奋和责任的力量，带给我们一份惊喜，孩子真的长大了，为你有责任和敢于担当点赞。（爸爸：张 恒）

教师赏评

本篇文章描写细腻，叙事清楚，语言功力强，中心明确。作者通过对两次种植郁金香的不同态度和结果的对比，表达了关于“责任与勤奋的关系”的哲思：责任出于勤奋，勤奋孕育责任。作者在第一次种植郁金香时，由于不勤浇水导致郁金香枯萎；第二次种植时勤于浇水，最后郁金香盛放。越勤奋，付出越多，责任感自然越强。叙议结合，由事到理，自然而然。（指导老师：黄 琼）

学会做事（在你的生活中是否也遇到过相同或相似的事，感觉如何？写下来。）____

____

____

勤奋缘于飞翔梦

广东省深圳市罗湖外语实验学校初三（5）班 黄嘉倪

天色尚早，微凉的风拂过枝叶，跑到树梢上又转了个圈，扬起了我的发梢。我慵懒地眯着眼摊在长椅上面，丝毫不想动。但是每当我一闭眼，那些回忆总是会捶打着我那颗沉重的心，令我不得不去面对残酷的现实。

小学时，每到课间我就和朋友们一起跑到楼下的操场跳绳，我的跳绳技术十分熟练，在同龄人中算是比较突出的。但一场突如其来的事故导致我的脚受伤了，好了之后也没有办法恢复到以前的水平。因此我开始努力地练习，直到现在。

俯身、低头、双手贴紧腰部，“哒哒哒……”跳绳开始飞速旋转，它像一个跑轮一样转着，速度快得甚至出现了重重残影，塑胶做的绳子“哒哒哒”地打在地上，如倾盆大雨一般。“停！”很可惜，速度还是不够快。虽然手臂上的红痕证明了自己的努力，但是这好像仍然不够，与满分还有着一段不可逾越的距离。我无聊地踢了踢跳绳，心中充满了烦躁与难过，好像这一段是我永远跨越不过达不到的距离，这仿佛和银河的两岸一般，那么遥远，那么长。

我蹲下身子，几乎想要放弃。“我不想努力了，算了吧，我做不到的。”我难过地对自己说。但是，我的心中仍有不甘，突然燃起了一簇火焰，纵然它十分渺小，但也点亮了这无边的黑暗。

我只能做到这种地步吗？我问自己，面对困难只想放弃，说着要努力却还是会逃避，我真的肩负起自己的责任了吗？我闭上眼回忆起了昨日的场景，一次又一次的跳跃，不到满分的个数。我需要改变方法，再改变方法；练习，再练习。

日子一天天过去，个数一个个增加，小小的进步如同吃剩的糖纸黏着星星点点的甜味，支撑着我负起责任，走过一天又一天。

睁眼、俯身。我深吸一口气，双手紧靠腰部，核心收紧，小腿肌肉紧绷，手腕开始带着跳绳飞速旋转。夕阳下，跳绳好像与它重合起来了。待明日升起，它将会闪闪发光，照亮无边无际的梦。

似五月的花海，如仲夏娇美的青春，就应该去拼搏，去奋斗，因为我有梦想啊。即使前方有再难拨开的黑暗，我也应负起责任，付出时间，坚持努力，勤加苦练。将来的自己一定不会让曾经奋斗的自己后悔，或许我不如别人优秀，但我要做最好的自己，乘风破浪至远方。

回想起奋斗的那段日子，不是迷茫与汗水，而是滚烫的夕阳。人间难得，万物可期。怀揣着梦想的少年，在考场上终于迎来他的光。而我将肩负起责任，踏上属于青春的旅途。

后记

责任是个神奇的东西，它在勤奋里面不知不觉就长了出来，开了花结了果，让我坚定了信念，勇往直前。

父母感言

孩子从小就很有毅力，能够做自己能做的事；随着年龄的增长越来越懂事，不仅能肩负起自己应有的责任，还不断地帮助父母，我们都为她骄傲！（妈妈：高利芳）

教师赏评

选材切题，立意昂扬。文章通过记叙“我”在练习跳绳时，遇到的各种困难，内心虽然有彷徨却毅然选择坚持，并为自己的选择而努力奋斗的故事，情感积极向上。（指导教师：石 栋）

学会做事（在你的生活中是否也遇到过相同或相似的事，感觉如何？写下来。）

我的责任心

广东省深圳市罗湖外语实验学校初三（5）班　陈锦佳

“人生总会有你初闻时不懂的事，等它从你身上穿过时就懂了。”我喃喃自语道。

清晨的阳光总是那么柔和，我正在阳台看书，淡黄的阳光洒在书面上，落在我的脸上。

这时，妈妈走到阳台，告诉我，爷爷要回老家了。我愣住了。妈妈回房间后，我的手在脸上胡乱擦拭，等湿润的泪痕被抹去，我才回到房间。看到背着行囊的爷爷已经走到了门口，我走到爷爷身边，拉着爷爷的衣襟，眼泪又不由自主地涌了出来，模糊了视线，我抱了一下爷爷，说了声再见就头也不回地跑回了自己的房间。

爷爷走后，妈妈来安慰我。我才知道原来是奶奶生病了，爷爷才要回老家。

晚上，妈妈和我说，以后我要承担起照顾弟弟的责任了，我有点茫然地点点头同意了。

自那天以后，我开始学习做饭，放学后去接弟弟回家。

一开始，做饭时常常放少了水，切菜时切到手，炒菜时多放了盐，味道就更一言难尽了。

记得一次接弟弟时，弟弟发烧了，小脸通红，我焦急地背他回家。

我快速地打开家门，将弟弟放到床上，将毛巾浸湿放到他的头上，汗液从我的额头滑下，我胡乱一抹，继续观察并照顾弟弟，不久，弟弟沉沉睡去。

我打电话告诉爸爸妈妈后，忍不住大哭了起来，内心止不住地自责。哭完后，做了些清淡的饭菜，叫弟弟起床吃些，但是体温还是没降下来。

等爸爸妈妈回来后，带弟弟去了医院。

夜是凉的，也是静的。我在那天过后，更加认真地学习做饭，关注弟弟的身体，也懂得了属于我的责任。以勤成责，以爱成责。

后记

奶奶生病、弟弟发烧，我心里难过极了。作为姐姐，我要扛起照顾弟弟，分担父母的重任。以勤成责，以爱成责。让“责任”这个种子在我心中深深扎根，我相信自己可以做好的。

父母感言

因爷爷回老家，孩子需要承担起照顾弟弟的责任。他确实长大了，知道为父母分担责任了，你未来的路也许漫长而孤苦，但你有这样的精神，请不要停下脚步，你终将会抵达群星的尽头。用爱去感知，用责任去体会世间繁荣。（妈妈：廖周基）

教师赏评

本文将独自照顾弟弟，为爸爸妈妈分担家务的事叙述得非常生动感人，情感自然流露。在你成长的路上，有这样的责任心，一定会让爱相伴，让责随行，相信你一定会成为一个品学兼优的好少年。（指导教师：石 栋）

学会做事（在你的生活中是否也遇到过相同或相似的事，感觉如何？写下来。）______

______

______

让责任之心做自己的风向标

济南市第六十八中学2020级（6）班 刘宇涵

人们常说，命运掌握在自己手中，每个人的未来都由自己平时的行为决定，也就是说将来要做一个什么样的人，现在的一言一行、一举一动都要向这个方向去努力，要做一个负责任的人，平时就要把对他人、对社会的责任当做自己的风向标，努力地奋斗，奠定前行基础，引领人生发展方向。

若我们心中都有一个风向标，它怎样转动？风从哪来？我想，凭着一股不言败的信念，一颗肯坚持的决心；风从紧抓每一分时间的匆匆步履中显现，从追逐每一个梦想的重重身影中穿梭。

风会吹向前方，人生的路也永远迎着未来的方向前行。“后悔”无法改变已经发生的结果。不管以前怎样终究是过去，一切向前看，盯紧目标，脚踏实地，一步一个脚印前行。世上无难事，只要肯登攀！失败并不可怕，没有抵达终点也不可惜，但没有努力拼搏才是最遗憾的！

风中定有尘沙，人生的诱惑不计其数。玩乐放松是人类与生俱来的本性。追求安逸是刻苦学习的最大障碍，面对各种诱惑，学会辨别、取舍非常重要，我们应当明白“业精于勤荒于嬉，行成于思毁于随”的道理。辨别约束行为，舍得放弃现在的短暂舒适，定能取得将来的人生辉煌。

风携无数逐梦人，逆风奔跑的不仅你一个！非洲羚羊宝宝刚生下来的时候就要学会奔跑，否则就会被捕食者追上吃掉。物竞天择的自然法则，在人类世界同样适用。粗缯大布裹生涯，腹有诗书气自华。只有通过学习让自己变得更强，才能在未来的竞争中取得先机，为祖国贡献力量，为人生谱写华章！

风有相伴之爱，让前行不再孤独。从我们呱呱坠地到花季年华，父母始终对我们倾注最大的爱。我们被书包压弯的背脊，困意缱绻的眼神，疲惫拖沓的步伐，他们都看在眼里，疼在心里。但这是逐梦之路的常态，我们必须坚持。书山有路勤为径，学海无涯苦作舟。学习没有捷径，勤奋和刻苦是必不可少的。我们应当理解父母的期望和严格。

趁现在我们还年少，吹响冲锋的号角，一路向前，披荆斩棘，用汗水挥洒青春，用拼搏诠释梦想！只争朝夕，不负韶华！

光阴无价，青春无悔！希望我们都能露出生活中满意的笑容，朝着迎风的方向，主导多彩的人生。

最后，送给自己：“鲲鹏尽展凌云志，拨云见日啸长空！”

后记

在我们健康成长的长河中，要一步一个脚印，自己的路自己走，朝着自己的风向标踏踏实实地走下去。

父母感言

把责任当做自己不断前行的风向标，才能拥有良好的品行。人品正，品学兼优才能走得更远，希望你能够拥有良好的品德，伴随你前进。（妈妈：周 静）

教师赏评

人生的成长不仅限于“向上”，“向下”的努力同样重要。参天大树不是一天之内拔地而起的，每一天它的根都向下延伸，向下扎根，才能汲取向上生长的力量。喜欢你认真学习的样子，欣赏你向下扎根的执着，广阔天地在等着你！（指导教师：唐 霞）

学会做事（在你的生活中是否也遇到过相同或相似的事，感觉如何？写下来。）____________________

____

____

做对社会、对他人负责的人

在浩渺的人生海洋中，每一个人都是一艘小船，航行在波涛汹涌的海洋上。而做一个对社会、对他人负责任的人，则是这艘小船在航行中不可或缺的指南针。它指引我们朝着正确的方向在风雨中坚定前行。

要做一个对社会、对他人负责任的人，首先要明确什么是责任。责任是对自己行为的后果负责，也是对社会和他人所承担的义务。这种责任不仅是法律上的要求，更是道德上的自我约束。

1. 树立正确的价值观

树立正确的价值观是做一个负责任人的基础。我们应该明白，个人的行为不仅关乎自己，更会影响到他人和社会。因此，我们应该以诚信、公正、尊重为行事准则，将社会的福祉视为己任。

2. 积极参与社会活动

积极参与社会活动是体现个人责任的重要方式。无论是参与志愿者活动，还是为社区、为弱势群体提供帮助，都是展现责任心的重要途径。通过参与社会活动，我们不仅能够帮助他人，更能够增强自己的社会责任感，培养对他人的关爱之心。

3. 勇于承担责任

在生活中，我们难免会遇到各种问题和挑战。面对这些问题和挑战，我们应该勇于承担责任，不推卸、不逃避。只有这样，我们才能在解决问题中不断成长，不断提升自己的能力和素质。

4. 持续学习，提升自身能力

作为一个负责任的人，我们应该不断学习，提升自己各方面的能力。只有具备足够的知识和技能，我们才能更好地履行自己的责任，为社会和他人作出更大的贡献。因此，我们应该时刻保持学习的热情，不断提升自己，为社会的进步贡献自己的力量。

5. 关注社会热点问题

作为一个负责任的人，我们还应该关注社会热点问题，了解社会的需求和变化。只有这样，我们才能更好地适应社会的发展，为社会的进步贡献自己的智慧。同时，我们还应该积极参与社会讨论，为解决问题提出自己的建议和方案。

明确以上几点，我们才能在人生的航行中坚定前行，为社会和他人带来更多的正能量和贡献。让我们携手共进，为构建一个更加美好的社会而努力！

【案例】

用生命之盾铸就责任之魂

在这个瞬息万变的社会里，责任感是每个人都应具备的基本品质，它不仅体现在个人的言行举止中，更在关键时刻彰显出人性的光辉。

在众多行业中，医疗行业对责任感的要求尤为突出。医生不仅要对每一位患者的生命负责，还要在复杂多变的医疗环境中，保持冷静和判断力。

周医生是一名在某三甲医院工作了数十年的资深外科医生，他以精湛的医术和高尚的医德，赢得了患者和同事们的赞誉，患者送其绰号“周一刀”，以此体现他刀到病除的高超医术。

在周医生的职业生涯中，不乏对患者高度负责任的感人事迹。周医生对待每一位患者都如同对待自己的亲人一般。因为他深知，医生的一丝不苟和严谨认真，直接关系到患者的生死存亡。

无论手术大小，他都会亲自研究病历，与患者深入沟通，确保手术方案的万无一失。

周医生除了对手术本身的严谨态度，还十分注重对患者心理的关怀。他深知，患者在面对疾病时，往往心情复杂，既有对生命的渴望，也有对未知的恐惧。

因此，他总是耐心倾听患者的诉求，用温暖的话语给予他们信心和鼓励。他的这种人文关怀，让许多患者在病痛中感受到温暖和希望。

此外，周医生还积极参与各种公益活动，为偏远地区的贫困患者提供免费的医疗援助。因为他深知，医生的责任不仅局限于医院内，更应该延伸到社会的每一个角落，周医生一直用自己的实际行动，践行着对他人负责任的承诺。

周医生的故事，不仅是一个医生对他人负责任的典范，更是我们每个人应该学习的榜样，在他的身上，我们看到了责任感的力量。

【共同分析】

周医生的故事，深刻诠释了责任感的真谛、内涵和价值。他的事迹将激励更多的人，在平凡的生活中，发挥出不平凡的力量，为共同构建一个更加和谐、美好的社会而努力。

拓展阅读

做一个全面发展的人

珠海市香洲区文园中学九年（23）班　蒋铭洋

我们班上有一位同学，和我玩得特别好，他个子不高，皮肤黑黑的，常常笑意盈盈，他身上拥有三大优点。

一是学习好，勤奋刻苦。他学习特别认真也特别刻苦，平时他不是做题，就是和同学一起探讨问题的答案。课余时间和我们一起玩，总是和同学友好相处。

二是身体好，体育测试各项全优。尤其是短跑快似苏炳添，长跑速度也不在话下。在学校的一次体育测试中，他似脱缰的野马一下子就冲了出去，其他人拼命追还是拉开很大距离。

三是品德好，同学之间，不管谁有困难，他都热心相助。同学学习有困难，他总是主动上前给同学补课；有的同学家庭条件不好，他经常解囊相助。

给我印象最深的，还是他在体育方面。

我特别羡慕他的是足球非常好。他好像天生就对足球方面有天赋，只要一拿到球就开始精彩的表演。

像这样学习好、身体好、品德又好的同学，我们都称他为全面发展的好学生，与此，他也成了我的偶像，我暗下决心，一定向他学习，做一名全面发展的好学生。

后记

我一定要向我们班的这位同学好好学习，学习他身上的闪光点，老师都说，他真是一个全面发展的人，一个不平凡的人，我也要注意锻炼，提高身体素质，像我的同学一样全面发展。

父母感言

孩子能通过观察同学的优点并进行了详细描述，观察细致如微，描述准确恰当，我相信他这种善于发现别人优点的行为，会不断促进自己的进步。（爸爸：蒋 兵）

教师赏评

小作者学会了观察，通过对身边同事的事例叙述生动、具体、趣味性强，且与首句的比喻贴切、一脉相承。文章能通过清新有趣的语言，描述生动，全文节奏明快，语言清新，始终洋溢着诙谐与风趣，读来有趣。（指导教师：符田田）

学会做事（在你的生活中是否也遇到过相同或相似的事，感觉如何？写下来。）______________________________

____

____

____

以勤奋为基石，筑造责任感

广东省深圳市罗湖外语实验学校初三（4）班　李佳霓

我的父母工作都特别繁忙，时常没有时间照顾家里。

一天清晨，刺骨的寒风将我从睡梦中吹醒，我走出房门，看到一个瘦弱的身影在拖地，母亲的衣裳早已被汗水浸湿，额前的碎发变得凌乱，湿漉漉的双手正握着拖把拖着地。

我不由得感到心疼，想帮母亲分担一下，让她好好休息。起初笨拙的双手不知如何开始，弄得地板上都是水。慢慢地，拖把在我手上越来越顺手了。我熟练地弯下身子，握着拖把，仔细地拖着每个角落。过了好一会，地板就变得干净了，虽然很累，但这让我充满了成就感。便提出每天早上都由我来拖地的想法。

有一天，我在床上躺了一上午，窗外叽叽喳喳的鸟叫声和街道上的喧闹声也没能让我从睡梦中苏醒。我懒散地躺在床上。直到正午，我才睡意蒙眬地下了床，看到地板上脏兮兮的，突然想起拖地板的事。我感到十分愧疚，赶忙拿着拖把开始拖地。拖了一会儿，我疲惫地躺在沙发上，腰酸得让我不想动弹，有了想放弃的念头。但一想到我答应了母亲的承诺，就不由得又站了起来，重新拖起了地板。最终也如我所愿，把地板都拖干净了。我欣赏着明亮、洁净的地板，内心格外喜悦。

在不知不觉中，这件事塑造了我的责任感，让我意识到每天的拖地任务可以培育我的责任心。

后记

这是一份沉甸甸的责任，它需要我的坚守和勤奋，责任感是通过自身在不断地磨炼意志中提升的。责任感也让我记住了每天勤快地拖地是一份信念，认识到责任是在勤奋中产生的。

父母感言

通过拖地这件事情让孩子深刻意识到勤奋的重要性、培养了他的责任感，希望孩子在今后的道路上更加勤奋努力，砥砺前行！（妈妈：黄奕云）

教师赏评

作者以叙事的方法描述了拖地时经历的心理变化，开头为下文做了解释，简单明了。从一开始的心疼、积极到愧疚、想要放弃再到后来的坚定、喜悦之情，让人明白了勤奋培育了责任感和勤奋的意义。（指导教师：杨 鑫）

学会做事（在你的生活中是否也遇到过相同或相似的事，感觉如何？写下来。）________

守住家乡的一缕稻香

广东省深圳市罗湖外语实验学校初三（14）班　王子熙

金秋岁月，一双忙碌的手，书写着在劳动中的点滴幸福。

回眸在老家的日子，清风微拂，稻浪飘香，爷爷用自己的血汗书写着他富有朝气的活力。

爷爷特别爱惜他的稻田，每天总是看着远处翻腾的稻浪，痴痴地笑着，仿佛把自己融入了稻的海洋，稻苗在田里茁壮成长。爷爷总是戴着一顶黄草帽，与他挚爱的稻田融为一体。他常常弯着佝偻的背，像个孩子一样笑着，唱起小调，随秋风回荡在翻腾的稻香里。

金浪翻腾，风拂稻香，岁月弥漫着劳动的歌声，爷爷的笑颜融于稻浪中。

有一天，我跟着爷爷来到田间，看着他拨弄着稻穗，也不由自主地学着爷爷的模样，忙了起来。

“爷爷，我来帮您啦！”

“好！”爷爷笑着，阳光映在他布满沟壑的脸上，簌簌而落的汗珠熠熠生辉，如星辰闪烁。笑意未散，眼尾的皱纹越深了一些，里面写尽了热爱与坚守。

金黄的稻穗堆在一起，日头一晒，尽是谷物清香。下到水田，湿滑的泥水立刻裹住了我的双脚，冰凉的积水没过脚踝，我抡起镰刀，却使不上力，割得很笨拙吃力，累得气喘吁吁。

回头，只见骄阳下，爷爷却不顾日光暴晒，手起刀落，一丛丛金黄的稻穗被割下，乖巧地簇成一捆，静躺在竹篓里，几刻钟过去，却不曾休息，他笑着说：“稻田里都是收获，只有勤奋才能获得，这担子在我肩上咧！”我将那一捆捆稻穗抱在怀里，温润的暖意直至心灵，仿佛抚慰了肩上的酸痛。

那压在肩上沉甸甸的，不是稻穗，而是稻田里传承下去的责任与坚守。

倏尔，抬头望去，秋风拂过，一望无边的稻浪随风波动，爷爷抓紧草帽，闻着稻香，露出惬意的笑容。那个佝偻的背影，在火红的夕阳下散发出点点光芒，好似告诉我一个深刻的道理：无论做什么，都应保持勤奋的姿态，肩负好应当的责任。

我有个美好的愿望，想把秋天的田野裁成纸张，用金黄的稻谷写下幸福的诗章，做一缕缱绻稻香，守住自己的稻田。

我愿家乡的稻香永存，人们劳动不熄，生活幸福不灭。

我接过爷爷给的一捧稻穗，以勤奋之姿，肩负责任，传承优秀的中华民族奋斗精神，以青春为笔，研奋斗为墨，肩负复兴之任，书写出属于我的时代答卷。

以劳动之光，添责任之焰。从此回眸，岁月如诗，少年肩负重任，披星戴月，只愿稻香永存。

后记

重任落于我们肩上，作为年轻一代应为之奔赴山海。我愿稻香缱绻永存，也愿自己拥有像爷爷一样的责任意识和奋斗精神！

父母感言

孩子在劳动中体悟到了真正的时代精神，认识到了青年应肩负的责任，身为父母，我们为她感到自豪和骄傲！（爸爸：王稳）

教师赏评

本文文辞优美，有诗意，富有韵味，对收割稻子的描写真实可感，情感真挚，情景融合，蕴含一定的哲理，表现出对传承稻香的信念，留有余味，带给读者以深思。（指导教师：聂华）

学会做事（在你的生活中是否也遇到过相同或相似的事，感觉如何？写下来。）______

______

______

洒勤奋之种，收责任之果

广东省深圳市罗湖外语实验学校初三（13）班　刘静阳

随着年龄的增长，我的内心已经越来越成熟，再加上与我相差多岁的弟弟妹妹需要照顾，让我更加觉得我这个做姐姐的一定要有责任心，一定要履行我这个当姐姐的职责，在弟弟妹妹面前树立榜样。

步入初中，我进入了叛逆时期，与父母发生过不少争执，同时也对弟弟和妹妹发过脾气，导致他们现在对我都有些惧怕。这让我很自责，因为我没能给他们树立好形象和榜样，没有照顾好他们，再加上我有时脾气颇为暴躁，每天回家只往房间去，他们对我仿佛有一层隔阂，我们之间越来越疏远了，致使我们的关系有些僵。作为家中老大，将来不仅要承担自己的事情，还有家中的琐事，如此重大的担子挑在我身上我不能没有责任心，不能让自己在这个青春的黄金时期颓废下去，我要表现出我的责任感，要为家人着想，不能只顾一己之利。

责任感不仅是思想与内涵的充分表现方式，更是激励一个人努力学习的良好方法。所以，为了将来，我要更加努力，培养自己的责任心，创建一个更加美好的明天！

如果没有勤奋，就没有机遇，更没有热情的提携者，人就是再有天才，也只能默默无闻。我们现在的所有收获都是靠奋斗、努力而得来，既然已经坚持了这么多，那就继续坚持下去吧，只要有恒心、有毅力，成功一定会就在眼前。

愿我们所有人都带着责任心走在人生道路上，让人生散发出金子般的光芒。

后记

从此，我慢慢地调整自己的心态，与家人和睦相处，多给弟弟妹妹一些关爱，做一个有责任心的姐姐，人生路漫漫，责任伴成长。靡不有初，鲜克有终；不忘初心，方得始终。

父母感言

人生之路漫长，有所为，有所爱，人间清醒，自律，知进退，眼里有光，心中有爱，坚定前行，做一个有责任心并勤奋努力向上的人，有作为的新一代有梦想的人。（妈妈：周少贤）

教师赏评

作者选了一个常见的素材，从侧面写出了“责任”的重要性，也能看出随着年龄的增长，作者变得更加有责任心，并有着清醒的心态面对“责任”这件事。开篇指出主题，把一个开始有些叛逆、暴躁，到后来明白了“责任”的意义的姐姐形象的整个转变过程，描写得淋漓尽致，最终也感悟到了责任之心的永恒。（指导教师：陈 丹）

学会做事（在你的生活中是否也遇到过相同或相似的事，感觉如何？写下来。）

茶韵流芳，责任在肩

广东省深圳市罗湖外语实验学校初三（13）班　郑思静

奶奶的小屋连着山茶果园，待到春风撩开春的序幕。今年的茶芽有点迫不及待，正月尚未过去，它就挤了出来。满园的山茶渐渐吐绿，老远就听到采茶人清脆的歌声，在唱着：“淡淡茗香醉远客，浓浓深情敬爹妈。”

每到此时，奶奶就拿出她的茶篓，迈着蹒跚的步子向茶园走去，把一冬的郁闷一扫而空，嘴里念叨着：“茶芽绿了，责任来了，该去采茶喽。”

那乡音掷地有声，此刻，我读懂了责任：那是采茶人不变的坚守，无关年龄。

我背上茶篓，随外婆来到茶园。我喜欢记录此时的春天，刚开始的、崭新的。茶芽充分汲取了阳光雨露，空气中弥漫着浓浓的茶香。摘得一捧茶芽，有露水的湿凉，有指尖的温度，还有蕴含其中的生命力。看着那些手指翻飞的采茶人，此刻，我读懂了责任：那是勤劳而质朴的精神传承。

采茶人极其勤劳的身影一直都会在，我望着那份脚踏实地，辛勤耕耘的身影，更希望每一个勤劳的身影，每一次责任的征途，都能相传下去。因为它温暖又清澈，且照亮人们脚前的路。

我看着那上果园里的小小身影，我们距离越来越远，最后在我们中间不但隔着重山叠水，还隔着那么悠长的岁月。

后记

日子如房后台阶上的青苔，前一刻还空空旷旷，转眼就拥拥挤挤，扰扰攘攘，覆盖了许多足音与心情，它可能会使人变懒惰，从而忘记了勤劳中寻觅责任的意义，但通过采茶人不变的坚守责任的精神，让我们明白“责任在肩”，让清澈的眼多情了流光淡淡，柔软的心温暖了艰难岁月。

父母感言

读懂了孩子对采茶人的坚守的赞美，发现责任是在担当中形成的，愿孩子能够懂得珍惜，领会到做事坚持，也可以在勤奋劳作的过程汲取养分。（妈妈：胡宝绸）

教师赏评

作者体会到采茶人的艰苦劳作，懂得感恩，从责任中学会做事！特别是把事情的情节描写得变化微妙，真实有趣，入情入理，文笔细腻，行文流畅。（指导教师：陈 丹）

学会做事（在你的生活中是否也遇到过相同或相似的事，感觉如何？写下来。）

炒菜培养了我的责任心

广东省珠海市启明小学五年（1）班　熊子嫣

一顶洁白的厨师帽，一条干净的围裙，一双整洁的手套，也倒有些厨师的模样，以前，几乎都是奶奶在厨房炒菜做饭，我从来都没做过一道菜。

今天，我看着冰箱里的瓜果蔬菜，便动起了想自己炒菜的心思。

我想起奶奶做饭时的场景，最后决定做西红柿炒鸡蛋。我从冰箱里拿出两个西红柿和几个鸡蛋，准备开始做饭。

炒菜前，学着奶奶的样子，系上一条围裙。我拿起菜刀，将西红柿对半切开，再切成小块状，把它们放进碗里备用。再把鸡蛋打入碗中，用筷子均匀地搅拌起来，看起来倒有些厨师的样子。

全部准备妥当后，我仔细回忆奶奶炒菜时的步骤，按顺序先点火，放油，一瞬间油“啪啪啪”地溅出来了，溅到了我的手臂上，吓得我跳了起来，连忙甩掉手上的油。之后，我吸取了教训，选择用锅盖遮住锅口，里面“啪啪啪”的声响也小了很多，过了一会儿，我小心翼翼地打开锅盖，锅里喷涌出一大堆烟雾。我把切好的西红柿倒入锅中，顿时发出“滋啦滋啦”的声响，我连忙拿出锅铲进行翻炒，过了一会儿，锅里的西红柿块都流出了鲜红的汁液，透着油光，可以装盘了。

西红柿炒鸡蛋，自然少不了鸡蛋，我把鸡蛋液倒入锅中，最开始混成一团，我突然想到奶奶炒鸡蛋时会微微晃一晃锅，我也学着晃晃锅，鸡蛋就听话地慢慢匀开，像一个大饼，它的边缘还有大小交错的“泡泡”。阵阵香味扑鼻而来，诱人极了！紧接着，我拿起锅铲将鸡蛋翻了个身，再把它铲成几块，来回翻炒。然后，把炒好的西红柿倒进锅中，与鸡蛋一起翻炒，再加入适量的盐，鸡蛋散发的诱人香味与西红柿流出的汁液相融合，十分诱人。

“大功告成！”我迫不及待地夹起一块鸡蛋，往嘴里送，吃到第一口，“啊，怎么这么咸。”

奶奶看到桌上的菜，又看着我的表情，立马明白了是怎么回事。奶奶说："没有关系，多做几次，熟能生巧，我们一起再来试一次吧"。在奶奶的细心指导下，我又做了一次西红柿炒鸡蛋，我拿起筷子品尝，开心地说道："耶！太好吃了，我成功了！"

如愿当了一次"小厨师"，原来炒菜也并非我想象的那么简单，在这之中，我体会到了炒菜的苦与乐。

后记

俗话说：一回生，二回熟。我相信，只要我多多学习，一定能学会炒更多更多的美味佳肴。也从而懂得"熟能生巧，巧能生精，精能生妙，妙能入道"的意思。

父母感言

每个父母都想把孩子培养成多方面优秀的人才。做家务有助于提高孩子的独立性和自主能力，还可以培养孩子的责任心。（妈妈：赵春林）

教师赏评

文章把做菜的过程叙述得很清楚，人物的活动描述得也具体。真实可信，生动有趣，同时也能感受到小作者在做事的过程中，不浮躁，一直保持一种平稳的心态，这种耐心，难能可贵，值得称赞。（指导教师：秦红梅）

学会做事（在你的生活中是否也遇到过相同或相似的事，感觉如何？写下来。）

本篇复盘

◎ 小问题

思考下面的问题，帮助你理解培养孩子责任感的必要性。

1. 你认为培养责任感的意义与价值是什么？
2. 培养孩子责任感的目的是什么？
3. 培养孩子责任感首先要做到什么？
4. 培养孩子责任感有哪些要注意的环节？ （按此修改）
5. 你认为学校、家庭应该怎样培养青少年的责任感呢？
6. 你对“责任乃成家立业之本”这句话是怎么理解的？
7. 你准备怎么做一个有责任感的人？
8. 你认为怎样才算是一个有责任感的人？

◎ 信息反馈

阅读本篇或者听了相关讲座，你感觉生活中还有很多事情都与责任感培养有关，面对这些问题是怎么解决的？你身边的人又是怎么处理的？请将此事的过程记录下来，形成一篇 500 ～ 800 字的小作文，扫描以下微信公众号二维码传上去。

陶行知学院
微信公众号

陶行知生活教育系列丛书

父母必读

让卓越

促进发展奔向未来

主编 缪 力 周文彪

XUEHUI 学会

ZUOSHI XIA 做事（下）

副主编 刘义光 高文臣 王 跃 蒋 菡

苏兰君 陈敏怡 杨 晟 周晓宁

天津大学出版社

TIANJIN UNIVERSITY PRESS

内容提要（下）

本书分为上、中、下三册共11个篇章，本册为《学会做事》下册，由“生存发展篇”“艺术熏陶篇”“沟通协调篇”和“追求卓越篇”组成，每个章节的论述都以“名师导航”“导师简介”以及“陶行知经典故事”引出，由“本篇主题及要点”提出论点，小作者通过亲身实践在“拓展阅读”中提出论据，彰显了“行知合一，言行一致”的育人风格。每篇结尾处又以“本篇复盘”提出问题，供读者思考，感悟“父母感言”和“教师赏评”的家校共育的风格，以加深读者的深度思考和理解。

图书在版编目（CIP）数据

学会做事. 下 / 缪力, 周文彪主编 ; 刘义光等副主编. -- 天津 : 天津大学出版社, 2024. 6. -- ISBN 978-7-5618-7767-8

Ⅰ. G782

中国国家版本馆 CIP 数据核字第 2024C2T996 号

出版发行　天津大学出版社
地　　址　天津市卫津路92号天津大学内（邮编：300072）
电　　话　022-27403647
网　　址　www.tjupress.com.cn
印　　刷　唐山楠萍印务有限公司
经　　销　全国各地新华书店
开　　本　787mm × 1092mm　1/16
印　　张　41.25
字　　数　698千字
版　　次　2024年6月第1版
印　　次　2024年6月第1次
定　　价　98.80元（全三册）

Part8

生存发展篇

◎ 篇前小叙

◎ 名师导航

◎ 导师简介

◎ 陶行知经典故事

◎ 安全是人生幸福的基本保障

◎ 不容懈怠的“危险与事故”

◎ 远离风险，避免灾难

◎ 隐藏在生活中的健康隐患

◎ 拓展阅读

篇前小叙

本篇是以“陶行知生活教育系列丛书”中的《生存与发展》为蓝本，北京师范大学珠海校区（原分校）北京理工大学珠海校区（原学院）和暨南大学珠海校区等18名教授、副教授，深入居民社区开展的“大学教授谈家庭教育”活动而产生的，教授们在充分了解家庭教育中存在的现实问题的前提下，鼓励父母培养孩子的生存能力。本篇从安全意识教育讲起，列举大量案例启发父母教育孩子要注意以下事项：

（1）发生火灾的自我保护训练；

（2）发生水灾时的自我保护法；

（3）发生地震时的自我保护法；

（4）遭遇抢劫时的自我保护法；

（5）让孩子远离性侵害。

在父母和教师的指导下，孩子们认真观察生活中的各种现象，做出了一个个提升个人生存能力的典型案例，修正了自身生存能力的不足，不仅给个人生活增添了光彩，还记录下生存发展训练的过程，形成了一篇篇生动感人的优秀作文。

名师导航

陶行知说：

- 千教万教教书求真，千学万学学做真人。
- 教师，是播撒知识的种子，传递文明火炬的使者。
- 在教育的百花园中，百花吐艳离不开园丁爱的奉献；在金秋的硕果园里，硕果累累离不开耕耘者心的浇灌。

杜威说：

- 不放手让孩子去做，犹如血液循环受到阻碍，会防害孩子增强体质的。教师的工作是激发孩子对人生无限的好奇心。劳动受人推崇。为社会服务是很受人赞赏的道德理想。

胡适说：

- 要想国家强大，其国民必须知识丰富、思维活跃、勤奋努力、富有责任感。
- 一个人对社会的价值，首先取决于他对社会的责任感。

蔡元培说：

- 勤能补拙是良训，一分辛劳一分才。
- 教育者，养成人格之事业也。使仅仅为灌注知识、练习技能之作用，而不贯之以理想，则是机械之教育，非所以施于人类也。

导师简介

刘义光

北京航空航天大学毕业，曾任北京大学医学部网络教育学院院长助理、副研究员，　现任北京麦课在线教育技术有限公司总裁、中国教育发展战略学会理事、安全教育专业委员会常务理事、中国社会工作联合会安全教育专家；主导研发“大学生安全教育”“基于大数据大学生安全素质调查及对策”“大学生安全素养模型及培养模式实证研究”“互联网＋ 安全教育”等重大课题，参与编写陶行知生活教育系列丛书”《安全与发展》等著作。

高文臣

北京师范大学珠海校区（原分校）生命科学学院教授，以色列特拉维夫大学（Tel　Aviv）生命科学学院分子微生物与生物技术系博士后，在北京师范大学生命科学学院为本科生和硕士研究生讲授生物化学、分子生物学、生物化学大实验、基因工程学等课程。曾任北京师范大学珠海分校教务处副处长，主管本科教学和理科科研工作，并讲授基础生命科学课程。主持或参加多项科研项目，在国内外学术期刊发表论文 10 余篇，参编“陶行知生活教育系列丛书”《安全与发展》等著作，多年来一直致力于陶行知生活教育研究。

本篇主题：让安全引领孩子的幸福成长

本篇要点：

本篇从安全意识教育讲起，列举大量案例启发父母意识到：孩子自我保护能力培养的重要性，鼓励父母将生活经验传播给孩子。常对孩子进行安全意识教育并从五大方面启迪父母教育孩子：安全是人生幸福的基本保障，如平日防火基本措施、预防火灾发生的基本常识、灭火的基本原理、遇到火灾时的第一反应、火灾发生后要掌握的逃生方法、火场逃生的自救方法；不容懈怠的“危险与事故”，如洪水到来之前的准备、洪水到来时的自救、落水后的自救、水灾发生后的逃生、重灾区避难措施及自救等；不容懈怠的“危险与事故”，如地震来临前的准备、地震来临时的自我保护、地震发生中的相互救助、地震发生后的伤员救护、地震发生后的家园共建等；远离风险，避免灾难，如夜晚不要在偏僻或黑暗处行走、要勇于同坏人坏事进行斗争、不要贪图意外的小便宜、不要接受陌生人礼物等；隐藏在生活中的安全隐患，如什么是“性侵害”？什么是性骚扰、性侵害行为？如何避免性侵害？父母应如何帮孩子建立性安全意识？怎样防范性侵害？

陶行知经典故事

烧扑克牌

陶行知是一位伟大的人民教育家，他的教育理念深深地影响了无数的学生，并使他们受益终身。“烧扑克牌”这一事件是他教育理念的生动体现。

在那个特定的历史时期，学生们因为紧张的学习生活而产生了厌倦情绪，他们开始在自习时间偷偷地打扑克。这种行为不仅违反了学校规定，而且浪费了宝贵的学习时间。当老师们发现这一问题并试图劝阻时，学生们却以“有劳有逸”为借口，拒绝改变。

然而，陶行知的处理方式却与众不同。当他发现学生在宿舍打扑克时，他没有立即上前制止，也没有大声斥责。相反，他只是静静地站在一旁观察。这种处理方式既避免了直接的冲突，又给了学生们一个反思的机会。

当学生发现陶校长站在旁边时，他们感到羞愧和紧张。他们知道自己的行为是不对的，但又不知道如何面对陶校长的责备。然而，陶校长并没有责备他们，而是选择了沉默。这种沉默并不是默许他们的行为，而是在等待他们自我反省，认识到自己的错误。

第二天，陶校长在全校会上讲述了抗日战争的形势，强调了人才的重要性。他向学生们提出了一个问题：“你们难道可以浪费自己的时间吗？”这句话深深地触动了学生们的心灵。他们意识到，自己的行为不仅是对自己的不负责任，更是对国家和民族的不负责任。

接着，陶校长要求学生们自觉地把扑克牌交出来，像烧鸦片烟一样把它烧掉。这是一个象征性的行为，代表着学生们对自己过去的错误行为的忏悔和决心。当学生们把扑克牌放在台上，堆成一垛，陶校长用火柴点燃了它们。

火焰熊熊燃烧，照亮了学生们的心灵。

最后，陶校长温和地对学生们说：“有人说‘有劳有逸’，‘逸’就只能玩扑克？你们可以练琴、写诗、作画，也可以打球、下棋……”这句话不仅为学生们指明了正确的休闲方式，也传达了他对教育的深刻理解。教育不仅是传授知识，更是培养人的品德和情操。在紧张的学习生活中，适当的休闲是必要的，但关键是要选择正确的休闲方式。

【共同分析】

“烧扑克牌”这一事件虽然过去了很久，但陶行知的教育理念却仍然具有深远的影响。他用自己的行动告诉我们：教育不仅是知识的传递，更是心灵的触动。他用自己的智慧引导学生们走向正确的道路，让他们在未来的生活中更加充实和有意义。

安全是人生幸福的基本保障

在五彩斑斓的生活中，安全如同稳固的基石，承载着我们对美好生活的向往和追求。无论是人身安全、财产安全还是环境安全，都是我们幸福生活不可或缺的基本保障。

1. 人身安全是幸福生活的前提

没有安全的身体，何谈幸福的生活？人身安全不仅关乎每个人的生命和健康，更是社会文明进步的体现。我们要时刻保持警惕，加强自我保护意识，防止意外事故的发生。同时，政府和社会各界也应加强安全管理，完善法律法规，确保每个人的生命和财产得到最大程度的保障。

2. 财产安全是幸福生活的基础

财产安全关系到每个人的切身利益，是实现幸福生活的重要物质保障。我们要妥善保管好自己的财物，增强安全防范意识，防止盗窃、诈骗等侵害个人财产安全的行为。同时，政府也应加强金融监管，打击非法金融活动，保护消费者的合法权益。

3. 环境安全是幸福生活的保障

环境安全不仅关系到每个人的身体健康，还直接影响到我们的生产和生活。我们要幸福生活就要树立环保意识，关爱自然，从身边小事做起，减少污染，保护环境，大家齐心协力创造一个宜居、美丽的生活环境。

4. 安全始终都是不可忽视的重要课题

生活中只有确保安全，才能更好地享受生活的美好，实现自己的梦想。我们要时时刻刻绷紧安全这根弦，从自身做起，从小事做起营造一个安全、和谐、美好的社会环境。

要充分认识到：安全不仅是个人的责任，更是社会的责任。只有全社会共同努力，才能构建一个安全稳定的社会环境，让每个人都能够在其中安心生活、快乐工作。

5. 安全是人类生存的基本保障

如果基本的安全保障也实现不了，人类就无法赖以生存。保证人身安全唯有从自身做起，加强安全意识，提高自我保护能力，共同营造一个安全的生活环境，真正实现人类幸福的美好愿景。

影响人生安全环境的案例很多如： 每天纵横交错的公路上，车辆川流不息；鳞次栉比的厂房里，机声隆隆；挥汗如雨的工地上，林立的楼房拔节攀长；四通八达的互联网上，快捷的信息目不暇接……这高节奏、现代化的生活虽说让人们追求无限，但是，你是否想到：当你匆匆行走于路上时；当你加班加点于车间时；当你打开书本求思于课堂时；当你举杯庆贺于餐桌时……意外的事故就像魔鬼一样突袭而来。

此时，你是否会想到：一个瞌睡，可以让你捶胸顿足；一个烟头，可以毁掉百万顷森林；一个错误指令，可以葬送无数人的健康和生命。

谁都不希望在畅饮劳动带来的幸福美酒时，稍有不慎就品尝因自己的不慎而酿成的苦果、灾难与悲伤。

无数悲惨的案例告诉我们：宝贵的生命只有在安全中才能永葆鲜活，安全只有在意识和责任中才能确保万无一失。

我们务必做到：平时多一分防范，少一分损失；多一分谨慎，少一分失误。

我们要永远记住：完全的安全保障是不存在的，天灾人祸从来没有停止过对人类的伤害和袭击。

【案例】

从天而降的横祸

1993 年 9 月，北京遭遇了一场罕见的风灾。风灾发生前，北京的天气异常闷热，空气中弥漫着一种不同寻常的气息。天空突然变得阴沉起来，狂风骤起，仿佛预示着即将到来的灾难。随着夜幕的降临，风力逐渐加强，变成了罕见的狂风。树木被连根拔起，街道两旁的广告牌被吹得摇摇欲坠，甚至电线杆也被吹倒，导致部分地区停电。

风灾给北京市民的生活带来了严重影响。许多家庭因为停电而陷入了黑暗，只能依靠蜡烛或应急灯照明。通信也受到了严重影响，电话线路中断，人们无法及时获取外界的信息。此外，风灾还导致了一些地区的供水系统瘫痪，居民们不得不面临缺水的困境。

面对这场突如其来的风灾，北京市政府和相关部门迅速展开了应急救援工作。他们组织了大量的救援人员，分赴各个受灾地区，为市民提供食物、水和医疗救助。同时，政府还积极协调各方资源，尽快修复受损的基础设施，恢复供电和通信。

这场风灾中，北京市民的团结和互助精神得到了充分体现。许多志愿者自发组织起来，帮助受灾地区的居民清理废墟、修复房屋。一些市民还通过捐款、捐物等方式，为灾区居民提供力所能及的帮助。这种众志成城的精神，让人们在灾难中看到了希望和力量。

经过几天的努力，北京市的救援工作取得了显著成效。受损的基础设施逐渐得到修复，市民的生活也逐渐恢复正常。这场风灾虽然给北京带来了巨大的损失，但也让人们更加珍惜生活中的美好时光，更加懂得团结和互助的重要性。

风灾过后，北京市政府开始对风灾进行反思和总结。他们意识到，加强城市的抗灾能力建设刻不容缓。于是，政府加大了对基础设施的投入，提高了城市的抗灾能力。同时，政府还加强了对市民的防灾教育，增强了市民的防灾意识和自救能力。

这场风灾至今令北京人刻骨铭心。四个城区就有 40 多处大型广告牌及高楼的悬挂物被刮掉，此次灾难导致死亡 1 人、伤 15 人、截肢 12 人，直接经济损失 1.5 亿元。

【共同分析】

风灾虽然给这座城市带来了巨大的挑战，但也让人们在灾难中看到了希望、勇气和团结的力量。这场风灾不仅考验了城市的抗灾能力，更展现了北京市民在逆境中的坚韧和勇敢。在未来的日子里，北京将继续努力，建设更加美好的家园。

拓展阅读

逆境中我学会了游泳

北京市第十七中学初二（1）班　武昊晨

有时，人生的逆境会像巨浪一样将我们推入深海，令我们感到窒息无力。然而，正是在这样的逆境中，我学会了游泳。

记得那是一个暑假，班主任在班级群中下发了《防溺水父母告知书》，叮嘱大家注意假期安全。

我从小就怕水，觉得这叮嘱应该和自己没什么关系。可万万没想到妈妈为了让我克服对水的恐惧心理，鼓励我假期去学游泳，然后她没跟我商量就给我报了游泳班。

我不禁开始恐慌，这简直是逼着我这个“旱鸭子”上树啊！

那天，乌云压城，灰暗的天空好似也在嘲笑我的胆怯。

我带着些好奇和恐惧心理随妈妈来到游泳馆。

换好泳衣，教练让我先学习憋气和换气。

当我闭眼将头扎进水中时，立马产生了一种可怕的窒息感，水从鼻子灌进去，被水呛着的我立马抬头跳起，心里更加害怕了。

妈妈在旁边鼓励我：“儿子，你是男子汉，别害怕！”

教练也不厌其烦地给我做示范，鼓励我：“想学会游泳，你就得先不怕水，勇敢点儿！”慢慢地我内心对水的恐惧开始减退。一边认真聆听教练的话，一边耐心照着做，反复进行练习，自己也在给自己鼓劲儿：“别怕，多试试，实践出真知，熟能生巧嘛。”

经过一次次练习，我开始掌握憋气换气时呼吸的节奏了，不久又能实现自由换气了！

学会憋气换气后，我开始学习泳姿——蛙泳。

教练先给我做了示范，然后，让我按照示范动作进行划水练习。

已经学会换气的我，以为学蛙泳应该易如反掌，便一头扎进水里，可我的身体一沉入水中，大脑便一片空白，完全忘了教练示范的动作，手忙脚乱地在水里扑腾着，身体也逐渐下沉，连续喝了好几口水，狼狈极了。

教练见状，立马把我从水里“捞”出来，当时我直感觉头晕目眩，好像溺水了一样，心里真有些后怕，唉！刚克服了的恐水心理又重新涌来了。

教练让我先在池边休息会儿，平息下心情。我想：我都学会换气了，总不能半途而废，让自己功亏一篑吧？此时，我的内心其实并不想认输。

10分钟后，我鼓起勇气又一次下水，教练也对我伸出了大拇指：“别怕！记住动作要领，前臂伸直拨水，两腿用力蹬，手脚协调，同时发力，心里不要慌。注意安全。”我也提醒自己：“别害怕，多试试，这次不行就重新再来。”

经过一次次反复练习，我能够在水中短距离地游动了，逐渐地，游动距离越来越长。功夫不负有心人，我终于学会了游泳！

在雨过天晴的午后，我很有成就感地走出了游泳馆，看着布满乌云的灰暗天空也变得明朗起来，远处的彩虹也好像在为我点赞，心里美滋滋的。

后记

这次学游泳的经历，让我学会了如何正确面对逆境。不仅让我克服了恐水心理，还学会了游泳，也让我懂得了持之以恒的重要性，还让我明白了：在保证自身安全的情况下，要敢于挑战自我。

学习游泳，既锻炼了身体，掌握了一项技能，还磨炼了意志，培养了良好品质，并且达到了娱乐休闲的目的，可谓一举多得。

父母感言

人们常说“洪水猛兽”“水火无情”，孩子学会了游泳之后，遇到特殊情况，不仅能够保护自己，而且能够以学游泳时的不畏精神解决许多生活、学习中的问题。看到孩子能够在水中自由自在地游来游去，我们真为他感到高兴。（妈妈：周 莹）

教师赏评

小武同学初学游泳，虽然困难重重，先是学换气被水呛着，后来学蛙泳甚至喝了几口水，但他面对困难毫不泄气，坚持学习，终于掌握了游泳的技能。这种对生活技能积极学习的态度和持之以恒的精神，值得我们为他点赞。（指导教师：王瑞瑞）

学会做事（在生活中你是否遇到过类似的事，与作者感觉有什么不同？写下来。）

第一次摊鸡蛋饼

北京市前门小学六年（4）班 罗仲涵

早晨，太阳公公刚漏出笑脸，我一天的生活开始了。

一觉醒来，爸爸、妈妈都去上班了，还没等我兴奋起来，肚子便咕咕叫起来了，啊！饿了，先做早餐吧！

做什么呢？我忽然想起妈妈教我做过的鸡蛋饼，但是，妈妈不在，我自己动手还是第一次。

我来到厨房，系上一条围裙，学着妈妈的样子，先准备好鸡蛋、面粉、调和油，只等正式开始了。

我先往碗里打了两个鸡蛋，然后，加上一小勺面粉，搅拌均匀，哎呀，水放多了，有些稀了，怎么办？我又加了点面，又太稠了。

虽说是“万事开头难”，但是，今天的面好像故意和我作对似的！

一会儿稠一会儿稀，我手忙脚乱地一会加水一会加面。

经过一番努力，终于调出了“酸奶状”的面糊，我的第一步成功啦！

接下来，我小心翼翼地打开火，在平底锅中放上适量的油，妈妈说过：一定要注意油锅的温度和火候，就在油锅刚刚冒烟的时候，我把调好的蛋液一股脑地倒进锅里，顺时针旋转油锅，将蛋液摊成一个大圆片。油和蛋液接触的一刹那，“滋滋”的声音伴随鸡蛋的香气扑面而来，金黄的蛋液瞬间凝固住了。

我第一次做鸡蛋饼就这样顺利完成了。妈妈看到了一定会说我简直是个烹饪天才，说一遍就都会了！

没想到就在我沾沾自喜时候，不妙的事情发生了，一股煳味直冲着天花板飘了起来，怎么回事？

完啦！完啦！我忘记翻面了！锅铲呢？锅铲在哪里？那股煳味越来越大，急得我满头大汗。忙乱之中，终于找到了锅铲，我急忙把鸡蛋饼翻了个面。

啊！一个“黑脸包公”出现在锅里，还有一股带着焦味的烟从蛋饼中间的一个小洞里滋滋地冒了出来，这种“黑烟”在我面前高高地扬起，越冒越高。

唉！我这笨手笨脚，真是让人哭笑不得。几分钟后，我的鸡蛋饼出锅了。

我望着盘子里自己做的这一面黑一面黄的“劳动果实”，心里懊悔得直叹气！唉！这怎么和我想象中的鸡蛋饼差距那么大呢？不能浪费，我还是把能吃的部分吃下去吧。

晚上，我把这次做早餐的风波告诉了妈妈，妈妈听后笑了很久，表扬了我的勇敢尝试，还拿出一个计时器送给我，告诉我再做鸡蛋饼时，一是要注意安全，及时关炉灶；二是要会利用这个小工具，精准地掌握时间。然后，才表扬我说：“第一条你做得很好，按时开关了炉灶，安全了一切都好，至于第二点，你自己多练习就会掌握的，没关系，这次不行，下次再来。”

后记

我本来认为做鸡蛋饼是很容易的，没想到这里面还有那么多学问，尤其是厨房各种电器的安全，需要特别注意，不是我想的那么简单。很多事情，不是想做就能做到的，我们既然选择去尝试，就不要怕失败，要鼓起勇气，注意安全，勇敢面对。

父母感言

万事开头难，人生中每个开始都是一次勇敢尝试的体验，它们都将是你成长路上难以忘却的珍贵回忆。孩子，生活的经验只有通过你自己的亲身实践之后，才能转化成你的智慧。要敢于尝试并积累经验，理智思考，朝着正确的方向，更加成熟稳重地前进。（妈妈：范媛媛）

教师赏评

小作者用幽默风趣的语言描写了这次做鸡蛋饼的经历，文章把事情的过程描述得很详尽，人物的动作及心里也刻画得呆萌可爱，真实可信，生动有

趣，全文结构紧凑，文笔完整流畅。孩子，老师希望你满载勇气和激情去迎接生活的每一次挑战。（指导教师师：翟 丽）

学会做事（在生活中你是否遇到过类似的事，与作者感觉有什么不同？写下来。）

看似简单的早餐

辽宁省大连市金州区南山小学四年级 常 淼

每天晚饭之后，经常听到爸爸妈妈这样的对话："明天早上吃什么？""你说吧，听你的。""我也不知道，你定吧！"每天早餐吃什么，似乎成了爸爸妈妈最头疼的事情。

放暑假后的一天，吃晚饭时，我自告奋勇地说："明天早餐我准备。"对于我的毛遂自荐，爸爸妈妈很惊讶，两人对视一眼后，齐声说："好！"

看爸爸妈妈答应得如此痛快，我突然有点后悔，真要自己准备早餐了，一点想法也没有，是不是太仓促了呀！可是既然已经承诺了，就要说到做到。于是，我拉着爸爸妈妈去逛超市，寻找早餐食材。

路上，我一直在思考：早餐一定要有营养，要有牛奶、面包、鸡蛋、蔬菜和水果，最好还有巧克力。对，一定要有巧克力，平时他们都不让我吃，一定要抓住机会呀！

我越想越兴奋，情不自禁地笑出声来。爸爸妈妈诧异地看着边走边笑的我，一头雾水。

走进超市，爸爸妈妈自觉地跟在我身后，一副全权放手的意思，正合我意。我自己走在前面，在琳琅满目的商品中穿梭。鲜奶区，我选了袋装的纯牛奶，三个人正好平分。生鲜区，我选了一颗生菜、一个水晶梨、两个西红柿，还有六个鸡蛋，准备做份水果沙拉。食品区，我选了一袋切片面包，涂上果酱一定很好吃。

当我路过零食货架时，巧克力就在触手可及的地方，散发着诱人的味道。

我回头看向跟在不远处的爸爸、妈妈，脚已经不由自主地向目标靠近。就要梦想成真时，爸爸不知何时拉住了我的“罪恶之手”，似乎早已看透了我的小心思，双手夹住我的脑袋，转向另一个方向。我顿时像泄了气的皮球，噘着嘴，无奈地走向超市出口结账台。

第二天早上，我被爸爸兴奋的呼唤声叫醒：“起来做早餐啦！我要饿死啦！”天啊，不要抢我的台词好不好嘛！

蔬菜，几乎都是被塞进来的，咦？西红柿怎么是烂的呢？一拍脑袋，天啊！在超市没有仔细挑，事已如此，怎么办？想起爸爸说，凡事都要注意安全，尤其是食品安全，食物坏了就不能再吃了，换一样吧！

我套上围裙，开始认真地清洗生菜和水果，用微波炉热牛奶，蒸笼里煮鸡蛋，面包开袋装盘……

半小时后，一盘水果沙拉、一盘切片面包、五个煮鸡蛋（不小心打碎了一个）、三碗热牛奶，一一摆上餐桌，就是今天早餐的全部啦！爸爸妈妈笑得很灿烂，吃得很满足，我也很开心。

收拾碗筷时，爸爸妈妈一个劲地表扬我，让我怪不好意思的。

这看似简单的早餐，其实并不简单。

首先，要注意清洗干净蔬菜上遗留的农药，这是最重要的，其他的想要准备妥当，也不像我们想象的那么容易。

想想平时，每天早餐都是爸爸妈妈准备，我都没有对他们说过一声谢谢，还总是挑三拣四，心里真的很愧疚。

正当我想要对他们说一声谢谢时，爸爸笑着看着我，说：“淼淼，你已经获得做早餐的合格证了，以后的早餐都由你来做吧！”

天哪！不要啊！我保证，以后早餐你们做什么我吃什么，一定都吃完，行不行？

妈妈说：“我认真观察了你做早餐的全过程，不仅学会了操作，而且还特别注意了食品的安全，你长大了，具备了自食自立的能力了。”

妈妈的一番话，没有给我丝毫拒绝的理由，我只好说：“好吧！我一定会尽力的！”

后记

没想到早餐从准备到完成的过程这么复杂，而且还要早早起床，注意食品安全，想想爸爸妈妈每天坚持给我安全饮食，从不让我空着肚子去上学，真的太辛苦了！

父母感言

放手让她去做早餐，也是给她一次学习锻炼的机会，让她通过动手劳动，懂得感恩与付出，也懂得粒粒皆辛苦，不要再浪费粮食，珍惜劳动成果。（妈妈：沙 晶）

教师赏评

貌似一顿简单的早餐，却因为第一次做而一点都不简单。常淼同学从信心满满地安全准备早餐到摆上餐桌，得到了父母的认可和欣赏，自己也感受到了父母的辛苦！语言幽默，生动感人，逻辑性强，给读者以跃跃欲试的感觉，难能可贵。（指导教师：马爱东）

学会做事（在生活中你是否遇到过类似的事，与作者感觉有什么不同？写下来。）____

____

____

做手工要注意的

安徽省阜阳市太和县曙光学校八年级　谢　越

放暑假了，我拿着这学期获得的奖状哼着小曲回到家，盘算着该好好地放松一下了。刚打开门，一排纸箱让我愣了一下。

我以为是爸爸妈妈给我买的神秘礼物，便迫不及待地打开。仔细翻看，里面有两袋黑色的塑料圆盖，一把白色细长橡皮管，下面还有线圈一样的东西，黄绿两条线被铜丝缠在一个圆环上，装满了整个纸箱，除此之外还有三卷细胶带。

我纳闷："妈，这是啥？"妈妈笑道："这是我找的手工活，缠线圈，一箱一千个呢。""这么多，得挣不少钱吧？""每箱的工钱是二十块。"我算了算，一个两分钱。"这劳动也太廉价了吧？"妈妈说："那有啥办法，我识字不多，每天还得照顾你，到哪里找合适的工作呢？光靠你爸爸一个人挣钱，太不容易了！好在老板不限时间，你这两天没作业，也帮我干吧？""小菜一碟！"我爽快答应。

晚饭后，我将箱子搬进屋。心想：也不知道这活到底好不好做，先看看妈妈是怎么做的。只见妈妈先抽出几根橡皮管，剪成每段长约1.5厘米的小管，放到一个盘内备用。随后她从箱内拿起一个线圈，用橡皮管套在两个线头上，两根线分为短的线头和长的主线，再从两个袋子中各拿出一个圆盖，将线圈的线头从带孔的圆盖里穿过去，线圈刚好能嵌进盖里。再拿起另一个不带孔的盖子扣上，最终用胶带缠上一圈，一个线圈就缠好了。

我看了妈妈做的过程，觉得这不比玩游戏还简单？我立即尝试做了一个，还没来得及高兴，却发现那两根线不一样长。正要抠开检查时，线头扎进了我的手指，鲜血直流，好疼，好疼啊。

妈妈看我的惨状，急忙走过来，帮我一边包扎，一边说："干活是好事，但一定要注意安全啊！还没让你动电呢？如果让电'咬'一口，那可不是包扎的事了"。

我听着妈妈的话，心里也暗暗自责，我吸取教训，注意安全，撸起袖子继续干，我越干越熟练，后来干脆两根线同时穿，穿线的速度大大提高。我和妈妈两人配合干下来，效率也提高了不少。

经过两天的"奋战"，我和妈妈终于把一箱线圈缠完了，我们送到领料处，圆满完成了任务。

后记

这次和妈妈一起缠线圈的经历让我体会到干什么都不容易，但是，注意安全是第一位的，今后做任何事情，我首先要注意安全，做好自己该做的事情，不让父母为我操心，不辜负他们对我的期望！

父母感言

读了孩子的作文，才知道他平时话不多不是对父母不关心不体贴，只是不善于表达，他其实是很懂事的，并用实际行动帮助妈妈。他能体谅到爸妈的不容易，我很欣慰！（爸爸：谢明敌）

教师赏评

不当家不知柴米贵，生活在福窝里的孩子往往不懂珍惜，也不觉得幸福，哪里知道“岁月静好，只是有人替你负重前行”？那负重前行的人就是父母。懂事的谢越同学通过和妈妈一起做手工，体会了劳动的艰辛和挣钱的不易，老师相信你会更加珍惜生活的！（指导教师：李 洁）

学会做事（在生活中你是否遇到过类似的事，与作者感觉有什么不同？写下来。）

不容懈怠的“危险与事故”

在这个瞬息万变的现代社会，危险与事故似乎总是与我们如影随形，它们潜伏在生活的每个角落，稍有不慎，就可能给我们带来无法挽回的损失。因此，在面对这些潜在威胁时，千万不能有懈怠的态度，否则就会加大危险发生的可能性。

1. 懈怠是一种对潜在危险的忽视，是一种对安全的轻视

在工业生产中，一个小小的螺丝钉松动，一个微不足道的操作失误，都

可能引发重大的安全事故。这种懈怠往往源于对安全规程的漠视，对事故教训的遗忘，以及对个人责任的推卸。我们必须清醒地认识到，安全无小事，任何一次懈怠都可能酿成无法挽回的悲剧。

2. 事故是懈怠的直接后果，也是对我们生活安全的严重挑战

从矿难到火灾，从交通事故到环境污染，这些事故无不暴露出人们在面对潜在危险时的懈怠和无知。这些事故不仅给人们的生命财产安全带来了巨大威胁，更在一定程度上影响了社会的稳定和发展。因此，我们必须深刻反思，提高警惕，坚决摒弃懈怠的态度，积极预防和应对各种潜在危险。

3. 任何“忽视安全”的做法都是酿成事故的祸首

安全意识是我们在日常生活中对安全现实的认识，是对可能伤害自己和他人的客观事物的警觉和戒备的心理状态。没有了安全就没有了一切。“安全第一”是对生命的尊重，也是对社会、对生活、对家庭、对他人、对自己负责。而“无视安全”的行为动不动就“我管他呢”等存有侥幸心理则是大多数意外事故发生的“罪魁祸首”。

4. 有效预防和应对危险与事故的措施

首先，强化安全意识。我们要时刻保持对危险的警觉性，不断增强自身的安全意识和防范能力。只有这样，我们才能在面对危险时迅速作出反应，有效避免事故的发生。

其次，严格遵守安全规程。在生产生活中，我们要严格遵守各项安全规程和操作规程，杜绝违规操作，确保生产安全。同时，我们还要加强监督检查，及时发现和纠正各种安全隐患。

再次，加强事故防范和应急处理能力。我们要建立健全事故预防和应急处理机制，提高应对突发事故的能力。一旦发生事故，要迅速启动应急预案，全力组织救援，最大限度地减少人员伤亡和财产损失。

最后，加强宣传教育。我们要通过各种渠道和方式加强对安全知识的宣传教育，提高公众的安全意识和自我保护能力。同时，我们还要加强对企业

安全生产的宣传教育，推动企业落实安全生产主体责任。

总之，危险与事故是我们生活中不可忽视的一部分。我们必须时刻保持警惕，坚决摒弃懈怠的态度，以高度的责任感和使命感投入预防和应对危险与事故的工作中去。只有这样，我们才能为自己和他人创造一个安全、和谐的生活环境。

【案例】

违规操作丢性命

1981 年 11 月 20 日，某电厂施工现场，吊装车铆焊组长宋某来到锅炉房吊装墙板，当吊车启动，吊笼与阻碍物经过三次擦碰后升到 21 层时，一段钢丝绳由于少了一个卡扣而脱落，使吊笼一端下垂，将宋某从吊笼中甩出，头部碰击到 10 米平台后坠落至地面，经抢救无效死亡。

经调查：宋某事先未征得吊笼小组人员同意，擅自使用吊笼，在使用前也没有按“安全操作流程”运作，没有系安全带，仅凭侥幸心理私自让吊车司机提升，而且，宋某私自指挥的吊车司机和指挥人员都不是专职人员。

还有一些事故和悲剧的发生，不是因为态度的不重视，也不是粗心大意，而是由于无知而酿成，如明知道悲剧将要发生，却因缺乏常识而不知所措，也没有规避风险的能力。这些人常常迷信命运，如“逢凶化吉、转危为安、化险为夷”成了他们的口头禅和护身符，遇到风险只能“望而兴叹”，事故发生后往往“后悔莫及”。

【共同分析】

生活中每一起意外事故的发生，都是有原因带来的结果，我们看似偶然，其实都是一种必然。例如，与我们掌握的知识和技能相关的愚昧无知；与人生价值观相关的对安全问题的忽视；与为人处世的态度相关的粗心大意等。

拓展阅读

打年糕

广东省珠海市九洲中学九年（2）班　林小桐

乘习俗一舸，在中华传统文化的海洋里遨游……

打年糕，相信大家都不陌生。

最近几年，打年糕的场地都在我老家门口，我可以近距离地去感受。

今年打年糕的时间在腊月二十五。早在前一天傍晚，爷爷就开始准备。苍老的手在清澈的水里翻滚着，糯米在水流中跳跃着。不同于淘米，糯米淘完后不用沥干连夜去碾成粉。

转眼间，已经到了腊月二十五的下午。习习寒风吹过，穿过树梢，吹红了我的脸，吹干了我的唇。家对面站了好多人，热闹极了。我一个劲儿地往人群里钻，从大人的腿缝隙中钻了过去。

这次不同于前几次，我和爷爷提前说好了要打年糕。走到场地中间，我信心满满地拿起棒槌。

爷爷用筛子把粗粉筛细，将四五碗水倒入，让糯米粉充分吸收。再把筛细的粉一点一点地洒入蒸笼蒸熟。过不了一会儿，软软的糯米团就出笼了。接下来就是最费力气也是最关键的“打”的过程了。需要两个人轮流抡起重重的棒槌，一下一下地用力打下去，使它变得更软、更糯。这个过程需要有人适时帮着洒点水进去。看着简单，实际上十分危险。其中一个人在打年糕的时候，不仅要准确握槌、捶打，还要力道均匀，有节奏感。另一个人要翻年糕。翻年糕的人虽然需要眼疾手快，但也要讲究速度，动作太快，容易被棒槌砸伤；动作太慢，年糕就会失去筋道。

我与爷爷一组，刚开始我拿棒槌来打年糕。力度一会儿大，一会儿小，而且没有节奏感。爷爷手法成熟，一边翻年糕，一边指导着我。我刚打一会儿，手就酸痛无比。爷爷见了，急忙跟我交换。这一次，爷爷拿棒槌，一边打一边指导我。。

爷爷说：打年糕要特别注意在翻年糕时务必要眼疾手快，要不然会被砸伤。

爷爷一边说着一边忙活着。起初，因为害怕被砸伤，加水不及时而跟不上节奏，这样导致年糕失去筋道。在爷爷的鼓励下，我慢慢掌握了方法，和爷爷配合得也越来越默契，速度越来越快。

突然一个不注意，我的左手被擦伤。爷爷关切地察看我的手。问道："没事吧？注意安全""没事！"我答道，"那继续吧，一定注意安全！"

看来，爷爷是把安全放到第一位的，从那之后，我做任何事情都比以前更注意安全，更小心谨慎了。

过了一会儿，年糕做好了，我们赶紧把打好的年糕拉长，切成小块放到盘里。然后用红纸包好，标上数字，红色代表着红火吉祥。

从这次打年糕的经历中我学到了很多，如做事要注意安全，要坚持，要团队协作等，也学习到了很多关于中华传统习俗的知识。

后记

打年糕是一种中华传统习俗。打年糕的过程让我明白：唯有持续发展，不断传承，才会使之延续，换来一代代的喜悦和幸福。通过这次打年糕的经历，我更加珍惜家庭的传统和文化，也更加明白了传承这些文化的责任和意义。我深信，在未来的日子里，我会更加努力地学习和传承这些家庭手艺，让我们家族文化继续发扬光大。

父母感言

文章中打年糕的过程写得详细具体，尤其是发现问题注意安全，描写得恰到好处，说明这是你的亲身经历，也说明了你对打年糕的好奇，更能发现你对生活的热爱，真是于平淡中见波澜，于细微处见真章。（妈妈：郭佳佳）

教师赏评

作者把打年糕的制作过程进行了精心细腻的描写，形成本文的一大特色，语言通俗易懂，贴近生活实际，读来令人倍感亲切。此文以小作者的亲身经历，用轻松愉快的语气，向我们娓娓道来其制作过程，令人回味无穷。作者在行文间感慨颇多，感染力极强。（指导教师：姚文杰）

学会做事（在生活中你是否遇到过类似的事，与作者感觉有什么不同？写下来。）＿＿＿＿＿＿＿＿＿＿＿＿＿＿＿＿＿＿＿＿＿＿＿＿

＿＿＿＿＿＿＿＿＿＿＿＿＿＿＿＿＿＿＿＿＿＿＿＿＿＿＿＿＿＿＿＿＿＿＿＿

＿＿＿＿＿＿＿＿＿＿＿＿＿＿＿＿＿＿＿＿＿＿＿＿＿＿＿＿＿＿＿＿＿＿＿＿

做冷饮也有风险

广东省阳江职业技术学院附属实验学校四年（3）班　蔡令睿

烈日炎炎的夏天到了，太阳像个大火球一样炙烤着大地。妈妈和爷爷每天都要在炽烈的阳光下工作，每次回到家都大汗淋漓。于是，我想要亲手做一份“最甜”的夏日特饮，让他们清凉解暑。

做什么饮品呢？我忽然想到：最近家里买了桃子，我决定用桃子做一份“蜜桃冻”。

要做好这份“蜜桃冻”不仅制作材料重要，操作流程也很关键。

使用厨房的电器，因为制作“蜜桃冻”需要很多水，厨房电器插口又多，不小心很容易触电，这是最重要的。

确保安全后，我开始准备材料：盐、几个桃子、白凉粉、牛奶、杯子和果冻模具。先用盐把桃子洗干净，削出桃皮保留备用；然后把桃皮放入锅中加水煮成淡粉色。桃皮水飘着一股淡淡的桃香，沁人心脾。这时候把果皮捞出，在桃皮水里加入白凉粉搅拌到完全溶解。再将桃肉切成桃丁，放入杯子和模具中备用；接着把煮好的白凉粉桃皮水倒入模具中，放进冰箱里冷却。等了大约两个小时，我迫不及待地把模具从冰箱里拿出来，蜜桃冻晶莹剔透、Q弹Q弹的，让人想要立刻吃掉几块。但想到劳累一天的家人，我忍住了馋虫，把它们小心翼翼地从模具中一块一块脱离出来，在盘子里摆好，诱人的“蜜桃冻”就大功告成了。

最后，把牛奶倒入杯中，再放入“蜜桃冻”，用勺子轻轻搅拌几下，一杯冰凉解暑的夏日饮品“蜜桃冻”就完成了！杯中的果冻就像一朵朵盛开的桃花，上下浮动，若隐若现。淡雅的香气钻入我的鼻中，似乎眼前就是一大片桃花林。

晚饭时，妈妈和爷爷拖着疲惫的身子回家了。

我端上我亲手制作的“最甜的冷饮”请大家品尝，他们都连连称赞我的手艺！我感到十分自豪。蜜桃冻在嘴里顺滑柔软，加上醇香冰凉的牛奶，真是让人回味无穷！

后记

这杯夏日饮品虽然没放糖，但凝聚了我对家人的爱，这是一杯“蜜桃冻”，我第一次尝试做夏日饮品，做得非常成功！感觉特兴奋、特自豪。“谁言寸草心，报得三春晖”！亲爱的小伙伴们，让我们行动起来吧！

父母感言

饮品怎么样都不重要，重要的是孩子的那份心以及愿意去尝试的勇气。尤其是孩子做成功后的那份自豪感和责任心，会随着年龄的增长和社会阅历的增加不断地提升。期望宝贝今后做得更好，成长得更快，发展得更全面、更健康！（妈妈：邹才玲）

教师赏评

小作者详细描写了自己第一次做夏日特饮的过程，粉红色的桃丁泡在乳白色的牛奶里，真像一朵朵盛开的桃花，呼应了饮品的名称，炎炎夏日来一杯这样清凉又有颜值的饮品，真是酣畅淋漓。字里行间流露的是真情，是对家人的关爱。小小孩儿就如此有爱心，老师为你骄傲、为你点赞！（指导教师：李 思）

学会做事（在生活中你是否遇到过类似的事，与作者感觉有什么不同？写下来。）______________________

____

____

做西红柿炒鸡蛋需要耐心

广东省珠海市香洲区金凤小学 404 班　黄思雨

烈日似火，大地像蒸笼一样，热得使人喘不过气来。

外婆买完菜回来，已是满头大汗，可真辛苦呀！

我心想：哪天我也来买一次菜，做一次饭体验下生活。

第二天，我起了个大早，对外婆说：“外婆，今天我来买菜做饭吧，我给您做盘西红柿炒鸡蛋。”外婆笑眯眯地说：“好，今天你掌勺。”

家里有鸡蛋，我只要去买点西红柿就可以了。

等到做午饭的时间，我穿好围裙，戴好袖套，先把主食米饭焖好，我将米洗干净，加适量的水，放入电饭锅中，按下蒸米饭的按钮，妥了。

开始做西红柿炒鸡蛋了。首先，取两个通红的西红柿洗干净，在锅中放入适量水，将水烧到滚沸时，将洗净的西红柿放到锅中，同时盖上锅盖，大火滚烫 30 秒捞出，等待放凉，把烫过的西红柿去皮。

接着，将去皮的西红柿切成厚薄适中的片状，再将三个鸡蛋打到碗中，用筷子不停地搅动，把鸡蛋搅成鸡蛋液，放在一边备用。

然后，在锅中适当多放一点油，等油温七成热时，倒入鸡蛋液，煎至两面金黄，捣碎起锅盛出备用。

最后，继续在锅中放入适量的油，等油温六成热时，将西红柿倒入锅中，用大火将它炒到出汁后，然后将适量水、食盐、蒜末放入锅中，大火将汁、水煮沸，加入炒好的鸡蛋翻炒两分钟后，洒上葱花即可起锅啦。

香喷喷的西红柿炒鸡蛋就这样做好了。

把我忙得一身大汗，没顾上妈妈先前叮嘱我的注意这个注意那个的，静下神来，仔细一看，我的手不知什么时候豁出了一道道口子，虽然没流血，但是，还是好狼狈的，我怕妈妈看到，赶紧盛出米饭和西红柿炒鸡蛋，端到外婆面前：“外婆快尝尝！”

外婆夹起鸡蛋尝了一口，竖起大拇指说：“好吃！你真能干！”我的心里乐开了花。

可是，我这小伎俩哪能瞒过妈妈那犀利的眼睛，她好像专门盯着我的手似的：“过来，让我看看。”我乖乖地伸出我那被刀割的一道道口子的手。“跟你说注意安全吧，菜做得很好，美中不足的就是把手割伤了”

说着外婆又竖起大拇指说：“不仅勇敢，菜也做得好吃！真能干！”

我们圆满地结束了一顿丰盛的晚餐。

后记

这是我第一次真正地从头到尾完成做饭的任务，虽然心里有点怕，菜刀坚韧锋利，炉边又热又烫，但还是克服困难，圆满完成了！真的很开心！

父母感言

一盘普通的番茄炒鸡蛋，一顿简单的晚餐，孩子的拳拳之心，敢于自己动手尝试，值得鼓励！孩子的孝心，孩子的勤劳，孩子的勇气，我倍感欣慰。美中不足的是“刀割了手”希望孩子以后做事首先要注意安全，让幸福存在于我们的安全生活中。（妈妈：江 雪）

教师赏评

思雨同学善于捕捉平凡生活中的画面，孝敬老人的想法可贵，将情感化为力所能及的实际行动更可贵。孩子们生活在新时代新起点，唯奋斗者进，唯实干者胜，唯创新者强。（指导教师：郑清萍）

学会做事（在生活中你是否遇到过类似的事，与作者感觉有什么不同？写下来。）

做山东大煎饼

广东省珠海市香洲区文园中学七年（3）班　刘子墨

按我的起居习惯，周六的早晨总是要睡个懒觉，可今天我七点钟就醒了，妈妈说："这是生物钟在作用，心里有事到时候就睡不着了。"

今天的"生物钟"唤醒我的这个"事"是和奶奶学做"山东大煎饼"，也是我最爱吃的一道"美食"。

洗漱完毕，我走进厨房，看见奶奶已经做好了摊煎饼的准备：一个电鏊子，外形像盾牌的吕制器具；一个木勺子，用来挖调制好的煎饼面糊；一个木质推子，把面糊推开推匀；一根薄竹片，用来把摊好的煎饼挑起来，工具虽多但非常有序地摆在灶台上。

接下来奶奶开始洗锅、和面、点火……，摊煎饼前的准备工作一切就绪。

奶奶做煎饼的举动可谓驾轻就熟。我看着奶奶如此简单娴熟的操作，手心痒得蠢蠢欲动，我站旁边，非常认真地观察着奶奶的一举一动。

奶奶好像揣摩出我的心思，话有所指地说："摊煎饼看似简单，操作起来还是有技巧的，如果你想学，我来教你。""好！太好了，我非常兴奋地应和着……"

我穿上围裙，信心满满地站到自己的"工作岗位"上。按照奶奶说的，先舀了一勺面糊，放到电鏊子中央，开始用推子推开……

啊！太慢了，面糊厚厚地粘在中央，只推开了一点点，我用手去揭锅里被我摊坏的煎饼，"滋啦"一声，电鏊子断电了，奶奶急忙跑过来："小心，注意安全！"万万没想到：煎饼没摊好，还差点触电，惹出大麻烦，就这样，我摊的第一张煎饼失败了。

我转过身来，继续耐心地向奶奶请教：是不是电鏊子上没刷油导致的呢？奶奶说："煎饼面糊调制的时候已经加了油，摊的时候就不需要额外加了，关键是你的手不能替代木勺子和木推子，木头绝缘体，别看着小小的电鏊子，用手操作是很危险的，成功不仅要掌握技巧，推子推得速度要适当，还要注意安全。”

听了奶奶的话，我总结着失败的教训，收拾着不成功的作品，又准备开始做第二张，这次我按照奶奶指引的操作规范，加快推面糊的速度。

哎呀，还是不行，煎饼厚的厚，薄的薄，还有的地方没有面糊露出鏊底呢。

看来太慢不行，太快也不行，难怪奶奶说摊煎饼是有技巧呢。

不过，这第二张比起第一张还是有进步的，总算是有点像样了，我自我安慰着。

心想：这面糊在热力的作用下慢慢变成煎饼，用小竹板沿着电鏊子边缘把煎饼从电鏊子分离出来，用手揭下，一张煎饼不就诞生了吗？

我继续尝试着，心理暗下决心：一次不行，两次；两次不行，三次；三次不行，四次……直至成功！

我继续在奶奶的指正下，学着奶奶的手法，三次、四次……不断地尝试着，顾不上数摊了多少张了，一张张和奶奶摊的几乎一模一样的煎饼出锅了，我终于成功啦，真的太开心了。虽然我摊煎饼的技术还远远比不上奶奶，可是，我总算是会摊煎饼了。

午餐，一张张煎饼，卷上各种事先炒好的菜，我们一家人吃得格外香……

后记

有些事看似简单，做起来并不是想象的那么容易，只有经过反复实践后，才会成功，俗话说：熟能生巧，就是这个道理。

这件事以后，我为自己总是“自以为是”而感到惭愧，为自己今天的坚持不懈而感到庆幸，是啊！要成功做任何事情都必须坚持不懈地去努力，直至成功，这才是成功者的“秘诀”！

父母感言

万事开头难，人生中每个开始都是一次勇敢尝试的体验，它们都将是你成长路上难以忘却的珍贵回忆。孩子，生活的经验只有通过你自己的亲身实践之后，才能转化成你的智慧。要敢于尝试并积累经验，理智思考，朝着正

确的方向，更加成熟稳重地前进。（爸爸：刘 畅）

教师赏评

作者用幽默风趣的语言描写了这次做煎饼的经历，文章把事情的过程描述得很详尽，人物的动作及心理也刻画得呆萌可爱，真实可信，生动有趣，全文结构紧凑，文笔完整流畅。孩子，老师希望你满载勇气和激情去迎接生活的每一次挑战。（指导教师：梁妍芳）

学会做事（在生活中你是否遇到过类似的事，与作者感觉有什么不同？写下来。）____________________

____

____

远离风险，避免灾难

在日常生活中，风险和灾难就像无形的阴影，时刻威胁着我们的安全，因此，我们必须始终保持警惕，努力远离风险，避免灾难。

1. 要始终认识到风险的存在，不能有任何的侥幸心理

风险是生活中不可避免的，它可能来自自然，如地震、洪水、飓风等自然灾害；也可能来自人为因素，如交通事故、火灾、疾病等。这些风险都可能在不经意间给我们带来巨大的损失，甚至威胁到我们的生命。因此，我们必须时刻保持警惕，增强风险意识，以便在风险来临时能够迅速应对。

2. 预防风险是避免灾难的关键

我们要学会预防风险，不怕一万，就怕万一。我们可以通过加强自我防范意识，遵守安全规则，提高自我保护能力来预防风险。例如，在自然灾害方面，我们可以提前了解天气预报，做好防范措施；在交通安全方面，我们可以遵守交通规则，注意行车安全；在疾病防控方面，我们可以保持良好的生活习惯，加强锻炼，提高免疫力。

3. 一旦遇到风险，要学会应对风险

当风险来临时，我们要保持冷静，迅速采取措施应对。首先，我们要确保自己的人身安全，避免受到伤害；其次，我们要尽可能减少损失，保护好自己的财产；最后，我们要及时寻求帮助，向相关部门报告，以便得到及时救援。

4. 要加强风险管理

风险管理是一种系统性的方法，可以帮助我们更好地识别、评估和控制风险。我们可以通过制订风险管理计划，建立风险管理机制，加强风险监控和预警来提高风险管理水平。同时，我们还要加强风险教育，提高公众对风险的认识和防范意识，形成全社会共同参与风险管理的良好氛围。

5. 避免灾难要特别注意的安全隐患

（1）操作过程要注意避免风险。在操作过程中，如厨房热油高温，要特别小心，溅出烫伤；热锅、灶台要避免接触，做好防护，避免烫伤。

（2）食材处理中要注意卫生。无论什么食材，在处理时都要注意卫生安全，如在处理鸡蛋时，很有可能由于操作不当或缺乏卫生意识，导致鸡蛋受到污染。

（3）电器要安全使用。生活中用到的电器很多，如厨房中的电饼铛、电磁炉等。这些电器在使用过程中需要特别注意安全，避免因操作不当导致电器损坏或引发火灾。

（4）环境的隐患。厨房作为一个充满火源和易燃物品的地方，本身就存在一定的安全隐患。如果不注意厨房环境的安全，很容易发生意外。

6. 掌握安全知识是保障家庭幸福的关键

在家庭用电方面，要了解如何正确使用电器，避免触电事故的发生。在厨房烹饪时，要注意火源的安全，防止火灾的发生。

只有掌握了安全知识，才能享受幸福生活，确保自身和他人的安全。

安全防护，人人有责，只有家庭所有成员都担负起安全的责任，家庭生活才能真正地走向幸福，过上美满幸福的生活。

【案例】

火灾预防与自救

家庭安全要警觉。在一个晴朗的下午，某小学的五年级学生小明在家中发现了一股烧焦的味道。他立刻警觉起来，怀疑家里可能发生了火灾。他迅速跑到厨房，发现煤气灶上的锅已经起火。小明没有慌张，他记得在学校学过的火灾自救知识，立即关闭了煤气阀门，并用湿毛巾捂住口鼻，迅速跑出了房间。小明跑到楼下，大声呼喊邻居帮忙报警。由于小明的及时发现和正确应对，火势被迅速扑灭，没有造成更大的损失。

交通安全意识不可缺。小红是一名初中生，每天都需要骑自行车上下学，非常注重交通安全，每次骑车都会佩戴安全头盔，遵守交通规则，不闯红灯，不逆行。小红在放学回家的路上，遇到了一位闯红灯的老人。小红没有因为对方是老人而放松警惕，立即刹车避让，耐心等待老人安全通过马路。小红的这一举动，不仅保护了自己，也避免了可能发生的交通事故。

池塘游泳有风险。夏天，小亮和他的朋友们来到一个池塘边玩耍。看到池塘清澈的水面，小亮的朋友们纷纷脱下衣服，准备下水游泳。小亮不仅拒绝了他们的邀请，还给他们讲了水边安全知识。原来，小亮在学校学过防溺水知识，他知道池塘的水可能隐藏着危险，如水草、漩涡等。小亮很耐心地向朋友们解释了这些风险，并建议他们到正规的游泳池游泳。最终，小亮的朋友们听从了他的建议，避免了一场可能发生的溺水事故。

【共同分析】

中小学生远离风险避免灾难的案例很多，在我们的日常生活中，风险与灾难常常潜伏在角落，等待着那些缺乏警惕和防范意识的人。中小学生作为社会的未来和希望，他们的安全成长至关重要。远离风险、避免灾难的意识和能力，是保障中小学生安全成长的重要基础。通过学习和实践，他们可以更好地应对生活中的各种风险和挑战，为未来的成长奠定坚实的基础。

拓展阅读

过年做蒸馍

安徽省阜阳市太和县民安路小学五年级　孙晓彤

在我们太和，过年蒸馍是必不可少的。

这不，天才蒙蒙亮，奶奶就把做蒸馍的面和好放在一个大瓦盆里，上面盖着棉被，放在屋里等着发酵，这可是做蒸馍的第一步。

到了中午，和面发酵成功，奶奶神情庄重地祷告一番，开始和妈妈做蒸馍了。

奶奶把发酵好的面揪成一个个面团，妈妈把面团在案板上一遍遍地揉搓，把面团变成光滑且厚度相同的圆形厚面皮。然后，妈妈在圆形厚面皮中间放了一颗大红枣，把带有大红枣的圆形厚面皮放在案板上，双手不停地团，团成一个头状的圆形——这可能就是人们叫它“馒头”的来历吧。不过在太和，我们叫它“蒸馍。”

看到妈妈和奶奶做了一个又一个蒸馍，我也想试一试，奶奶不同意说：“做蒸馍可不是闹着玩的，不仅注意火候，还要注意安全，比如：锅开了不要掀锅盖，馍熟了也不能马上出锅，要等一会儿才能从锅里拿出来，不然，蒸气烫伤手不说，馍馍还会气死（发起来的馍馍，还会缩回去）这么复杂，小孩子怎么行呢？”。

“我不是小孩子了，我就要做”，架不住我“死搅蛮缠”，奶奶才勉强地点了头。

我学着妈妈的样子一遍遍地揉搓面团，可能因为我的手没有劲，面团怎么也不成型，不是一边厚了，就是一边薄了。

妈妈看着我的窘态，拿过来三下五除二就给做好了。

在妈妈的辅助和指导下，我总算做好了两个蒸馍。

开始蒸蒸馍了，这里面还真大有学问：奶奶先把锅里的水烧开，蒸笼放在锅上，蒸馍一个个整整齐齐地放入蒸笼，再在蒸馍上洒点水，盖上笼盖，大火蒸馍了。

“记住，当蒸汽从笼盖上顶出来时，注意安全！千万不要触摸！看着时间，大概一炷香时间。”奶奶叮嘱我。

“一炷香多长时间？”把我说迷糊了。

“二十分钟左右。”妈妈接过话茬。

一炷香时间过去了，蒸馍熟了。

奶奶揭开笼盖，一股蒸馍特有的香味迎面扑来。

奶奶和妈妈把蒸馍放在大桌上晾着，我和弟弟刚要伸手去拿，奶奶马上制止：“别嘘着手！”

只见奶奶先在神像面前作揖，恭恭敬敬地捧着蒸馍放在神像前：“过年蒸馍，老天爷先吃，吃过我们全家平安！”

啊！还有这讲究？实际上，奶奶是怕发好的“蒸馍”再缩回去，也怕刚出锅的馍馍烫到我们手，于是就说：“老天爷吃过咱们才能吃”，没有办法，只好依了奶奶，奶奶作过“揖”，一锅肥肥胖胖的大馒头，就展现在我们的面前。我们安全顺利地做好了“蒸馍”。

后记

没想到蒸馍馍除了按操作流程注意安全，还有那么多讲究！到现在我才明白，过年做蒸馍，拜“老天爷”是我们家乡的风俗，太和还有这么多讲究。

父母感言

孩子尝试做蒸馍，在这个过程中不仅锻炼了动手能力，还了解了安全规程和家乡的过年习俗，真是一举多得啊！

教师赏评

“纸上得来终觉浅，绝知此事要躬行。”孙晓彤同学的作文写得很流畅，把做蒸馍的经过写得条理清楚。读了她的作文，我们不仅了解了怎样做蒸馍，而且从中了解了太和过年做蒸馍的民间风俗习惯。（指导教师：孙献山）

学会做事（在生活中你是否遇到过类似的事，与作者感觉有什么不同？写下来。）________________

____

____

做糖葫芦

浙江省桐乡市振西小学六年级　崔靖瑶

“丁零零！丁零零！”沈阿姨提着大包小包来到了教室。

顾老师微笑着说：“同学们，今天我们邀请了雨曈妈妈来为大家上课，上课的内容是……”“老师，我们早就知道啦，是做糖葫芦！”小沈兴奋地说道。

“都说冰糖葫芦酸，酸里面它裹着甜，都说冰糖葫芦甜，可甜里面透着那酸……”沈阿姨为我们播放了这首耳熟能详的歌曲。

我听着，嘴里便立刻生出那又酸又甜的味道，还咽了一口口水。随后，沈阿姨为我们讲解了冰糖葫芦的起源以及制作的方法和安全注意事项。

终于轮到我们动手制作了！每个小组发了一盒洗好的水果，每人两根竹签。

同学们争先恐后地拿起来，我也赶忙精挑细选出红彤彤、饱满的小番茄与山楂。

接着，我用餐巾纸仔仔细细地将残留的小水珠吸干净，屏住呼吸，拿起一个饱满的小番茄，对准中间使劲插入。“嗞”一声，顺利串上，啊！真是张飞吃豆芽——小菜一碟！

最后，就是最激动人心的裹糖了！

裹糖，先得熬糖。沈阿姨将四大杯白花花的砂糖倒入锅中，再倒入两大杯水，大约 2:1 的比例。然后拿起勺子慢慢地搅拌，渐渐地，雪白的白砂糖呈现浅黄色，紧接着“咕噜咕噜”吹起了泡泡，越吹越大，糖也越来越浓稠，空气中还散发出甜丝丝的香味，全班 50 双小眼睛都直勾勾地盯着，“温度达到 150℃了，大家一组一组来排队裹糖衣啦！”沈阿姨大声喊着。

随着沈阿姨的一声招呼，各小组的同学争先恐后地冲上来，“第三组上来！”我急忙奔向讲台，小心翼翼地拿着果串，轻轻地在金黄的糖浆中滚上一圈，再放入盘中。

五分钟后，冷却的糖葫芦披着一袭“金纱”，晶莹剔透，美味诱人。

我急不可待地张开嘴，正想使劲咬一口。“小心！烫伤嘴”“啊！还有这危险？”我十分惊讶地看着沈阿姨，沈阿姨的目光，好像告诉我：“不要急着品尝，糖葫芦刚从滚烫的锅里出来，马上入口是很危险的。”

后记

噢！我明白了，做事情不仅要细心，严格按规程操作，更重要的是要注意安全！

过了一会儿，糖葫芦凉了，我“嚓！”的一口，糖葫芦的糖衣在我的嘴里裂开了若干条小口子，酸酸甜甜的味道瞬间弥漫了我的整个口腔。

父母感言

自己做的冰糖葫芦就是美味，两串根本不够吃。等到了周末，我带着孩子一定要再做一次。今天的课堂，不仅让孩子们尝到了中国传统美食的美味，还懂得了“做什么事都要注意安全”真是一件有助于孩子成长的好事。（妈妈：吴萍蓉）

教师赏评

靖瑶同学用文字记录了一次生动有趣的手工课堂，语言幽默风趣，让人切身体会到了制作冰糖葫芦不仅要细心，严格按规程操作，更重要的是要有

注意安全的意识。（指导教师：顾笑英）

学会做事（在生活中你是否遇到过类似的事，与作者感觉有什么不同？写下来。）

制作塔台模型

浙江省桐乡市北港教育集团振西小学六年级　袁煜婷

“丁零零！——”下课铃响了，同学们拿着各色的吸管又开始忙碌了起来，有的两人一组，有的三人一组，开始制作塔台模型。

今天我打算和小方、小王和小林一起搭建一个塔台。

我们准备了三十根吸管，两卷胶带。四个人分工合作，一个人做塔台的顶和底座，两个人做三角形框架，一个人做塔台的四根柱子。

我负责做柱子。先把两根吸管小心翼翼地插在一起，生怕它们折断了。接着又拿起一根吸管插在一块儿，就这样一根柱子就做好了，我总共做了四根柱子，做柱子难度不大。

我抬起头，看看组员们。小林正在做塔台的底座。他拿起一根吸管，专心致志地把红吸管一头捏扁，用剪刀剪开一个小口，一片插进绿色吸管口，一片包裹绿色吸管，再用胶带把连接口再一次固定好。等做完这一切，他才松了一口气。接着做塔台的顶，老师说了，塔台要做成梯形才够稳，所以在做塔台顶部的时候，小林同学用尺子量了量底座，根据底座的宽度来决定塔顶的宽度。然后他用剪刀把吸管剪短一点点，用同样的方法做了塔台的顶。

接着我们决定把塔顶、底座和四根柱子粘在一起了。不好，四根柱子有长短，塔台斜了。唉，是我太粗心了，只顾着四根柱子做扎实，却忘了长短这事儿。于是我将四根柱子放在一起比较，剪到同样长短为止。这会儿可以粘在一起了。

最后是小方和小王的活了，他们拿起吸管做成底座的对角线固定好，这样塔台才能稳固些。

做好顶部和底座的对角线后，我们把语文书放在上面测试了一下，发现塔台有点摇摇晃晃的。小方提议，在柱子之间再粘对角线。我们又在四根柱子之间每层都粘上对角线。塔台模型终于完成了。

我们将做好的塔台模型拿到科学老师那里进行了测试，科学老师用电风扇扇，塔台纹丝不动，抗风力不错。又用语文书一本一本地放在上面，塔台还是屹立不倒，承重力也强。我们成功了！

后记

做塔台模型真有趣，看着模型从柱子、底座、三脚架、再到顶部一一成型，我心里别提有多高兴啦。和同学们互相帮助、相互协作，让我明白了合作的意义。我们相约下次再一起做其他各种模型，再做一回“小小工程师”！

父母感言

第一次看孩子动手制作塔台模型，回家也在那里研究，并把过程记录了下来，看到你认真的模样，妈妈要为你点赞！（妈妈：潘 云）

教师赏评

袁煜婷同学的小制作，使我们又多了一项课间游戏，看着下课时他那股认真劲、钻研劲，老师也为之点赞，尤其是游戏结束又认真总结经验教训，以利再战的精神，不仅做得好，语句写得也通顺，情节感人，给人以如临其境，如见其物的感受，读了这篇短文，使人人都有跃跃欲试的冲动。（指导教师：李欧燕）

学会做事（在生活中你是否遇到过类似的事，与作者感觉有什么不同？写下来。）______________________________

____

____

____

____

最强“手感王”挑战赛

浙江省台州市路桥街道实验小学三年级 管翊博

今天家里举行了一场刺激的“最强手感王”比赛，参赛者有爸爸、妈妈、哥哥和我。

我们首先进行了第一轮比赛，估计一块橡皮的重量。

我用手稍微掂了一下，就马上说是 10 克；哥哥一试，觉得是 12 克；妈妈琢磨了一下，认为它重约 20 克；而爸爸捏了一下，认为是 15 克。到底谁估计得最准呢？我们把橡皮放在厨房电子秤上一称，发现真实重量是 19 克，我差了 10 克，哥哥差了 8 克，爸爸差了 5 克，妈妈差了 1 克，不得不承认，妈妈的手感最接近实际重量，第一轮妈妈获胜。

有了第一轮失败的经验，第二轮时，我瞪大眼睛，把毛绒玩具放在手上仔细掂量，肯定比橡皮重，那大约是多少呢？我突然想到了一个好方法，和已经知道重量的东西比较一下，我拿起之前称过的鸡蛋在手上试了一下，再重新掂量了一下毛绒玩具，我感觉它比 60 克的鸡蛋要重，所以我估计它大约为 70 克。

妈妈表扬我爱思考，还知道用比较的方法。爸爸、妈妈和哥哥也估计好了，要揭晓答案了，我的心好紧张啊，毛绒玩具的真实重量是 72 克，我居然只差 2 克，第二局我赢了，太开心了！

接着，我们又进行了几轮比赛，每个人都有获胜的时候。就这样，经过十三轮的激烈比赛，我赢了 5 局，成功地成为“最强手感王”的第一名！我的心里美滋滋的！

后记

比赛结束了，我还意犹未尽，这是我第一次玩这个游戏，原来手也可以称东西。这次比赛也让我感受到了只需要细心观察和认真思考，就能发现很多解决问题的方法。

父母感言

在玩的过程中发现孩子掂得有模有样，不急于说出结果，知道想方法，非常欣慰，这样的亲子游戏可以多玩。（妈妈：潘丹萍）

教师赏评

把玩游戏的过程进行了详细记录，在玩的过程中认识了质量单位“克”和“千克”，玩中学，学中玩，不亦乐乎！作者用生动有趣的语言具体地描写了玩游戏的过程，更让我看到了一个天真可爱的孩子。文章把玩游戏的过程叙述得很清楚，人物的活动描述得也具体，真实可信，生动有趣，全文结构紧凑、完整，文笔也较流畅。（指导教师：叶仙花）

学会做事（在生活中你是否遇到过类似的事，与作者感觉有什么不同？写下来。）________

____

____

中秋节做月饼

重庆市酉阳土家族苗族自治县民族小学六年（17）班　杨哲睿

中秋节，家家户户都忙碌着准备节日食品。我有幸去舅舅的糕点店帮忙做月饼。

走进店里，我立刻被眼前的繁忙景象所吸引。各式各样的糕点摆放得整整齐齐，而舅舅更是像个魔术师，手中的月饼皮和馅料仿佛有魔力，每次制作都能变成一个个完美的月饼。看着舅舅那熟练的手法，我心中不禁生出了浓厚的兴趣，并渴望自己也能亲手制作一个。

那天，我鼓起勇气，向舅舅提出了我也想试试做月饼的请求。舅舅微笑地点了点头，将一块月饼皮和馅料递给了我。但当我试图模仿舅舅的动作时，却发现制作月饼远没有想象中那么简单。我的月饼皮厚薄不均，馅料也时常外溢，结果是，我做的第一个月饼形状奇特，简直难以入口。

看着我泄气的样子，舅舅并没有嘲笑我，反而耐心地指导我："制作月饼，关键在于手法和火候。"他手把手地教我如何控制月饼皮的厚度，如何将馅料均匀地包在月饼皮里。在他的指导下，我渐渐地掌握了制作月饼的技巧。

制作月饼的过程虽然辛苦，但每当看到自己亲手制作的月饼，心中都充满了成就感。更重要的是，在这个过程中，我深深地体会到了传统的月饼文化，以及它所蕴含的家庭和团圆的意义。

虽然我做的月饼不能出售，但我们可以自己品尝。中秋节那天，当我品尝自己亲手制作的月饼时，那种甜中带咸，香中带醇的味道仿佛是家的味道，是中秋的味道。我深深地感激舅舅的教导，也为自己能参与到这个传统的节日中而感到骄傲。

后记

月饼不仅仅是食物，它更是一种文化和情感的传递。在这个中秋节，我深切地体会到了家的温暖和传统的魅力。

父母感言

孩子在他舅舅的糕点店帮忙，他做的月饼虽然不能出售，但是孩子吃着自己做的月饼，心里还是挺高兴的。做父母的，在条件允许的情况下，多带孩子参加社会生活实践，帮助孩子找到自己喜欢做的事情，并积极努力地去大胆尝试，从而获取自己的人生价值。（妈妈：杨 燕）

教师赏评

糕点师岂能一上午就出师呢？小作者做月饼的经历，告诉了我们这个道理。尽管他做的月饼不能出售，但他吃上了自己的劳动果实，也是劳有所得吧。为孩子的劳动实践点赞。（指导教师：向青林）

学会做事（在生活中你是否遇到过类似的事，与作者感觉有什么不同？写下来。）

隐藏在生活中的健康隐患

随着科技的进步和现代社会的发展，我们的生活变得越来越便捷。然而，在充满便捷的同时，也隐藏着许多可能危害我们健康的隐患。这些隐患无处不在，从我们的饮食、居住环境，到日常的生活习惯，都可能成为我们健康的隐形杀手。

幸福的生活是人人的追求与向往。人们在追求幸福的旅途中，总会遇到一些障碍、疾病、衰老、意外伤害等因素的困扰，而且，这些因素无时不在人们周围或者潜伏在人们向着幸福行进的路上徘徊，它们随时企图在人们大意时给以致命的打击。

1. 饮食是健康隐患的重要来源

人们的生活节奏快，繁忙的工作使得很多人以快餐代替一日三餐，而快餐大多以外卖的形式售出。人们习惯了方便食品，并且在我们的生活中占据了越来越大的比重。这些食品往往含有大量的添加剂、防腐剂，且高油高脂，长期食用会导致肥胖、高血压、糖尿病等多种疾病。此外，食品安全问题也不容忽视，一些不良商家为了追求利润，可能会使用劣质原料或非法添加剂，给消费者的健康带来严重威胁。

2. 居住环境隐藏的健康隐患

室内装修材料、家具、家电等都可能释放有害气体，如甲醛、苯等，长期暴露在这样的环境中，可能会导致呼吸道疾病、白血病等疾病。

3. 日常生活习惯也可能存在健康隐患

日常生活习惯中，如缺乏运动、熬夜、吸烟、酗酒等都可能对身体健康产生负面影响。这些习惯短期内看似无关紧要，但长期积累下来，却可能导致严重的健康问题。

为了应对这些健康隐患，我们需要从多个方面入手。

首先，要养成健康的饮食习惯，尽量选择新鲜、健康的食品，减少深加工食品的摄入。

其次，要关注居住环境的健康，选择环保的装修材料和家具，减少有害气体的释放。同时，要保持良好的生活习惯，加强锻炼、规律作息、戒烟限酒等。

此外，我们还需要提高健康意识，定期进行体检，及时发现和治疗健康问题。同时，也要关注生活中的细节，如保持良好的心态、避免长时间使用电子产品、保持室内空气流通等。

总之，隐藏在生活中的健康隐患无处不在，我们需要提高警惕，从多个方面入手，保护自己的健康。只有这样，我们才能在这个高速发展的社会中，享受健康、美好的生活。

【案例】

(1) 食品添加剂过量。近年来，食品添加剂的问题引起了广泛关注。一些商家为了追求食品的口感和色泽，常常过量使用食品添加剂，如防腐剂、色素、香精等。如果这些添加剂长期过量摄入，可能会对人体健康造成潜在危害。例如，过量摄入防腐剂可能导致肠胃不适、免疫力下降等问题；而某些人工色素则可能引发过敏反应或加重肝肾负担。

(2) 油脂摄入不宜过多。油脂是饮食中不可或缺的一部分，但过量摄入油脂却可能引发一系列健康问题。高脂肪饮食不仅容易导致肥胖，还可能增加心血管疾病、高血压、高血脂等慢性疾病的风险。例如，一些快餐和油炸食品，虽然口感美味，但长期大量摄入会对健康造成严重影响。

(3) 农药残留要清洗干净。为了提高农产品的产量和防治病虫害，农药被广泛使用。如果长期摄入农药残留超标的食物，可能会对人体健康造成危害。农药中的有毒物质可能损害人体的肝脏、肾脏等器官，甚至可能引发癌症等严重疾病。

(4) 营养搭配要均衡。营养不均衡也是一个普遍存在的问题。很多人为了追求口感和方便，常常选择单一的食物，导致营养摄入不足或过剩。长期营养不均衡不仅会影响身体的正常发育，还可能引发各种疾病。例如，缺乏蛋白质可能导致免疫力下降、肌肉萎缩；而维生素和矿物质的缺乏则可能引发贫血、夜盲症等健康问题。

【共同分析】

饮食中的健康隐患不容忽视。我们应该提高饮食安全意识，选择健康、均衡的食物，避免过量摄入添加剂、油脂等不健康成分。同时，政府和社会也应该加强食品安全监管，提高食品质量标准，保障人民群众的饮食安全。只有这样，我们才能真正享受到美食带来的快乐，同时保持健康的体魄。

拓展阅读

做青菜鸡蛋面

重庆市酉阳土家族苗族自治县民族小学四年（15）班　冉雨婷

一个周末的早晨，外婆气喘吁吁地买菜回来，我想：外婆可真辛苦呀！哪天我来帮她买一次菜，做一次饭，也体验一下生活。

第二天，太阳还没出山，我就对外婆说："外婆，我去买菜做饭吧，您又做饭又买菜，多辛苦啊！"外婆笑着说："好孩子，知道疼外婆了，真好！那今天就你来买菜掌勺。"

按照外婆的嘱咐，我来到菜市场，挑选了一些鲜嫩的青菜。回来后，拿出洗菜盆，学着外婆平时洗菜的样子，把青菜先洗干净，随后捞起来等着烧菜。

看着自己亲自买的蔬菜，心想：今天我可要好好露一手，做一回家里的"小大人"。

中午到了，我穿好围裙，戴上袖套，把鲜嫩的青菜从水中捞出来，甩掉多余的水，放在砧板上切成一小段一小段，装在盘子里备用。拿出一个鸡蛋打在小碗里，用筷子不停地搅动，五分钟过去了，把鸡蛋搅成鸡蛋液，放在一边。然后，打开电磁炉，把装有水的汤锅放在炉子上等水烧开。不一会儿，锅里的水就咕噜咕噜地冒泡了，就像在说："可以了，可以煮面了！"我迅速地把面条放入锅中，面条变软后，把切好的青菜放了进去，让它们在锅里一起翻滚。过了大概5、6分钟，差不多熟了，往锅里加点盐，尝尝咸淡，再把鸡蛋液用画圆的动作，倒入锅里，等蛋液结块就关火。放点鸡精，淋上麻油，香喷喷的青菜鸡蛋面就可以出锅了。我忙得一身汗，看着自己的劳动成果，我满意地笑了，但我已经顾不上这个了，赶紧把面条端到外婆面前："外婆，快来尝尝！"

外婆夹起面条吃了一口，竖起大拇指说："好吃！你真能干！"我的心里甜滋滋的！

第一次做青菜鸡蛋面就能做得这么好，多亏了外婆曾经对我的教育，做面要有耐心，要注意细节，不能马虎。

后记

做"面"如此，做其他事也是这样，做事要有责任感，要踏实、要勤奋，因为责任加上勤奋等于成功！这是我第一次从头到尾完成做饭的任务，虽然心里有点怕，因为炉边又热又烫，但还是圆满完成了！真开心！

父母感言

一碗普通的青菜鸡蛋面，是孩子的拳拳之心，敢于自己动手尝试，值得鼓励！孩子的孝心，孩子的勤劳，孩子的敢于尝试的勇气，让我倍感欣慰。幸福存在于生活中，而幸福生活来自劳动。（妈妈：冉彩红）

教师赏评

冉雨婷同学善于捕捉平凡生活中的画面，孝敬老人的想法可贵，将情感化为力所能及的实际行动更可贵。在做菜的过程中从选材到卫生、口感、洗菜等方面突出勤奋、有小主人的责任感，孩子们生活在新时代新起点，唯奋斗者进，唯实干者胜，唯创新者强。（指导教师：蒋 慧）

学会做事（在生活中你是否遇到过类似的事，与作者感觉有什么不同？写下来。）

疾病无情，亲人有爱

广东省深圳市罗湖外语实验学校初三（14）班　丁　奕

流光漫长，风云变幻，位于时代的洪流中，面对病情，唯有亲人之间无私的爱，方能安暖无悔，获得成长。

清风悄悄拂动窗帘，阳光照进来把墙壁都刷暖了，我稍微睁睁眼，大脑发热的感觉仍挥之不去，我努力想要看清天花板，却无法集中精神，正又眨眼想恢复神智，一声问候从耳边传来：“你醒啦，喝点水吧。”转头，父亲慈祥地看着我，我接过温热的水杯，喝下父亲一早准备好的热水，只觉得舒服了很多。病毒已经将我折磨一天，多亏父亲悉心照料，我才减轻了许多痛苦。

病毒无情又无常，两天后，我刚痊愈，母亲又中招了，父亲碰巧有事要忙，便嘱托我照顾母亲，看着躺在床上被病毒折磨的母亲，我去倒了一杯热水，急急忙忙地递给母亲，看着母亲喝下后欣慰的表情，我意识到那份责任带来的成就感。

我试着去做碗米粉给母亲吃，可一开火，放油，我就皱起眉头，许久未使用锅的我格外手生，把鸡蛋敲进锅里的时候，简直可用“气急败坏”来形容，“哎呀！”我不禁感叹起来，做米粉看着简单，原来这么难，母亲平常为我们付出了多少啊，便下定决心一定要做好。我把泡好的米粉放入锅中，轻轻撒上葱花再煮一会儿。我担心米粉会坨，一直盯着，又怕不入味，不知道何时才算煮好，左顾右盼，看着好像差不多了把米粉倒入碗中，闻到熟悉的清香味道，终是舒心了。我把米粉端到母亲面前，她即使很没力气，也尽力给我一个笑容，说道：“你长大了啊。”又轻抚我的头。

后记

疾病虽无情，但是家人之间的亲情永远温暖着我们，这是一道永不黯淡的光。

父母感言

孩子在照顾父母时意识到了“负责”二字的深刻含义，我们感觉很欣慰。在家人病倒的情况下，孩子的贴心让我们感受到了温暖，也希望孩子未来成为一个有爱的人，用爱温暖他人。（妈妈：梁玉连）

教师赏评

做事的细节写得很真实，生动地描绘了家人生病时为家人做饭的经历，用词准确、生动，有生活气息，同时对情感的描写很真实。（指导教师：聂 华）

学会做事（在生活中你是否遇到过类似的事，与作者感觉有什么不同？写下来。）________________________________

____

____

我学会了游泳

北京师范大学实验小学 2019 级 2 班　李茂彤

小时候，当我看着哥哥、姐姐们在游泳池里自由自在畅游时，心中总有一种羡慕的感觉，从此便种下了一颗一定要学会游泳的种子。

妈妈猜透了我的心思，便给我请了一个游泳教练，教练很耐心地和我讲解游泳安全注意事项和动作分解，我自信满满地下水了。

谁知我的腿刚伸进水中，便被冻得缩了回来，教练“噗哧”一声笑了，温柔地说：“小朋友，游泳池的水温要比你的体温低一些，你需要先做完热身运动，在下水前适应一下水温，才能下水，知道了吗？”我似懂非懂地点了点头。

按照教练的要求，我顺利进入了泳池，开始练习游泳，可是，手刚刚松开游泳池边沿，心里就害怕起来。教练立即安抚我：“别害怕，勇敢点！”还帮我带上了游泳初学者的一块浮板，就这样，我开始了游泳练习。

在学习游泳的过程中，我遇到了各种困难，因为害怕而不敢下水、因为换气顺序不对而呛水、因为动作不对而“自创”泳姿……，妈妈告诉我：“害怕、呛水、自创泳姿的原因，是没有真正掌握游泳的安全流程，只要多练，注意安全，就会好的。”

听了妈妈鼓励的话，我坚信只要注意安全，就能克服一切困难，掌握游泳的各种技能，就这样，我坚持练着。周复一周、年复一年，随着浮板块数的减少，直至不再依赖浮板，我终于学会了游泳，可以在水里像小鱼一样游来游去了。

学习游泳不仅让我收获了游泳的技能和快乐，更让我感到逢事注意安全的重要性，还增强了我做事的勇气和毅力。

我那颗有梦想的种子终于结出了丰收的果实，使我从一脸的害怕到逐渐的熟练，从下水的紧张到成功的微笑，也让我明白了一个道理，“失败是成功之母”，只要不放弃，梦想就一定能实现。

后记

学游泳使我提高了安全意识，认识到勇气和毅力的重要性，我会继续探索、寻找着自己的未来。

父母感言

看到孩子勇敢地面对困难，克服困难，并提升了安全意识，最终获取成功的情景，作为父母有说不出的欣慰， 祝愿孩子在未来越来越好。（妈妈：陈丽萍）

教师赏评

作者用生动有趣的语言具体地描写了学游泳的过程，让读者看到了一个天真可爱的孩子克服各种困难，并勇敢面对的情景。心里描写真实具体、生动有趣，全文结构紧凑、完整，文笔也较流畅。（指导教师：程雪莲）

学会做事（在生活中你是否遇到过类似的事，与作者感觉有什么不同？写下来。）________________

____

____

厨房美食“实验”录

广东省江门市新会尚雅学校八年级　刘佩仪

我是一位芋圆奶茶的忠实粉丝，可外面卖的着实有些昂贵，我学习了厨房安全操作规程后，便寻思着自己动手做一做，开始了厨房“实验”。

炎热的夏天，我“宅”在厨房里，鼓捣着新玩意。

母亲帮我把做芋圆的木薯淀粉买回来了，其他的材料家里都有，现在万事俱备，只欠开工。“咦，家里好像没有芋头哎？但好像有两个外婆种的小南瓜！”“要不试一试？”说干就干——第一次做，还不知道方法，所以，网上的教程必不可少，还好流程看起来挺简单的。

先拿出一个小南瓜，洗干净后，削掉皮，再切成小块，放在一旁备用。在家里找一个适中的锅，放水烧开，把切好的小南瓜块倒入锅中，开大火煮熟。等南瓜块都浮起来了，用筷子一扎，能够扎透就说明南瓜已经煮熟了，再用漏勺捞起南瓜沥水。

等水沥干了之后，往南瓜里倒入木薯淀粉，然后用手把两者搅和，左搅搅，右揉揉……混合了将近一个半小时后，终于揉成了一个能反光的团子。然后，拿出案板和一把小刀，将团子切成均匀的小段。这时芋圆就快要完成了，而我的肚子却不争气地“咕——咕——”叫了起来。我决定先煮几个尝尝味道，煮熟的芋圆在锅中散发出阵阵鲜香。

“咕噜——”肚子好像在催促着我的手，让它快快夹上一个，速速送到我的嘴里来。“嘶，哇喔——”内心按捺不住的欢喜，在一瞬间全都喷涌而出：我居然成功了，真不可思议！

傍晚时分，爸妈快要到家了，我急忙把饭菜做好，并且还抽空做了杯芋圆奶茶。当母亲吃完晚饭后，我拿出今日的“实验成果”给这位“小白鼠”品尝。

“嗯——好喝！”母亲赞不绝口。

我欣喜若狂，这次美食实验成功了！

后记

作为一名吃货，当然是要趁着暑假空闲的时间研究美食啦。不仅能满足自己的胃口，还能锻炼自己的手艺，岂不两全其美了？

父母感言

暑假里，孩子在家里鼓捣美食，这样我们下班后，不仅能马上吃上可口的饭菜，而且经常让我品尝到各种新奇的美食，大开眼界。（妈妈：廖慕玲）

教师赏评

经常在朋友圈看到佩仪制作的各种美食，这次不仅做出来，还写下来了。作者用生动有趣的语句描写了制作芋圆的过程，言语间充满快乐与自豪，做菜的过程清清楚楚，看着这清晰的做菜步骤，对菜品的描写，色香味俱全，让人看着都垂涎欲滴。因为是亲身经历，所以感受也真实深刻，可见小作者对下厨的喜爱，还有那一份体贴父母的孝心。（指导教师：杨娜娜）

学会做事（在生活中你是否遇到过类似的事，与作者感觉有什么不同？写下来。）____

____

____

在打乒乓球中发现的

广东省珠海市香洲区第七小学五（1）班　郑小琪

小时候我的身体比较弱，妈妈为了我的身心健康，给我在学校报名了乒乓球社团，对于从未接触过乒乓球的我，兴奋不已。

刚开始，教练让我先学习打正手，我仔细观察了教练动作，再自己练习起来，通过反复练习，我可以跟同学切磋对打了，我稳住心猛打过去，一连打中了好几球，越打越顺手，就这样，在实战中见实效，我的球技也在不断地提升，并得到教练的夸奖。同时教练给我布置了一个颠球的家庭作业，并要求一次至少颠20个。我觉得很简单，肯定没问题。

回到家里，我就开始练颠球了。颠球就是水平拿球拍，向上反复颠打乒乓球。我以为很容易，没想到，球没“跳”到三下，就飞出了“舞台”。我急了。妈妈看到说：“运球简单一点，先运球吧。”

运球就是水平拿球拍，乒乓球平稳地放在球拍上，从一个地方运到另一个地方。我试了一下，但没有走出几步，球就滚下了“舞台”。我有点着急生气了，妈妈看到了，说：“不论是运球还是颠球，手都要放低一点。”我试了几次，果然成功了。于是我开始颠球，可颠了几下之后，乒乓球又不“听话”了。我开始烦躁了，在那儿哇哇乱叫。妈妈走过来，安抚着我，说：“不着急，慢慢来，动动脑筋，总能想出办法的。记住，颠球时，球颠起的高度不可太低，要不然时间不够，人反应不过来；并且手腕要放松，用力均匀。”我试了一下，果然管用。

经过努力，终于完成了任务。

接下来，教练教我打反手，我一时没适应过来，基本上都没接住球。我一边看着老学员是如何打，一边模仿接球，通过一周的反复练习和琢磨，我学会了打反手，可以猛扣几球。

接下来的几周，通过教练的指导和自己的练习，我学会了怎么发球、削球等技巧，漫漫地发现自己喜欢上打乒乓球了，闲暇之余，我就跟同学们打起比赛来。我们你推我挡，玩得不亦乐乎。

乒乓球就像一只白色的小松鼠在球桌上跳来跳去。哎呀，不好啦，对方发过来的这个球飞得好快，就像一只迅猛的白老虎一样扑过来，我用球拍狠狠一推，可惜没打着，球就弹了出去。不行，我得反击！我捡起球，以迅雷不及掩耳的速度把球发了过去，打了对手一个措手不及。

后记

通过学习打乒乓球，我懂得了学做任何事情都不能操之过急，面对困难，要反复琢磨，用心练习，用智慧解决困惑，用虚心弥补能力，再经过不懈努力，终会成功。

生命在于运动，让我们都运动起来吧！

父母感言

孩子能在短时间学会打乒乓球并爱上这项运动离不开老师和教练的指导，我非常欣慰看到你的努力和进步。希望你持之以恒，再接再厉，百尺竿头更进一步。你有很大的潜力，要充分发挥。你是好样的，作为你的父母，我们倍感骄傲。你一定会超越我们的期望的，继续努力吧！（爸爸：郑胜强）

教师赏评

小作者通过学习打乒乓球遇到的困难，在母亲的提点和教练的教导下，在自己的坚持不懈下，深切体会到打乒乓球的快乐，也感受到生命在于运动的快感。思路清晰，层层递进，娓娓道来，突出情感的变化，有波澜，语言平实里不失生动，让人有身临其境之感，更能感受到小作者的快乐。（指导教师：何秋棉）

学会做事（在生活中你是否遇到过类似的事，与作者感觉有什么不同？写下来。）

本篇复盘

◎ 小问题

思考下面的问题，帮助你理解对安全意识培养的必要性。

1. 你认为安全意识的意义与价值是什么？

2. 培养孩子的安全意识首先要做到什么？

3. 培养孩子的安全意识有哪些要注意的环节？

4. 培养孩子安全意识有什么效果和表现？

5. 你认为学校、家庭应该怎样培养青少年的安全意识呢？

◎ 信息反馈

在日常生活中很多事情都需要注意安全，你面对这些问题是怎么解决的？你身边的人又是怎么处理的？请将事情的发展过程写出来，写一篇500～800字的文章，扫描微信公众号二维码传上去。

陶行知学院
微信公众号

Part9

艺术熏陶篇

- ◎ 篇前小叙
- ◎ 名师导航
- ◎ 导师简介
- ◎ 陶行知经典故事
- ◎ 艺术完善生活让你更快乐
- ◎ 艺术给人智慧，开发大脑潜能
- ◎ 艺术有助于培养专注力
- ◎ 艺术促进个人能力的提升
- ◎ 艺术增强生活幸福感
- ◎ 拓展阅读

篇前小叙

本篇是以“陶行知生活教育系列丛书”中的《音乐与人生》为蓝本而形成，由北京师范大学珠海校区（原分校）教授为核心的讲师团深入居民社区谈家庭教育，在充分了解家庭中存在的现实问题的前提下，从“音乐让孩子更智慧”的话题讲起，通过教授自身培养孩子的故事，厘清艺术让孩子视野更宽阔；通过若干成功人士的成长经历导出：艺术让孩子更快乐；用大量事实说明：艺术促使孩子身心健康；启示父母明白音乐与人生的关系并意识到：艺术培养幸福的孩子、没有艺术会降低孩子的幸福感、艺术让人人都有幸福感、艺术有助提升幸福指数、艺术环境创设家庭幸福指数、艺术对家庭幸福感的影响、艺术助孩子安然度过青春期的哲理。艺术不仅为个人生活增添了光彩，孩子们还记录下自己艺术训练的过程，形成了一篇篇生动感人的优秀作文。

名师导航

陶行知说：

➢ 艺术是生活的表现，是生活的升华。没有生活，就没有艺术；没有艺术，生活也就失去了色彩。

杜威说：

➢ 艺术教育不仅是培养技能的过程，更是塑造个性、培养创造力和批判性思维的重要途径。

胡适说：

➢ 要想国家强大，其国民必须知识丰富、思维活跃、勤奋努力、富有责任感。

蔡元培说：

➢ 教育者，养成人格之事业也。使仅仅为灌注知识、练习技能之作用，而不贯之以理想，则是机械之教育，非所以施于人类也。

导师简介

王　跃

北京师范大学珠海校区（原分校）教授，曾任教育部海外文教专家组成员、北京师范大学珠海分校文学院副院长、先后获文学硕士学位、计算机科学硕士学位、英语技术写作研究生证书及英语第二外语教学研究生证书。研究领域包括外国文学、英美文学、名著与电影、英语教学、中小学英语教学研究、中西方文化研究。先后主编、参编大学英美文学教材、中小学英语课外辅导教材及大学英语阅读写作教材多部，发表科研论文三十余篇。曾获首届全国高等师范院校曾宪梓教育基金奖并被收入香港商务出版社出版的《中国教育之星》一书。

蒋　菡

毕业于中国音乐学院，现任中央广播电视总台文艺中心音乐频道《精彩音乐汇》《影视留声机》栏目制片人，融媒体创新节目《超级音乐速递》总导演，主编“陶行知生活教育系列丛书”中的《音乐与人生》等著作。多年来制作的音乐节目陶冶了儿童的艺术情操，深受广大儿童喜爱，丰富了全国少年儿童的音乐生活。

本篇主题：陶醉在艺术中幸福成长

本篇要点：

本篇从“音乐让孩子更智慧”的话题讲起，列举大量案例，阐明：音乐启迪孩子智慧、音乐培养孩子的直觉力、音乐培养孩子的想象力、音乐培养孩子的专注力、音乐发展孩子的语言能力的教育观点，厘清音乐让孩子视野更宽阔、音乐让孩子“看”得深远、音乐让孩子“说”得幽默、音乐让孩子“做”得扎实、音乐让孩子“想”得丰富、音乐让孩子“爱”得深切。导出：音乐让孩子更快乐、音乐让孩子“吃”得更香、音乐让孩子“睡”得踏实、音乐让孩子“玩”得开心、音乐让孩子相处更愉快、用音乐的方式和孩子互动的典型案例。用大量事实说明：音乐让孩子更健康、音乐疗愈孩子的心灵、音乐调节孩子的情绪、音乐促进孩子听觉发展、音乐治疗孩子的伤病、音乐促使孩子身心健康。最终导出“音乐助孩子更幸福”的主题，启发父母意识到：音乐培养幸福的孩子、没有音乐会降低孩子的幸福感、音乐让人人都有幸福感、音乐有助提升幸福指数、音乐环境创设家庭幸福指数、音乐对家庭幸福感的影响、音乐有助家庭和谐幸福的哲理。

陶行知经典故事

学问要又学又问

1939年夏天，有人介绍一位青年诗人到育才学校半工半读，介绍信上写道："刘文伟，诗人高歌的学生……"陶行知一看，风趣地说："喔，文——伟，你诗文伟大呀？"青年忙说："不，相反——很渺小，我已经把伟字改成苇，芦苇的苇。"

陶行知笑了笑说："对呀，不要自封为伟大，要大众承认才是真伟大。你愿意做芦苇，好，芦苇做成船，也可以渡人到达彼岸呀！" 过了一会，陶行知又说："你是高歌的徒弟，一定是个洋诗人吧？"青年人答："不，我是土人，从小是孤儿，做过童工，爱唱劳动号子，自己编词儿，是地道的'杭唷'派"。 陶行知"哦"了一声说："那我们是同志呢，我也是'歌谣派'，你读过我的诗么？"青年人说："读过，很喜欢。听说你跟唐代诗人白居易一样，写了诗先读给老妈子听。我还喜欢唱您编的歌。如《锄头舞歌》《镰刀舞歌》《手脑相长歌》等。陶行知立刻喜欢上了这个叫刘文苇的青年人，对他特别关心，经常问他学习、生活的情况。

当时小刘18岁，学习兴趣很高，而且爱好广泛。

在育才学校，他感到什么都新鲜，样样都想学想问。

陶行知工作很忙，平时住在北碚，到学校来一趟不容易，要处理的事很多。但小刘见缝插针，一有机会就去向陶行知请教，陶行知也总是热情耐心地回答他的问题。有人责备小刘"不懂事"，但陶行知鼓励小刘说："做学问就是要学要问。我过去写过一首诗：'发明千千万，起点是一问。人力胜天工，只在每事问'。"

学问，学问，光学不问只是一半，光问不学也只是一半，又学又问才是完整的学问。好比一个人，不能光有右手右脚，也不能光有左手左脚，要左右配合才是完整的人。

陶行知的教诲给小刘很大启发，他也写了一首题为《学问》的诗：学问学问，既学又问。光学不问，半截理论，死啃书本，用时不灵。光问不学，一半是零，不成条理，低级水平。又问又学，真正聪明，又学又问，才是完整的活的学问。

在陶行知和育才学校文学组主任艾青的帮助教育下，小刘后来成为我国著名的诗人。

【共同分析】

陶行知提出的“学问要又学又问”观点，强调了学习和提问的相辅相成关系。他认为，学习不仅是接受知识，更是对知识的探索和研究。而提问，则是这种探索和研究的重要手段。只有在学习中不断提问，才能深化对知识的理解，实现真正的学问。

艺术完善生活让你更快乐

艺术包括美术、音乐、影视等，其中音乐是开发大脑智慧的重要因素。

什么是音乐呢？音乐是用组织音构成的听觉意象，来表达人们的思想感情与社会现实生活的一种艺术形式。

语言是人类最重要的交际工具，是人们进行沟通、交流、表达的符号。音乐是声音的艺术，它只能诉诸人们的听觉，所以它又是一门听觉艺术。约翰·施特劳斯说：“音乐是人生的艺术。音乐的世界如同人生一样是一个真实的世界，她充满着悲欢离合、酸甜苦辣、爱恨情仇、美好幸福。”

音乐用它特有的语言表达着人们丰富的情感，展示着人们内心的世界。音乐也有“乐以教和”的作用，用音乐来教育感化人，使人与人之间和谐相处。

人生因为有了音乐的陪伴，生活才变得美满、幸福。毕达哥拉斯认为，音乐是数字而宇宙是音乐。和谐将音乐与宇宙统一在了一起，而在这两个世界之间架起桥梁的是数字与数字之间的关系。音乐是人类灵魂的钥匙，是人类为启蒙而得到的最强有力的武器。

心理学的定向反射和探究反射原理告诉我们，在一定距离内的各种外在刺激中，声音最能引起人们的注意。它能迫使人们的听觉器官去接受声音，这决定了听觉艺术较之视觉艺术更能直接地作用于人们的情感，震撼人们的心灵。

音乐用声音来表现，用听觉来感受，但这并不能说人们在创作和欣赏音乐时，大脑皮层上只有与听觉相对应的部位是活跃的，而其他部位处于静止状态。音乐家不只是透过听觉器官，而是用整个身心去感受、体验、认识和表现生活。在所有的艺术形式中，音乐最擅长抒发情感，它借助声音能直接、深刻、真实地表现、传达和感受情感。

音乐在传达和表现情感上，优于其他任何艺术形式，因为它所采用的感性材料和审美形式，最适宜表达情感——庄严肃穆、热烈兴奋、悲痛激愤、缠绵细腻、如泣如诉等。

艺术与生活，这两者自古以来就紧密相连，相互渗透。在快节奏的现代社会中，越来越多的人们开始意识到艺术对于完善生活的重要性，并将其融入生活、工作中。

【案例】

Facebook 的创始人扎克伯格

扎克伯格一直将艺术视为推动企业文化发展的关键。他鼓励员工在工作中追求创新与突破，同时也非常注重员工的个人成长与发展。在 Facebook 的办公环境中，可以看到各种艺术品和装饰品，这些元素不仅美化了办公环境，更激发了员工的创造力与想象力。此外，扎克伯格还大力支持员工参与公益活动，尤其是与艺术相关的项目。这些举措不仅提升了企业的社会形象，也增强了员工的凝聚力与归属感。

越来越多的企业家将艺术融入企（事业）业发展中。因为他们深知艺术对于完善生活的重要性，也明白艺术对于推动企业创新与发展的关键作用。他们通过举办艺术展览、支持艺术家创作、赞助文化活动等方式，将艺术与商业紧密结合，为企业注入新的活力与创意。

【共同分析】

艺术完善生活，同时也为企业家们走向成功提供了有力支持。将艺术融入人生发展不仅有助于提升个人形象，还能激发创造力与想象力，增强企业的凝聚力与归属感。

拓展阅读

钢琴让我心里乐开了花

湖北省武汉市育才小学四年级（11）班　傅子睿

音乐是林中的天使，是抚慰心灵伤痛的良药，是生活中的一抹色彩，让生活增添无限乐趣。

三年前，我对音乐毫无兴趣，认为是可有可无的噪声，毫无好感而言。然而电影《海上钢琴师》的出现就像一束光，照亮了我的心灵，让我对音乐有了全新的认识和理解。

这部电影讲述了一位孤儿被船工收养，可船工意外去世，从此他生活在了海上的邮轮里。当他听见了那美妙的钢琴曲时，轻快的节奏吸引了他。他不由自主地走到了钢琴旁边，坐下，开始弹奏。奇怪的是，他明明没有学过钢琴，却无师自通地弹出了整首曲子。从此，他疯狂地爱上了钢琴，成了远近闻名的海上钢琴师。他的钢琴弹得越来越好，名气也越来越大。是音乐帮助他度过人生困境，是音乐成就了他，让他找到了生命的星光。

音乐的魔力这么大吗？我开始对音乐产生了好奇，希望能够了解音乐，学习音乐。我思考了好几天，终于下定了决心：我要弹钢琴，我要让音乐走进我的心灵！

就在我下定决心的那天，我向家人们提出了要学钢琴的想法。妈妈十分惊讶地问："怎么了？你要学习钢琴？"奶奶笑着说："宝贝孙子终于有音乐细胞喽！"妈妈又说："你学可以，但你可不能半途而废。"我连声答应。

第二天，妈妈就带着我找到了一家琴行，从此，便开启了我的学琴之路。刚开始，我满腔的热情炙热燃烧，可是，烈火都持续不了多久的。几节课以后就有点受不了这枯燥乏味的练习。练琴的过程就像一场无尽的沙漠之旅，疲累且无望。练指法、背琴键、学五线谱，那些音符好似魔鬼一样用枪指着我的头，我的手指也不听使唤，常常扭出不协调的形状。

我多次想过放弃，然而妈妈那充满鼓励的眼神和微笑却在我心中闪现，我咬紧牙关，坚定地继续前行。当以前的记忆在我脑海中浮现时，我突然感到了前路的明亮！慢慢地，我坚持了下来。在枯燥的练琴过程中，每当我完成一个老师布置的任务，我的心里都有一丝丝的甜蜜。渐渐地，练琴在我心中也没有那么乏味了。我成功地在学习音乐的过程中看到了明媚的色彩，那种颜色叫快乐。

终于，这天，迎来了学琴生涯中的第一次考级。我在考官严肃的目光中紧张地坐在琴凳上开始了演奏。弹着弹着，我进入曲调中的世界，手指灵活地在琴上跳舞。美妙的音乐在我的手指间流淌出来，像山涧清泉淙淙汩汩，像春日大地色彩斑斓。一曲过后，我依旧流连曲间，直到老师递来考级单——上面写着一个大大的"优"字。我开心极了，一路蹦蹦跳跳地出了考场。我开心地把成绩单拿给妈妈看，妈妈鼓励我说："只要付出努力，就会有收获，最重要的是坚持！"看着妈妈开心的笑容，我的心花依次怒放，像暗暗给我加油：你一定能坚持下去！

后来，练琴就成了我的家常便饭，我不再觉得枯燥，我学会了在音乐里享受自己一点点的提高，我知道，我的自信在一点点堆积。自从钢琴走进我的生活，走进我的心灵，我看待身边所有事情的心态发生了很大的变化，这个世界变得更加美好，颜色更加丰富多彩，我的生活变得更加耀眼！

后记

爸妈的支持让音乐学习变得丰富有意义。在我的心中，音乐的旋律始终是流淌的，节奏也一直在律动中，在学习音乐的过程中，锻炼了手、脚、脑的协调配合，遇到困难也会不屈不挠，相信，钢琴会陪伴我的一生。

父母感言

通过文章了解到你小小的脑袋里有这么多有趣的想法。希望你生活得更积极有趣，更善于发现生活的美好。（妈妈：程 维）

教师赏评

小作者以学钢琴为主线，生动地描绘了自己在学习钢琴过程中的成长与变化。小作者通过细腻的描述，将学琴的点滴经历与内心的感受相结合，让读者能够深刻感受到学琴过程中的酸甜苦辣。（指导老师：罗明珠）

学会做事（在生活中你是否遇到过类似的事，与作者感觉有什么不同？写下来。）

我在书法熏陶下成长

北京市第十七中学初二（2）班 田欣星

一笔浓稠的墨汁被赋予松树的灵神，苍劲有力的一撇一捺入木三分，古茗的香气萦绕在我的鼻尖，我不禁回想起自己被书法熏陶的成长经历。

初遇书法是在有一年的寒冬，还是小学生的我顺着蜡梅与墨砚融合的香味，如不速之客一般“闯”进了爷爷那间古色古香的书房。

爷爷是一名毛笔书法爱好者，由于我一直比较调皮，以前他从不让我随便进这书房。

我悄悄藏在爷爷身后，只见他正轻挽衣袖，泼墨挥毫，笔锋斗转，一系列行云流水的动作深深吸引了我。

“哇！爷爷写得真好！”我的叫好声把爷爷吓了一跳：“你这捣蛋鬼，啥时候进来的？”

爷爷抚须莞尔，将一支细一些的毛笔递给我：“喜欢？要不你也跟着我学学书法？书法能让人沉淀心气，陶冶情操，帮你改掉这毛躁多动的性子，过来试试吧！”

我迫不及待地接过毛笔，自以为是地寻思：“看爷爷写得那么轻松，写毛笔字应该不难吧？”可手中的毛笔好像不听使唤似的，硬是在宣纸上划出了两道歪歪扭扭的笔画，我自以为能写好的“人”字忽然变得“丑陋”起来。

我沮丧地看向爷爷，满脸尴尬。他郑重地告诉我：“书法可不是一朝一夕的功夫就能练成的，你需要长久坚持，脚踏实地，静心专一，才能有进步和收获。练久了，你也会越来越喜欢它。”于是在那年冬天梅香正浓时，我仿佛命中注定似的，开始了与书法的不解之缘。

当我满怀热情地跟着爷爷练习了两周楷体后，似乎水平没怎么提高。笔画仍然歪七扭八，不堪入目。

渐渐地，我开始心浮气躁起来。每每刚练至几个字，便难以静心坚持，会将毛笔狠狠往纸上一放，在毛毡上留下深深的墨痕，嘴里抱怨一通。这时爷爷语重心长地提醒我：“孩子，练书法一定要静下心，沉住气，不能心浮气躁。”经过爷爷一番耐心告诫和严格监督，我只好耐下性子，努力静心，继续将剩余内容坚持练完。

就这样，经过日积月累的坚持练习，不知不觉书法已经陪伴我五个春秋，我的书法水平也有了显著提升。现在的我，不仅已经能够自信从容地写出一手好字，在书法比赛中屡屡获奖，而且我从那端庄大方的楷体、潇洒飘逸的行书、古朴典雅的隶书、恣意率性的草书中，越来越感受到中国书法之美。

在书法的熏陶下，我不仅学会了修身养性、陶冶情操、静心专心，而且也懂得了：做任何事情切忌心浮气躁，只有沉淀心气，持之以恒，才能有所收获。感谢书法，让我从当初那个心浮气躁的莽撞孩童，蜕变成了今日这个做事能够沉淀心气、静心专一的少年。

后记

在练习书法的过程中，我不仅学会了书法，还认识到了做事情沉淀心气的重要性，更学会了欣赏书法之美，热爱书法。希望书法可以一直陪伴着我，让我可以更好地沉淀自己。

父母感言

孩子学习书法，提高了自身的修养和审美能力，陶冶了情操，还磨炼了意志品质。书法能促进孩子身心健康发展，学习并传承中华文化，对她的成长十分有帮助。（妈妈：张雪芹）

教师赏评

文章通过叙述“我”从最初练习书法时的心浮气躁到最后的沉稳静心，最终能写得一手好字的成长经历，点明了主题“我在书法熏陶中成长”。全文扣住“成长”一词，抓住练习书法前后的变化，形成鲜明对比，最后升华主题，从练习书法的经历中感悟出做人做事的真理，小中见大，值得学习。（指导教师：王瑞瑞）

学会做事（在生活中你是否遇到过类似的事，与作者感觉有什么不同？写下来。）

水墨丹青——我的人生密友

广东省珠海市九洲中学初三（7）班　张龙荣泽

无数个阳光明媚的下午，我都要跑步、漫游在海边沙滩上，欣赏大海的美。

不知从何时，我闯进了爷爷的书房里，欣赏起爷爷写的字来了。

那天，我看着爷爷房间里摆满了大大小小的笔墨纸张，便好奇地问：“爷爷，这些都是什么呀？”爷爷哈哈笑着将我抱起说：“这个叫作毛笔，这小盘子叫作砚台，这都是爷爷写毛笔字要用的。”说着，爷爷就抓起我的手，拿着笔，在纸上写下了一个大大的“墨”字。

爷爷用期待的目光望着我问：“你要学毛笔字吗？”

连圆珠笔都握不好的我掷地有声地说：“要！我要学！”

从此以后，每天下午我都在爷爷的书房里度过，窗外的那颗老枫树绿了又黄，黄了又绿。我的字也从一开始歪歪扭扭不成样子变得越来越端正大方。

终于，到了我要参加比赛的一天。

出发前，爷爷一直在给我打气，让我不必紧张，只当是一次正常的书法练习就行。话虽如此，但当我看到现场的规模，还是不由得紧张起来。不知是不是错觉，那天我的手特别抖。

到了出结果的那天，看着落榜的名字，心头是一阵阵的寒意。周围的笑声，欢呼声，久久萦绕在耳边不能散去。我低着头走路，不知不觉就走回了家里。

院子里，爷爷正在侍奉他的那些盆栽。我看着其中一株没见过的，问：“这是什么？”爷爷回头看看，说：“那是吊兰，正如其名，要吊在篮中生长。”我看着这株花，看着它那被压弯的主干，想着：主干那么细，生出的枝干却那么多，带着这么多包袱生长不累吗？爷爷似乎看出了我在想什么，说：“花和人一样，不经历风吹雨打，不带着点压力，不经历点挫折，怎能茁壮成长？”

这时，爷爷拉着我走进书房，从那排老柜子上取下一个木盒，打开，我又看到了那个“墨”字，想起了儿时的梦，听见了那声坚定的“要！”我笑了起来，眼泪却又无声地划过面颊，滴在那张纸上，晕开了一团墨。我对着爷爷离开的背影说：“谢谢您，爷爷，我知道该怎么做了。”

之后，不管面对什么样的挫折，我都会想起那个“墨”，想起爷爷院里的那株吊兰，然后用重拾笔墨的毅力去面对每一次困境。

人生路漫漫，幸有水墨丹青与我为伴。

后记

书法练习看着容易，实际做起来并不是那么简单。我既然选择去尝试，就不能怕失败。我深信，我一定是可以的！因为我爱书法，写书法使我快乐，只要努力，我的字就会越写越好。

在一次次练习书法的过程中，我感受到了书法的美、书法的品格。并赋予书法个人的意志，让字体与品格同时获得了提升！

父母感言

别人的文章写得有意思，并不是别人的生活比自己更有趣，或别人的知识更渊博，是他们懂得怎么去找到一个发现和记录美好的角度。希望你敢于尝试并积累经验，理智思考，朝着正确的方向，更加成熟稳重地前进。（妈妈：龙素婷）

教师赏评

写毛笔字不但是一门技能，还是中华文化中不可或缺的一部分。小作者从生活出发，细心观察自己生活中的点滴，并用清晰且生动的笔触积累、记录，将自己第一次和爷爷学书法的经历，传递着“一心一意万事成，三心二意失良机”的理念。一双善于发现的眼睛、一颗敏于思考的心灵、一支勤于记录的钢笔，这些组合在一起，让小作者创作出了这篇优秀的文章。（指导教师：谭琴芳）

学会做事（在生活中你是否遇到过类似的事，与作者感觉有什么不同？写下来。）________________

____

____

音乐伴我成长

广东省深圳市罗湖外语实验学校初三（14）班　郭洪睿

音乐是一份韵律与洒脱。是那高山流水的一声轻叹，一泻千里；是那梁祝化蝶的凄哀婉转，柔情求恒；是那二泉映月的两种甘苦；是那英雄的交响曲，命运的欢乐颂……

音乐像一首小诗，在丝竹之间的低吟，在鼓瑟之间激昂的高歌，在笙箫之间深情的倾诉。音乐是一杯清茶，沁人心脾；音乐是一片秋叶，撩人乡思；音乐是一缕阳光，暖人灵魂；音乐是静夜里流淌的花香，芬芳扑鼻；音乐是山间叮咚的泉水，生生不息；音乐是天幕上的星星，闪闪发光……

在我心里，音乐是一剂良药，能抚平心底的创伤；音乐是一面明镜，清楚地反映自己；音乐是一盆冷水，使自己冷静、清醒；音乐是鼓舞的号角，让我振作起来；音乐是内心的写照，情感的表达……

记得有一次，我因为数学没考好，所以心情不是很好——看电视觉得心烦意乱，画画又觉得无聊，于是我便拿出手机，戴上耳机，听着音乐。一首首美妙的歌曲让我觉得之前内心里砰砰乱跳的小鹿也慢慢地平静下来，不再像之前那样波动了。

不知不觉，我的脚开始打着节拍，嘴里哼着歌，觉得自己真的冷静下来了，一切烦恼都被抛到了九霄云外。我听着欢乐的歌曲，又突然想到什么……扔下手机，丢掉耳机，打开书包，客厅里还回响着歌声，而我已经在房间里认真地分析试卷了。

音乐是一剂良药，在我快乐时、伤心时、痛苦时，都可以给我带来无限乐趣。音乐都会伴我成长！

后记

音乐是一份韵律与洒脱，像一首小诗，在丝竹之间低吟，在鼓瑟之间激昂高歌，在笙箫之间深情的倾诉；音乐是一剂良药，能抚平心底的创伤。音乐，伴我成长！

父母感言

孩子独自一人在外求学，孤独中唯有音乐相伴，父母不舍中有内疚更有期盼，让音乐伴孩子成长！（妈妈：何小萍）

教师赏评

这篇文章情感真挚，善用修辞，文笔优美，小作者通过叙述自己学习音乐的经历，将音乐带来的喜悦与感悟描写得淋漓尽致，生动形象地体现了小作者在成长路途中对音乐的热爱。（指导教师：聂 华）

学会做事（在生活中你是否遇到过类似的事，与作者感觉有什么不同？写下来。）

我学会了弹吉他

广东省珠海市启明小学五年（1）班　兰宇飞

我学吉他已有两年时间，记得那年暑假，妈妈希望我有一技之长，决定给我报吉他兴趣班。我特别兴奋，迫不及待地催妈妈快点去给我买把吉他。

学吉他并非一件容易的事情。刚开始的时候，我的积极性很高，一有空就弹。起初，我认为学吉他是很好玩的，谁知远比我想象的难多了。后来，我怎么也承受不了手指在琴弦上摩擦所带来的灼痛，好几次弹得我手指都破皮了，指头痛得厉害。

起初，我认为学吉他是很好玩的，谁知后来，我怎么也承受不了手指在琴弦上摩擦所带来的灼痛，好几次弹得我手指都破皮了，指头痛得厉害。

于是，就有了想放弃的念头。我哭着恳求妈妈说："我不想学吉他了，我的手指痛得晚上睡不了觉。"妈妈心疼地抚摸着我破了皮的手指，语重心长地说："孩子，妈妈知道你受苦了，但是吃不了苦中苦，怎做得了人上人？哪一位成功人士的卓越成就不是经过千锤百炼、努力拼搏而换来的呢？做事不能半途而废，只有不怕困难，坚持不懈，才能取得最后的胜利。妈妈相信你是最棒的，也相信你一定能够成功。"听完妈妈的话，让我懂得了学本领贵在坚持的道理。我暗暗下定决心，我一定要坚持下去，一定要把吉他学好。

有了想把吉他学好的信念，虽然每次扫弦、按弦，手指都会磨出水泡，但手指再痛我也能忍受了。实在忍受不了，我就会拿创可贴包扎一下继续练习。每天晚上写完作业，我都会拿上吉他练习一段，从未间断过。

一段时间后，我的手指便能像那草丛中敏捷的螳螂一般来回在琴弦上跳跃。妈妈露出了欣慰的表情。再后来，我的左右手协调能力强了很多，做起奥数题来也比之前反应更敏捷了，原来弹吉他还真的能激发人的思维。

弹吉他还能让体力劳动和脑力劳动得到适当的调节。有时候，当学习感到有点累，眼睛有点疲劳的时候，我就会放下书本，抱起我心爱的小吉他，边弹边唱，来上一曲。弹完之后所有的疲倦都烟消云散，心情也豁然开朗。

带着这份坚持，我还参加了2021年12月26日“乐森——美妙艺术新年音乐会”的吉他表演。我演奏的一曲《告白气球》获得了来自在场的许多老师、父母、同学们的喝彩。

吉他是一门艺术，它还是我学习生活的调剂师，是我生活中不可缺少的一部分。现在吉他成了我最好的朋友。如今我也弹得更加熟练了，随意拨弄几根琴弦，便能感觉到音符在指尖上跳跃，让人快乐无比。

后记

我爱吉他，一定要把这个爱好努力地做到极致。用音乐让这个世界不再单调。音乐也让我更加坚强、变得成熟，让我的生活更加美好！

父母感言

在孩子成长的路上，难免会碰到一些困难，作为父母，应该给予孩子适当的帮助和鼓励。孩子由开始准备学吉他时的兴奋—想放弃—再到爱上吉他这一过程，孩子付出了不少努力，看着孩子能够克服许多困难，不断进步，作为父母感到无比欣慰。（妈妈：戴里思）

教师赏评

这是一篇叙事明理的文章，小作者详细地描写了学吉他的过程中如何克服困难，用学会了吉他的事例诠释了学本领贵在坚持的道理。文章来源于生活，写得入情入理，语言流畅，行文舒展自如，自然洒脱。（指导教师：邹顺娥）

学会做事（在生活中你是否遇到过类似的事，与作者感觉有什么不同？写下来。）

艺术给人智慧，开发大脑潜能

音乐是借助想象，通过节奏、曲调、力度、速度等要素，把内心的情感状态直接表达出来。

想象力是音乐活动的重要特征，作曲家想象力的表达，演奏者想象力的再度创作，欣赏者充满遐想的倾听，无一能离开想象，音乐为每一个能触摸到它的人都插上了想象的翅膀。

不同年龄段的潜能挖掘各有特点，尤其是在幼儿期儿童的脑功能有着巨大的潜力，是培养想象力的最佳时期。

经常听音乐，随着音乐自由地舞动，或者带孩子听音乐会、看文艺演出等，创设更多接触音乐的条件和环境，让孩子多感受音乐，对孩子的大脑发育有很大的帮助。

当你听到一首充满各种模仿动物声音的音乐，父母可以让孩子想象，你从音乐里听到了什么？可以让孩子扮演一只小乌龟，当听到音乐比较缓慢时，鼓励孩子想象是不是乌龟走得很慢，还是它跑不动了？而当音乐忽然变得急促，问问孩子这是要发生什么？等等，让孩子融入音乐，孩子就会充分展开他的遐想。

【案例】

亮亮的老师布置了一个家庭作业，就是回家听着音乐自由跳舞。回到家，亮亮笨拙地舞动着他的手脚，偶尔还冒出一两个武术动作，时不时地模仿动画片里的动作，虽然跳得很搞怪，但很投入。亮亮听音乐自由地跳舞，发挥了创造和想象的空间。

【共同分析】

亮亮在自由舞动的过程中，把自己的情感、视觉、动觉、想象等一切能感知到的审美因素调动出来，进入了音乐的意境中，展开遐想。

拓展阅读

成功也是一首歌

北京市金融街润泽学校四年（3）班　郑羽彤

随着岁月的流逝，我唱着一首又一首绚丽成长的歌，一闪而过的时光，犹如在纸上一个又一个跃动的音符，促使我一天天长大。

小时候，使我记忆犹新的还是妈妈轻声哼唱的摇篮曲，她歌声一起，我便安然入睡。

在幼儿园的我，总喜欢和小伙伴们跟着音乐的律动，扮演着各种小角色，特别喜欢边唱边扭动着老师教给我们的舞蹈。

随着年龄的增长，我对音乐的兴趣也越发浓厚，所有的音符都会带来人们对我的肯定和赞美。

幸福的幼儿时光给我谱写了一曲曲优美动听的歌！

转眼间我已成为一名小学生，爸妈发现我对音乐的兴趣，跟我商量后，便带我系统地学习音乐了。刚开始学唱歌的时候，每次咿咿呀呀的练歌声，确实使我感到过枯燥无味，也伴随过失望和沮丧……

妈妈看出了我的心思，鼓励我说："一分天赋，十分努力"努力是成功的开始，你的天赋超出一般，只需稍作努力，就一定能实现自己的梦想。

此时，一股充满希望的暖流涌进了我的心窝，妈妈又一次叮嘱我：要唱好自己喜爱的歌，用心唱，并推荐我参加了多次全国音乐大赛，每次都能获得前三名的好成绩，给我记忆最深的是一曲《谢谢你，我要谢谢你》被中央电视台音乐频道《精彩音乐汇》栏目录制并连续播放，播音主持还送给我"少年小童星”的美号。

七岁起，我很荣幸地被邀请到中央电视台录制歌曲，拜访仰慕已久的多位音乐大师，期间还到访了西藏、贵州等贫困山区，给边远山区的同龄小朋友做“小先生”，央视主持人采访我时，又送我一个连我自己都不好意思接受的美名：“年龄最小的支边教师”。

从此，我的朋友越来越多，尤其是好几个西藏、贵州的小朋友，那么多朋友的鼓励很快就成了我奋发向上的动力。我更加发奋努力学习了，不仅学音乐，还学书法，尽力掌握更多的技能，以便更好地和我的朋友交流，此时的我，对舞台、对比赛、对更广阔的天地都充满了无限的期待。

可是，正在我奋勇向前的时刻，一场突如其来的变故使我不得不按下暂停键，但是，当别人脚步停下的时候，或许正是你追赶的机会。

于是，我让汗水伴随在泪水中努力，经过几年艰苦激烈的比拼，最终我拿到了多项全国大赛金银奖牌。

回忆我的童年时光，我不得不大呼一声：我的童年是一首激励我奋进的歌！

童年的光阴烂漫而又短暂，幸运的是我在音乐的伴奏下，幸福地成长，并在过去的一点一滴中描绘着我的未来。

今年，我刚满十岁，已经对艺术之路有了深深的感悟，“喜欢”二字已经难以表达。

唱歌、舞蹈、书法、写作都是我的爱好！我会继续追求我梦寐以求的梦中的歌，更加坚信妈妈常常给我讲的一句话：平时再小的累积，终究会汇成最宝贵的财富，谱写一曲属于我自己的歌！

后记

是啊！童年美好，人生烂漫，岁月如歌，将满载着我的希望和努力的收获，使我的生活在喜悦、温馨和甜蜜中度过！

我要用心去聆听，用心去感受，用心去歌唱，唱出我美好的生活！唱出人间的幸福！

父母感言

亲爱的孩子，你已经悄然长大，你努力的成果，虽还没芳香四溢，但已经清新动人，我们希望你能继续勇敢地张开双翼，谱写一曲曲与众不同、色彩绚丽、跌宕起伏的为生活而奋斗的歌！（妈妈：周 蕾）

教师赏评

全文一线贯穿，层层递进，用时间裹挟着童年的时光，传递出童心与歌声的碰撞，艺术赋予作者独特的人生经历，儿时的光辉是长大后希望的满怀，也是成功勋章和迈向成熟的印迹，将永远伴随作者斑斓纯真的童年，走向健康美好的未来。（指导教师：刘迎春）

学会做事（在生活中你是否遇到过类似的事，与作者感觉有什么不同？写下来。）

我学会了弹钢琴

天津市武清区广贤路小学四年（5）班　齐子墨

在我很小的时候就对钢琴情有独钟。每当听到那悠扬的琴声，我的心中就充满了向往。于是，我决定要学习弹钢琴，将这份热爱转化为实际的行动。

依稀记得四年前的一个夏日，妈妈带我踏进了一间钢琴教室，一架黑色的钢琴静静地矗立在那里，仿佛在等待我的到来。我既紧张又兴奋，在老师的引领下，我坐在琴凳上，开始了我的钢琴学习之旅。妈妈告诉过我，学习弹奏钢琴不是为了让我追求某种荣誉，而是让我学会用一种适合自己的方式来表达和抒发自己的情感。

学习钢琴并不容易。我在老师的悉心指导下要掌握手指的力度、音准以及节奏等基础知识。每天，我都会在琴键上反复练习，虽然手指感到酸痛，但我从未放弃。每当遇到困难，我都会想起自己对钢琴的热爱，这让我有了坚持下去的勇气。

随着时间的推移，我的钢琴技艺也逐渐提高。我开始尝试弹奏一些简单的曲子，虽然并不完美，但每一次的进步都让我感到欣喜。

在学习钢琴的过程中，我也收获了很多。我学会了耐心和坚持，明白了只有付出努力才能收获成功。同时，我也学会了欣赏音乐的美，感受到了音乐给人带来的快乐和力量。

现在，我已经能够弹奏一些自己喜欢的曲子了。每当我坐在钢琴前，沉浸在音乐的海洋中，指间弹奏出流畅的旋律，我都会感到无比的幸福和满足。我知道，这一切都离不开我坚持不懈的努力和付出。

后记

回顾这段学习钢琴的旅程，我收获了很多。不仅学会了弹钢琴，而且学会了如何面对困难和挑战。我相信，在未来的日子里，我会继续坚持自己的热爱和追求，用音乐去表达自己，用音乐去创造更多的美好。

父母感言

看到孩子在学钢琴中得到成长，心里非常高兴，尤其是看到他在学钢琴的过程中，学会了耐心和坚持，明白了“只有付出努力才能收获成功”的道理。并在学钢琴的同时，学会了欣赏，感受着音乐给人带来的快乐和力量。（妈妈：安丽艳）

教师赏评

齐子墨同学在学钢琴的过程中，学会了耐心和坚持，明白了“只有付出努力才能收获成功”的道理。（指导老师：王芸萍）

学会做事（在生活中你是否遇到过类似的事，与作者感觉有什么不同？写下来。）

舞蹈让生活更美好

广东省珠海市明珠中英文学校六年（1）班　陈馨宜

“舞蹈，是看得见的音乐；舞蹈，是藏在灵魂里的语言。”舞蹈是我生活的重要部分，它让我更加自信，对生活充满期待！

在舞蹈世界里，我们可以用不同的舞蹈动作表现不同的心情，可以是开心的、是快乐的、也可以是伤心的、痛苦的，每种心情都有专属的舞蹈动作。透过舞蹈的表现，舞者传递着喜怒哀乐，观众感受着悲欢离合。

我喜欢跳舞，但坚持跳舞也需要有足够的耐心和毅力。记得一开始学跳舞时，老师教我们练基本功。我常常会因为动作做得不到位，拍子卡得不准确，要一遍又一遍地重来！经过长时间的反复磨炼，才跳出了精彩的舞蹈。但在我身边有许多人都是因为受不了舞蹈的艰辛，渐渐放弃了学习跳舞。

记得曾经的一次经历，我因为一个动作做不好，便在舞蹈室里反复练习。就这样不骄不躁、坚持不懈地努力着，终于在考核中取得了老师的夸赞。当时，我心如蜜一样甜，别提多开心了。

后记

舞蹈带给我的不只是辛苦，是通过不断练习，熟练地做出舞蹈动作后的喜悦；是通过我的翩翩起舞，为观众带来美的享受的欣慰；更是通过多次的演出，一次又一次观众热烈的掌声使我充满自信。

舞蹈成了我生活不可或缺的重要组成部分，使我的生活变得多姿多彩，充满创意！

父母感言

舞蹈不仅培养了孩子手、脚及整个身体的灵活性，也增强了孩子的审美能力，在舞蹈学习中增强信心和勇气，是一种有明确的目的和计划的训练活

动，也是一种伴随认识过程的实践活动，通过长期的舞蹈学习，可以使人精进，更能使人坚强！（妈妈：罗海丽）

教师赏评

小作者把学习舞蹈过程中所遇到的点点滴滴以及怎样克服舞蹈学习中的困难，描写得生动感人。通过练习、表演，从而爱上舞蹈，并珍惜每一次上课的机会，内心的变化，写得笔底春风，的确难能可贵，给人留下了深刻的印象。文章首尾呼应，中心明确，结构完整！（指导教师：黄晓岚）

学会做事（在生活中你是否遇到过类似的事，与作者感觉有什么不同？写下来。）________

____

____

琴音声声育智慧

北京市第十七中学初一（3）班　赵铭虹

在岁月的长河中，有一种力量在悄然生长，它如同河流中的石头，经历风雨冲刷之后愈发坚硬而光滑。这种力量，便是坚韧。而我，正是在学习小提琴的道路上，逐渐孕育出这份坚韧的性格。

我对小提琴的热爱始于六岁那年，看到姐姐在舞台上挥舞琴弓，琴面反射出灿烂的光辉，点亮了舞台。从那时起，我便决心学习小提琴，去探索那隐藏在琴弦背后的无限可能。

日复一日地练习，每当疲惫或者灰心时，我都会想象自己站在舞台上，闪闪发光。于是再次拿起小提琴，每一个音符，每一个弓法，我都力求做到最好，我的琴声渐渐开始变得悦耳，我开始能够演奏一些简单的曲目。就这样，学琴已坚持六年了。

终于在 12 岁这年，我迎来了一场最盛大的比赛——“金色北京”少年小提琴艺术节。老师为我挑选了一首难度很高的参赛曲目，密密麻麻的音符挤满了乐谱，一堆稀奇古怪的“符文”使我眼花缭乱。回到家里，我开始一点点抠乐谱，可惜这些音符好似一团团麻线，令人烦躁。好不容易识谱了，我拿起琴弓，准备先试拉一下，本以为会是高雅悦耳的，但事实上却异常艰涩苦闷，好似指甲抓在黑板上一样。那一个个好似小蝌蚪的灵动音符，此时却扭动着身子跃出谱面嘲讽道：“太难听了，放弃比赛吧！”我一气之下掀翻了乐谱，扑到了床上，泪水模糊了双眼。

可是我想到自己坚持了那么久，终于有资格参加这么正规的比赛，实现自己最初的梦想——在舞台上闪闪发光。是呀，明亮时刻的背后是无数的刻苦与泪水，不经过这样荆棘遍布的泥泞之路，又怎么能去往开满明艳鲜花的花海，收获那用汗水雕刻出来的美好成果呢？现在放弃，绝对不行！我一翻身，擦掉鼻涕和眼泪，又重新拾起小提琴拉起来。

“最无益，只怕一日曝十日寒。”识谱熟练后，我又一个一个音符、一个一个小节认真地琢磨，在谱子上面圈圈点点，反复练习。我观看不同演奏家的视频，查阅作曲人编曲时的背景，感受曲目的风格、情感和技巧要求。遇到曲目中的技术难点，我通过分解动作等方法逐一攻克那些难点进行特别练习。

每天一个小时的练习，常常使我手臂又酸又痛，经常要爸爸为我捏上许久才能缓解，但我却越来越坚定自己能实现舞台梦的信念。就这样，经过三个月不断地练习，我的手指越来越灵动轻巧，好似蝴蝶在银光闪烁的琴弦上舞动。艰涩的音调渐渐悦耳婉转，我也愈加坚韧和自信。

金色的阳光洒在乐谱上，随着“哒、哒、哒”的节拍器声，比赛的日子到了。舞台灯光渐渐聚焦，我缓缓走上台前，轻轻地将小提琴放在颈肩之间，左手轻柔地抚摸着指板，闭上眼睛，将琴弓在弦上轻轻一搭，便开始演奏。我的手指仿佛在琴弦上跳舞，每一个动作都充满了自信和优雅。每一次拉弓和按弦都表达出我对音乐的理解和投入。当最后一个音符在空中回荡时，我缓缓放下琴弓。烫金的奖状送到我手里，我心里的快乐顿时好似汽水里的泡泡一样钻出来，充盈我的心。

回顾六年学琴生涯，正是坚韧不拔的性格让我实现了自己的舞台梦。而我这坚韧不拔的性格不是与生俱来的，它是在这六年的困难与挑战中磨砺出来的。这段追逐艺术的旅程，让我懂得面对学业的压力或者人生中的其他困境，也要以坚韧的态度去面对。只有这样，才能破茧成蝶。

后记

我的小提琴老师总是对我说："行为决定你的性格以及命运。"一开始我不明白老师的意思，直到这次比赛后我才知道老师这句话中的真正含义。美好的结局从来不是靠好运气，而是需要坚韧的意志，以及持之以恒的努力。

父母感言

学习小提琴，不仅是一种技能的培养，更是一种精神的修炼。孩子六年的学琴时光，不仅提升了音乐技艺，也培养了坚韧不拔的意志。相信未来，孩子会感谢自己刻苦练琴的岁月。（妈妈：张佐楠）

教师赏评

作者开门见山，直接点题，学琴生涯逐渐孕育出自己坚韧的性格。而坚韧的性格又成就了小作者的舞台梦想。正文回顾自己六年学琴生涯中最重要的一次备赛过程，描写细致，能感受到作者在挑战与坚持中逐渐塑造了坚韧的性格。文章结尾，作者从学琴中体悟到学习和生活也应以坚韧的态度去面对，升华了文章主旨。（指导教师：蒋新新）

学会做事（在生活中你是否遇到过类似的事，与作者感觉有什么不同？写下来。）

笛声悠悠

广东省深圳市罗湖外语实验学校初三（14）班　蔡琳曼

岁月骛过，山陵浸远，转眼已过两年半，抚上略染尘埃的陶笛，我陷入了深深地回忆。

小学时参加社团，学习起了陶笛，这是有些小众的乐器，它不似钢琴令人耳熟能详，也不似小提琴令人长醉其中，但见到它的第一眼时，我不由得爱上了这个身带梅花，弯若鱼跃出溪面的宝贝。

我开始和老师学习陶笛，但社团中人很多，更多时候是自己背指法和谱子，而我拿着这 12 孔陶笛，沉醉于笛声悠悠和窗外树影婆娑中。回到家后，我又会掏出随身携带的陶笛，一遍遍对着谱子吹起来，有时久了，母亲会开玩笑地说怎么还在吹同一个乐器，都要听腻了，我只是笑笑，跑到了院中的老树下继续吹着我的陶笛。

只记得风过树梢的沙沙声，伴着笛声，留下抚过心堂的暖。有时候太久不休息，小拇指会一阵酸痛，就会停下来看看谱子，听听风声。

一次考试失利，我失落地回到家中，看到案上的陶笛我举起来吹奏，笛声悠悠，我好似在和陶笛交流，技艺的生疏让陶笛断断续续的，但我吹着吹着便融入其中，十指翻飞，不由得落下一滴泪，我忆起曲目中少年肆意的青春，他用笛声一点点安慰着我，“何必苦闷，何必低沉，春日总会到来，而青春之花终会绽放”。

自那日，我更加爱上了陶笛，假期时时刻刻地练习，让我在开学时的社团课上流利地吹完那首《天空之城》，台下老师与同学们掌声雷动，我握紧了陶笛，感谢它赠予我一段不羁的经历。

如张安琪所言“眼里有诗，自在远方。”心怀笛音，四处皆是乐的原乡。

后记

有时候再喜欢的事情，干多了也会厌烦，可是下意识地哼起那首练了两个半月的《天空之城》，心中满满的是对那段时光的回忆与怀念。

父母感言

比起用自己的经验来缚她，我们更希望她可以探寻一条属于自己的康庄大道。（妈妈：张名家）

教师赏评

文章语言优美，结构完整，生动形象地叙述了学习陶笛的过程，夹叙夹议，取材新颖，抒发了自己对陶笛文化的热爱之情以及对传承陶笛文化的信念感。（指导教师：聂 华）

学会做事（在生活中你是否遇到过类似的事，与作者感觉有什么不同？写下来。）

我与音乐的邂逅

广东省珠海市翠前小学四年级（1）班 邓伟超

音乐像清泉，给人们带来了一丝丝清凉；音乐像太阳给人们送来一束束阳光；音乐像明镜照射出一颗颗美好的心灵。纵使音乐如此美好，可我曾经对音乐的评价却是：无趣。这或许是因为我年少轻狂，不谙世事吧。

不过，这种轻浮的评价，在一次电影欣赏之后，发生了悄然的改变。

记得那部电影——《音乐之声》，影片取材于 1938 年发生在奥地利的一个真实的故事：萨尔茨堡修道院里，有一位见习修女，她热爱自然，生活中总是充满了欢笑。一个偶然的机会，她被派到冯•特拉普上校家做家庭教师。

她很快和上校的七个孩子打成一片，而上校也渐渐在她的引导下改变了对孩子们的态度，其中最大的原因就是音乐。

看完这部电影，我不禁疑惑到，音乐的魔力真的有这么大吗？我开始向身边人寻求答案。

我去问妈妈，妈妈笑着说：“是呀，就像《欢乐颂》让我们感受到了热情、饱满、雄壮，它歌颂的是欢乐，演唱者用崇高的情感，坚强有力地表达了人们向往的“和平、自由、平等”。

我又跑着去问爸爸，爸爸经过深思熟虑后，说道：“音乐有很强大的魅力，比如你劳累了一天，休息的时候，听一会音乐，你就会轻松愉悦很多。”

我最后问的人是奶奶，奶奶笑而不语，只是轻声地哼起了哄我睡觉的儿歌。我一屁股坐在奶奶旁边，看着奶奶那花白的头发，一边听着一边思考。

吃晚餐的时候，我突然跟妈妈说：“妈妈，我想学古筝。”

“怎么了，宝贝？为什么会突然想学古筝呢？”妈妈很是诧异。

“因为我想寻找音乐真正的魅力。”我老老实实地回答道。

“好吧，不过你要认真学，不能半途而废哦！”“嗯，谢谢妈妈。”

第二天下午，我就去报名了。经过一段时间的学习，很快迎来了第一次检验——演出，展现自己努力学习音乐的机会来了，加油！

从报名参加演出的那天开始，我就一直勤奋地练习。

很快，演出的时间就到了，我怀揣着紧张的心情上台了。一曲终了，场下的观众爆发出雷鸣般的掌声。那时那刻，我明白了，音乐是努力，音乐是方向，音乐是荣耀。

随后的时间，我每每在家里练琴，家人听了，都露出慈祥的微笑，都报以欣赏的眼神。音乐，让我与一家人之间的关系更亲近了。那时那刻，我又明白了，音乐，是家庭的桥梁，是家庭幸福的润滑油。

后记

回想起最初对音乐的误解，我百感惭愧。如今，在音乐的道路上，我将继续学习，继续寻找它的真正意义，继续演绎精彩的人生！从此，音乐人生，音悦人生！

父母感言

孩子学习音乐，寻找到了学习音乐的真正意义，我感到十分欣慰。他在音乐的道路上越走越远，获得了一次又一次的荣誉，我希望他能在音乐学习中得到快乐，并获得更深的造诣。（妈妈：乔喜文）

教师赏评

小作者在文章中叙述了对音乐的认识，从年少轻狂的无趣慢慢转变为喜爱，从中体现了小作者的人生理念——追求，努力。整篇文章结构完整，条理清晰，

主题明确，所举的事例符合孩子的心理，段落之间衔接自然。（指导教师：方 捷）

学会做事（在生活中你是否遇到过类似的事，与作者感觉有什么不同？写下来。）____

____

____

艺术有助于培养专注力

《美国儿童与青少年精神病学会》杂志上发表的一篇《演奏乐器与大脑发育之间联系的研究》的文章研究显示，演奏乐器能够帮助孩子集中注意力、控制情绪和减轻焦虑，是提升专注力的极佳方式。

哈佛大学也曾做过一项研究，他们找来5～7岁的孩子，把他们分成两组：一组是持续学习乐器，一组没有学习乐器。

4年后，研究人员通过扫描他们的脑部发现，学习乐器的孩子大脑皮层更厚。大脑皮层的薄厚决定孩子认知能力的高低。也就是说，学习乐器的孩子的认知能力比没学习乐器的孩子要高。

孩子在弹奏乐器的时候，必须全神贯注，这样手、脚、脑之间的配合才能协调，才能准确高效地把乐谱上的音符、节奏、节拍、速度、力度等，清晰准确地弹奏出来。

【案例】

德国音乐教育家卡尔·奥尔夫在音乐课上做了一个“杯子”的趣味游戏。杯子作为乐器，通过敲击杯子打出音乐的节奏，孩子可以在轻松、愉快的氛围中学习音乐的节奏和旋律，既增加孩子学习的兴趣和新鲜感，也大大提高了他们的专注力。步骤是这样的：

① 两次手；

② 右手敲一下杯子；

③ 左手敲一下杯子；

④ 右手抓杯，移向右方；

⑤ 拍一次手；右手击桌；左手持杯，倒扣在右；

⑥右手抓杯身；

⑦左手击杯顶；

⑧右手持杯，杯底击地；

⑨右手持杯身，左手抓杯底；

⑩右手放开，左手保持不动；

等大家熟练整个杯子的敲击规律后，以小组为单位，分组相互配合敲杯子，一边敲一边唱。

这种用杯子趣味游戏开展音乐教学的方式，不仅锻炼了同学间的合作能力，每个同学的专注力也得到了锻炼。

【共同分析】

在整个传递杯子的过程中，孩子也体验到了游戏带来的乐趣和新鲜感。这种创造性的学习方式，既能学到音乐知识，锻炼手眼协调能力，能提升专注力，又能激发大家对学习音乐的兴趣。

拓展阅读

我在学琴中成长

广东省深圳市罗湖外语实验学校初二（3）班 唐 宁

音乐，婉转悠扬，饱含激情！如果没有音乐，世界就不会如此缤纷多彩。音乐不但能给人一种美的享受，还催人奋发。

在音乐王国里，我的心灵会得到净化，我的思想能得到启迪，我做事的态度也会得到改变。

我和音乐结缘是在11年前，那年，我才三岁。有一天和妈妈出去逛街，路过一家琴行，看到一位帅气的叔叔正在出色地演奏钢琴，他弹出来的一个个动听的音符如同小精灵似的钻进我的耳朵里，我瞬间就被吸引住了。趴在玻璃窗台上看了许久，妈妈好像看出了我的心思，问我想不想学钢琴？我立马点点头答应："要是我能像那位叔叔一样，该多好啊！"于是我带着对钢琴的憧憬，开始了我的学琴之路，同时也开始了我在音乐中的成长之路。

在我的不懈努力下，我过关斩将，六年级时就通过了英国皇家学院钢琴八级演奏。但上初中后，学业开始变得繁重，我练琴的时间也越来越少。在一段时间里，钢琴好像成了我的噩梦，我开始畏惧上钢琴课，开始畏惧比赛。

钢琴老师很快发现了我的异常，一天课后，他留下我问了一个问题，问我是否真正热爱钢琴？我沉默着，思考了许久。想到钢琴伴我走了2000多个日日夜夜，难道说放弃就放弃？我还没有实现我小时候的诺言呢。我回答："是的。""那就振作起来！再创你的辉煌啊！"从此，我开始改变，每天都抽时间出来练琴，并且每天都背诵那些十分难缠的音乐术语，包含意大利文和德文。终于，我重新回到了赛场，此时的我信心满满，美妙绝伦的音乐从我的指尖活泼地流淌出来。我不负众望拿到了金奖，但更为开心的是，我战胜了自我，坚持了下来！

音乐之路从来不是一条好走的路，里面有千千万万的痛苦与困难，但是只要不畏跌倒，勇敢地去面对他们，我相信，在将来我一定会成功！生活也何尝不是如此呢？"世上无难事，只要肯攀登"，当我们遇到困难时，不要半途而废，积极地寻找解决问题的方法，勇敢地去解决他们，勇敢地向着成功去迈进！

后记

出于对钢琴的那一份热爱，每当我想放弃的时候，都会逼自己再努力一把。钢琴教会了我永不放弃，带给了我许多成长的道理。当我在学习和生活中遇到挫折时，就会想起我在对待钢琴时的态度，逼自己一把，让自己去面对困难、克服困难、战胜困难！

父母感悟

孩子，其实你真的是一个很有毅力的孩子。有时候碰到了困难或是挫折，我从来没有看见过你放弃，好像似乎没有什么问题，能够难倒你一样。这一点我很高兴，也很欣慰，钢琴告诉了你这个道理。我希望你能一直坚持这个习惯，勇敢地去克服困难、拼搏向上，去创造属于你自己的未来！（爸爸：林钟欢）

教师赏评

文艺汇演时，你演奏的优美乐曲和弹奏时的优雅身姿都让人眼前一亮。钢琴不仅带给你艺术的熏陶，更磨砺了你坚定的意志。在音乐中，你振奋“起舞”。祝贺你，不仅收获了专业的成长，还懂得了坚持的力量。相信在一件件平凡小事中不断坚持的你，会越走越远！（指导教师：何 璇）

学会做事（在生活中你是否遇到过类似的事，与作者感觉有什么不同？写下来。）

在艺术熏陶下茁壮成长

横琴粤澳深度合作区华发容闳学校 401 班　王雅薇

艺术对于我而言有着一种独特的魅力。

我从 4 岁就开始接触关于艺术的书籍和课程，并深深爱上了它。从史前艺术到文艺复兴，从巴洛克到印象派无不在述说着艺术的时代更迭。我了解到在人类的文明发展史上，艺术扮演着重要的角色。

在学到关于文物的课程时，我了解到一件文物——汝窑天蓝釉刻花鹅颈瓶。它是全世界目前发现的唯一的汝窑天蓝色的鹅颈瓶。它表面施满天蓝釉，釉层匀净莹润，开片疏密有致，敞口细颈，鼓腹圈足，颈部和腹部雕刻着折枝莲花纹。我被这精湛的技艺所震撼了，怪不得汝窑是中国陶瓷史上的巅峰之作。

汝窑天蓝釉刻花鹅颈瓶是河南博物院九大镇馆宝之一，它的稀有注定着它的不平凡。

窑炉里的火苗从北宋时期跳动到元明清的蓝清瓷。因为悠久，所以纯青！青，是世界万物最初的颜色，它珍藏在历史的滚轮当中，寓意宁静的未来。

在古人最初的认知里，青是比天空还要蓝的一种浅蓝色。青，也是大自然生机勃勃本身的颜色，是艺术天空中的一抹蓝。正如克鲁伊夫说道：白云偶尔会遮住蓝天，但蓝天永远在白云之上。当万物苏醒时你终将明白，真的是那一丝丝清凉，让我真切地体会到生活宁静的美好，让我感受到艺术之伟大。

还有另外一件文物——阳陵虎符深深吸引了我。它曾是国家权力的象征，其身上描绘了文字艺术之美。我仿佛穿越时空看到匠人一笔一画地把那些横平竖直刻在了虎符身上。因为刻骨所以铭心。原来在它的身上，对历史有着一种深深的责任和使命。

我对艺术从初始到领悟，不仅了解了泱泱华夏几千年历史，更感受到丰厚博大文化的滋养。在艺术的熏陶下，让我明白了人静则安，事静则顺，心静则身。

后记

不要让自己处于浮躁当中，让我们洞见更深刻的内涵。艺术是中华民族执着与顽强的图腾，它给我带来最悠久、最深刻、最强大的力量，指引着我健康茁壮地成长。

父母感言

宝贝如果把你比作一棵树，那么健康、稳定的心理状态就是你的根。希望你在艺术的熏陶下，在浮躁的社会里褒有一颗宁静的心，在平凡的日子里快乐成长！（妈妈：马韵琪）

教师赏评

你的文章一如艺术，娓娓道来你从艺术中得来的收获与感悟。丹青妙笔，字字珠玉，透过事物表面去了解它真正的内涵，与历史对话，与情感交流，是一件件艺术品独到的魅力所在，也是你文章的独到之处。中华民族五千多年的博大精深、源远流长的历史，可以给你这样底气十足的文化自信。期待你乘着艺术的翅膀翱翔天际，一展鹏图。（指导教师：李红艳）

学会做事（在生活中你是否遇到过类似的事，与作者感觉有什么不同？写下来。）

学做陶艺的感悟

湖北省武汉市育才小学四年（13）班　吴思妍

七月的天，阳光炙烤着大地，蝉鸣声不绝于耳，我的心也跟着躁动起来。于是，我和爸爸来到铜官窑古镇游玩。

步入古镇，让人抑制不住一声惊叹！不必说垂柳画桥，风帘翠幕的诗情画意，也不必说溪水潺潺，青山环抱的绿意盎然，光是漫步在复古街头，一砖一瓦，无不渗透出古朴和宁静的气息。

风轻轻吹拂路旁榕树的叶子，叶子沙沙作响。一条小路的拐角处，有一位老伯正坐在陶艺作坊门前。他体形消瘦，穿着一件洗得有些发白的蓝灰色上衣，古铜色的脸上刻满岁月的痕迹，突显的青筋盘龙般缠在其手臂上，神情专注地正在制陶。他的动作如行云流水，一点、一捏、一拉，精致的素胎便呈现在我们眼前。我一边惊叹这精湛的技艺，一边兴致高涨。

“我也要学陶艺！”说干就干！我挽起袖子，捧起陶土，心中暗暗想着：终于轮到我大显身手了。这时，风似乎也屏住呼吸，静静等待着我的佳作。陶泥放上转盘，机器就转动起来，谁知，刚开始没一会儿，只听“啪嗒”一声，泥土掉在地上。爸爸在一旁笑道：“开局不利啊！”我心中不服气，嘟着嘴说：“刚才是我手滑，没拿稳。”

摔泥，拉坯，再打开转盘，双手护住泥团，开始塑形。似乎这次顺利许多，游刃有余，内心雀跃之时，那泥团再次左转右转，如脱缰的野马，不听使唤。我迅速将两拇指下压，却重心偏移，陶土愈发摇摇欲坠。我焦急万分，后背发热，额头沁满密密的汗，手也开始不听使唤，陶土最终塌在转盘上，摔碎了我对制陶的美好幻想。远处的蝉肆意地叫着，我的心不觉烦躁起来。

“孩子，你太急躁。”老伯用深邃的双眸注视着我，眼里流露出不属于这夏日的宁静。他告诉我，陶瓷是时间的艺术，一件成品的完成需要72道工序，每一道工序、每一步的精雕细琢都要沉心静气，稍有浮躁，难出佳品。

“静”才能制出佳品？嗯，是这个道理！我深呼一口气，剔除心中的浮躁，再次坐下来尝试，风又轻轻吹起，轻轻晃动屋外的树叶，天似乎也没那么燥热了。我聚精会神，双手反复拍打陶泥，直到形成一个球，然后对准案板中心，将陶泥用力一摔，再将四周仔细压实。拨动按钮，陶轮快速旋转，拉高、压平，反复多次，待陶泥完全牢固后，用手指垂直插入陶泥中，再沿水平方向徐徐向外拨开，形成一个开口。泥坯随着陶轮的转动，漾起一层层纹路，如湖面的涟漪。我时而两手扣住陶泥，轻轻挤压，向上拉升，一个小巧的花瓶造型出现；时而一手扶住陶泥，一手向外顶着瓶壁，陶泥渐渐挺起肚子，一只茶杯就初具雏形了。

手指舞动间，我静心感受陶泥细腻的质感，直到最后陶坯形成落底。老伯细细审视，他微微扬起的嘴角和眼里闪烁着的光，深深刻进了我的心里，给了我很大鼓励。

从老伯的讲解中，我了解到制陶的整个过程。从设计到揉泥，从拉坯到烧坯，这个过程要经过漫长的静心等待。制陶如做人，学会与时间融合，才能成就佳作。

看着摆放在桌上的素胎，老伯的话在我耳边反复回响，这是一份绝妙的人生智慧。陶瓷是时间的艺术，人生也是时间的艺术，不急不躁，宁静致远。

后记

做陶艺看起来容易，但做起来难。这次的学做陶艺经历，锻炼了我的耐心和毅力，也明白了，只有“静”才能制成好的作品，收获颇多！

父母感言

揉泥、拉坯、烧坯……一道道工序下来，孩子从一开始的急躁到平静，没有半途而废，而是沉下来完成了整个制陶的过程。我们做父母的看在眼里，记在心里。孩子的耐心出乎我们的意料。陶艺，见证了孩子静心成长的过程。（妈妈：熊 璐）

教师赏评

文章通过描写制陶的过程，展现了作者的细腻观察和深入思考。作者通过自己的亲身经历，生动地描绘了制陶的艰辛和耐心，并从中领悟到了人生的智慧。语言流畅，描写细腻，情感真挚，给人留下了深刻的印象。（指导教师：杨晓枫）

学会做事（在生活中你是否遇到过类似的事，与作者感觉有什么不同？写下来。）

我与油画

广东省深圳市罗湖外语实验学校初二（3）班 毛恩和

一日，我随手翻阅《绿野仙踪》，便被这个美丽又奇特的故事深深吸引了。故事里，陪同多萝茜寻找回家之路的一众人物在坎坷中突破自己，收获了智慧、爱心和勇敢。最后多萝茜发现自己银色的鞋子居然有魔法，只要往前走三步就能到达自己想要去的地方，回家原来这么简单。

我合上书，心里却一直咂摸着故事结局，突发奇想，不如画一幅绿野仙踪数字油画来纪念此刻的思考。

几日后，便收到了从网上购买的油画材料。在打开数字油画包装之前满心欢喜，撕开包装，那密密麻麻的数字区块，让我因兴奋提起的那一口气，瞬间重重地跌落下去——如此复杂，看来这是要好好打磨我的急性子呀。

我悻悻地端坐在固定好的画框前，急忙操起画笔，专挑最大块区域开始填色，成就感噌噌直冒。然后到了狭小区域，大大咧咧的一笔下去，瞬间成灾难现场。慌忙补救之时，心里的不耐烦也开始滋长。

我深呼吸，手腕悬起，小心地控制着笔尖，线条细腻多了，备受鼓舞，一心想着快一些画好。画着画着，一直到手开始发抖依然不肯停下，心里还暗暗为自己的“毅力”自豪。一顿操作后仔细端详，手抖后的线条几乎都如蚯蚓一般，又得花更多时间补救，心里气急了。转而看着那些画得分外细腻的区域，我似乎又回到那一刻心无杂念的沉静，这是我追寻的答案吗？

一个月后我完成了绘画，收获的不止是一幅精美的油画作品，更有性格的磨炼。在因急躁出错而反复花更多时间去补救之后，我终于学会用心地去享受绘画。我也终于明白，耐心细致并不断坚持才是做好事情最简单的办法。

后记

学习中总是被老师和父母反复劝导要细致一些，我也深深知道应该做出改变，但是效果实在不明显。我一度以性格是天生的来安慰自己，但是生活中的一次经历，却让我在绘画中反复观察、感受、调整，并在实践中得到了许多思考，也在无形中磨炼了我的急性子。用心去感受，用心去行动。

父母感言

要做到耐心又细致，就要从内心里对这件事情有趣味感，从而能够再三思考，反复琢磨，不断完善，这本身就是一种美好的能力，更是旺盛生命力的体现。希望你一直保持这种生命力，去更多地感受生活，享受思考的乐趣，并细致、认真、用心对待生活。（爸爸：毛 浩）

教师赏评

游泳池里，你是劈波斩浪的大赛冠军；油画纸上，你是细心勾勒的有心画手。你始终对自己热爱的事情有着一份执着、坚定和认真。为你而骄傲，为你而自豪！文章选材于平凡生活，详略得当，重点突出。文章中关于绘画的细节刻画细致、描写生动，读完如酒后余香，让人不绝于口。（指导教师：何 璇）

学会做事（在生活中你是否遇到过类似的事，与作者感觉有什么不同？写下来。）

书法给我带来的快乐

广东省珠海市紫荆中学桃园校区初一（2）班　黄楚淇

展纸挥毫，笔走蛟龙，直笔如剑，曲笔似藤。古人云“字如其人”，字和语言一样，反映了一个人的性格和涵养。

刚升初一，看着眼前琳琅满目的社团，从小就对书法感兴趣的我一眼相中了“软笔书法社团”。

买好了各种材料，期待着上课。

但由于各种原因迟迟上不了课，急性子的我决定在家自学。

我在书桌上铺开一张宣纸，研好一碟新墨，带着一份立志要做一名小小书法家的激情，走进了这翰墨书香的书法世界。

首先，我选择了练习“横”画。

毛笔饱蘸浓墨，悬腕握笔，学着网上的教学视频练习，起初，我的手虽然有几分笨拙，但是我认真专注。

逆锋起笔，中锋运笔，稍抬笔锋，收笔。我紧皱眉头，抿起嘴唇，身体的每个细胞都紧张地运作着。

写了几遍后，我看着自己的作品简直惨不忍睹。

起笔手颤颤抖抖，运笔歪歪扭扭，写出来的笔画坑坑洼洼，收笔时发散的笔墨更是丑化无比。

我写的第一笔就这样丑，心理无疑受到了很大的打击。

我百思不得其解：为什么会这样呢？我的硬笔可是常常被人夸呀。不行！

还要继续练！这短短的一笔怎能将我打倒呢？不就是一个“横”吗？我务必要将它写好！

于是，我重整旗鼓，心里不断为自己鼓劲。我打开教程，看完一遍又一遍，写完一笔又一笔，第二笔、第三笔、第十笔……第二十笔，颤抖的手已快抽筋，仍没有明显的改进。我的心逐渐浮躁，虽然在努力让自己平静下来，可一次又一次的失败，不停地打击着我。

不就是一横吗？我真的有必要写到无止境吗？我彻底放弃了，心中不停地敲打着退堂鼓。

晚上，我静静地坐在书案前，窗外的清风拂起我的发梢也吹乱了我的思绪，眼中倔强的泪水不停地在打转，我沉浸在失败的苦涩中。

“怎么啦宝贝？”这时，妈妈进来了，她看着桌上写满了歪七扭八的“横”的宣纸，看着我的神情，瞬间明白了一。她轻抚着我的头温柔地说：“宝贝，每一次失败都将化成勋章，只要不曾放弃，终有一次时间会补偿遗憾，失败的勋章将化为成功的金牌，这是最好的礼物。”

这一段话令我顿然醒悟。“是啊，我不应被失败打击，而应在失败中成长。”妈妈欣慰地笑了笑。我摆正心态，带着永不放弃的精神意志，重新开始。这一次，我不再盲目练习，而是反复观察前面的字，并总结了写不好的原因，带着经验，我再次饱蘸浓墨，轻轻地在砚台上撇去余墨，笔尖在涩黯的纸面上行云流水地带过，如细雨般轻柔。果不其然，总结经验后，只一次就写出了近乎完美的“横”，我开心极了，只因这是我努力过后得到的“金牌”。

就这样，我反复练习，不断地修正总结，终于可以信手拈来，不用过多的准备就能写出标准的“横”。一个小时过去，看着三四张写满了“横”的宣纸，从刚开始的干瘪歪扭到最后的矫若惊龙，笔力劲挺，令我充满了成就感。可能有人会问：“不就一横吗？写好了有必要这么高兴吗？”我会说：“就这一横，它承载了我的坚持认真以及失败后从头再来的勇气。”

此后，面对挫折，心底常有墨香来，我常想起学习书法时的经历。挫折是人生的常态，遭遇挫折不应一味放大痛苦，让其充满心灵，应学会调试心态，坦然面对，正视问题，总结经验，再起新程。

后记

满襟墨香随风入鼻，我再次拿起毛笔写“横”，逆风起笔，说明人的一生，注定要乘风破浪，逆风而行；中锋运笔，踏踏实实，不可焦躁；最后按住笔锋，转动笔尖，稳稳收笔。这一刻，专心、细心、耐心和毅力等优秀品质油然而生。

父母感言

孩子学习书法的过程重要的转折点来自母亲给予的激励，才让你重整旗鼓，懂得了“失败是人生的常态”的道理，人只有在挫折中不断成长，在挫折中不断历练和成熟，才能否极泰来。（妈妈：谢慧君）

教师赏评

文章从自己练习书法不言弃的经历，升华到人生遭遇挫折也要永不言败的人生态度。由于作者对书法的经历有深刻体验，所以文章情感充沛，细腻的动作、心理、神态描写将人物形象刻画得很丰满，让人仿佛看到了一个在书桌前一遍又一遍倔强又认真练习书法的小女孩。文章结构完整，思路清晰，富有文采，结尾升华主题。（指导教师：万　茜）

学会做事（在生活中你是否遇到过类似的事，与作者感觉有什么不同？写下来。）____

____

____

____

艺术促进个人能力的提升

艺术和语言都是人类表达思想、情感的方式。

生物学家诺曼·温伯格在1994年做过一项研究，关于音乐教育对儿童语言影响的研究。研究对象是7～15岁的儿童，他给这些孩子增加了音乐学习的时间，减少语文和数学的学习时间。结果发现：音乐学习的增加提高了这些孩子的语言和朗读的能力。

由此可见，音乐活动能促进儿童语言的发展。利用音乐中的基本要素，如音高、强弱、速度、音色等方面进行练习，有助于孩子语言的表达，因为这些要素也是讲话中经常用到的要素。在幼儿园歌唱教学活动中，教师用节奏朗诵的方式帮助孩子学习记忆歌词，就是语言与音乐很好结合的学习形式。

通过变换不同的节奏让孩子重复朗诵，在这个过程中，教师适当提示孩子的发音，让孩子做到正确吐字、咬字。逐渐地，孩子就会养成口齿清晰表达的习惯。唱歌和说话使用同一个发声器官，只是一个是“说”，一个是“唱”，所以幼儿园歌唱教学活动非常有助于促进孩子语言能力的提高。

【案例】

创编：小动物胸贴表演

（胸贴）小羊：我爱我的小羊，小羊怎样叫？咩咩咩，咩咩咩，咩咩咩咩咩。

（胸贴）小狗：我爱我的小狗，小狗怎样叫？汪汪汪，汪汪汪，汪汪汪汪汪。

（胸贴）青蛙：我爱我的青蛙，青蛙怎样叫？呱呱呱，呱呱呱，呱呱呱呱呱。

（胸贴）小牛：我爱我的小牛，小牛怎样叫？哞哞哞，哞哞哞，哞哞哞哞哞

我们可以在孩子理解歌曲结构的基础上，开展一些表演活动，也可以尝试创编歌词并能够用动作、叫声对仿编的歌词进行大胆表现。通过这样的自主创编活动，体验创编歌曲的乐趣。

又如儿歌《我爱我的小动物》是一首非常具有童趣，生动形象的幼儿歌曲。在这首儿歌的教学环节设计中，教师为了让音乐活动更具趣味性，可以通过打出不同的节奏来引起孩子兴趣，进而帮助孩子记忆歌词。

第一步：边打节拍边朗诵歌词。

4/4 × × × ×

第二步：边打节奏边朗诵歌词。

×× ×× × × | ×× ×× × — |

×× × ×× × | ×× ×× × — |

第三步：创编节奏来朗诵歌词。

×× ×× ×× ×× | ×× ×× ×× ×× |

×× ×× ×× ×× | ×× ×× × — |

【共同分析】

通过这种生动、逼真、有趣的游戏，让孩子多唱儿歌，既能让孩子体验到童趣，同时也能帮助孩子进行口语表达，因为幼儿歌唱和幼儿语言是分不开的。在这个过程中，教师通过让孩子反复朗诵歌词来规范孩子的发音，帮助孩子正确地吐字。不断变化的节奏也让活动变得有趣，孩子在愉快的心境下就会积极配合老师，进而纠正错误的发音。

拓展阅读

漫步在音乐中成长

广东省深圳市罗湖外语实验学校初三（2）班　赖嘉雯

静下心来，慢慢走在洒满阳光的大道上，抬头，仰望天空，低头，你会看到别样的青春风景。

在音乐中成长，会有意想不到的收获！动听的琴声，令人回味的余韵，在我那幼小的心灵里播下了种子——我要学古筝。春夏秋冬，寒来暑往，我坐在古筝凳上，日复一日，年复一年。在音乐中成长，缓缓翻过名为困难的那座山。

繁华落尽，许多事物已经被冲淡，唯有记忆中的古筝，一直在我身后，无声而又默默地陪伴我成长，无声地支持我、鼓励我，古筝，就如同我的挚友，伴随着我在音乐中成长。

又要参加古筝比赛了，可我还没有练熟，不禁担心起来，望向古筝架上的《考级曲目》，我下定决心，一定要练熟！古筝老师亲切地为我指导，我的手指在琴弦上轻轻拨动，在那个阳光洒满琴房的午后，我离梦想更近了一步。

我终于看到了成功的风景。比赛的日子到了，回想起练琴的点点滴滴，我胸有成竹。抬手、拨弦、音起，我的手指在琴弦上摸索着，生怕自己弹错音。只见评委们都皱着眉，直摇头。我不断地冒着冷汗，对自己很失望，眼泪似乎都要留下来了。不行，不能对不起自己的付出！我赶快调整了节奏，深呼吸，渐渐的，我开始放松下来，手指在琴弦上轻快地拨动，整个身板跟着旋律摇晃起来，琴声也渐渐如流水潺潺般，带动着我。

从低音滑到高音，绽开一路玫瑰色的风景；又从高音转到低音，就像路旁娇嫩的小花。琴声波澜起伏，有时犹如滔滔江水般气势磅礴，有时宛如涓涓细流般动情温柔。

我用余光望向评委，只见他们眯起眼，嘴角上扬，不断地点头肯定。我更加投入，此刻我就像是作曲家，欣赏着优美的音乐，又像是乐曲中的主人公，畅游在音乐的世界。

再抬手，曲停。我会心地笑了，曾经的汗水与泪水都在此刻化为身边的微风，飘去远方。琴声悠悠，古琴切切，在婉转动人的音乐中成长，成为更好的自己。

琴之一道，寻的是天地间浩然之气，与琴一同笑看红尘。人生的路，只有经历过才懂得：生活并不是一帆风顺的，总有坎坷，总有险阻。而成长就是笑着流泪，忍着痛苦，然后百炼成钢。我于青春岁月的时光长河里，在音乐中成长，变成更好的自己，同古筝一起去看花开花落，岁月山河。

翻越高山，跨越屏障，我的青春风景有小路、有高山，还有旖旎美丽的风光。有梦想，才有迷惘；有迷惘，才有后来的成功。

在音乐中成长，蜕变成蝶，飞向远方……

后记

在这悠悠琴声中，我面对着些许困难，学会一首曲子时开心过，考级时慌张过，表演时也紧张过，遇到瓶颈时也颓废过，可我在那些困境中并没有选择放弃，而是选择坚持。在学琴路上，我有所成长，并有所启示：要敢于追梦，为梦想而不断努力，坦然地面对困难。

父母感言

孩子对于古筝的兴趣我们都看在眼里，她面对学古筝时遇到的问题并没有表现出放弃，让我们感到自豪欣慰，同时孩子也能安排好自己的功课与学业，让我们少操心。（妈妈：李炳秀）

教师赏评

文章语言优美，富有文采，点题自然，扣题较紧，层次清晰，条理分明；情感表达真挚，心思细腻，生动传神；描写详细，抓住了细节，富有画面感。（指导教师：聂 华）

学会做事（在生活中你是否遇到过类似的事，与作者感觉有什么不同？写下来。）____________________

在挥毫舞墨中铭记

北京市第十七中学初一（3）班　王宇轩

天空馈赠雨露给大地，唤醒了沉睡的万物；太阳馈赠光芒给黑夜，照亮了漂泊异乡的旅人；而你——书法馈赠勤勉之心给我，让我在勤习书法的过程中，领悟责任不仅是一种艺术追求，更是一种文化担当和精神传承。

时间的齿轮缓缓转动，爷爷第一次教我写书法的情景如潮水般向我涌来。阳光从窗户洒进书房，年少的我被爷爷桌上的笔、墨、纸、砚所吸引，我满心期待地问："爷爷，我也想写一手好字，可以教我书法吗？"爷爷拍着我小脑瓜儿笑着对我说："好呀！书法可是咱们中华文化的瑰宝，承载着千年的历史和智慧，学书法不仅能让你写一手漂亮的字，也能让你传承我们的传统文化呢！""哇！好神圣的使命啊！"接着，他握起我的手在宣纸上写了一个"勤"字，边写边说："小轩，这是勤勉的'勤'，学习书法最重要的就是勤奋，要记住。"爷爷又把那幅字挂在了墙上，嘴里说着："咱们共勉。"

从那以后，我就开启了我的书法追梦之旅。

练习了一年后，爷爷鼓励我参加了一场比赛，我却不幸落选了。

我失落地回到了家，惨淡的月光映在我的脸上，纸素白，墨青黑，悲伤如潮水般从四面八方向我涌来，眼泪在宣纸上晕染开，形成一朵朵悲伤的小花。许久之后抬起头，我看到墙上的"勤"字，想起爷爷说学习书法的意义，我坚信只要勤奋练习一定能写好。我在纸上再次写下一个"勤"字，我慢慢醒悟了："学习书法的道路上肯定有坎坷，我要坚定自己的选择。"于是我不再沉溺在悲伤之中，而是继续带着"勤"前行。

日月交替，桌子上的纸张换了一摞又一摞，门前的柳树交错枯荣，我的字也变得规范且刚劲有力，写出来的楷书横平竖直，圆起尖收。在勤奋练习中，我慢慢了解了欧阳询、颜真卿等书法大家，临摹他们字体的同时，也知道了他们学习书法的故事。其中，欧阳询坐卧于石碑旁、观摩学习达三天三夜之久的故事更让我领悟到：书法成就的取得与个人的勤奋学习、不懈努力密不可分。这种对于书法艺术的执着追求正是中华民族勤奋不懈、持之以恒的精神。我不但要学会"转折""悬针""垂露"等书写技法，更应该传承书法中的精神。我慢慢有些懂得爷爷所说的"学习书法是在传承我们中华民族的文化"的含义了。

又是一年的"兰亭杯"书法比赛，我从容出现在比赛现场，笔尖轻触纸面，随着我的呼吸和心跳，缓缓移动。每一笔的起笔、转折和收笔都控制精准，力度的轻重、速度的快慢都恰到好处。笔尖在纸上跳跃，留下了流畅而有力的线条。这次，我荣获了第一名的佳绩。

“不积跬步，无以至千里；不积小流，无以成江海”。感恩书法馈赠给我的这颗勤勉之心，挥毫舞墨间，我懂得勤习书法不仅是在实现个人的艺术追求，还是在与中华优秀传统文化对话，更是在传承中华民族文化和精神。我会铭记这种责任与使命，继续勤勉追逐书法艺术之路。

后记

如今，我的书法水平不断提高，但要取得更好的成绩还有很长的路要走，因此我要继续坚持不懈地勤奋学习，用心感受美、表达美，身体力行地去传承我们中华民族这一文化瑰宝。

父母感言

小轩坚持学习书法有几年了，在这个过程中能看到孩子勤奋练习，虽然有挫折，但是最终都克服了。字越来越好看了，意志越来越坚强，责任感也强了。他不仅学会了书法技巧，感受到艺术美感，还领悟了中华博大精深的文化内核。（妈妈：王焕霞）

教师赏评

作者通过学习书法的经历，体会到勤奋的重要性。在勤奋学习中，深入地了解了书法技法，感受到书法艺术之美。同时了解了很多的书法家及其故事，更加深刻体会到只有坚持不懈、勤奋探索才能有所成就。更难能可贵的是，认识到责任的深刻内涵。对自己而言，责任是实现自己的艺术追求；对社会而言，责任是传承中华民族优秀文化的使命担当。文章突出了小作者的责任感。文章行文流畅，开头和结尾点明中心主旨，文中叙事具体，描写细致生动，中心突出，情感真挚。（指导教师：蒋新新）

学会做事（在生活中你是否遇到过类似的事，与作者感觉有什么不同？写下来。）

音乐促进我成长

重庆酉阳土家族苗族自治县民族小学五年（7）班　喻诗涵琦

午后的阳光变得更加剔透，我尽情享受着阳光的温暖。我倚在窗边，一串串美妙的旋律与和煦的阳光相互交织，萦绕耳畔。我微微闭眼，将自己置身于音乐的海洋里，不知从什么时候开始，它已经成了我生命中不可或缺的一部分。

在我很小的时候，妈妈总会给我轻唱摇篮曲。她那温柔的歌声使我安然入睡，也将音乐的细胞注入了我的血脉。

音乐让世界充满了好奇和幻想，不知不觉在我心中深深地播下好歌善舞的种子。从幼儿园开始，我就常和小伙伴们一起跟着音乐的律动，自编自演各种舞蹈，并且边扭边唱。

随着年龄的增长，我对音乐产生了浓厚的兴趣，总觉得音符就像一个个跳动的精灵，活泼可爱。

我喜欢音乐，音乐也助我健康成长。

进入小学后，父母发现了我对音乐的浓厚兴趣，便带我跟声乐老师系统学习音乐了。刚开始学唱歌的日子里，每次咿咿呀呀的练声枯燥又无味，伴随失望和沮丧，我甚至想过放弃。但老师的鼓励、父母的鞭策使我逐渐懂得：只有努力才能实现自己的梦想。

做一名音乐家是我的梦想，我一直深深地爱着音乐。一路走来，无论多么艰苦，我的音乐之路从来没有停止，它始终伴随着我。每天我都将自己最喜爱的歌曲唱了一遍又一遍，有时忘记吃饭也要练习一些曲子，有时不分白天黑夜，嗓子哑了，休息一会儿，继续再练……我永远铭记老师的教导：用心歌唱，用心感受，刻苦练习。

我的音乐梦，是用汗水和泪水凝成的。我永远相信：只要努力，目标终将达成！我常常参加各类歌咏比赛。通过比赛，我体会到了成功的喜悦，也从中知道了“付出就有收获”这个道理。在追寻音乐的路上，我常常被音乐迷醉。

童年的光阴烂漫而又短暂，非常幸运有音乐相伴，音乐那跳动的音符让我恣意地描绘心中五彩的梦。

音乐浸润我的童年，歌声陪伴我慢慢长大，我对音乐的感悟，将伴随我继续追寻美好的未来。

后记

未来，我会继续坚持音乐梦想，我相信再小的累积，都可以汇成最宝贵的经历，我要谱写一首属于自己的色彩斑斓的成长之歌！人生如歌，满载着希望与收获的喜悦，温馨而又甜蜜！用心去聆听，用心去感受，你会发现，生活多美好！世界多美丽！

父母感言

亲爱的孩子，你的音乐天赋悄然绽放，虽然还未芳香四溢，但已清新动人，我们希望你勇敢地张开双翼，继续坚持走自己的路，努力谱写一曲曲与众不同、色彩绚丽、跌宕起伏的歌！（妈妈：喻勇劲）

教师赏评

小作者以音乐促使我成长为主题，写出了自己的最爱，文章层层递进，传递出一个未来音乐家的梦，在童心与歌声的碰撞下，赋予小作者独特的人生经历。音乐是作者的人生追求也是作者未来的梦想，更是作者成功勋章和迈向成熟的印迹，斑斓了小作者纯真的童年。（指导教师：冉　艳）

学会做事（在生活中你是否遇到过类似的事，与作者感觉有什么不同？写下来。）

音乐使我更自信

广东省深圳市罗湖外语实验学校初三（2）班　林筠岚

音乐从声之形，贯彻入耳，洗涤我心；音乐是一个隐形的朋友，伴我左右，陪我度过稀稀碎碎的岁月。

生活本无趣，只因爱好与梦想，我前行便得以熠熠生辉。于是，在我人生中，一种有趣的光辉在此漫开。

音乐让我变得更自信。

小学时我曾胆小无比，不敢与他人来往，直到一天老师找到了我。我怀着忐忑不安的心情，迎着教学楼的入骨寒风，走进半掩的教师办公室，进门，便看到老师和蔼的笑脸。她对我说："你会乐器吧，正好班里有个活动，你去参加表演吧。"

我心中一紧，望着老师，想开口拒绝，但看见老师期待的笑颜，又怎么也张不了口，只好点头答应。

放学，我的内心像被人揪着一样，看见墙边放着的乐器，轻叹了口气安慰自己："哎，只是表演而已。"我缓缓将其拿起，夕阳正好，刺眼的光芒给琴身镀上一层金色，红色的微光透过纱窗，照在我正凝视的乐谱上。我动手轻轻弹奏，音乐响起，在小小卧室里徘徊，轻柔似水，仿佛是位无形的朋友，抚平我内心的不安。那有什么比音乐更能静心呢？我突然懂得，自信是多么重要。

紧张胆怯在我停奏的瞬间消逝不见了，周围只有音乐的回响与心中的勇气。

在音乐中成长，它带来信心，安慰我心。

音乐的魅力，不仅如此，我将自信的心携入校园，老师早已等候多时，领着我来到教室外。此时正是清晨，偶尔，可以听到几声清脆的蝉鸣从四面八方传来，还有几只鸟儿掠过天空。我激动地走进教室，同学们的目光随即在我身上聚焦，我毫无惧色，缓缓演奏，此刻，音乐在教室徘徊，它像一位仙子，绸缎所到之处皆是美好旋律，时而低沉，又高昂起来；时而柔和，又热情起来，音乐是一幅美丽的风景画，以声之形，贯彻入耳，洗涤人心。

大家凝神静听，歌曲的旋律变成一道霞光，欢快的音符变成一只只小鸟，栖息在我心巢之中。我成功了，我将曲子成功地演奏出来，听到大家热烈的掌声，我无比激动。

在音乐中成长，在旋律中有所感悟。是音乐，在我胆怯之时，给我重拾信心的希望。它更像一位好友，一位知己，在成长漫漫长路之上，伴我左右。

时光漫长，岁月如歌，在音乐中成长。

后记

许久之后，我仍记得那时的情景，音乐给我带来全新的成就，我将会踏着梦想，继续在成长路上前进。

父母感言

看到孩子的音乐梦，和自己艰辛并持之以恒的努力，我们非常欣慰，是的，孩子！做任何事情都要有毅力，有担当，保持乐观积极的心态，在小事中不断发现美好，你就一定能成功！（妈妈：左咏梅）

教师赏评

本文行文流畅，语言朴实，感情自然流露，取材新颖，构思奇妙，语言生动活泼。小作者叙述了自己从胆怯到勇敢面对挑战的经历，字里行间都透露出音乐带给自己的信心和勇气，努力吧，小小音乐家！（指导教师：聂 华）

学会做事（在生活中你是否遇到过类似的事，与作者感觉有什么不同？写下来。）______________________________

____

____

跳街舞提升了我的专注力

广东省珠海市启明小学五年（1）班　孙仲媄

足尖轻点于音符，身姿荡漾于旋律。

回想起2019年的少儿街舞比赛，我还是无比开心、激动，因为那是一段我通过艰辛的泪水和努力的付出而得到的冠军奖杯。我之所以能一路坚持下来，是因为我热爱它。

那是初春，正值万物复苏、生机勃勃。

一天晚上，母亲带我去超市购物，当我看到那些跳舞的大哥哥们，前进的脚步突然停了下来，“妈妈！快看！”我连忙告诉妈妈，手指也指向了那个地方，紧接着，我拉着妈妈的手跑过去看到那些跳舞的大哥哥们是越跳越欢喜，连忙叫妈妈帮我报名，就这样，我的跳舞道路开始了。

来到舞蹈室，有好多的小朋友们啊！接着，教舞蹈的曾老师就带领着我们热身，并告诉我们要记住跳舞前一定要热身。然后，曾老师教了我们第一个动作“A 步”，一开始，我的身子僵硬地扭动着，手和脚怎么也不听使唤，在老师的指导下，我很快就能进入状态，动作做得也慢慢符合标准。老师表扬并激励了我。哇，我激动得一蹦三尺高。我暗下决心，一定要坚持下去。

课后，我开始要练动作了，可就在这个关键时期，我迎来了瓶颈期，不管老师怎么教，我怎么努力都学不会，心情非常沮丧，心想我是不是不适合跳舞？会不会让妈妈和老师特别失望？开始产生了自我怀疑。这时，妈妈看出了我的顾虑，每次练习都在我身边鼓励我，为我加油打气，使我重拾信心坚持了下来。

每天在垫子上反复练习，终于，功夫不负有心人，我学会了一些高难度的动作。

每当响起街舞音乐时，我都会情不自禁地跳起来。无聊的时候跳几下，看电视的时候跳几下，吃饭的时候也会跳几下。

因为对舞蹈的热爱，我坚持了下来，所以，我现在站在舞台上都能镇定自若、游刃有余地表演，并以优异的成绩获得了冠军。

后记

舞蹈，让我释放了内心的烦恼，让我体会到了人生的精彩！舞蹈，让我锻炼了身体，提高了免疫力！舞蹈，让我明白无论做什么事都要学会坚持！舞蹈，让我得到了真正的快乐，也让我内心充满了自信和阳光。如果你也选择了舞蹈，那就请深爱！

父母感言

孩子在学习舞蹈的过程中，一点一滴地在进步，付出的是汗水，收获了更多的优良品质，也希望他在学习舞蹈和知识的道路上，不怕辛苦，迎难而上，勇往直前！（妈妈：王晗）

教师赏评

“天生我材必有用”。你是个很有智慧和阳光自信的男孩，苏老师向来认为你有很大的发展潜力，你的成绩也是名列前茅，希望你能成为更优秀的全能人才。（指导教师：苏红艳）

学会做事（在生活中你是否遇到过类似的事，与作者感觉有什么不同？写下来。）

艺术增强生活幸福感

幸福感是人们内心欲望得到满足时的状态，即一种持续时间较长，对生活感到满足，能感受到生活中的乐趣并自然而然地希望持续久远的愉快心情。

幸福感也是一种心理体验，它既是对生活的客观条件和所处状态的一种判断，又是对于生活的主观意义和满足程度的一种价值判断。它是在生活满意度基础上产生的一种积极的心理体验。

用艺术传递人与人之间的关心、关爱，用艺术的方式传达发自内心的爱，艺术把人紧密地凝聚在一起，不管在家庭生活或工作中遇到什么困难，艺术给予的这种幸福感会让你乐观面对，并维系家庭生活走向幸福的纽带。

艺术是一种沟通的方式，能够拉近人与人之间的距离。家庭成员可以选择一种共同喜爱的艺术形式，如音乐、绘画、手工艺等，一起参与其中。比如，可以定期安排家庭音乐会，每个成员都可以选取自己喜欢的乐器，一起演奏出美妙的乐章。或者可以组织绘画比赛，大家一起动手创作，展示各自的才华和创意。家庭成员可以互相分享自己的艺术作品，无论是音乐、舞蹈、绘画还是写作，如我们可以组织一个家庭展览，将每个人的作品整理出来，摆放在家中的一个角落，展示每个人的才华与努力。在展览时，家人们可以互相赞美和鼓励，这样不仅能增强家庭成员之间的情感联系，还能激发孩子们的创造力和自信心。

【案例】

音乐是李林人生中最幸福的陪伴，因为音乐让他们全家充满了幸福。

有一天，因为某件事李林和妈妈大吵了一架，还没有完全从激动、愤怒的情绪走出来的李林索性把耳机戴上听起了歌曲，不管妈妈还生不生气。当他听到歌曲“听妈妈的话，别让她受伤”时，让他想起了小时候的一幕幕：小时候，妈妈教他写字；生病了，妈妈背着他去医院；下雨了，妈妈把雨衣给他穿上，她自己淋得跟“落汤鸡”似的。

李林眼泪情不自禁流下来：“妈妈对我这样，我却跟她吵架。”李林心里特别不是滋味和难过，跑出房间，走到妈妈的面前，看着妈妈说了句：“妈妈，我爱你。”

爸爸看到此情此景特别感动，就把这首歌曲放出声来，全家人幸福地沉浸在这首歌里。音乐消除了李林母子之间的误解，增进了母子之间的感情，是音乐让李林一家感受到幸福的滋味。

【共同分析】

幸福感作为人类的一种情感，是基于满足感和安全感所产生的情绪。幸福感高的人往往情商高，更有自信，会对艺术情有独钟，或许聆听一首肖邦夜曲就能给他们带来莫大的满足。案例中的李林就是通过听一首歌曲，改变了他对妈妈的态度。

拓展阅读

我学写“福”字

北京市金融街润泽学校小学四年（3）班　郑羽彤

每逢春节，家家户户的门口都贴着“福”字，这是中华儿女对传统文化的继承和发扬。

我喜欢“福”字，更喜欢“福”字的内涵。四年前我就开始临摹写“福”字并送给身边的亲人，而今年，我更加深刻地体会到了“福”的精髓。

深究起来，“福”可不是普通的一个字，它几乎包括了一切美好，既是丰衣足食、富贵兴旺，又是健康平安、和谐美满的概括，还有国泰民安、天下太平之深意。

平时，人们总是习惯把这些美好期望揣在心里，等到新年，便把心中的祈愿化为一个“福”字，端端正正、浓笔重墨写在大红纸上，贴在门口和屋里、屋外最显眼的地方。

人们为了更充分地体验这种向往和祝愿，有时将“福”字倒过来贴，表示“幸福已到”“福气已到”。

“福”字这么重要，我当然要把它写好了。

今年的春节就要到了，我开始张罗着给家里写对联和“福”字，刚开始写的时候我大笔一挥，在红纸上画来画去，自我感觉非常潇洒，一口气写了30多张。但是，细细看起来又觉得少了点什么，笔顺流露的气息也不连贯。

我静下心来，认真琢磨，开始一遍一遍地练习。最终发现“福”字的每一笔都牵连着整个字的比例关系。

于是，我重新写“福”字，落笔前，眼睛要在空白纸上看到整个字的大概结构。笔画转换时气息必须要连通，运笔的一提一按间，都要填满美好的祝福。

我越写越兴奋，不知不觉，已经写了一百多张啦！

我看着这些圆润饱满的“福”字，心里开心极了！虽然我站立的脚已经生麻生麻的了，看着满地的福字，一点都不觉得累。

今天，写“福”让我真正体会到自己努力的快乐！

写“福”字看似简单其实并不容易。

提笔写来，不仅要连贯着气息衡量着比例，还要满含着对美好向往的心情，最重要的是把所有祝福都要落在笔尖上，这样，才能写出喜庆的祝“福”。

今年春节的“福”字在我笔下，在我眼里，在我心中，流传到亲朋好友！我通过写“福”字，真正体会到中华传统文化的博大精深。

我心里暗下决心：一定要继续学习，写出更好、更多的“福”字，让中华民族渊博的传统文化，不仅感动中国，还要影响世界！

后记

每当我接触书法时，一笔一画地写着字，看着满满一整页，我的心总会有一种成就感，陶冶在无穷无尽的书香气中，慢慢地我养成了练习书法的好习惯，我深深地相信，只要坚持下去，一定会收获满满的。

父母感言

在书法的陶冶下，希望你能更好地陶冶自己的情操，锻炼自己坚强的意志，养成好习惯，做最充实的自己，童年生活过得更加精彩。（妈妈：周 蔷）

教师赏评

小作者通过学习写“福”字，绘声绘色地描述出自己对美好生活的憧憬，文章短小精悍，内容丰富，对生活美景的描绘极为生动，而且，情感丰富而真实，使读者读来津津有味。结尾以传承中华文化来点明中心，含蓄隽永，值得细品。（指导教师：刘迎春）

学会做事（在生活中你是否遇到过类似的事，与作者感觉有什么不同？写下来。）

贴春联

广东省深圳市罗湖外语实验学校初二（1）班　朱熙德

日历如蝴蝶般逐渐飞走，转眼就到了新年。

为了迎接新的一年，我们有许许多多的事情要做，而令我印象最深刻的事情就是贴春联了。

贴春联可是一门很有学问的技术活呢。

表面看上去可能就是把旧的撕下来然后贴新的上去而已，但是实际上去除旧的对联必须很仔细，而贴新的对联的时候还要考虑采用什么样的胶，如何才能将它贴牢固，处处皆有学问呢。

一开始，我先将旧对联撕下来。可撕下来之后发现上面有很多残留的胶纸弄不下来，不过很快我想到一个好办法：先用水把这些胶弄湿，方便撕下来，然后再用刮刀刮，这样上面就不会留印子了。

清除完旧对联，我立马就将新的对联拿出来准备贴上。这时，旁边玩耍的妹妹看到我在贴春联，好奇地跑过来问我：“哥哥，这个对联是怎么区分上下联的啊？”我想起老师在上课时曾经提到过，于是回答道：“可以利用平仄的方法来区分，看对联的最后一个字，上联的最后一个是三声和四声的话，那就是仄声。下联的最后一个字是一声和二声的话，那就是平声。”“而且，贴的时候还要将上联贴到右边，因为古时候的人啊，字是从右往左写的。”

不一会儿，我用胶带贴的春联便“大功告成”了。正当我欣赏着自己的杰作暗暗自喜时，忽然一阵大风吹来，这没贴紧的春联便摇摇欲坠，最终掉落了下来。看着掉下来的春联，我陷入了沉思，为什么它会掉下来呢？难道是胶带没贴好？还是说用的胶不对？就在这时拿着胶水正在做手工的妹妹让我想到了答案。看见胶水我便想起了古人贴春联用的道具——米浆。于是我亲自动手，抓了一把米放在锅里，加上一大瓢清水熬煮，待熬成米浆，我用一块抹布沾了米浆，均匀地抹在春联背面，然后再贴到墙上去，最后铺平，等待风干。这回肯定没有问题了！红彤彤的对联映红了我的脸，映红了家人的笑脸。

后记

生活就是这样，将所学的知识与生活融会贯通，灵活运用，做好每一件事，“贴春联”也是如此，做其他事情亦是如此……

父母感言

希望在“贴春联”的启发下，让自己日后的生活更充实，平凡的生活过得更丰富多彩。（妈妈：肖焱枚）

教师赏评

作者通过在生活中的仔细观察，把贴春联的过程绘声绘色地描述了出来，描绘极为准确生动，情感丰富而真实。文中大量采用诗意的语言，读来自然亲切。结尾以“贴春联”传承中华文化来点明主题，含蓄隽永，值得品味。（指导老师：陈洪英）

学会做事（在生活中你是否遇到过类似的事，与作者感觉有什么不同？写下来。）______

______

______

阳光写在宣纸上

湖北省武汉市育才小学四年级（11）班　邢瑞轩

阳光见证着小树苗的成长，蓝天见证着鸟儿们的成长，大海见证着小鱼儿的成长……书法则见证着我的成长。

我五岁开始学习书法。写书法的“苦”真是一言难尽。刚学笔画时既要注意握笔姿势，又要抬着手肘，还要对付软绵绵的毛笔，每次练习我都是大汗淋漓，手脚发软。好不容易开始练字，学好的笔画却成了调皮的捣蛋鬼，总不乖乖就位，一会儿姿势走样了，一会儿笔画变形了……我是又急躁又无助。眼中闪烁的泪光是焦虑，脸上挂着微笑泛着浓浓的涩味，手中的毛笔仿佛成了调皮的捣蛋鬼，让我束手无策。而我只能硬着头皮、咬着牙，继续练习。曾伴着冉冉的旭日东升，也曾伴着夕阳一寸一寸地从我的宣纸上挪移西去；从窗边的树枝冒着新芽到窗外寒风呼啸一地凋零……年复一年。天才是百分之一的灵感加百分之九十九的汗水，这是我从书法这门艺术中领悟到的真理。

通过学习书法，对中华文化的认识和喜爱逐步加深。我初露锋芒，认真的汗水凝成了花儿：2023 年获得了荆楚小书法家大赛一等奖，同年我的一幅充满灵动与生命力的作品荣获翰墨印象书画大赛二等奖……这使我既开心又自豪。我的自信在这一撇一捺中，在这宣纸上，像阳光一样耀眼。

不过，最大的快乐是我运用书法特长成为志愿者！

春节前夕，老师带着我到社区为大家写春联并解释春联的含义。看着爷爷奶奶们的笑脸，在他们幸福的笑容和真诚的赞扬中，想到我能尽自己的一份力量，为他们送去真切的祝福和关怀，我心里就暖洋洋的，像春天的阳光，化开了心中所有的苦涩，让它也成为一种养分。我切身体会到助人为乐的快乐，我真正感受到我在宣纸上的使命与担当。我暗暗下定决心要发扬中华文化，弘扬传统美德，坚持做好一名中华文化的传播者！

书法就像一位良师益友，陪伴我不断地成长，让我更自信、更懂得坚持、更乐于奉献。

后记

我喜欢书法，它练的是腕，练的是脑，静的是心，启的是志。落到纸上的字才是属于我的阳光。

父母感言

书法除了用笔，更要用心。你是个有心的孩子，大胆地朝前走吧！“兴趣”就是你最好的老师。（妈妈：邢子竹）

教师赏评

小作者以生动的文字描绘了在学习书法过程中的苦与乐。小作者以生动的笔触描绘了在学习书法过程中的苦与乐。小作者通过细腻的描写，展示了学习书法的坚持与进步还有心灵的感悟，让读者感受到了书法艺术的独特魅力。文章结构清晰，语言流畅，表达了对书法艺术的热爱和追求。（指导教师：罗明珠）

学会做事（在生活中你是否遇到过类似的事，与作者感觉有什么不同？写下来。）________________

____

____

学书法之美

广东省深圳市罗湖外语实验学校初二（4）班　吴晓莉

儿时里的春节，当长辈们拿出红彤彤的新春对联，我便凑上前在一旁观看，不禁感叹长辈写得一手好字，真是妙笔生花，充满着年味气息。我当即缠着母亲给我买了一套书法工具，自己写起来却只是照猫画虎，于是我参加了书法社团活动。那段书法学习之路，至今还记忆犹新，充满着书香气息，浸润心脾。

走进书法课堂，我将宣纸轻放在桌子上，展开的柔黄的宣纸散发出浓浓的书香气，浓厚的墨汁缓缓流下，晕开时扑面而来的书香气，沁人心脾。

这节课教的是“永”字，老师在讲台上展示每一笔的力道、顿笔、提笔都似细水长流，缓慢而悠长，让人沉浸其中。

我迫不及待地下笔，毛笔尖上多余的墨水滴到纸上，晕染出一朵小花，我连忙刮了刮墨，再重新下笔，一笔一画的字里行间散发出书香气，虽然认真，但最终却以失败告终，我丝毫不气馁。准备写第二遍，这时老师走到了我身边，微微低头，端详着我的字，因为被老师盯着的缘故，有点紧张，第二遍还是不如意，手心竟还有点出汗，我等待着老师的评价。老师给我做了一遍示范，他的字可以用入木三分来形容。我不由得再次在心里感叹，同时佩服地给老师点个赞，我看得入了神，以至于老师说话也没听清。等我拾回信心，根据老师的写法，写得入神，浑然不知老师站在我身后，老师对我表示赞赏，得到老师鼓励后，我暗暗下定决心，要好好练习书法。

等到春节来临之际，我也去写对联，虽说我不如长辈写得豪迈，但功夫不负有心人，用心坚持肯定会有更大的进步。

在书法艺术熏陶下滋润心灵，在文化氛围中提升自我，在喧嚣中平息心中浮躁，更好地传承中华文化的魅力。

后记

书法已经成为我生活中不可或缺的重要内容，看着自己的练习作品，成就感满满，我会继续坚持下去的，让书法融入我的骨髓，陪伴我的一生。

父母感言

在书法的陶冶下，希望你会让自己更充实，在平凡的日子里过得更加精彩。（妈妈：罗良芬）

教师赏评

作者把学习书法的过程绘声绘色地描述了出来，文章虽短但不显单调。描绘极为准确生动，情感丰富而真实，读来津津有味。（指导教师：黄铍璇）

学会做事（在生活中你是否遇到过类似的事，与作者感觉有什么不同？写下来。）________________

笛韵沁心

广东省深圳市罗湖外语实验学校初三（14）班　李可馨

羌笛续声，陇头休听明月中。一曲笛声渺渺，陷竹林，赏静影。感受着稀疏的光影透过竹叶，带着几束金光照耀在身旁。黄昏的光辉渐渐下落，夜慢慢探出头。

爸爸带着一个新奇的玩意儿回了家，是一支笛子。没有涂色，还存着大自然赋予的色彩，笛身上浅显竹纹。我接过了这支笛子，细细端详。这笛子不同于其他乐器，刚上手，就像进了战场，吹得“四不像”。

月随着笛声在暗夜中渐渐攀升，向着天幕中的终点缓缓进发。我对这支笛子产生了莫名的执念，赶紧联系会吹笛子的好友，她在屏幕对面指导着我。手势、嘴型、手法、韵律……样样不落。手机中传来连续悦耳的笛声，冲破夜空，在朦胧的夜空中渐渐散开。

笛韵沁心，在月升夜深时，静候黎明破晓。

笛韵长吟，我执起笛轻吹，袅袅笛韵。浅试一曲，虽生疏，但难掩我对笛子的喜爱。手指因用力按着笛身，隐隐可见那圈圈泛红，还略微被气流震动到的麻木。许是太过紧张，我不敢相信那笛声会成功吹出，手微微发颤，是笛，是韵。

沉浸在这喜悦中，我继续吹起了笛子。

那笛声，如同一朵绽放的花，在月色之下绚烂着、闪耀着。节奏适宜舒缓，像是花的周围弥漫着丝丝雾气。风从窗户缝里吹进，吹动屋内的绿植，发出几声摩擦。似是将我带入竹林，聆听竹叶碰撞的声音。

我的眼中不知不觉地含了几分泪，惊于笛声的曼妙，叹于我对陶笛的喜爱与速成。谁家玉笛暗飞声，散入春风满洛城。笛韵沁心，以乐章绘景，牵动着我的心。学会一件事，并不难，不止步于惊羡笛声的美妙，更应带着对新事物的兴趣与热爱大胆尝试。于袅袅笛声，感受一份清欢，望见一片美景，永保一份热爱。

笛韵沁心，化作一份热爱，待与未来相遇。

后记

学会做事，必先有所热爱。我始终认为，热爱是一把令我永存初心的钥匙，锁住了我的懒惰，锁住了半途而废。只有对事物保持热爱，才能成就一份成功，才能成就自己。

父母感言

从这篇习作中能看出来你对事物的持之以恒和热爱。只有持一份热爱，才能照亮光明的未来。能把这份热爱延续到学习、生活中，相信在未来，你一定能活出自己的精彩人生，成为一个有毅力、有恒心的人。（妈妈：郑瑞云）

教师赏评

本文语言典雅，辞藻华丽，善用修辞手法，引用古人的名句，生动形象地写出了自己学吹笛子的过程，小作者展现了学习成长中对笛的热爱和传承之心，让人为之动容。（指导教师：聂 华）

学会做事（在生活中你是否遇到过类似的事，与作者感觉有什么不同？写下来。）

舞蹈使我更自信

广东省珠海市荣泰小学六年级（2）班　黎芯玮

中国舞是我上幼儿园时的好朋友经常在我面前炫耀的舞姿。

那时，小小的我心就有不甘，便报名参加了和好朋友同一个舞蹈中心的学习。

起初，我就给自己定下目标，一定要努力完成老师布置的每一项任务，记住每一套动作要领。

通过一段努力，我的舞蹈基本功、舞感，都是班上数一数二的，老师对我也倍加欣赏。

到了小学，我在舞蹈方面的成绩更是突飞猛进，刚学到五级时便能将八级的舞蹈动作做得十分标准。因此，成了老师眼中的好苗子，也是每次表扬的对象，还是同龄小朋友羡慕的对象，从此，对自己的舞蹈很自信，一直没有遇到大的困难。

第一次参加大型演出，我在后场看见台下人声鼎沸的观众席，紧张到腿有些发软，才发现自己原来懦弱到连面对观众的勇气都没有。

候场时，我心里一直在想：“万一太紧张了会不会跳错呢？”“跳错了会被批评吗？”“会不会被嘲笑？”等等各种想法交错在我的脑海中，让我一时喘不过气来。

我看着场上一位又一位舞者谢幕，自己能做的只有努力平复心情，反复在脑海中回想着要表演的动作。

老师常说：“在团队表演中，一个人的错会影响整支舞蹈”。我不想错，也不能跳错。心里越想越紧张，眼泪很快就充满了眼眶。当初，大家怎么安慰，我紧张的心都不能放下来，时间不会等着我，没等我从紧张的心情中走出来，我们的节目就被主持人报出，即使自己心里怎么紧张，也只能硬着头皮上了。

走上舞台，观众瞬间沸腾起来，有的使劲鼓掌；有的站起来大声欢呼；还有的拿手机拍照……我心里不仅没有平静，而且更加紧张了。

我们摆好姿势，音乐缓缓响起，整场演出下来大家都没有失误，我感觉这次自己是超常发挥了。

比赛结束，我们拿到了特等奖，顿时感觉到：在众人面前表演并没什么，还能让大家欣赏我们不懈努力的成果，这何尝不是一件光荣的事情呢？

后记

与舞蹈的相遇是我这辈子最感恩的事之一。是舞蹈，让我变得越发自信起来；是舞蹈，让我有足够的勇气面对困难；也是舞蹈，让我成为现在的我。

在未来的岁月中，我与舞蹈一同成长，让父母、老师，更让台下的观众，看到我更精彩的演出，也能看到更好的我。

父母感言

在激励中学习舞蹈，提升自己领悟和融会贯通等能力，在学舞蹈过程中，遇到挫折要有耐心，通过演出，提高了孩子的胆识和勇气，并有足够的信心和毅力坚持学下去。（妈妈：王 艳）

教师赏评

文章第一段就为全篇故事的发展做了极好的铺垫。把初遇中国舞，给自己定下的学习目标，以及在学舞过程中遇到的困难如何克服，到最后爱上中国舞，感谢中国舞，它给自己带来人生另一种收获！这种构思非常巧妙，可以借鉴。（指导教师：黄晓岚）

学会做事（在生活中你是否遇到过类似的事，与作者感觉有什么不同？写下来。）

本篇复盘

◎ 小问题

思考下面的问题，帮助你理解艺术对孩子能力培养的重要性。

1. 培养艺术才能的目的是什么？
2. 培养艺术才能首先要做到什么？
3. 艺术是怎样完善你的生活的？
4. 艺术有助于培养你的专注力吗？
5. 艺术增强了你的哪些幸福感呢？

◎ 信息反馈

在日常生活中很多快乐都离不开艺术，你面对这些问题是怎么解决的？你身边的人又是怎么做的？请将事情的发展过程写出来，写一篇 500 ～ 800 字的文章，扫描微信公众号二维码传上去。

陶行知学院
微信公众号

Part10

沟通协调篇

◎ 篇前小叙
◎ 名师导航
◎ 导师简介
◎ 陶行知经典故事
◎ 人际交往中的巧妙沟通艺术
◎ 人际交往中的语言特性
◎ 巧妙沟通语言的三个境界与六个规范
◎ 巧妙沟通语言的原则与技巧
◎ 巧妙沟通语言的九大学问及注意事项
◎ 拓展阅读

篇前小叙

本篇是以"陶行知生活教育系列丛书"中的《表扬与批评》为蓝本，北京师范大学珠海校区（原分校），北京理工大学珠海校区（原学院）和暨南大学珠海校区等18名教授深入居民社区开展的"大学教授谈家庭教育"活动，在充分了解家庭教育中存在的现实问题，从"沟通"的本意讲起，拓展到人与人之间，人与群体之间，人与万物之间的信息传递和沟通方法，以如何快速达成感情通畅，如何选择恰当的沟通方式与沟通工具等问题，与父母们展开了深入的研讨。最终以"表扬与批评"的方法为契机，启示人们要注意"表扬和批评"的目的都是"激励"，从激励人们向上向前的角度，推出人际交往中的巧妙沟通艺术、巧妙沟通语言特性、巧妙沟通语言的三个境界与六个规范、巧妙沟通语言的原则与技巧、巧妙沟通语言的九大学问及注意事项，启发人们注意沟通的方法和技巧，父母和孩子们深受启发，自动自发地将巧妙沟通的技巧运用于生活实践中并记录了沟通成功的过程，形成了一篇篇生动感人的小作文。

名师导航

陶行知说：

- 真教育是心心相印的活动，唯独从心里发出来的，才能打到心的深处。
- 你的教鞭下有瓦特，你的冷眼里有牛顿，你的讥笑中有爱迪生。
- 倾听别人的意见，分享自己的看法，是沟通的关键。

杜威说：

- 沟通不仅是信息的传递，更是理解、尊重与合作的桥梁。
- 人与人之间的沟通不仅是语言的交流，更是心灵的交汇。
- 尊重是沟通的前提和基础。沟通是人与人之间合作的桥梁。

胡适说：

- 沟通最大的问题在于，人们想证明自己是别人。
- 容忍是一切自由的根本；没有容忍，就没有自由。
- 大胆假设，小心求证。独立之精神，自由之思想。

蔡元培说：

- 沟通是人类社会的基石，是理解与合作的桥梁。
- 沟通并非简单的信息传递，更是一种心灵的交流。真正的沟通需要双方坦诚相待、以心换心，用心去感受对方的情感与需求。

导师简介

苏兰君

北京信息职业技术学院副教授，中国市场营销课程标准开发中心专家，主讲现代市场营销、东方市场营销概论、营销思维训练、营销情商训练等课程。主编《营销思维训练》《营销思维训练手册（初、中、高级）》《现代市场营销能力培养与训练》《现代市场营销》等高等教育教材，参编“陶行知生活教育系列丛书”共 10 册。

陈敏怡

毕业于哈尔滨师范大学教育系，北京师范大学发展心理研究所研究员，副教授、国家二级心理咨询师。自 2007 年 3 月至 2022 年 12 月一直从事大学生（青少年）心理咨询和心理健康教育工作。曾为社区、中小学生做过多场心理健康教育专场讲座。对陶行知生活思想尤其是对幼、小教育有着深刻的研究；参与“陶行知生活教育系列丛书”的编写。

本篇主题：幸福的关键在于巧妙的沟通

本篇要点：

本篇从巧妙沟通的概念讲起，到巧妙沟通的语言、巧妙沟通语言的三种境界、巧妙沟通语言的原则与技巧、巧妙沟通语言九大学问等几个方面，分析了成功的关键在于正确使用表扬和批评语言，即在与孩子的沟通中，不要滥用“表扬”，批评要做到“恰如其分”，要创设适合表扬的氛围，要让“鼓励”不断促使进步等子女教育中常常遇到和一直困窘父母教育孩子的关键问题。启示父母：让“鼓励”唤起孩子的激情，让表扬和批评激励孩子进步，要杜绝“无用的批评”，不要把“批评”演变为“指责”，对孩子的“批评”务必要以理服人，并要特别注意与孩子沟通中“听”“说”“做”的作用。

陶行知经典故事

四块糖的故事

陶行知在育才小学当校长时，在校园看到男生王友用泥块砸自己班上的同学，陶行知当即制止了他，并让他放学时到校长室去。

放学后，陶行知来到校长室，王友已经等在门口许久了。

没想到陶行知一见王友，便掏出一块糖果送给他说："这是奖给你的，因为你按时来到这里，而我却迟到了。"王友惊疑地接过糖果。

随之，陶行知又掏出一块糖果放到他手里说："这块糖也是奖给你的，因为当我不让你再打人时，你立即就住手了，这说明你尊重我，我应该奖励你。"王友更惊疑了，眼睛睁得大大的。

陶行知又掏出第三块糖果塞到王友手里说："我调查过了，你用泥块砸那些男生，是因为他欺负女生；你砸他说明你很正直善良，有跟"坏人"作斗争的勇气，应该奖励你。"王友听了流着眼泪后悔地说："陶……陶校长，你……你打我两下吧。我错了，我砸的不是坏人，而是我的同学呀……"

陶行知满意地笑了，随即又掏出第四块糖递过去说："因为你认识到了自己的错误，我再奖励给你一块糖，我的糖发完了，我们的谈话结束了！"说完，便走出了校长室。

【共同分析】

陶行知《四块糖的故事》启示我们：教育孩子时不应用训斥、苛责、打骂等伤人自尊的方式，而应平心静气，换位思考，旁敲侧击，对比设喻，导化对方心理，很多时候，微笑比严酷更有力量，赏识比批评更能起到激励的作用。

人际交往中的巧妙沟通艺术

巧妙沟通的内涵十分丰富，如人们常说的“言传身教”“有的放矢”“良言一句三冬暖，恶语伤人六月寒”等都是巧妙沟通艺术的范围。

在巧妙沟通中，言传是第一位的，巧妙沟通的手段丰富多样，其中最常用、最便捷的仍是人们的巧妙语言，用不同的语言表达一件事，有的立马被人接受或理解，有的反而起反作用，甚至造成误会或产生矛盾。

言为心声。掌握巧妙沟通语言也就是要求我们会说话，会说话对于我们的形象、工作和生活十分重要。所以，说话的艺术是与人交往最基本的功能。

1. 巧妙沟通的要义

沟通，是人与万物之间信息传递与理解、情感交流、思想碰撞的纽带。

在日常生活中，同样的事，有的人办起来畅通无阻，有的人却很难办成，同样的话，有的知道怎么说，说出来对方很容易也愿意接受，而有的人不知道怎么说，说出来就被对方拒绝，其原因就是沟通的差异，我们每天都进行着各种各样的沟通，无论是面对面的交谈，还是网络上的文字交流，沟通都扮演着举足轻重的角色。如何做到沟通顺畅、迅速解决实际问题呢？这就需要巧妙地沟通。

巧妙沟通有以下四个要义。

(1) 尊重与倾听。沟通并非单方地表达，而是双方或多方的互动。尊重对方，给对方表达的机会，是建立双方互动即成功沟通的基础。当倾听对方说话时，要保持专注和耐心，不打断、不批评，让对方感受到对他的尊重和关注。这样，对方才会愿意分享自己的想法和感受，沟通才能深入和有效。

(2) 要清晰与准确。沟通中要用简洁明了的语言表达自己的观点和想法，避免使用模糊、含糊不清的方式，要确保传达的信息准确无误，不产生歧义或误解。

(3) 理解与共情。沟通不仅是信息的传递，更是情感的交流。在沟通中，需要尝试理解对方，站在对方的角度思考问题。要学会巧妙表达自己的情感和需求，让对方快速了解沟通的意图，建立起双方的情感联系，使沟通顺畅和有效。

(4) 灵活与适应。沟通是一个动态过程，需要根据不同的对象和环境进行调整和变化。面对不同性格、背景和需求的人，要灵活调整自己的沟通方式，以适应对方的特点和需求。另外，还要学会在沟通中保持开放和包容的心态，要接纳不同的观点和意见，避免陷入固执和偏见。

2. 巧妙沟通语言

巧妙沟通语言是巧妙沟通的基础，分为巧妙有声语言、巧妙文字语言和巧妙态势语言三种。

巧妙有声语言是指能发出声音的口头语言，即人类社会最早形成的自然语言，它是人类交际最常用的、最基本的信息传递媒介。包括“说什么？为什么说？怎么说？”三个要素，具有直接性、生动活泼性、便捷性的特点。

巧妙文字语言是指通过符号和符号组合来表达的一种形式，包括书信、字条等文字传递信息来表达的沟通方式。这种形式可以记录和传递语言信息。

文字语言分为汉字、拉丁字母、阿拉伯字母等不同的形式，每种形式都有其特定的文化背景。

巧妙态势语言是指说话的语气、姿势、表情，包括眉语、眼语、睫毛语、手势语、脚语等表达的方式。

巧妙沟通不仅是“谈话、聊天”，一言一行，一举一动，包括每一个表情都具有沟通成功的“感染力”，这种“感染力”巧妙沟通在巧妙沟通中起决定作用的关键。

用微笑和恰当的手势、眼神、姿态向对方传递信息，使对方受到激励、强化、交流的暗示，起到“此时无声胜有声”的效果。

3. 巧妙沟通的工具

“沟通”一词源引于“两沟相通”，水沟堵塞了，怎么才能使其畅通呢？这就需要找准“堵塞”的原因、选择适当的工具，比如，水沟是被石块堵塞的，我们就要选择能捅开石块的工具；被麻绳等杂物堵塞的，就不能用捅石块的工具等。

因此，我们可以把能使其相通的工具，称为“沟通”的工具。

4. 巧妙沟通的艺术

巧妙沟通作为一种艺术语言创造，是在遵循一定规则的情况下，为满足对方的需求，综合运用多种艺术、多种表达方式的产物。因人、因事、因境、因时而异，其表达方法大概有以下几种。

（1）朴实明快法。朴实明快法是管理语言表达的一种艺术风格，同时也是一种管理语言的表达方法。其具体表现在：话语质朴、丰富自然、通俗坦率、真实可信、简洁明确、语不惊人、立意深远。

（2）超常变序法。超常变序法是指在用语和确定词序及语句结构上采取一种不同寻常的选择和变化措施，使语义超常出新或发生质变，语言所强调的重心发生转变，造成一种虽然难解而在情理之中的表达效果。

（3）反复冗余法。根据口语的特点和巧妙沟通的需要有意采取词语、句式结构上的反复、重叠，增加语言的“冗余度”，以突出重点，强调要害，加深印象的一种表达方法。

（4）宽泛模糊法。在自然语言中，句子中的词语大部分是模糊的名称，如“多少、少数、大多数、比较好、相当好”等数词和程度词。。

【案例】

巧妙沟通：化解矛盾的润滑剂

小明是一个高中生，最近因为沉迷网络游戏导致学习成绩下滑，父母对此十分担忧。一天晚上，小明的父母决定与他进行一次深入的沟通。他们没有直接指责小明，而是先表达了对他的关心和理解，然后分享了自己年轻时也曾面临类似的困惑和挑战。通过这种平等、理解的态度，小明感受到了父母的关爱，逐渐敞开心扉，表达了自己内心的想法和感受。最终，小明承诺会合理安排时间，既保证游戏娱乐，又不影响学习。这次巧妙沟通，不仅化解了家庭矛盾，还促进了亲子关系的和谐发展。

【共同分析】

从以上案例我们可以看到巧妙沟通艺术在日常生活和工作中的重要性。无论是家庭沟通、职场沟通还是跨文化沟通，都需要我们运用适当的巧妙沟通技巧和方法，尊重对方、理解对方、倾听对方，才能达到有效的沟通效果。

拓展阅读

沟通似水融合母女情

湖北省武汉市育才小学五年（9）班　张馨允

妈妈，我亲爱的妈妈，我知道，为了生活您不得不外出打工，您可知道，远离妈妈的我，有多少话要对您说。

轻捻时光，那些氤氲了烟雨、缱绻了晴云的记忆，使我憋了很久的话如渐涌渐涨的潮水漫上心头。

我还记得：小时候，您时常带我到江边散步，您会用宽厚而柔软的大手覆在我的巴掌上，望着我浅浅地微笑。

那时，小小的我凝神贯注地听您念一首首关于长江的古诗。“江畔何人初见月？江月何年初照人？”“大江横抱武昌柳，鹦鹉洲前万户家。”

那时的我，不知道这算不算是在学诗，只是拉着您的手，边走边背，跟着您懵懂地在音韵间游走。

真难忘啊！那段童年时光，浸润着温暖而美好的诗香，还散发着您身上淡淡的玉兰花的味道。

我还记得，上一年级那年，您因工作外派去了一座北方的城市。

因为路途遥远，也因为工作很忙，一年中您能和我团聚的时光，寥寥可数。

但是，您可知？我是多么羡慕，放学时，扑进母亲怀抱的孩子；我又多羡慕，周末时和妈妈追逐着放风筝在河边游玩的伙伴；我又多羡慕，甚至是那些常被母亲指责、数落考试失利的孩子……而我，只能偶尔的，您不忙的时候，才能和您在手机屏幕里对话，然后再在睡前一遍又一遍地将记忆“倒带”。

转眼间，我已经上五年级了。

我忘不了，那年秋天，您回来看我。您又一次提议去江边走走，我高兴得一蹦三跳地跟着您出了门。

江边的芦荻仍在恣意地生长，而我再也不会如小时候那般——摘一束苇秆骑在身下，顽皮地问您我像不像哈利·波特？我们走在江边的小路上，您突然说：“我们来背诗吧，我先来，你接下句。”

您还是像原来一样望着我浅浅地微笑：“万顷沧江万顷秋，镜天飞雪一双鸥。”不知您是否发现，我一直在低垂着眼帘，沉默地摇头……“那咱们换一句？”您似乎兴致未减。

“妈，我已经很久不背诗了，也不喜欢诗了，您根本一点都不了解现在的我，我不想聊这些，可以吗？”我用尽全身的气力挤出这番话，可话音未落，我就后悔了，真的好后悔。

您木然地看着我，笑容渐渐凝固、收拢，“好！”您只是淡淡地回了一句。

我们一前一后地回家，我不知，是和诗，还是和您，渐行渐远。

下午的经历，让晚餐格外沉寂，坐在桌前的我似乎连夹菜都变得小心翼翼。

入夜，熟睡中的我做了一个梦，梦见您听了我的那句话后，转头收拾行囊直赴机场，而我难过地拼命追呀追……边追边喊：“妈妈！不要走，我不让您走。”“妈妈没走呀，在这里呢，你做梦了吧？”。

此时，我才隐隐约约地感觉有人在摩挲我的额头，还是那双宽厚而柔软的手，还是散发着淡淡的、玉兰花的香气。

我慢慢地睁开眼，起身将您紧紧抓住：“妈妈，对不起，下午我不是故意那样说的，我……”

“小允，该说对不起的是妈妈。”您打断了我，声音却很柔很柔：“我亏欠了你太多的陪伴，也不够了解你。人与人之间是需要多沟通的，以后我一定抽时间多和你沟通，多听你的想法，好吗？”

我看到了，看到您眼角闪动着的泪花。

这或许，或许是母女之间的一份深情，被无法沟通而隔阂了……我扑进了您的怀抱，放声大哭，聆听您沉稳的心跳，心里才觉得欣慰多了。在那一刻，我说了很多很多，有我对您的埋怨、有我对您的牵挂，还有我在学校的喜怒哀乐……此时，您笑了，尽管那笑中还带着晶莹的泪珠，却令我动容。

后来，您回来看我的次数变多了，我们之间的话也变多了。

我们还是常去江边走走，风起时，您起“无边落木萧萧下”，我答“不尽长江滚滚来”；夕阳下，您起“一道残阳铺水中”，我答“半江瑟瑟半江红”。然后，我们相视一笑。

我知道，诗，是我和您最独特的沟通方式。

而这沟通，也架起了我们母女间心与心的栈桥，如诗一般美好！

后记

沟通，是人与人之间和谐相处的法宝。在日常生活中，有太多太多的喜怒哀乐，在触动着我们的心灵，而巧妙沟通，让我们拥有的快乐加倍，碰到的忧愁减半。

父母感言

从懵懂学诗到因长时间未见而抗拒背诗再到和孩子巧妙沟通后畅快对诗，全文以诗为线索，写出了我和孩子之间一系列微妙的心理变化。孩子也在和我打破隔阂的过程中，没有埋怨，也没论谁是谁非，巧妙沟通，巧妙融合，孩子逐渐成长，逐渐懂得，人与人之间的关系，会因“巧妙沟通”而破冰，因“巧妙沟通”而美好。（妈妈：陈 黎）

教师赏评

这是一篇温馨感人的习作，作者通过回忆和对话展现了母女之间的巧妙沟通，迅速达成相互理解。语言流畅，表达清晰，用诗句作为巧妙沟通的桥梁，

增加了文章的艺术性。主题鲜明，真实地表达了作者的情感和想法，让人感受到了温暖和感动。（指导教师：白 丹）

学会做事（在生活中你是否遇到过类似的事，与作者感觉有什么不同？写下来。）________________

____

____

巧妙沟通，让爱飞翔

北京市第十七中学初二（4）班 白孟媛

春日迟迟，春景熙熙。又是一年初春，我沿着被阳光浸润的乡间小路，朝着那片麦田走去。绿油油的麦苗散发出浓郁的清香，微风拂过，麦苗轻轻摇曳，窸窸窣窣的声音传入我的耳朵，好似大地在低语。

故乡的风景总是那样美丽。抬眸，恍惚间，那熟悉的小老头站在麦田里的背影，好像又一次闯入了我的视线，儿时的记忆如潮水般涌入我的脑海中。

依稀记得，那是一个暖阳高照的午后。我与姥爷走在一条隐匿在层叠树丛后的小河边，踩过湿泞的泥土，听见飞鸟归巢的清脆鸣响，潺潺流水哗哗地从我脑海淌过。随着水溶般清澈的天空滑过几抹白云的残影，一只纯白无瑕的风筝赫然闯入我的视线。那风筝轻盈飘荡，宛若一只自由的鸟儿在湛蓝的天空中翱翔。阳光斜射，洒在风筝上，映出熠熠生辉的光芒。

那是一个女孩正趁着和煦的春风放风筝。我心生艳羡，指着那形似飞雁的风筝对姥爷说："姥爷，我也想要一个那样的风筝。"看着我渴求的眼神，姥爷犹豫了片刻，低下了头，没有答应给我买风筝，却拉着我回家了。到家后，我难过地跑回楼上，把自己扔在床上，把脸埋在被窝里，眼泪也流了出来。

不知不觉已是傍晚，月渐升天。庭院中隐隐传来锯木声，我下了楼，看到姥爷正拿着锯子制作风筝的骨架。不知何时，他的头上又增添了几丝白发。

脸上满是岁月蹉跎而成的皱纹。那双拿着锯子的手饱经风霜，布满老茧。

这双手或许已不再年轻，但仍充满了力量，木头三两下就被锯开了。

姥爷做的风筝形如飞燕，上面绘有精美的花卉图案，栩栩如生，仿佛能够闻到花香。尾部挂有铃铛和彩带，为风筝平添了几分亮丽，铃铛发出清脆悦耳的响声，它承载着我儿时的童真。

我的泪水慢慢蒙眬了双眼，姥爷发现了我，便拉着我坐下。他握着我的双手一脸歉意地说："很久没做过木工，手生了。囡囡，对不起，姥爷不是不想给你买风筝，只是那风筝太贵了……所以想回家给你做一只独一无二的风筝，姥爷应该提前跟你沟通好的。原谅姥爷吧，好吗？"姥爷略显佝偻的身影和一脸歉意的神情，使我的愧意一点点漫上心头。他粗糙的双手上有些伤口还在沁血，我的泪水终于夺眶而出，爷孙俩紧紧相拥在了一起。

那时我尚年幼，还不太懂事，并不知道家中经济不宽裕，只当姥爷不愿给我买。长大后我才明白，沟通不仅仅是语言，姥爷不吭不哈的行为让我明白，彼此心灵的沟通，心心相印的行为更能让爱和理解不会擦肩而过。

如今我久别故乡已有八年，再次望向挂在墙壁上的那只风筝，想起姥爷故去也已有七年了。风吹铃声响动，触动了心底的思念。姥爷，是您给了我世间独一无二的爱，也教会了我与人相处的第一课——巧妙沟通。

后记

我与姥爷的感情很深，每每离开故乡时，我最放心不下的就是孤身一人留在乡村的姥爷。姥爷曾教会我许多道理，他一直用他的行为做我人生路上的引路人，激励着我不断前进。姥爷虽已离开，但他给我的爱，让我面对困难时不再退缩，与人相处时注意巧妙沟通，避免不必要的误解。

父母感言

孩子从小跟着姥爷一起生活，跟姥爷感情深厚，姥爷一直用自己的行为做孩子的楷模，教给了孩子许多道理，包括遇到问题怎样与人沟通，怎样达成共识，排除误解等。（妈妈：张　雪）

教师赏评

作者通过自己小时候与姥爷相处时遇到的一件小事，让我们感受到了姥爷对小作者的爱，以及小作者对姥爷深深的思念。在这件因为“买不买风筝”而产生误会的事情上，姥爷用实际行动，教会了小作者“巧妙沟通”，也教会了我们，遇到问题，巧妙沟通，理解彼此，和谐相处。（指导教师：孙言言）

学会做事（在生活中你是否遇到过类似的事，与作者感觉有什么不同？写下来。）____

____

____

唠唠叨叨的老爸

内蒙古自治区乌兰浩特市第五中学七年级　王依璇

我的爸爸四方大脸，浓眉大眼，皮肤黝黑，身材魁梧，看起来有用不完的力气。

他平时话很少，一脸的严肃。但有我在他旁边的时候，他像有了特异功能一样，“话匣子”便滔滔不绝地打开了，唠唠叨叨地没完没了。

记得有一次我要到同学家做客。在去的前一天晚上，我兴高采烈地告诉了爸爸。本来安静的他一下子话又多起来。就开始一、二、三、四、五……一条一条交代起来。

先是到同学家时，要给同学带个小礼物，再是到同学家要有文明、有礼貌、有规矩，然后是吃完饭后要帮助收拾碗筷，最后是教我要计划回请同学，告诉我这叫礼尚往来。这一连串的唠叨听得我的脑袋像小鸡啄米一样，只能一直不住地点头。

早上我准备要出门了，唠叨的老爸又开始了。他一边接水一边嘴里不停地嘱咐我，前一天晚上的条条框框还夹杂着相关的大道理，我不耐烦地一边回答，一边蹑手蹑脚地趁他转过身接水不注意时，溜出了门。想想老爸转过身嘴里还不停地唠叨，却发现我早已溜走了，然后露出的那副无奈滑稽的表情，真让我忍不住大笑。

在我晚上高高兴兴回到家吃饭的时候，老爸坐在我的对面。当我发现他的“话匣子”又要打开时，我迅速抢在他前面，说：“食不言寝不语。”老爸立刻像听话的孩子一样连连说：“对对对。”那副端正的模样还挺可爱呢，但是他着急想知道我在同学家做客的过程，脸又憋得满脸通红。我忍不住想笑，但一直坚持着。果然不一会儿的工夫，老爸的嘴又开始了。先是一顿询问，后是一顿没完没了的大道理，听得我脑袋嗡嗡作响。

这就是我的老爸，一个不爱说话的唠叨老爸。

后记

我的爸爸话少又话多，可爱又严肃，原来的我不理解爸爸，但当我慢慢长大后，越来越能感受到他浓浓的父爱。

父母感言

为了孩子的成长，我们做父母的有时确实过于唠叨，总是不敢放手让孩子独立去完成。但其实孩子已经长大了，做事有自己的章法，我们可以适当放手了。依璇能深深体会到父母的不易，成长的品行端正，一身正气，非常可贵。（爸爸：王社钦）

教师赏评

小作者的写作文笔流畅，感情真挚，字里行间流露出对老爸浓浓的爱。虽然有时也会因为老爸的唠叨头疼，但内心深处依旧理解并尊重他。这篇作文写得生动有趣，优点诸多，小作者是个品学兼优、尊重父母的好孩子。（指导教师：张思雨）

学会做事（在生活中你是否遇到过类似的事，与作者感觉有什么不同？写下来。）

巧妙沟通使人更优秀

广东省珠海市九洲中学九年（10）班 邓 为

小时候，我是一个不善言辞、内向害羞的孩子。在班级里，我总是沉默寡言、独来独往。在我的潜意识里，总觉得人与人之间存在着一道看不见的隔阂，无法轻易跨越。直到有一次班级组织活动，我需要和几个同学一起合作完成采访任务，这种现象才得以改变。

活动之初，处于人群中的我有些局促不安，不知道该如何与他人沟通才能大家合作完成任务。幸运的是，我遇到了一位性格开朗的组长，他主动和大家讨论、制订活动计划，并将任务分配给每个组员。我和另外两个组员负责走上街头，采访路人，并将采访结果作为前期资料搜集的一部分，做成PPT 在组内分享。面对这一艰巨任务，我的心里又泛起了畏难情绪，但组长向我投来鼓励的目光，让我将种种担忧暂时抛在脑后。

随着活动的进行，我逐渐发现，其实与人沟通并不是一件难事，只要能敞开心扉，耐心倾听他人的意见，真诚表达自己的想法，巧妙沟通便能顺利展开。在活动中，我不仅学会了倾听，而且学会了分享，以及如何与他人合作，也逐渐找到了属于自己的位置。很快我们便完成了采访任务，团队合作的结果也赢得了大家的掌声。

进入初中后，我遇到了更多的挑战。在班级里，同学们有着各自不同的性格和兴趣爱好。我知道，要想与大家建立起良好的关系，巧妙沟通是至关重要的。我开始踊跃参加团体活动，主动和同学们交流，分享彼此生活中的趣事。在这个过程中，我不仅结识了许多志同道合的朋友，度过了难忘的中学时光，而且积累了丰富的沟通经验，这些经验将伴随我走向更广阔的人生道路，让我更加自信地面对未来的挑战与机遇。

在学习生活以外，我还尝试着在家庭中与父母积极巧妙沟通。中考备考期间，压力与挑战并存，我常常感到疲惫与迷茫。但每当我与父母坐下来交流，倾诉自己的困惑与忧虑时，他们总是耐心倾听，给予我鼓励和支持。通过与父母的巧妙沟通，我不仅懂得了他们对我的期待，也感受到了家庭的温暖与力量。家庭巧妙沟通让亲人更加紧密地联系在一起，共同面对生活中的挑战。

这些成长经历让我深刻领悟到巧妙沟通艺术的魅力。巧妙沟通作为人际关系中重要的一环，它能够加深彼此的理解和信任，化解矛盾，促进和谐。巧妙沟通并不仅仅是简单的交流，是情感的传递和心灵的相通。在未来的日子里，我会继续努力提升自己的巧妙沟通能力，与他人更好地交流，共同创造美好的未来。

后记

与人沟通说着容易，实际做起来并不简单。很多事情，不是想做就能做到，想说就能说好的，选择去尝试练习巧妙沟通，就要鼓起勇气，勇敢面对！

父母感言

亲爱的宝贝你能学会思考、学会沟通、学会与人相处、发现问题、解决问题是妈妈最开心的事，妈妈希望你能踏踏实实走好人生的每一步，走出属于自己的精彩人生！（妈妈：伍爱军）

教师赏评

文中描写细致，事物变化微妙，入情入理，大量使用语言描写、动作描写、心理描写等手法，文笔细腻，行文流畅。小作者用诚挚的语言描写出与人巧妙沟通的经历，将自己从不善沟通到巧妙沟通的过程描述得很详尽，并且从中悟出了很多感想，学会了很多。全文结构紧凑，文笔完整流畅。（指导教师：王攀红）

学会做事（在生活中你是否遇到过类似的事，与作者感觉有什么不同？写下来。）

我有两个妈妈

青海省海东市化隆县群科新区思源实验学校初二（1）班 马圣樱

我有两个妈妈，一个是“温柔妈妈”，一个是“生气妈妈”，当我认真学习、受到老师表扬时，妈妈就变成了“温柔妈妈”，非常开心，她会更加认真辅导我做作业，让我在学习中有了很大的进步；会给我做好吃的饭菜，把我的衣服里里外外洗得干干净净，还香香的；还会给我扎可爱的小辫子，把我打扮成仙气飘飘的小仙女……

当我上课不认真、写作业粗心大意的时候，我的妈妈就变成了“生气妈妈”，就像一只会狂吼的“母老虎”，狠狠地批评我，甚至在我做错事的时候，可能面临皮肉之苦……有一次因为上课时开小差，结果课后数学题做错了，写的字也比较潦草，“生气妈妈”首先对我进行了严厉的批评，随后，“温柔妈妈”又语重心长地跟我讲道理，她说，作为一名学生，上课注意听讲，课后作业要认真、按时完成，这是最基本的要求，更要写一手漂亮的好字，不要养成拖拖拉拉的坏习惯，妈妈相信你，一定会改正并做得越来越好！妈妈语重心长的教诲，使我愧疚夹杂着感激的泪水瞬间流下，心里默默地下定决心要改正，要加倍努力！不辜负妈妈的期望！

后记

我的“温柔妈妈”“生气妈妈”在关注我学习的同时，还教会了我很多待人接物的道理，让我一步步往好的方向成长。我知道妈妈是爱我的，我也爱我的妈妈！妈妈的话温柔、铿锵有力，时而如春风拂面；时而如大海澎湃，激励着我乘风破浪、扬帆前行！

父母感言

每次上网课时，孩子妈妈都要守着她、督促她写作业，管得严格一点，母女俩就“争吵不断”，幸好最后都偃旗息鼓了不是妈妈以理服人，就是丫头懂事地去讨好生气的妈妈。看着孩子一天天地进步、一天天的懂事，作为

父母感到非常欣慰。期盼孩子今后开开心心、快快乐乐地成长，活出精彩的人生！（爸爸：马 强）

教师赏评

小作者童心童言，角度新颖，以孩子纯真的角度写出了妈妈两种不同的样子，但无论温柔可亲，还是生气着急，都出自一颗爱孩子的心。可爱趣味的文字背后，小作者读懂了生活的小事，也读懂了表象背后的真情，小小年纪，却有一双善于发现和观察的慧眼。（指导教师：马 莉）

学会做事（在生活中你是否遇到过类似的事，与作者感觉有什么不同？写下来。）______________________

____

____

人际交往中的语言特性

人际交往中的语言所产生的效果，主要决定于沟通者的沟通语言，其效果很大程度上取决于语言表达能力，这就给沟通者的语言修养提出了很高的要求。沟通语言是在生活中逐步形成的语言规律，例如，同一个意思，用不同的方式表达，将产生不同的效果。那么，怎么才能达到沟通的最佳效果呢？这就要注意沟通语言的纯洁性、准确性、激励性、启发性、节奏性，这几种特性统称为沟通语言的艺术性，即“巧妙沟通语言”。

1. 巧妙沟通语言的纯洁性

苏联教育家苏霍姆林斯基指出：“对语言美的敏感性，是促使精神世界高尚的一股巨大力量。这种敏感性，是人类文明的一个源泉所在。”因此，要启迪人们心灵，陶冶人们情操，管理者就是要用醇美的语言去触动人们的心弦，给人以美的享受，使其形成纯洁、文明、健康的心灵世界。

巧妙沟通语言要纯洁、文明、健康。纯洁的语言就是要讲大众话，使人通俗易懂。不讲套话、大话、空话、客套话，诚信为本，实事求是。文明的巧妙沟通就是用语要文雅、优美，语调要和谐、悦耳，语气要亲切、和蔼，使对方听后能产生愉快感，乐于接受。语言健康就是在使用语言时，要切忌一切低级、粗俗的污言秽语。语言是一个人文明程度的表露。语言修养是显示人格魅力的标志之一。

2. 巧妙沟通语言的准确性

巧妙沟通要准确、鲜明、简练。所谓准确，就是要观点明确，语意清晰，发音标准，遣词得当，造句符合文法，推理符合逻辑，用语具有专业性和学术性。所谓鲜明，是指语言要褒贬分明，饱含真情实感，爱什么，恨什么，赞扬什么，反对什么，泾渭分明。所谓简练，是指语言言简意赅。论述简明扼要，提纲挈领；分析鞭辟入里，丝丝入扣；描绘画龙点睛，入木三分；见解独到深刻，令人耳目一新。这样的语言才会具有感染力和吸引力，才能够像春雨一样流入他人心田，同时把美好的思想和科学的知识一道传播出去。

3. 巧妙沟通语言的激励性

巧妙沟通语言作为一种感人的力量，它真正的美，离不开言辞的热情、诚恳和富于激励性的关爱。因此，与人沟通时一定要努力把自己的情感和思想贯彻到话语中去，使“情动于中而言溢于表”，从而“打动他人的心，使他人产生强烈的共鸣，受到强烈的感染”。语言的感情色彩，来源于科学的世界观、人生观，来源于个人对事业的无限热爱，对文化科学知识的强烈渴求，以及对他人的赤诚之爱。据说鲁迅先生的声音并不抑扬顿挫，也不慷慨激昂，但他说的每句话、每个字都充满着感情的魅力，使人们觉得意味深长，引人入胜，使每一个接近他的人都感到有一种信念的力量浸透在自己心里。

4. 巧妙沟通语言的启发性

语言要含蓄、幽默、富于启发性。沟通时如果语言丰富，措辞优美，含蓄幽默，富有魅力，让人置身于语言美的环境和氛围之中，人们就会心情愉快，兴趣盎然，思维敏捷，从而收到良好的沟通效果。

语言是一门科学，更是一门艺术。这就要研究交往对象活动以及每一领域的语言，要研究使用巧妙沟通成功和失败两方面的经验，要研究不同沟通对象的语言特点，研究不同地区方言的特点，还要研究其可借鉴的语言。在研究中，要勤于采集语言材料，善于分析综合语言材料，还应持之以恒地对某一语言现象进行跟踪积累、研究，并对巧妙沟通的效果进行评估。

5. 巧妙沟通语言的语气、声调和节奏性

语言语气、声调的高低，节奏的快慢，也是巧妙沟通的表现之一。语言节奏，要根据沟通对象的情绪而巧妙地控制和调节，使之快慢得当，高低适宜；要巧妙运用语言高低快慢、轻重缓急、抑扬顿挫，来吸引受众的注意力，加深印象，唤起对方思维，帮助对方理解和记忆。当讲到重点、难点或关键的地方，语速应该放慢，语气加重，有高低或停顿的节奏。当沟通场景的秩序出现混乱时，便可有意变换声调，压低或抬高嗓门，使受众者注意力迅速转移到所需的内容上来。

我们应该如何理解沟通语言的艺术呢？

（1）要力求语言的规范化。沟通语言规范与否，不仅影响表情达意的效果，还可以拉近和他人的距离。巧妙沟通要讲普通话，避免讲方言，要做到语言合乎语法规范，避免讲病句。

（2）针对不同对象运用不同语言。沟通时只有正确区分沟通对象，把握沟通对象的特点，以沟通对象的认知水平为起点，才能有的放矢，取得良好的沟通实效。

（3）以口语化语言为主。口语化语言是相对于书面语言而言的，它不仅有声有义，还有语言的轻重、语调的高低、语速的快慢及丰富多变的特点，这样的语言生动活泼、绘声绘色，富有极强的表现力，能有效地起到传递信息的作用，有助于对方的理解。

（4）适当采用修辞方式。词语怎样运用要考虑周全，如何用词才恰当，

句子怎样组织更好，使自己的语言能准确、鲜明、生动地反映要表达的问题，这就是我们常说的修辞。修辞方式有比喻、排比、对比、反复等，不管哪种方式，都能加深对方的印象。

（5）常用幽默性和哲理性的语言。幽默性语言有趣而意味深长，既令人愉快，又富有哲理，能增强沟通者的魅力，还可营造良好的气氛，使对方轻松愉快地接受。

哲理性的语言言简意赅，能准确深刻地表达思想观点，能给人以凝结、深远和理性，更能以理服人、引人思考、催人奋进。

【案例】

一个中国企业家要与一个美国商业伙伴进行谈判。在谈判过程中，中国企业家可能会更加注重礼貌和谦虚，而美国商业伙伴则可能更加注重直接和坦率。这种文化差异可能会导致沟通上的误解和障碍。为了避免这种情况，双方都需要了解对方的文化和语言特性，并尝试用对方能够接受的方式来表达自己的观点和需求。例如，中国企业家可以适当地表达自己的谦逊和尊重，而美国商业伙伴则可以在表达自己的直接意见时，注意措辞和语气，以避免过于冲突或冒犯对方。

在英语交流中，人们更加注重时态和语态的正确使用，而在中文中，人们则更加注重语境和语气的把握。这种语言特性的差异可能会导致在跨语言沟通中出现误解或歧义。因此，在进行跨语言沟通时，双方需要了解对方语言的特性和规则，并尽可能地用对方能够理解的方式来表达自己的意思。

【共同分析】

我们需要了解不同语言特性的差异和应用场景，并尽可能地用对方能够理解的方式来表达自己的观点和需求。同时，我们还需要关注非语言特性在巧妙沟通中的重要性，并善于运用它们来增强自己的表达力和沟通能力。只有这样，我们才能更好地进行跨文化、跨语言、跨行业的巧妙沟通，实现更加有效和顺畅的交流。

拓展阅读

只要努力就是最好

广东省阳江职业技术学院附属实验学校五年（5）班　李梓晴

今年是我读小学的第五年，心中一直有一个疑惑：学习竞争，一定要事事都争第一吗？在这五年的学习生涯里，我也看到了许多同学没日没夜地学习，仿佛只为了争第一。他们学得很压抑、很痛苦。他们似乎忘了学习的初衷。学习是为了培养将来在社会立足的能力，而不是为了短暂的第一啊！

在这五年的学习生涯里，我还看到了许多被父母逼着学习的“鸡娃”。他们仿佛是一台冷冰冰的学习机器；只要不是第一，就被“报错修理”。仿佛他们连最基本的喜怒哀乐都不配拥有！难道不是第一，他们就不是人了吗？！竞争只是学习的过程，第一是暂时的成绩，不能成为评价一个人的标准。我认为竞争的意义不在于时时处处都要争第一，只要努力，不断提高，在挫折中努力与进步才是学习的意义。

我从小就没有运动的天赋。五年级增加了50×8米的运动测评项目。这对于我来说是个高难度的挑战！不要说第一，我连达标都很难。但我并没有轻言放弃，每天都坚持跑步锻炼，每天都会为自己加油、激励自己要坚持跑下去，只希望今天的我比昨天的我跑得更快一点。因为我知道这并不是为了争第一，跑步是为了锻炼自己身体。没有强劲的体魄，将来长大如何在社会立足！生活中我慢慢体会到：只要努力就是最好的自己。

后记

如此看来，竞争只是学习的过程；第一只是学习的短暂成绩；要永远记住学习的初衷——培养将来在社会立足的能力！在学习和生活经历中，我更加明确地懂得如何面对挫折，要自我调整好心态，鼓励自己继续努力并坚持下去，不负期待、不负年华！

父母感言

看到这篇文章，才突然感觉到孩子长大了，已经是一个有自主意识和独立观点的小大人，我非常欣慰。文章从孩子带着疑惑去寻找答案，到终于解开问题；我看到了孩子的不断成长。更让我惊喜的是孩子悟出了竞争的真谛——学习的初衷——培养将来在社会立足的能力。这不就是我们口中说的教育的初心吗？希望孩子在未来的成长中能“不忘初心，砥砺前行”。（妈妈：何 莹）

教师赏评

本文开头提出了心中的疑问——学习竞争，一定要事事都争第一吗？接着，就自己的生活所见、所思，还有亲身经历，逐层深入地剖析、论证，最后得出结论：生活中不是事事都要争第一，只要努力就是最好的自己。文章表达条理，层次分明，观点明确，论证清晰，很有说服力。（指导教师：杨玉英）

学会做事（在生活中你是否遇到过类似的事，与作者感觉有什么不同？写下来。）________________

____

____

跃动的羽毛球

安徽省太和县曙光学校九年级 张宇豪

“十、九、八……”我默数着下课的倒计时，与同桌小龙相视一笑，握紧手中的羽毛球拍

“丁零零——”下课铃声一响，我与同桌犹如高空滑翔而下的游隼，飞一般地冲出教室，把老师的呼唤声远远落在身后。

“今天我可不会再让你了！”我对小龙说道，“哼，就你想赢我还差八百年呢！”显然，小龙对我的挑衅不屑一顾。“那就看看是谁在嘴硬吧。”我这么想着，挥舞起手中的羽毛球拍。

那羽毛球像一只白鸽一样，一会儿飞到这边，一会儿又跑到那边。眼看着要落地时，又总被球拍给打回，随着一声声清脆的响声，空中划出一道道优美的抛物线。一对湘妃色的球拍在空中不断挥舞，驱赶了初冬的微寒，周围的同学们无不为这一场“决斗”叫好。

我脱下外套，用袖子擦干额头上的热汗。小龙空挥一下拍，做了一个扣杀的动作，钩钩手指对我说：“这就不行了？不行就换人……”“就你还不值得我用全部实力好吧。”我回应道。

看着他那挑衅的样子，我不禁有些恼火，重整士气后，我便再一次挥起球拍。

接下来几次发球我便施了一些计谋，故意把球发得远一些，以此来消耗小龙的体力。看着小龙跑来跑去的匆忙样子，我的嘴角不禁微微上扬，正当我以为胜券在握，小龙抓住我发了高球的机会，一个跳跃，挥拍，打了我一个措手不及。那羽毛球从空中划过，迅速地向我这边飞来——不好，这是小龙的绝招！我瞬时有点慌张，手心里也出了一层冷汗。

我盯着那划空而来的羽毛球，右手紧握球拍，几乎是凭直觉地一挥，飞快地将那球送了回去。小龙正在那里庆祝还未到来的胜利呢，就被飞回去的羽毛球给击中了脑袋，所幸力量不大，不过却留下一脸懵的小龙，周围的观众顿时一阵轰笑。

不服气的小龙用球拍指着我说：“刚才是我大意了，有本事再比一场。”我这时还未从接住那一球的结果中反应过来，却仍装出一副“事了拂衣去，深藏身与名”的高深样子来，把球拍交给别人说：“不打了，你太菜了，和你玩没意思。”这下可把小龙气得不行，非得再和我比拼比拼。

这时，上课铃响了，周围的同学们一齐往楼上跑去。我边跑边把球拍往球袋里装，“哎！你们等等我啊……”

后记

在同学的影响下，我从原来的不爱运动，变成了现在每天都要拿拍挥上几拍的人，不过每次和小龙对战总是弱他半分，这一次可算是让我打败他了！

父母感言

通过孩子对于打羽毛球这一件小事的描写，我感受到了他丰富的课余生活以及与同学间和睦的关系，希望孩子能够继续保持，在课间与同学的友好交往中收获到更多有意义的东西。（爸爸：张学栋）

教师赏评

毕业班的学习很紧张，课间时间尤为宝贵。课间羽毛球比拼，不仅是技术的较量，也暗藏斗智斗勇的小计谋。一句“不打了，你太菜了，和你玩没意思。”惹得放学时“哎！你们等等我啊！”把自己孤僻起来，这就是说话艺术的表现。（指导教师：李 洁）

学会做事（在生活中你是否遇到过类似的事，与作者感觉有什么不同？写下来。）________________

____

____

“温泉蛋”遐想

广东省江门市新会尚雅学校八年级 李洛妤

我本不喜欢吃水煮鸡蛋，自从那天，妈妈教我做“温泉蛋”后，开始对煮鸡蛋是日思夜想。

依照妈妈传授的方法，煮的鸡蛋堪称完美：蒸锅里放冷水，水要没过鸡蛋，开大火，当听到鸡蛋被泡泡顶起来又落下去，发出嗒嗒的声音时，就代表水沸腾了，水沸后继续煮 6 分钟，然后关火，焖十分钟，就可以出锅了。

我最享受剥鸡蛋壳的过程。一拿到煮好的鸡蛋，我就屁颠屁颠地跑回房间，拿出尺子或者笔，在鸡蛋壳上敲打，把鸡蛋壳从光滑的球敲成“花开满壳”的蛋型球，用手指甲把一小块蛋壳掀起，壳和里面的一层皮就分离了，重复这个动作，掀开一个大一点的洞，再小心地把那层皮剥开。如果撕得好，这层皮被撕时是在画圆圈，稍稍用点力气，就能连皮带壳撕开。由于一开始就把鸡蛋壳敲得“花开满壳”，连皮带壳撕掉时是一大片一大片的，一整个鸡蛋在这时就几乎剥好了。

有时有些“不太听话”的鸡蛋表面不仅有皮贴着，还有一层薄膜，要怎么办才好呢？我们可以用指腹在鸡蛋上面抚过，拨一下，那层膜就会被搓起来或搓成一条，食指和拇指配合一下就能撕掉。

剥好的鸡蛋完好无损，那是真有成就感！

吃鸡蛋时，我会在鸡蛋上那个略尖的一头咬起，因为蛋白会多一些。第一口不会把蛋黄咬开，下一口就大一些，把蛋黄咬开一点，金黄金黄的，外面那圈颜色浅一点，越到中心越金黄，最中心的一小个圆心，没有完全熟透，那是最美味的，吃完能开心一整天。

后记

因为当时刚好在吃鸡蛋，就想着把这件小事写下来，其实生活中的每一件小事，都是大大的道理。从这个小小的“温泉蛋”中，我懂得了哪怕只是一件小事，中要享受其中，就会发现一天是多么美好。世界极美，一起等雨停，会更美。

父母感言

你是个感情细腻的孩子，把生活小碎片写得这么细致，真棒！生活是最好的素材，好好体验生活！（妈妈：林彩玲）

教师赏评

洛好真的是一位乖巧的女孩子，心思细腻，有一双发现生活美的眼睛，更重要的是，喜欢用自己的行为代替语言，这种默默地与人沟通的方法，难能可贵，另外，她还有一双爱记录生活的手，希望洛好同学继续坚持记录生活，持续热爱生活。（指导教师：吴锦桃）

学会做事（在生活中你是否遇到过类似的事，与作者感觉有什么不同？写下来。）

在激励声中得到提升

广东省珠海市侨光小学四年（2）班　张一轩

有一次我和我的好朋友在篮球赛时分到了一组，我们俩的技术还都挺不错，都想进球多一点为小组争光，并能够得到教练的青睐与表扬。

比赛开始了，刚开始我们配合得非常完美，他一抢到球立马把球传给了我，我也非常争气，投进了一个完美的三分球。大家都为我欢呼着。

可是把球传给我的他却不高兴了。

第二轮的时候，他不像上一次那样配合我，我一拿到球就被他抢了过去，他看都没看，就往篮筐那边冲，完全没注意到旁边有人正在防着他。

“啪嗒”球被对方抢了过去，结果让对方投进了。我们就互相责怪着。因为我们的不团结，比分被对方反超并逐渐拉远。我们终于明白，团队合作不能只表现自己，只有团结合作才能取得最后的胜利，就像第一球那样。

中场休息时，我跟他讲出了我的想法，他点了点头，同意了我的建议，我们俩握手言和。

“嘀……”下半场开始了。我们不再内斗，他一抢到球就传给了我。然后由我投篮。我们俩互相配合，他防守我就进攻。他给我传球，我帮他挡拆。在我们俩的互相配合下，比分慢慢地追了回来。

由于我们在一开始时自我表现浪费了很多时间，最终我们还是输了比赛。

这次比赛，我们虽然没有胜利，但是，懂得了一个道理，竞争并非要事事争第一。尤其在团体活动中，更重要的是团结合作、互相信任、互相配合。

后记

这次比赛虽然没有赢，但是让我懂了一个道理，还赢得的了友谊。更让我深刻体会到朋友之间也需要互相理解、互相鼓励，在竞技环境中，我们是彼此的力量。让我们一起放松心情、绽放青春、团结协作，去迎接新的挑战！

父母感言

亲爱的宝贝你能学会思考、发现问题、解决问题，并能有所受益，是妈妈最开心的事，妈妈希望你能踏踏实实地走好人生的每一步，走出属于自己的精彩人生！（妈妈：邱 宁）

教师赏评

文中对心理变化的微妙描写细致，文笔细腻，行文流畅，从一次篮球比赛中体会到团结合作的重要性。（指导教师：刘飞龙）

学会做事（在生活中你是否遇到过类似的事，与作者感觉有什么不同？写下来。）____

____

____

巧妙沟通语言的三个境界与六个规范

沟通作为人们生活中不可或缺的一部分，无论是在日常生活还是工作场合，都扮演着至关重要的角色。沟通的艺术和技巧，直接影响着人与人之间的理解与合作，甚至决定了事情的成败。我们把“沟通的艺术与技巧”简称为“巧妙沟通”以便人们更好地理解。

巧妙沟通语言包括三个境界与六个规范。

1. 巧妙沟通的三个境界

（1）基础境界：信息传递。信息传递境界的巧妙沟通主要目的是将信息从一个人传递到另一个人。信息内容可能是简单的问候、指示或信息分享。此境界的巧妙沟通要求清晰、准确，确保信息在传递过程中不失真。例如，张三在会议室门口看到李四说："明天上午九点有个会，别忘了。"李四点头表示收到信息。这种简单直接的沟通，确保了会议信息的有效传递。

（2）进阶境界：情感交流。在情感交流境界，要把握的是巧妙沟通不仅是信息的传递，更重要的是情感的传递和交流。沟通者需要理解对方的情感需求，表达同理心，以达到更好的理解和共鸣。例如，王五发现同事赵六最近情绪低落，于是在午休时主动询问："你最近看起来不太开心，有什么事情吗？需要帮忙吗？"赵六感受到了王五的关心，倾诉了自己的烦恼。

种情感交流有助于增进同事间的理解和信任。

（3）最高境界：思想碰撞。思想碰撞境界的巧妙沟通要求双方不仅有信息的传递和情感的交流，还要能够就某一问题或观点进行深入探讨，激发思想的火花，共同寻求真理和智慧。例如，在一次团队讨论中，团队成员就项目方向产生了分歧。大家各抒己见，充分表达自己的想法和观点，最终通过深入讨论，找到了一个既符合项目目标又能满足团队利益的解决方案。这种思想碰撞式的巧妙沟通，有助于团队的创新和成长。

2. 巧妙沟通的六个规范

（1）明确目的。巧妙沟通前要明确沟通的目的和预期效果，确保巧妙沟通具有针对性。

（2）尊重对方。无论对方的身份和地位如何，都要给予充分的尊重和理解。

（3）清晰表达。用简洁的语言表达自己的观点和需求，避免模棱两可和含糊不清的表达。

（4）倾听他人。在巧妙沟通中要学会倾听他人的观点和想法并给予积极的反馈。

（5）控制情绪。在巧妙沟通中要保持情绪稳定，避免因情绪失控而影响沟通效果。

（6）注重效果。巧妙沟通结束后要及时评估沟通效果，对未达到预期效果的巧妙沟通进行反思和调整。

巧妙沟通是一门艺术，需要我们在实践中不断学习和提升。通过理解巧妙沟通的三个境界和六个规范，我们可以更好地应对各种沟通场景，提高巧妙沟通效果，促进人际关系的和谐与发展。

【案例】

一名销售代表在向客户介绍一款新产品时说："这款新产品具有以下特点：首先，它采用了最新的技术，能够提高工作效率；其次，它的设计非常人性化，使用起来非常方便；最后，它的价格非常实惠，适合各种预算。"这种表达方式简洁明了、具体明确、逻辑清晰，使得客户能够很容易地理解你的意图。

一名演说家在环保大会上演讲说："地球是我们共同的家园，我们应该像爱护自己的眼睛一样爱护它。只有通过共同的努力，我们才能够保护这个美丽的家园，让它永远充满生机和活力。"这种表达方式生动形象、情感丰富、修辞手法多样，能够很好地打动听众的心灵。

一名作家，在写一篇关于人生的散文时写道："人生就像一场旅行，我们都在不断地寻找自己的方向和目标。有时候我们会迷失方向，但只要我们坚持不懈地追求自己的梦想，就一定能够找到属于自己的道路。"这种表达方式隐晦曲折、意蕴深远、文化内涵丰富，能够很好地引起读者的共鸣和思考。

【共同分析】

从以上案例，我们不难看出巧妙沟通在各种场合的作用，"良言一句三冬暖，恶语伤人六月寒"，同样是一句话说到对方心里，皆大欢喜，不会沟通则可能把事情搞砸。以上案例中的三位就是注意了沟通的技巧，用巧妙的沟通方法，达到客户满意，获取成功，在日常生活中，这样的案例不胜枚举。

拓展阅读

从小种个作家梦

重庆市合川区高阳小学五年级　陈宇航

升入五年级以后，自肖老师接手了我们班的语文课，我的作文水平直线上升。肖老师直夸赞我，并把我的作文当范文来读，甚至其他班的同学也来借我的作文参考，我再也不怕写作文了。

今天大课间后，老师满面春风地走进教室，我知道一定是有好事发生。还没等同学开口问，老师就快步走上讲台，大声宣布："恭喜陈宇航的作文被《快乐日记》收录了！刚刚收到用稿通知，希望同学们也能向他学习，争取进步！掌声鼓励！"

我简直不敢相信这是真的，自认为我的作文再好，也就在本校比较突出，没想到还能在正式刊物上刊登？我仿佛被冻结了似的，1 秒、2 秒、3 秒……不知过了多长时间，我的脑细胞才复活，我开始热血沸腾，同学们为我鼓起掌来。老师将手中的钱在空中一举："这是陈宇航的稿费，提前奖励，请小作者上来领取。"太兴奋了！我能通过自己的劳动获取报酬！我可以不用妈妈给我零花钱了！我迈着轻盈的步伐，一蹦一跳地走上讲台，双手接过稿费，90° 鞠躬，感觉自己得到的不仅仅是人民币，还是一张大奖状、一份荣耀。

本想压抑住内心的喜悦，表现出谦虚的样子，但内心深处的喜悦还是像火山爆发一样冲了出来，我傻呵呵地笑个不停。

我下定决心，还要继续读书练笔，让我的作文能飞向更多的报纸杂志。长大后，我要成为一个作品能被选编进语文课本的大作家！

后记

我有一个作家梦，我会用最大的努力浇灌它，使它开花结果。就算前行的道路有着千难万阻，我也会一往无前。

父母感言

有句话说得好，不是现实支撑了你的梦想，而是梦想支撑了你的现实，只要拥有梦想，尽全力去实现，就有成功的希望，加油，去勇敢地攀登它吧！（爸爸：陈 川）

教师赏评

让学生体会成功的喜悦，创造机会让他们体会成长的幸福，这是教师的责任和义务，让学习真实发生，而不仅是知识的传承，更是理想的根植。（指导教师：肖晓旭）

学会做事（在生活中你是否遇到过类似的事，与作者感觉有什么不同？写下来。）____

____

____

让青春洒在汗水里

河北省廊坊市固安县第四中学初三（2）班　王芮杨

青春是什么？是春天的生机，是盛夏的热烈，是金秋的硕果，也是寒冬的希望，是谱写乐歌奏响胜利的华章。

在不知不觉中，青春如流水一般在我们的指间悄然滑过，当青春的明眸变得和潭水一样深沉、一样明净的时候，那里面似乎少了一些什么，又似乎多了一些什么，流逝的是孩提时的天真与无忧，溢出的是成年人的思索和向往。在我看来，青春如同一座高耸的山，为什么我爱不上这座山。也许这是对我遇到困难就退缩、就放弃的一种批评；也许是我自己的一种叹息，在以后的人生路上懦弱、恐惧，是否只能做一个失败者？

带着以上的思索，我气喘吁吁，挥汗如雨地蹒跚在爬山的路上，脑海里几乎一片空白，爬着爬着……脑海里总是闪现出“不想再爬”的念头。此时此刻，耳边似乎响起贝多芬的经典曲目《命运交响曲》。啊！当挫折向音乐家发出狂虐的咆哮之时，他没有选择逃避，而是进行顽强的反击。

我不禁暗下决心：我要坚持下去，做自己的英雄，我有我自己不断坚持的青春。

坚持是一种坚定的意志，坚持是不达目的，决不罢休的信念！渐渐地，我慢慢往上爬，石阶越来越陡，我越爬越累，脚步也越来越重，感觉好像被捆上了沙袋，每爬一步似乎都要用尽全身的力气……抬眼望去，又到了一个高高的山峰，我……乱了阵脚。

妈妈走到我身边轻轻地说：“不急、不急，坚持就是胜利”，一句暖心的话，激励着我不急不躁，调整呼吸，继续前行。

春风熏暖，好像听到浅斟低唱的歌声。我知道，我深深地知道，这或许是一种幻觉，或许是一种暗暗的激励，我鼓起勇气，心之所向，素履以往，不再理会路上有多少坎坷和艰难，我的脚步渐渐稳了，呼吸的节奏感也慢慢找到了，心中只有一个信念：山再高，路再险，我都要爬上去，勇往直前地爬上去。

“爬山是一种意志的锤炼，是成功与失败的抉择”我的耳边似乎闪烁着若干种批评与叹息，就像暮春的荼蘼，但绝不是时光尽头的盛放，它是新的季节、新的生命、新的起步。

我的心渐入佳境，经过坚持不懈的努力，不断地攀爬着、攀爬着……不畏艰难，我终于登上了山顶。我看着一望无际的天空，美丽的云海，心里充满了一种难以用语言表达的成就感，我感到自豪，感到无比快乐，心里不停地默念：坚持就是胜利，坚持是一种力量，如果没有这份坚持，我就无法看到这山顶的美丽，就体会不到“会当凌绝顶，一览众山小”的豪迈。

我心里顿生愉快，而且这是从内心深处油然而生的愉快，让我不得不大声疾呼：我要把汗水洒在青春里，把青春写在坚持里。

后记

爬山的过程告诉我：唯有把汗水洒在坚持里，才会获得一个个成功，才会使青春更美丽，把青春洒在汗水里，才会换来你要的所有。

父母感言

每逢过节我们家的必修课就是“爬山”。“爬山”这项活动孩子们越来越喜欢，不仅磨炼孩子的意志、锻炼身体，还会促使孩子热爱生活，享受大自然的美妙，爬山的过程充满了乐趣，也彰显了一个地方的乡土风情，孩子们可以在新事物中刷新认知，这不仅有传承的魅力，更是文化自信的表现。（妈妈：姜艳辉）

教师赏评

小作者把爬山的过程写得具体生动，读起这篇文章，好似欣赏着作者眼里的风景乡情！文章结尾更是一大亮点，“把坚持写进了青春里，让青春洒在了汗水中”，点明爬山不仅是锻炼身体，也是永不言败的一种精神传递，更是中华传统文化的传承，深入人心的启示让更多人去体验、去追求。（指导教师：肖晓旭）

学会做事（在生活中你是否遇到过类似的事，与作者感觉有什么不同？写下来。）______________________________

____

____

吵架风波

浙江省台州市路南小学六年级　罗琳竣

那天晚上，我正窝在沙发里舒服地看电视，突然老妈怒气冲冲地冲我跑来，把她手机甩在我面前斥责道：“你还看得下去电视？看看你这单元语文成绩都跌成什么样了！”

我语文成绩一直都不理想，所以她老是拿这些话来批评我。我告诉自己尽量保持冷静，故意边掏着耳朵边看电视，一脸平静地输出："妈，这些话你已经说了很多遍了，也说了很多年了，我的语文成绩一直这样，别老是这么紧张！"

没想到听完这话，妈妈怒气更盛："反了天了，你还有理由？从今天开始，你再也不准碰任何电子产品，除非成绩明显上升。"

说完，她转过身，来到电视机前，身子一蹲，马步一扎，再来个托举，就把我们家几十寸的大液晶电视给卸了下来！

没想到平时柔弱的母亲，此时力量可以这么强大，看着突然光秃秃、白茫茫的墙壁，我怒火中烧："妈，你什么意思？你怎么能随便拆电视？既然你不让我看电视，你也别玩手机了！"说时迟那时快，我一把抢过刚才她放在沙发上的手机，高高举起，重重摔下——"砰"的一声——手机开瓢了，屏幕摔了个粉碎——那一刻，空气变得异常安静，似乎有看不见的火药随时要炸裂开来。

这时，一直在卧室里待着的老爸似乎也发现了不对劲，走了出来，他一看到这样的局面，就明白了三分。于是他板着脸让我给老妈认错。可那时我们娘俩针尖对麦芒，我是非常不情愿的，转过身便往自己房间走去，"砰"的一下把门给关了。那天晚上，我躺在床上怎么都睡不着。

半夜，我起来上厕所时，经过了妈妈的房间，听到里面传来她的哭泣声，这么晚了，妈妈还没有睡吗？知道了，她肯定是在心疼钱，明天她又要买一部新手机了。

第二天一早，我们娘俩依然谁也没理谁，但是我却看到她的眼睛上多了两个黑眼圈。

一连几天，我发现妈妈的神色越来越暗淡，我感觉到事情有些不太对了。那天，趁妈妈出去扔垃圾的时候，我忍不住问爸爸，妈妈怎么了。

爸爸说："还不是因为你上次考太差了，妈妈担心你以后考不上初中，那以后的日子该怎么过？你那么大孩子了，也该考虑一下妈妈的感受了……”

爸爸的话像一记重锤敲在了我心上，后面的话我已经听不进去了。

第二天是周末，写完作业之后，我特意来到妈妈摆摊的市场上。很快找到了妈妈。我一开口，便发现自己的声音有些哽咽：“妈……晚上……早点回家。”

妈妈听后先是一愣，然后故作轻松：“嗯，知道了，晚上想吃啥，妈给你做。”

“嗯……还是你最擅长的油爆大虾吧。”

“行，早点回去写作业吧！”

“好！”我笑了，妈妈也笑了。

后记

有一首歌唱得好：听妈妈的话，别让她受伤……是啊！爱，就是不伤，要把更多的温暖给对方，家人之间相互有爱、体谅，才是我们幸福生活的前提。

父母感言

琳竣一直是个大大咧咧的男孩子，从来没想过，他还有这样心思细腻的一面。看完文章后，我的内心也很感动。（爸爸：罗永曙）

教师赏评

小作者把自己不懂事的一面展示得淋漓尽致，也把自己的后悔与歉意含蓄委婉地表达出来，不仅能吸引读者注意力，在最后也会发出会心一笑。（指导教师：蒋丽琴）

学会做事（在生活中你是否遇到过类似的事，与作者感觉有什么不同？写下来。）

替写作业

安徽省阜阳市太和县民安路小学五年级　李鑫芮

“你的作业怎么能让别人做呢？！……”孙老师严厉地批评着李李糖。李李糖噘着嘴，低着头，眼眶周围发红，看着特别想哭的样子。

事情还要从昨天说起。在上小自习的时候，大家都在写数学课堂作业，我的同桌李李糖发现她的课堂作业本不见了，书包、抽屉找了个遍，也没找到。李李糖心急如焚，她对我说：“李鑫芮，我的课堂作业本丢了，快去帮我跟王老师说一声。”听着她那命令的语气，我十分不乐意，更何况我正忙着写作业呢。我没理她，继续写作业。“快点，快去。”她的声音再次传入我的耳中，我知道，她怕老师批评，自己不敢去。但是，谁让我们是好朋友呢，我只好极不情愿地去和王老师说了。

本以为事情就这样结束了，可今天王老师让李李糖补写作业。李李糖想了个歪点子:“李鑫芮，我今天的作业没做完，你帮我补写昨天的吧？”我一听，瞪大了双眼，心里嘀咕着：“亏你能想出来，你的作业，我怎么能帮你做？”但我怕拒绝她，她会生气，所以我没说话。

到了最后一节课后服务课，她又提起了让我帮她写作业的事。我想：反正我的作业做完了，就帮她做吧。于是我同意了。

我接过她的作业本，奋笔疾书。我写错了一个字，便向李李糖借用消字笔。她低着头，手忙脚乱地在抽屉里翻找，这么大的动作，被班主任孙老师看见了。

孙老师来到我们面前，事情败露了。我一五一十地把事情的来龙去脉告诉了孙老师。孙老师狠狠地批评了李李糖一顿，并瞪了我一眼。

后记

虽然孙老师没有批评我，但我知道我错了。因为帮助别人固然是好事，但要分清是非，只有这样，才能真正做到帮助别人，让自己和别人都受益。我知道错了，我不该帮同学做作业。

父母感言

孩子回家向我讲了事情的经过，我告诉她，下次可不能这样了。逢事要为别人想想，多做一些舍己为人的事，少做或者不做“舍人不利己”或者“舍己不利人的事”，同学之间的团结友爱很重要，但不能没有底线，否则不仅对自己不利，也害了同学。（妈妈：刘婷婷）

教师赏评

这篇作文本是李鑫芮同学的检讨，我让她修改一下，就成了这篇作文。她以细腻的笔触、倒叙的写法、流畅的语句，写出了一次“帮助”好朋友做作业的全过程。从这件事中，她认识到了自己的错误。（指导教师：孙献山）

学会做事（在生活中你是否遇到过类似的事，与作者感觉有什么不同？写下来。）

巧妙沟通语言的原则与技巧

巧妙沟通是人与人之间交流思想和情感的过程，是建立良好人际关系的重要手段。在巧妙沟通中，我们需要遵循一些原则，掌握一些技巧，才能更好地达到巧妙沟通的目的。

1. 巧妙沟通的原则

在日常生活中，巧妙沟通是我们与他人建立联系、传递信息、解决实际问题和达成共识的重要手段。然而，巧妙沟通并不总是自然而然地发生，而是讲究方式方法、策略，在充分了解对方心里的情况下，采取的一种沟通方式，就像前面所述：同样的话，在不同的环境，有不同的方式表达，其效果截然不同，因此，巧妙沟通需要遵循以下十大原则。

（1）明确目标。在开始沟通之前，明确想要达到的目标非常重要。这有助于集中精力，选择合适的巧妙沟通方式和内容。

（2）尊重他人。尊重他人的观点、感受和意见是有效沟通的基础，与对方沟通时应该以开放、包容的心态去倾听对方的想法，并尊重对方的权利。

（3）清晰表达。清晰、简洁地表达自己的观点和想法是有效沟通的关键。避免使用模糊或含糊不清的语言，确保信息能够被准确理解。

（4）倾听和理解。倾听他人的观点和想法是有效沟通的重要组成部分。我们应该积极倾听，理解对方的立场和感受，以便更好地回应和解决问题。

（5）避免情绪化。情绪化的沟通往往会阻碍有效的信息传递。我们应该保持冷静，理性地表达自己的观点，避免情绪化的言辞和行为。

（6）尊重隐私。在巧妙沟通中，我们应该尊重他人的隐私，不泄露他人的个人信息或敏感信息。这有助于建立信任和良好的关系。

（7）保持开放心态。保持开放的心态是有效沟通的重要原则。我们应该愿意接受新的观点和想法，不断学习和成长。

（8）建立信任。信任是有效沟通的基石。我们应该通过诚实、可靠和一致的行为来建立信任关系，这将有助于减少误解和冲突。

（9）尊重文化差异。在跨文化沟通中，我们应该尊重文化差异，理解对方的文化背景和价值观。这将有助于我们更好地理解和沟通。

（10）持续改进。巧妙沟通是一个持续的过程，需要我们不断学习和改进。时刻反思自己的沟通方式和效果，寻找改进的空间和方法，以实现更有效的沟通。

2. 运用修辞手法的巧妙沟通技巧

在人际交往中，口头语言和书面语言都称为沟通，在人与人之间的交往中都是至关重要的。我们在沟通中巧妙地运用修辞手法则是增强沟通效果的有力工具。巧妙沟通常用的修辞手法有以下 10 种。

（1）比喻。也就是打比方，将抽象的概念具体化，使对方更容易理解。如我爱你有多深，月亮代表我的心；我爱你就像老鼠爱大米。

（2）拟人。通过赋予事物以人的特征，使描述更加生动形象，将无生命的物体赋予人的特性，可以使描述更加生动有趣。如风儿轻轻地吹过树梢，树叶随风摇曳，仿佛在为她的到来欢呼雀跃。

（3）夸张。通过夸大或缩小事物的特征，更形象地强调事物的本质属性。如，《望庐山瀑布》中“飞流直下三千尺，疑是银河落九天”。

（4）对偶。将两个结构相似、意义相近的句子并列使用，使表达更加工整、有力。如，“人生若只如初见，何事秋风悲画扇”。

（5）排比。通过使用三个或更多结构相似、意义相近的句子，形成一种有节奏感、气势磅礴的表达方式。例如，风在吹，雨在下，雷在响，电在闪，雨露滋润着大地，狂风呼啸着大地，闪电照亮着大地，雷声震撼着大地。

（6）反问。通过问句的形式表达肯定或否定的答案，以增强语气和强调观点。例如，难道你不认为这样做是错误的吗？

（7）设问。通过自问自答的方式，引起读者的注意和思考。例如，什么是成功？是名利、地位，还是内心的满足？

（8）引用。通过引用一些名人名言、成语、谚语等，增加表达的说服力和权威性。例如，正如古人所说：“读万卷书，行万里路”。运用“引用”要特别注意：一定要写明引用的出处，否则，就会被定义为“抄袭”。

（9）反复。通过重复使用相同的词语或句子，可以增强语势，突出强调某种情感或观点。如春天来了，花儿开了，鸟儿叫了。就是通过重复使用“了”这个词，表达了春天到来的喜悦和生机。

（10）借代。通过借用某物的特征或属性来代替整体或部分，使语言更加生动、形象。例如，他的脸色像一张白纸，苍白无力。

【案例】

李华是一名项目经理，负责一个跨部门的大型项目。在项目初期，由于各部门之间存在沟通障碍，导致进度严重滞后。李华意识到问题的根源在于沟通不畅，于是他主动组织了一个跨部门沟通会议。

在会议上，他运用倾听、提问和反馈等沟通技巧，充分了解了各部门的需求和顾虑。通过巧妙的沟通技巧，他成功地协调了各方资源，推动了项目的顺利进行。最终，项目在规定时间内成功交付，获得了客户的高度评价。

【共同分析】

从以上案例我们可以看出，掌握沟通的原则与技巧对于个人和组织的成功至关重要。首先，通过有效的沟通，我们可以了解他人的需求和想法，从而找到解决问题的最佳方案；其次，遵循尊重、理解和关爱的沟通原则，我们可以赢得他人的信任和尊重，进而建立和谐的人际关系；第三，沟通是个人和组织发展的基石。在职场中，良好的沟通能力可以帮助我们获得更多的机会和资源，推动个人和组织的快速发展。

拓展阅读

沟通圆我演出梦

重庆市酉阳土家族苗族自治县民族小学六年（19）班　潘思妍

去年，我作为酉阳的获奖代表，参加了全国“中华魂”（中华好家风）主题教育夏令营。

这次夏令营，我们观摩了全国各地选手演讲成果展示，参观了故宫、北京图书大厦、中国科技馆，观看了天安门前的五星红旗冉冉升起，登上了八达岭长城，还在晚会上朗诵了《带着梦想出发》的优美诗篇。

下午5:00，距离晚会候场时间只有一个半小时了，我却遇到一个自己无望解决的大难题：要求朗诵时统一穿长裤。因为天太热，我压根儿就没带长裤。这时出去买，时间不允许，而且对北京一点儿都不熟悉；请人帮我买，不现实，在北京根本没有亲戚朋友；找人借，开不了口……我的眼泪顿时掉了下来。

我十分无奈地给妈妈打电话，期待她帮我解决。电话打通了，妈妈慢声细语地说："夏令营活动手册上有老师的联系电话，你可以打电话给负责行程的毛老师，请她帮忙啊。她是个和蔼可亲的人，默默关注着你们每一个人呢！"我颤抖着回复："妈妈，我不敢！"没想到妈妈语气很严肃："与人沟通是人生重要的能力，我相信你能行，一定能行的！"说到这，妈妈"咔嚓"一下就把电话挂了。我没辙了，只好翻开夏运营活动手册，鼓起勇气给毛老师打电话，没想到毛老师很愉快地答应我："没问题，我来想办法。"5:20，毛老师告诉我："你马上到隔壁房间去拿你要穿的长裤吧！"啊！只有10分钟，我感觉十分无奈的事，竟然一通电话解决了。

晚会上，我身着橙色营服、黑色长裤，和重庆团其他人一齐高声朗诵《带着梦想出发》。我们还大声讲述了我们在"中华魂"的指引下成长和蜕变的经历，喊出了我们立志报效祖国，以实际行动传承中华美德、践行"强国有我"责任担当的铮铮誓言。

现场响起了经久不息的掌声。这掌声不仅是对我们重庆团精彩表演的赞美，更是对我勇敢跨出那道"沟通门槛"的鼓励。是啊，大胆与人沟通、寻求大家帮助，就没有解决不了的问题。

乘着大巴回酒店的路上，我久久地回忆着难题解决的经过，心里暗暗地想：沟通确实是一门艺术。妈妈充满鼓励的沟通，促使我勇敢地与毛老师对话。毛老师那简短而给我带来希望的一句"没问题，我来想办法"让我如释重负，从而获得成功。是啊，是成功沟通圆了我在北京舞台上朗诵的梦。

后记

在我们的学习和生活中，遇到困难和挫折时，我们要大胆地与人沟通，找到解决方法。现在回想起来，给毛老师打电话之前我是忐忑不安的，因为自己只是小县城一个名不见经传的学生。没想到，我在电话中说明情况后，毛老师那么爽快地答应帮我想办法解决，这让我感到特别温暖。原来，巧妙沟通不管熟悉还是陌生都能拉近人与人之间的关系。

父母感言

第一次离开父母，到举目无亲的北京参加集体活动，不想失去上台的机会，不想在集体中“与众不同”，又不敢向老师、同学寻求帮助。孩子当时的无助可想而知。因此，一听到孩子哭哭啼啼地求助，我立马安慰她、鼓励她，说毛老师和蔼可亲，她默默地关注着每一个孩子，还多次给妈妈说她在集体活动中表现如何的优秀。这样让她克服畏难心理，敢于沟通。果然，她迈出了那一步，通过沟通解决了难题。（爸爸：潘 洪）

教师赏评

“良言一句三冬暖”。妈妈的鼓励给了孩子与不熟悉的人沟通的勇气。毛老师的承诺，温暖了孩子幼小的心灵，给孩子永不磨灭的记忆。文中无论是妈妈还是毛老师，都让孩子备感温暖，勇敢地突破自己。有了这次体验，孩子遇事一定会勇敢地表达与交流。潜移默化中，孩子也学到了沟通的技巧，比如，怎样安慰他人，如何建立交流的自信心等。（指导教师：梁 丹）

学会做事（在生活中你是否遇到过类似的事，与作者感觉有什么不同？写下来。）

戏剧节之旅

广东省汕头市金平区私立广厦学校五年级　麦铮涵

今年学校举办了戏剧文化节。我们班演绎的是《三国演义》中《蒋干盗书》这个故事，我终于当了回主角——周瑜。

戏剧节是在星期一的下午举行。我们班是最后一个上场表演。我和班里的演员们换好了服装，化好妆，坐在观众席旁边等候上场。此时，我的心情是既兴奋又紧张，额头都冒出了汗水。

为了缓解紧张感，我紧握着双手，来回地不停摩擦，努力地让自己平静下来，心里还不停地默念着："不要紧张，不要紧张……"脑海中，仿佛有两个声音不断地拉扯："你那么紧张，肯定会出糗的，嘿嘿，出糗……""不会的，放轻松，上了台正常发挥就可以，加油！"

"哇哇！"一阵阵欢呼声打断了我的纠结，台上的表演实在太精彩了！我转移了注意力，认真地观看起来，将其他班级表演好的地方牢牢记在脑里，慢慢地紧张的心情也随之消散。

时间一分一秒地过去，轮到我们班上场了。我努力克服了心中的恐惧，将自己投入角色里面去，深吸一口气，迈着优雅的步伐，自信地走上台。这场戏的内容是周瑜定下反间计，假装喝醉，设局让蒋干偷书信。我和"蒋干"拿起酒杯一起"喝酒"，喝醉后，同榻而卧，闭上眼睛，睡着大觉。

这时，观众席传来议论纷纷的声音："他们在干吗呢？""他们在睡觉？""他们不像在睡觉啊！"听到这，我急得像热锅上的蚂蚁："这怎么办呢？怎样才能演得像真的睡觉呢？"突然我脑子一转，立马发出呼噜声，同学们顿时哈哈大笑。

为了吸引观众的眼球，我还给自己加了一些小动作和台词。演到"蒋干"偷书信的环节，我眯着眼睛看了一下，"蒋干"正在藏书信。

我灵机一动，嘴角不自觉地翘了一下，假装呓语了一句："子翼，我数日之内，定叫你看曹操首级！""蒋干"也相当配合我的表演，他直接趴在了地上，动都不敢动，直到我的呼噜声再起，他才爬起来，偷偷摸摸走下台。

台下的同学和老师看着我们滑稽的动作都不禁哈哈大笑，刘老师也为我们精彩的表演鼓起了掌。

后记

我们的表演在同学们的欢笑声和掌声中落下了帷幕。这一次表演让我对《三国演义》又加深了了解，而且在一次又一次的排练中，我收获到许多书本中学不到的知识。

父母感言

今年我很高兴，能在孩子身边帮他准备上台表演的服饰。这是第一次他在我面前试穿表演服，我感到十分满足。令我感到遗憾的是未能在戏剧节的现场观看孩子的表演，通过了他写的这篇作文，我犹如亲临现场。

教师赏评

对于小朋友来说，每一次表演都是宝贵的经历。铮涵能把自己的表演经历用文字的形式记录下来，让我们仿佛能看见一个小周瑜正摩拳擦掌，既紧张又激动，打算上台大展身手。这真是一份宝贵的记忆。（指导教师：蔡泽嘉）

学会做事（在生活中你是否遇到过类似的事，与作者感觉有什么不同？写下来。）

赛陀螺

浙江省湖州市练市小学五年级　沈淏雨

“丁零零”，随着老师一声“下课”，小花园里热闹起来了，跳绳的、猜拳的、玩你陀螺的……应有尽有。

说到玩陀螺，我就来劲了，我们做陀螺的方法很简单，一个用完的修正带，加上一根用完的中性笔笔芯就行了。做好后，我们会拿一个小盒子做竞赛场，由两位选手放出陀螺，谁的陀螺先停下谁就输。

有一次课间，我刚刚做了个简易陀螺，就遭到同学的挑衅，“哼！谁怕谁，你来啊！谁输谁学狗叫。”说着我就拿出自己的陀螺。但当他拿出陀螺时，我惊呆了，他的陀螺竟然比我的大了好几倍，让我一阵心虚。这回惨了，学狗叫的人该是我自己了。

在十几个人的目光下，我忐忑地放入了陀螺。他的陀螺比我的高好多呢，我正着急，却发现对方又高又大的陀螺没法打到我的，反而是我又小又矮的陀螺能打到对方，我一阵窃喜。真是“尺有所短，寸有所长”，有时候优势反而变成了劣势。

后记

十几双眼睛死死地盯着赛场里急速旋转不断碰撞的陀螺，我和对面的同学也紧张得满脸通红，周围的同学兴奋地在为我俩的陀螺加油助威。时间一分一秒地过去了，对面的大陀螺终于在不断的碰撞中撑不住倒下了，我赢啦！

父母感言

有时候优势也会变成劣势，劣势反而能变成优势。生活真是太奇妙了！孩子在玩这件事上可真是没有创意瓶颈。废物利用的同时，还锻炼了动手能力，获得了实践经验，真是玩中长才干！（妈妈：徐永妹）

教师赏评

用自己动手做的简易陀螺赛出了一个真理，真是实践出真知啊！淏雨同学语言幽默富有灵气，运用动作、神态、语言、心理等多种描写把赛陀螺的紧张激烈写得活灵活现。（指导教师：童红英）

学会做事（在生活中你是否遇到过类似的事，与作者感觉有什么不同？写下来。）______________________________

____

____

烤饼余

浙江省杭州市西子湖小学九溪校区五年级　余梓萱

我的爸爸姓余，做烤饼已经近20年了，让他做个饼，那就是小菜一碟。

平日做完作业后，我的爱好就是“观摩”爸爸做饼。

客人要上一个饼，他“哎”一声应下，迅速取出一团面，“刷”地往面板上撒点面粉，把面一揉，一搓，一压，又舀起一大勺肉，加些梅干菜，左手转面团，右手快速动着，三两下就成了一个面球。爸爸手速太快，看了许多次，我至今没搞明白团成球的步骤，只看得惊讶不已。接下来再蘸上点白糖，关于这点，我还特意问过爸爸：“加白糖干什么，加了不就成甜的了嘛？”但爸爸却自信地回答：“不不不，我做了这么多年的饼，最终得出结论，必须得加点糖，这是烤饼好吃的秘诀，能提鲜！”

蘸上糖后爸爸就开始擀饼。随着擀面棍的前后运动，面团变成面饼，那声音清脆而响亮，到最后，饼薄到极致，我总是担心馅儿会露出来。嘿，可一次没成真，它就是不会露馅儿。

开始贴饼了，爸爸轻松取下案板上的面饼，一鼓作气一甩，只听“啪”一声，饼就完美地贴在了炉壁上。这手艺，总能把顾客都看呆了。他们张望着炉口，用惊讶的语气询问会不会掉下来。自然是不会掉的，至少我一次都没遇到过。顾客也总会问：“难道不烫吗？”爸爸的回答我都能背出来了，“做得多了也就习惯了，就算烫也得做呀，还得养家糊口呢！”说完，便憨憨一笑，嘴角咧到耳根。每到此时，我也跟着笑，笑得比爸爸还开心。

大约两分钟过去了，饼的颜色也变得金黄。爸爸拿起钳子轻轻松松就将饼夹了出来，套上袋子，递给客人。那香气四溢，直直飘进了我的鼻子，让我口水直流。按说，我至少也吃了不下几百次了吧，可好像永远都吃不腻，烤好的饼外脆里嫩，色泽金黄，美味可口，令人回味无穷。在旁吃饼的客人也连连称赞爸爸做的饼好吃，一个劲儿表扬：“还是你家的好吃！还是你家的好吃！”然后和我一样，吃了一个又要一个。这时，爸爸更忙了，炉子边围满人，吃着笑着。

我的爸爸“烤饼余”，总是套着那双蓝袖套，系着那条红围裙，在那辆小三轮车边的炉子旁笑着做饼。

后记

我来自衢州的一个小山村，直到小学三年级爸爸妈妈才有能力将我接到杭州，我一直很佩服爸爸坚持不懈、为了养家糊口付出一切的精神，看我的爸爸做烤饼时的样子，我的内心总是带有起伏的，既心疼又自豪。看着爸爸做烤饼，我也总是很幸福的。

父母感言

看着孩子把爸爸做饼的整个流程写了出来，着实太惊讶了，不禁让我们感叹孩子平时在生活中的观察细致入微。看完文章后一股暖流涌入心间，她简单的字里行间流露出对爸爸深深的敬佩和爱戴，看着她用心体会爸爸的坚强与不易，猛然间感觉孩子长大了，又惊喜又感动！（爸爸：余新建）

教师赏评

小作者拥有一双生活慧眼，留心观察身边的人和事，积累丰富；也有一个玲珑心，感受父亲的憨厚朴实，体贴父亲的辛劳操持，尤其是描写父亲用行为语言与客人沟通的细节，字里行间不说爱，却处处洋溢着温馨的爱，父亲与家庭的爱，与“我”的爱，“我”对父亲的崇拜与爱，那是世间最美的画面，真实、温情、暖人心。（指导老师：胡旭美）

学会做事（在生活中你是否遇到过类似的事，与作者感觉有什么不同？写下来。）______

______

______

巧妙沟通语言的九大学问及注意事项

巧妙沟通，即会说话。其中的学问很多，也是办事成功的关键。诸如：有时想说而不能说、有时想说而不该说、有时想说而不会说、有时想说而不敢说等等。在日常生活中，我们常听到这样的话：“别计较他，不会说话”“他就这样直筒子，说话不拐弯”“这种人得罪人了，都不知怎么回事”。人们通常把这种现象称为“不会说话”，他（她）又不是哑巴，怎么不会说话呢？实际上就是没有掌握和理解沟通的技巧，即巧妙沟通。

会说话即掌握沟通技巧，可以流利地表达自己的意图，把道理说得清楚，说得动听，使人乐于接受，为人处世样样精通，再难的事，通过巧妙沟通都会迎刃而解，反之，不会说话的人，同样一件事，容易搞砸，这就是巧妙沟通的作用。

1. 巧妙沟通语言的九大学问

巧妙沟通是一门艺术，也是日常生活中必不可少的一项技能。然而，要想在沟通中达到预期的效果，我们需要掌握巧妙沟通的九大学问。

（1）倾听是巧妙沟通的第一要素。在交流中，我们需要认真倾听对方的观点和意见，理解对方的情感和需求。只有当我们真正理解对方的意思时，才能做出正确的回应。

（2）清晰表达是巧妙沟通的关键。在表达自己的观点和想法时，我们需要用简洁明了的语言，避免使用复杂的词汇和句子结构，以免让对方感到困惑。

（3）情绪管理是巧妙沟通的重要组成部分。在交流中，我们需要控制自己的情绪，避免因为情绪波动而影响沟通效果。同时，我们也需要关注对方的情绪变化，以更好地理解对方的情感和需求。

（4）非语言沟通在沟通中同样重要。除了语言之外，我们的身体语言、面部表情、声音语调等都会影响沟通效果。因此，在交流中，我们需要保持自信、放松的身体语言，以及清晰、稳定的声音语调。

（5）尊重是巧妙沟通的基础。在交流中，我们需要尊重对方的观点和意见，避免对对方进行攻击或贬低。只有当我们尊重对方时，才能建立起真正的信任和合作关系。

（6）同理心是巧妙沟通的核心。在交流中，我们需要站在对方的角度思考问题，理解对方的情感和需求。只有当我们具备同理心时，才能更好地与对方沟通和交流。

（7）有效反馈是巧妙沟通的必要条件。在交流中，我们需要及时给予对方反馈，让对方知道我们的想法和意见。同时，我们也需要听取对方的反馈，以便更好地调整自己的沟通方式和方法。

（8）建立良好的第一印象是巧妙沟通的重要环节。在初次交流中，我们需要给对方留下良好的第一印象，以便为后续的交流打下良好的基础。

（9）持续学习和提高是巧妙沟通的永恒主题。沟通技能需要不断地学习和提高，需要不断地总结经验教训，以便更好地应对各种复杂的沟通场景。

2. 巧妙沟通的注意事项

在日常生活中，与人巧妙沟通还要特别注意以下几点。

（1）倾听是有效沟通的关键。倾听时应该全神贯注地关注对方，不要打断对方，不要过早地表达自己的观点。我们应该学会站在对方的角度思考问题，理解对方的情感和需求。

（2）清晰表达的重要性。清晰表达是有效沟通的重要因素。我们应该使用简单明了的语言，避免使用复杂的词汇和句子结构。同时，我们还应该注意语速和语调，以便对方能够轻松地理解我们的意思。

（3）非语言沟通即使用肢体语言的重要性。非语言沟通即使用肢体语言在人际交往中起着重要的作用。我们的身体语言、面部表情和语气都会影响我们与他人的沟通效果。因此，我们应该注意自己的非语言，即肢体语言的信号，以便更好地传达我们的意图和情感。

总之，巧妙沟通是一门需要不断学习和提高的学问。通过掌握这九大学问及注意事项，我们可以更好地与他人沟通和交流，建立良好的人际关系和合作关系。同时，我们也需要不断地反思自己的沟通方式和方法，以便更好地应对各种复杂的沟通场景。

【案例】

(1) 美国前总统林肯批评他的女秘书。“你这件衣服很漂亮，你真是一个迷人的小姐。只是我希望你打印文件时注意一下标点符号，让你打的文件像你一样漂亮。”女秘书对这次批评印象非常深刻，从此打的文件很少出错。

(2) 长孙皇后寓批评于表扬中。唐太宗到了晚年，逐渐滋长骄傲情绪，有些厌恶批评。偏巧魏征连续进谏，批评他去山南游玩，并当众挡道拦路。太宗怒不可遏，气冲冲地回到宫中大声叫喊："杀掉这个乡巴佬，以泄朕心头之恨！"长孙皇后忙问是哪位大臣惹陛下生这么大的气。太宗说："还不是那个魏征，总当众羞辱我，搞得朕下不了台。"

长孙皇后不言不语，回到后宫，穿上正规礼服，回来跪到太宗面前，口称恭贺陛下，太宗吃惊地问："何事如此慎重？"皇后说："妾闻主明则臣直，今魏征直，由陛下之明故也，妾故不敢不贺。"唐太宗听了心中一怔，觉得皇后说的甚是在理，转怒为喜，于是满天阴云随之而消。

(3) 伏尔泰幽默的批评。伏尔泰曾经有一个比较懒的仆人。一天，伏尔泰请他把鞋子拿过来。鞋子拿来了，但满是泥污。于是伏尔泰问道："你早晨怎么不把它擦干净呢？""先生，用不着，路上尽是泥污，两个小时以后，您的鞋子又和现在一样脏了。"

伏尔泰没有说话，微笑着走出门去。仆人随即追上来说："您还没有把厨房的钥匙留给我，我还要吃午饭呢。"伏尔泰说："还吃什么午饭，反正两个小时以后你又将和现在一样饿嘛。"

(4) 老农委婉批评小伙子。有个小伙子要问路，见一个老农在锄地，便直起脖子高喊："喂，到李家庄怎么走？"老农抬起头来，想了想说："走大路一万丈，走小路七八千。"

小伙子奇怪了："你这儿怎么论丈不论里啊？"老农笑着说："原来你也会讲里（礼）呀！"小伙子恍然大悟，连忙道歉。

【共同分析】

从以上不同的批评案例中我们可以发现：批评也是巧妙沟通中的一门学问，在迫不得已要批评别人时，以不同的方式正确运用，往往能达到事半功倍的效果。例如，批评对方时先了解情况，分析利弊，以理服人而不靠职权压人；从关心爱护他人的角度出发进行批评；切记不要不加分析地批评；批评中要让人感到受重视；切异不要在众人面前毫无道理地批评他人：批评时要特别注意批评的频率和语言的使用。

拓展阅读

严于律己，宽以待人

横琴粤澳深度合作区华发容闳学校五年（3）班　刘诺伊

生活中，我们难免会与他人发生摩擦，这不仅会让他人心有芒刺，也会让自己如鲠在喉，我就深有体会。曾经的我脾气急躁，总会因为一点鸡毛蒜皮的小事跟他人吵得不可开交。后来，在一次又一次的冲突中，我开始变得不喜争吵，但又不想受委屈，这时我灵光再现，与其这样僵持下去，不如学会与人和谐相处，这样就有效地避免矛盾的产生。如此之后，我变得更平和快乐了。

与人和谐相处第一条——认真倾听。这是最容易让人忽视的一个要点。谁都想让别人认真听自己的想法，但自己却总也做不到。当你有了这个能力，你就会成为一个人际关系好的人了，有摩擦时就会更包容。认真倾听也有要点，总结起来就是专注和等待。专注听他人说话，俗话说：眼睛是心灵的窗户，所以真诚地盯着对方的眼睛，你就能体会到对方的想法。

另一个要点——等待，则更为重要。在聆听过程中，我们总会有许多不同的想法，在你不认同时，先不要立马提出来，待对方讲完后，再表达你的想法，做到这两点之后，就事半功倍了。

和谐相处第二条——尊重差异。大千世界人各不同，最根本的便是思维不同，这才造就了我们多姿多彩的世界。“己所不欲勿施于人”，对待不同观点我们可以不赞同但仍需尊重。

在人与人相处中，冲突与矛盾是不可避免的，这种情况下，要先冷静下来，因为激动是不能传达自己最真实的思想；接着就是要耐心地表达自己的观点，在沟通的过程中，不能听到的都是情绪化语言而非内容；同时，我们要换位思考；最后，想一想解决办法，再和对方进行交流，达成共识后解决问题。

好人品是和他人和谐共处的根本，以诚实、和善待人，在彼此的心灵中架上一座真诚的桥梁，这样的人际关系才能美好。希望大家都能与他人和谐共处，快乐每一天！

后记

在人际关系中怎样做到既不争吵又不让自己受委屈，曾是非常困扰我的一个问题。现在和大家分享我的妙招，那就是通过认真倾听、尊重差异来保持和谐相处，以及不断提升我们自身的修养，学会包容他人，相信我们也会被友善地对待，更快乐地生活！

父母感言

亲爱的女儿，你有着伟大的心和勇敢的精神。女儿，你是我们家的瑰宝，你的每一个笑声都能让我们家充满阳光。请相信自己的能力，勇敢地追求自己的梦想，保持你的勇气和坚定，继续前行！（妈妈：刘 莉）

教师赏评

小作者提出问题、解决问题的能力让我为之赞叹。她的思维清晰如水，灵动而富有逻辑，无论面对何种问题，都能迅速找到解决之道。相信这样“严于律己，宽以待人”又勤于思考的她，一定能拥有良好的人际关系，健康快乐地成长。（指导教师：华 蕾）

学会做事（在生活中你是否遇到过类似的事，与作者感觉有什么不同？写下来。）

爸爸，我永远爱您

重庆市渝北区南方玫瑰城实验小学六年（5）班　周子昊

我家旁边有一棵老树。浓绿覆盖了枝头，似顶天立地的巨人；而当我悄悄走进，才发现那粗糙的树皮上布满风雨的伤痕，宛如父亲粗糙的手，再看那树，突然感觉树的性格与父亲有几分相似。

幼时，父亲就是我的天空，他给予我无尽的宠爱。

每当我做错事，他都不会责怪我，而是慈祥地教诲，用那双深邃的眼眸注视着我，让我明白自己的过错。随着时间的推移，我渐渐长大，父亲的关心也开始转变。他不再像以前那样宠溺我，而是开始让我学会独立。

记得有一次，我需要走很远的路去上学。爸爸没有像往常那样送我，而是站在门口，目送我独自前行。不管我如何撒泼、打滚、赖着不想去上学，爸爸都始终没有一句训斥和抱怨，而给我的都是慢言细语的规劝和激励，我就是在这样的激励沃土中慢慢长大。

那天我起得格外早，而城市仍在沉睡之中，迎着微凉的、混杂着草木潮湿的风，我极不情愿地踏上去往学校的路，内心愤愤不平投入学校学习生活，因个人努力不够，学习成绩一路下滑。学期结束，当爸爸看到我的成绩单时，含着泪对我道歉说："是爸爸不好，对你启发引导不够，才致使你学业成绩下滑……"对我没有半句抱怨、训斥或责骂，我的心都快碎了，促使我不得不加倍努力，才换来优异的好成绩，我不知道，我真的不知道，只是心里总是想着：我的爸爸怎么如此伟大？

回想我成长的经历，永远无法忘却的一个画面——爸爸站在阳台边，手扶栏杆将身子探出半边，目光在小路上搜寻，眼中有我无法解读的情绪：爱，期盼，伤感，像一场咸涩的雨，浇醒了我一直以来的自以为是。原来爸爸并没有改变，只是把他的爱，藏在了眼睛里。那一刻，我明白了爸爸的用意。他希望我学会独立，学会面对生活的挑战，我的眼眸也不禁湿润起来。

我不禁想起我常在树下嬉戏时，爸爸站在一旁的开怀大笑，以及与我们一起站在窗边瞭望老树屹立不倒的情景，尤其是当我因不理想的成绩而止步在老树下不敢回家时，抬头望去，却依然看到爸爸，给我带来的丝丝微笑。

当我卷着叶子旋转的风，和老树缝隙中阳光洒下的光斑，突然读懂朱自清的背影时，您依旧站在夕阳映射的老树下，翘首以盼地看望着我……，我含着晶莹剔透的泪光中冲向您，大声喊道："爸，我爱您！我永远爱你！"

想到您，我的爸爸，我就不禁地在心里默默地对自己说："爸，你平时不善言谈，但是，我永远也不会忘怀，您默默地给我们的爱"。

后记

我用肉眼虽看不清爸爸隐藏在余晖中的表情，侧目却瞥见我与您相拥以及怀抱老树的影子，我与您的情感会被时光拉得很长很长……

父母感言

孩子在慢慢长大，我们作为父母，没有办法一直陪伴在他的身边，但我们会永远在他的身后，默默地关注着他，期望他能自立自主，活出自己美好的人生。（妈妈：王晓凤）

教师赏评

文章开头简而得当，以老树比拟爸爸，描绘出一个高大伟岸的爸爸心系孩子的爱，深沉而宽广。以饱满的激情，描写了爸爸的关心，衬托出自己内心的感情，抒情写得细致入微。结尾以背影结尾，又呼应开头的老树，故事虽平凡，感情却真挚、感人。（指导教师：周晓宁）

学会做事（在生活中你是否遇到过类似的事，与作者感觉有什么不同？写下来。）

我和我的爷爷

北京师范大学第二附属中学西城实验学校初二（7）班　郑云珩

我的爷爷是一个闲不下来的人，每天，小区里岁数大的老头老太太，都会跑去公园跳广场舞、下象棋，我的爷爷却整天窝在家里不怎么出门，别人都不愿待在家里多管闲事，可我的爷爷却整天在家指手画脚，还总是皱个眉头。

为什么我的爷爷会是这样一个人呢？原因很简单，那就是他太爱我们了，总想为我们这个家做点什么。

爷爷虽然耳朵不好使，有些事却听得清清楚楚。

小时候的一个冬天，我家旁边的大湖都结冰了，很多小孩都在上面滑冰，还有的在冰上滑水车，我每回对爸爸说我也要去湖上滑冰车， 爸爸说家中没有也没地方买滑冰车，我始终没能如愿。

之后，我只要看到别人在冰上滑冰而且滑得飞快，我都想要冰车，而且总是抱怨爸爸。爷爷看到眼里，记到心里，什么话都没说，只是天天往家拉大板、铁片，手都被那些物品弄出了好几处伤痕。直到有一天，我放学回家，爷爷突然拿出一个很精致的滑冰车，当时，我惊讶地问："这是您做的啊？"爷爷说："当然是我给你做的了，前几天，那边有栋楼装修扔出来好多木板，我捡回来，你不是要冰车吗？我就给你做了一个，虽然小了一点，但是，五脏俱全，不仅可以坐，还加了一个靠背，前面还有块垫子， 你试下，好用不"，我十分开心地笑了，爷爷也笑了。于是，每到周末我都拿着它去冰面上滑，那种感觉，简直太幸福了，一直到现在我还难以忘怀爷爷帮我度过的最幸福的一个冬天。

我的爷爷，就是这样一个整天不声不语的爷爷，他平时很少说话，总是用自己的行动表达着对我们的爱。爷爷不说话，每天五点就起来给我们做早餐；爷爷不说话，当我们每次着急的时候，他总是提前下楼给我们准备好自行车；爷爷不说话，每次看到我们有困难，都想办法给我们解决。

我的爷爷，就是这样用他的无声语言赋予我们的爱；我的爷爷就是这样，用他的行为给我们做着榜样，我爱我的爷爷，永远爱我的爷爷。

后记

我想：爷爷这不是不说，而是用无声的语言在感染着我们，这“无声的语言”远比“口无遮拦”“夸夸其谈”“不做实事”的威力大得多。

父母感言

在爷爷“无声的语言”的感染下，孩子学会了“巧妙地与人沟通”和默默地与人和睦相处，爷爷的行为让你感到了温暖，我们也会继续保持爱你的热情，用我们的行为促进你的进步，每一步成长，我们都为你感到骄傲和自豪！（妈妈：穆 兰）

教师赏评

文章情感真挚，细腻地描绘了在爷爷无声语言的感染下，从孤独到快乐的变化过程，展现了爱的力量和爷爷给予的阳光般的温暖，文章情节流畅，语言生动，富有感染力，是一篇由郁闷到孤独到快乐地成长的故事。（指导教师：杨 华）

学会做事（在生活中你是否遇到过类似的事，与作者感觉有什么不同？写下来。）______________________________

____

____

给妈妈的一封信

浙江省台州市长浦小学四年级　蒋俞宣

亲爱的妈妈：

您好！

自从我出生以来，您把大部分精力都放在了我身上。

上学后，您更是围着我转，每一天的作业，每一次的考试，您都清清楚楚，在我需要帮助的时候，每一次都及时伸出援手。妈妈，我知道您所做的一切都是为了我，但是妈妈，我希望您不要老是拿我和别人比，因为这样真的很打击我的自信心。

记得有一次，语文考试的卷子发下来了，一看到那分数，我就像一只斗败了的公鸡，耷拉着脑袋，无精打采的。小林是我们的邻居，刚好坐在我的前面，我看见他这次成绩又比我高不少。我看着小林的后脑勺，心想：每次考完试，妈妈都要拿我和他比，这次肯定也不例外，回家又要听妈妈对他一通表扬，再把我贬到尘埃里了！

放学后刚到家，您就从厨房里出来，手还拿着锅铲，忙不迭地问："今天发试卷了，你考了多少分？第几名？小林呢？"我如实地告诉了您情况，果然，您听了之后，皱起了眉头，对着我一阵输出："你看看你，怎么回事？怎么又比他考得差？你就不能仔细点吗？……"看着您一张一合的嘴巴，感觉您已经化身唐僧，正不停地念着紧箍咒，而此刻的我就是孙悟空，头痛欲裂，但是却不能反驳。当您说累了，最后来了句："赶紧回屋写作业去！"我只能在您的注视之下回到了房间。那天的晚饭，我味同嚼蜡，因为您在餐桌上还不停地夸着小林，仿佛他是天上的星，而我就是地上的泥。

还有一次，我数学考了全班第一名，当我兴高采烈地回家跟您报喜的时候，您却一脸冷淡地说："你这次是运气好，不要得了一次第一名就骄傲，就恨不得全世界都知道，万一下次考差了，不是很丢人？"我以为自己会得到您的表扬，没想到您却给了我一盆最凉的凉水，浇得我透心凉。

妈妈，我希望得到您的表扬，希望您能看到我做得好的地方，希望您不要老是拿我和其他人比！我相信有了您的鼓励和表扬，我一定能做得更好！

祝

身体健康，万事如意！

您的孩子：蒋俞宣

2023 年 11 月 11 日

后记

虽然我内心知道妈妈这样做是希望我能做得更好，但我还是希望能够得到妈妈的表扬，每次当别人受到表扬时，我都投入十分羡慕的目光，心想：妈妈：您什么时候，也能表扬我几句啊？

父母感言

看到孩子的这篇文章，我也进行了自我反思，我认为这是为了他好，却没有考虑到孩子的感受，以后我会和孩子一起进步。（妈妈：林菊红）

教师赏评

俞宣的这封信很有代表性，很多孩子都期待父母的激励，而不是训斥，孩子们在学习上都在尽着自己最大的努力，成绩只不过是一时的表现，或者是暂时的不理解，能得到父母的激励，很有可能就是一例灵丹妙药。俞宣写出了自己最真实的情感，从字里行间看到了孩子在被比较时的无奈和失落，也看到了渴望得到妈妈表扬的殷切期盼。（指导教师：晏春梅）

学会做事（在生活中你是否遇到过类似的事，与作者感觉有什么不同？写下来。）______________________________

____

____

____

____

____

____

本篇复盘

◎ 小问题

阅读本篇思考下面的问题，帮助你理解掌握巧妙沟通的必要性。

1. 你认为培养巧妙沟通的意义与价值是什么？
2. 培养孩子沟通协调的目的是什么？
3. 培养孩子沟通协调有哪些要注意的事项？
4. 你认为学校、家庭应该怎样培养青少年的沟通协调能力？
5. 你是一个巧妙沟通方面的高手吗？你是如何做到的呢？
6. 你认为巧妙沟通应掌握哪些学问和技巧？

◎ 信息反馈

在日常生活中很多事情都需要巧妙沟通，你面对这些问题是怎么解决的？你身边的人又是怎么处理的？请将事情的发展过程写出来，写一篇 500 ～ 800 字的文章，扫描微信公众号二维码传上去。

陶行知学院
微信公众号

Part11

追求卓越篇

◎ 篇前小叙
◎ 名师导航
◎ 导师简介
◎ 陶行知经典故事
◎ 从优秀到卓越：一次深远的跨越
◎ 未来没有最好，只有更好
◎ 追求卓越走向成功
◎ 让追求卓越形成习惯
◎ 拓展阅读

篇前小叙

本篇是以“陶行知生活教育系列丛书”为蓝本，在北京师范大学珠海校区（原分校）、北京理工大学珠海校区（原学院）和暨南大学珠海校区等18名教授，深入居民社区开展“大学教授谈家庭教育”活动的基础上，通过人们在生活中一个个典型案例，论述了未来人才培养需要的父母自身素质、教养态度、教育能力；家庭的生活条件、成员之间的关系、社会背景和社会风气以及家庭中错综复杂的冲突与矛盾等。启示父母：在家庭教育中要把握好“爱而不娇”“严而有格”“该管则管，该放则放，管放结合”“发展特长和全面发展”“言教和身教”“说服和实践”“掌握分寸，选择机会”等重要问题，为众多父母提供了家校共育的经验借鉴，众多中小学生在自身实践中不断成长，将自己的亲身实践记录下来，形成了一篇篇优秀的生活作文。

名师导航

陶行知说：

- 千教万教，教人求真；千学万学，学做真人。
- 行是知之始，知是行之成。

杜威说：

- 如果我们用过去的方法教育现在的学生，就是在剥夺他们的未来。
- 卓越并非遥不可及的梦想，而是每个人通过不断努力和实践可以达到的目标。

胡适说：

- 我们要坚信：今日的失败，是由于过去的不努力。我们要坚信：今天的努力，必将获得将来的大收成。

蔡元培说：

- 教育者，非为已往，非为现在，而专为将来。
- 追求卓越不仅是一种目标，更是一种态度和精神。只有不断追求更高的目标，不断挑战自我，才能不断超越自我，实现真正的卓越。

导师简介

杨晟

原北京师范大学珠海分校产学研办公室主任、国内合作办公室主任、招生就业处处长，主要研究方向为高校产学研合作，曾参与并管理多个高校与政、企建立的产学研合作项目。多年来一直热爱对陶行知生活教育的研究，参与“陶行知生活教育系列丛书”中的《教育与创新》《规矩与成长》《品德与分数》《知识与财富》《行为与性格》《勤奋与责任》《安全与发展》《音乐与人生》《批评与表扬》的编撰工作。

周小宁

北京师范大学珠海校区教务处干事，长期从事陶行知生活教育研究工作，对陶行知生活教育思想尤其是对幼、小教育有深刻的研究。参编“陶行知生活教育系列丛书”中的《教育与创新》《规矩与成长》《品德与分数》《知识与财富》《行为与性格》《尊重与情商》《勤奋与责任》《安全与发展》《音乐与人生》《批评与表扬》等著作。

本篇主题：面向未来，追求卓越

本篇要点：

本篇从未来人才培养的需要谈起，启示人们：教育要面向未来，要了解未来各行业的动态，培养对未来社会有用的人，其最终目标是培养学生“学会认知、学会做事、学会相处、学会生存”，无论是教师还是父母，都要把握好“爱而不娇”“严而有格”“该管则管，该放则放，管放结合”“发展特长和全面发展”“言教和身教”“说服和实践”“掌握分寸，选择机会”，要提倡孩子动手的能力培养，注重学生思维品质的提升；虚拟与现实的结合，充分利用互联网互联、互通的优势，把课堂和社会现实以及经济发展充分联系起来。从时代的特征认识问题、时代的变迁与教育的问题分析提出：时代已改变我们的生活方式，教育方式必然改变未来教育的观点，鼓励学生追求卓越走向成功。

陶行知经典故事

一次别开生面的演讲

陶行知非常善于演讲，他的语言幽默风趣，生动形象，谁听了都会被他深深吸引，为他演讲中强大的逻辑力量所折服。在他一生无数次的演讲中，有一次别开生面的演讲，更是令人拍案叫绝，直到今天仍然令人回味无穷。

1938 年，陶行知在武汉大学做了一次别开生面的演讲。那一天，大礼堂里挤得满满的，不仅全校师生都来听，连附近学校的师生和各界人士都闻讯赶来。他们都知道，陶行知先生是著名的教育家，都想来一睹他的风采，并向他探讨教育理念。

会议开始后，有几位先生先后上台做了演讲。轮到陶行知时，会场上响起了一阵热烈的掌声。

陶行知戴着眼镜，穿着西服，不慌不忙地夹着一个皮包走上了讲台。未曾开口，先向全场扫视了一遍。大家屏息凝神，都望着他，等他开口说话。有的人还打开速记本，准备把陶行知讲的话记下来。

出乎大家意料的是，陶行知并没有讲话。他从包里抓出一只活蹦乱跳的大公鸡，公鸡喔喔地乱叫。台下听众一个个目瞪口呆，不知他葫芦里卖的什么药。

接着，陶行知从口袋里掏出一把米，放在桌上。他按住公鸡的头，强迫它吃桌上的白米。

公鸡把头偏向一侧，叫了起来，并没有吃桌上的米。

接着，他又掰开公鸡的嘴，把米硬塞进鸡的嘴里，公鸡拼命挣扎，就是不肯吃。

这个时候，陶行知松开手，让公鸡自然地在桌子上行走。只见大公鸡抖了抖翅膀，伸头四处张望了一下，便从容地低下头吃起米来。

这时，陶行知说话了："各位，你们都看到了吧。你逼鸡吃米，或者把米硬塞到它的嘴里，它都不肯吃。但是，如果你换一种方式，让它自由自在，它就会主动地自己去吃米。"

陶行知又向会场扫视了一圈，加重语气说："我认为，教育就跟喂鸡一样。先生强迫学生去学习，把知识硬灌给他们，他们是不情愿学的，即使去学也是食而不化，过不了多久，他还会把知识还给先生的。但是，如果让学生主动去学习，充分发挥他的主观能动性，那么，效果一定会好得多！"

陶行知讲完，把公鸡装进皮包，又向大家鞠了一躬说："我的话讲完了。"便退下场去了。

听众们一时还没有反应过来。过了一会儿，会场上爆发出雷鸣般的掌声。

很多人边鼓掌边喊："好！陶先生讲得好！讲得好！"

【共同分析】

陶行知这次别开生面的演讲，不仅展示了他的教育理念，也让我们对教育有了更深入的认识。他通过一只公鸡，生动形象地阐述了教育的本质，让我们明白了教育不是简单的灌输，而是需要注重学生的主观能动性，让他们在快乐中学习，真正掌握知识。这对于我们今后的教育实践，无疑具有重要的指导意义。

从优秀到卓越：一次深远的跨越

未来，我们终究要走向社会，将自身融入社会这个大家庭中，成为为社会做出贡献的一分子，我们可以从那些已经获得巨大成功的企业和卓越的企业家那儿了解他们是如何由一般走向优秀，又由优秀走向卓越的。

首先，我们需要明确一点，优秀并不等于卓越。优秀是一种标准，一种普遍认可的、可以达到的较高水平。而卓越则是一种境界，一种超越常规、追求卓越的精神状态。优秀的人可以在某个方面或某项技能上达到较高的水平，但卓越的人则能在该领域或技能上达到领军地位。

那么，如何从优秀跨越到卓越呢？

第一，追求卓越需要坚定的信念和决心。只有当你内心深处真正渴望卓越，才能有足够的动力去克服前进路上的困难和挫折。信念和决心是追求卓越的动力源泉，是推动你不断向前、不断超越自我的强大力量。

第二，追求卓越需要持续的学习和创新。追求卓越的人永远保持一颗学习的心，不断探索新的知识和技能，不断创新和突破。只有不断学习和创新，才能在激烈的竞争中保持领先地位，实现真正的卓越。

第三，追求卓越需要勇于挑战和冒险。追求卓越的人勇于挑战和冒险，敢于走出舒适区，尝试新的可能。只有勇于挑战和冒险，才能发现自己的潜力和能力，才能实现从优秀到卓越的跨越。

第四，追求卓越需要坚持不懈和持之以恒。追求卓越的人能坚持不懈、持之以恒地追求自己的目标。只有坚持不懈、持之以恒，才能在漫长的旅程中保持动力和热情，最终实现卓越。

在这个过程中，我们需要对自己有足够的认识和理解，明白自己的优势和不足，明确自己的目标和方向。我们需要时刻保持清醒的头脑，坚定的信念，以及不断学习和进步的态度。只有这样，我们才能在追求卓越的道路上不断前行，最终实现从优秀到卓越的跨越。

从优秀到卓越，虽然是一次艰难的跨越，但这也是一个成长和突破的过程。在这个过程中，我们将会发现自我，超越自我，实现自我。所以，让我们勇敢地去追求卓越，去挑战自我，去实现更加美好的未来。

【案例】

华为公司走向卓越之路

在全球企业界，实现从优秀到卓越的跨越并非易事。而华为公司以其坚韧不拔的创新精神、卓越的战略布局和坚定的价值观，成功实现了这一壮举。

本文将从华为公司的发展历程、关键转型期、成功经验及未来展望等方面，简单剖析华为如何从优秀走向卓越。

1. 发展历程

华为公司成立于 1987 年，最初是一家专注于通信设备销售的小公司。在任正非先生的领导下，华为凭借其敏锐的市场洞察力和强大的技术创新能力，逐步发展成为全球领先的信息与通信基础设施和智能终端提供商。从最初的交换机代理商，到自主研发和生产通信设备，再到布局全球市场，华为走出了一条具有中国特色的高科技企业发展道路。

2. 关键转型期

在华为的发展历程中，有几个关键转型期为其从优秀到卓越的跨越奠定了坚实基础。首先是 2000 年左右，面对国际市场的巨大竞争压力，华为坚定实施“走出去”战略，积极拓展海外市场。其次是 2010 年左右，随着移动互联网的兴起，华为抓住机遇，积极布局云计算、大数据等新技术领域。这些关键转型期使得华为始终保持行业领先地位，为未来的发展奠定了坚实基础。

3. 成功经验

华为实现从优秀到卓越的跨越，离不开其独特的战略布局。首先，华为始终坚持创新驱动，每年将大量资金投入研发，拥有众多核心技术和专利。其次，华为秉持“以客户为中心”的理念，始终关注客户需求，为客户提供优质的产品和服务。此外，华为还注重人才培养和团队建设，打造了一支高素质、高效率的员工队伍。最后，华为始终坚持稳健经营和可持续发展，注重风险管理和企业治理，为企业的长远发展提供了有力保障。

4. 未来展望

面对未来，华为秉持“以客户为中心”的理念，坚持创新驱动，加强核心技术研发，为全球客户提供更优质的产品和服务。同时，华为还将积极拥抱数字化转型，深化在云计算、大数据、人工智能等领域的布局，努力成为全球数字经济的领导者。此外，华为还将加强与国际合作伙伴的沟通与合作，共同推动全球通信行业的繁荣与发展。

【共同分析】

华为公司从优秀到卓越的跨越，离不开其坚定的价值观、强大的技术创新能力、敏锐的市场洞察力和卓越的战略布局。在未来的发展道路上，华为将继续保持这些优势，努力成为全球领先的高科技企业。

拓展阅读

勇敢挑战，追求卓越

北京市第十七中学初二（3）班　高芊卉

七月的窗外，正值盛夏，不经意间瞥到桌上的那张照片，我站在大摆锤前笑意盎然，一些深埋在脑海的画面缓缓浮现。

依稀记得那也是这样的夏日，火热的阳光炙烤着大地，天气闷热，让人难以忍受，我们一家人当即决定去秦皇岛避暑。一路上，我透过车窗，向外望去。不久，印着“秦皇岛”三个字的牌子终于在我的极目远眺中出现。车刚停稳，我就一个箭步冲了出去。秦皇岛的气候很凉爽，令人心旷神怡。

休息过后，我们走到了一个游乐园前。园内缤纷的气球飘荡在空中，与游乐园的各种设施交相辉映，构成了一幅色彩斑斓的画卷。这时，一阵尖叫声打破了原有的宁静，我循声望去，看到了游乐园内最醒目的游乐设施——大摆锤。

据说这是游乐园内最惊险刺激的游戏，有人称它为“勇敢者的游戏”。但这对于一向只敢坐旋转木马的我来说，它是不可能接触的项目，想到这里，我很快收回了视线。

一旁的父亲目光转移到大摆锤上，“要不要去试一下”，他低头问我，但又似乎想到我不会同意，于是便说：“有直面惊涛骇浪的担当，才能拥有乘风破浪的力量。追求卓越，才能展望未来。”我听后仍有些迟疑，抬眸，不经意间瞥到了碧海一样的蓝天，而这一望却让我的眼再也挪不开。云朵像海上的轻舟，静静地、轻轻地飘着。是啊，在最高处看云层一定很美，这么想着，我很快点了点头。

虽已鼓起勇气试一试，可排队等待的过程中，抬头仰望，高高荡起的摆锤，就像磅礴的鼓点击打着我的心。我只觉心中一颤，双腿发软，不觉又开始想要退缩。

“别紧张，深呼吸……”父亲安慰我道。

我却因为害怕和紧张，说话声音都在发抖：“我要不还是别去了……”

“相信自己，你一定行！恐惧的心理比危险本身还要可怕一万倍，放平心态，勇敢挑战。”父亲的声音传来，带着鼓励的语气。

我决定挑战自己，不再犹豫，坚定地坐到了座位上。随着“滴滴滴”的提示音响起，摆锤开启了转动。

橘黄色的转盘绕着石柱缓慢旋转，看着一旁充满绿意的小路，我的心情渐渐变得轻松起来。一圈，两圈……随着转盘的速度逐渐加快，我握住安全压杆的手也越来越紧，手心里冒出细密的汗水，心跳加快，脑海里一片混乱，一阵眩晕感袭来，我紧闭双眼，胸膛里夹杂着难以遏制的恐惧。我催促着时间快些前行，但它却开始反抗，减慢了行走的速度。

“在最高处看云层一定很美”，我告诉自己，试图让自己勇敢一些，不再紧张和恐惧。

当转盘摆到 180° 时，我耳边的一切声音仿佛都停止了，我小心翼翼地睁开双眼，坐在一旁的人们都咬紧牙关，神情紧张。此时此刻，我正处于转盘的最高点，低头向下看，感觉天旋地转。我试图转移注意力，抬头看天，蓦然间我看到鱼鳞状的云彩层层叠叠掩着那片摄人心魂的蓝，美得像海、像浪。几只云雀掠过，像一些纯洁的精灵，留下啼啭鸣叫的回声，给人一种无法言喻的美感。我仿佛正在飞行，畅游于天际。转盘慢慢停了下来，游戏也接近了尾声。

走出大摆锤的园内，我想到了叔本华的一句话：“勇气就是一种坚韧；正因为它是一种坚韧，才使我们具有任何形式的自我战胜的能力。”我突然间明白了“勇敢者的游戏”这个名字的含义，以勇敢的态度去面对困难，追求卓越，你会收获别样的精彩！

后记

那是我第一次选择大摆锤这类刺激性项目，现在回想起来虽已有些模糊，但唯独忘不掉那碧空如洗的蓝天和父亲的谆谆教导，让我在未来的路上拥有了面对困难时的力量和勇气。也让我明白了，人生道路上，我们要不断地克服困难，追求卓越，才能实现人生的价值和意义。

父母感言

坚持和勇气是可贵的品质，希望孩子通过这次经历，在之后的生活中，遇到困难也能勇往直前，在人生道路上取得卓越的成绩。（妈妈：路 芳）

教师赏评

文章描绘了一次生动又惊险的“摆锤之旅”，感受到了小作者的坚定和勇敢，人生路途漫漫，遇到困难，不退缩，勇敢挑战，追求卓越，你终究会收获一个不一样的未来。（指导教师：孙言言）

学会做事（在生活中你是否遇到过类似的事，与作者感觉有什么不同？写下来。）______

______

______

这样的“第一”我不要

湖北省武汉市育才小学四年（8）班　聂安琪

多日的阴雨，今天终于迎来了阳光明媚的好天气，同样阳光明媚的还有此刻我的心情。语文成绩即将揭晓，往常的我总是稳居中游，而这一次，我预感会有些许不同。

上课铃声与推门声同时响起，一阵香气袭来，我翘首期待许久的语文老师拧着眉头拿起一沓考卷猛地往讲台上一拍，顿时班里鸦雀无声。我坐在座位上，心跳加速，手心微微出汗，紧张的同时还很疑惑：发生什么了？

“太让人失望了，你们看看试卷哪一题我没讲过？哪一题我没给分析过？同样我带的 2 班，人家考了 3 个 95 分以上，再看看你们班，不仅就一个 95 分以上，还有两个不及格，”老师顿了顿继续道：“晚上那两位不及格的同学放学留一下，我守着订正，订正完再回家！”老师咆哮完，松了松眉头，紧接着翻动卷子，视线落在某一处“不过呢，这次也有黑马出现，势头很足啊，表扬安琪同学，95 分，咱们班第一！”

讲台上语文老师的声音犹如春风般温暖地拂过我的耳廓，这句话像百灵鸟的歌声一样动听。老师的目光中充满了对我的赞赏，这一刻的鼓励有了具体的形态。

我迈着轻快的步伐走向讲台，从老师手中接过那份沉甸甸的试卷。同学们的目光如同聚光灯般汇聚在我身上。我的灵魂已升入半空，俯视着我打下的“江山”，美得很，不枉我辛苦半月夜夜挑灯！内心的喜悦如同泛滥的洪水，我几乎无法抑制自己的兴奋：我终于拿了回第一名，同桌再也不会小瞧我了吧！我迫不及待地回到座位想与他分享这个好消息，甚至已经在脑海中设计了胜利的感言。

然而，当我仔细审视试卷时，心中的喜悦戛然而止。我发现了一个错误——我明明没有写对的字，却被神秘地改正了。是谁改的？是误打误撞还是有人故意为之？如果告诉老师，我的分数会减 2 分，那来之不易的第一名就会变成第二名，而且不再是 95 分以上。想到这里，我浑身血液瞬间凝固，整个人像是沉入海底。这海底黑暗又冰冷，挤压得我难以呼吸。不说行吗？这事只有天知地知我知，可能还有那个“神秘人”知？不行！挂在我书房的“慎独”二字此刻在我眼前闪现，炸得我脑子生疼。如果不说，这个荣誉就不再纯粹，我的内心也会像在油锅里反复煎炸一般，背上这沉重的枷锁还怎么迈步向前呢？可是这是第一次第一名啊！怎么办啊？怎么办啊？

我的内心在激烈地斗争，思绪纷繁，难以决断。最终，我下定决心：“君子慎独。”我想做个君子，堂堂正正地拿第一。

课后，我将情况如实告诉了语文老师。虽然分数减少了，但我却感到一种前所未有的轻松自在，说不上来有什么东西正在悄然发生着变化，变得不一样了。“安琪，你做的很对，诚实比分数更重要。加油！老师相信你一定会凭自己的能力拿到第一名。”说完，老师用力抱紧我，我把头埋在老师肩膀上悄悄回应：“不会让您失望的，下次我一定争气，给班里争光。”

虽然这一次我没有拿到第一名，但我领悟到比分数更宝贵是——诚实。诚实是做人和做事的根本。人失去了诚实这个做人的根本，获取再“优秀”的考试成绩又有什么用呢？

95 分以上肯定是“优秀”，但这种失去根本的“优秀”，不仅不是一个人品德的提升，还很有可能就是因为这样的“优秀”，而使你落入万丈深渊，将来不仅一无所获，还很有可能给整个社会带来危害。

我们坚持诚实做人，老老实实做事，绝不做“损人不利己”的事，提高自己的思想境界，这样，才能赢得更多人的尊重和信任。在未来的日子里，我将用诚实和努力，去争取每一个真正意义上的“优秀”。

后记

经历这件事情后，我对成绩和品德有了更深刻的认识，唯有健全的人格、高尚的品格，才是真正的优秀。我们无论遇到什么事，都要诚实，要勇于接受他人的批评，不断改进自身不足，从“优秀”逐步过渡到“卓越”，做一个对社会有用的人。

父母感言

因为这件事，孩子成长了很多，现在跟父母讲话也不再藏着掖着了，也不怕批评。做父母的真心希望你不仅学到知识，更重要的是做一个诚实有爱心的人，做一名名副其实的好学生。（妈妈：左 洁）

教师赏评

盼“第一”，得“第一”，乐“第一”，改“第一”，围绕一次考试成绩，小作者详尽地叙述了事情的发展过程，刻画了自己的内心感受，带领读者体验了一次成长蜕变。文章语言自然、灵动，富于变化，充满真情实感的文字最动人。文末点题水到渠成，真正的“第一”，需要用“诚实和努力”去“争取”，优良的品德才是“第一”的渊源。（指导教师：高 婷）

学会做事（在生活中你是否遇到过类似的事，与作者感觉有什么不同？写下来。）

在自编课本剧中……

重庆市酉阳土家族苗族自治县民族小学五年（6）班　刘小辛

漫长悠久的岁月，大千世界的风景，性格迥异的人物，各具特色的故事，都浓缩在我们班别开生面的课本剧表演中。这次课本剧表演，对我们每个人既是一次成长的新体验，也是一场精神的洗礼。

两周前，老师给我们布置了一项富有挑战性的任务——每个小组在中国古典名著单元选一篇课文排练课本剧，大家听了既兴奋又期待。我们小组虽说是第一次参加课本剧表演，个个热情高涨，跃跃欲试。很快我们就选定了《草船借箭》这个故事，并认真分配了角色。因为我演诸葛亮，剧情最多，所以我自告奋勇当编剧。一回到家，我又是读课文，又是看电影，还查阅了相关资料，终于写好了剧本。可是刚开始排练我们就遇到了重重困难：“配合不默契”“声音不够响亮”……不过我们没有放弃，憋着一股劲儿不厌其烦地一遍遍排练，总算初见成效。

我们反复观看排练视频，总觉得还差点儿什么，排练再次陷入瓶颈找不到突破口。我们只得向老师寻求帮助。“你们要把自己当成故事中的人物，用真情实感把观众带入其中，而不是机械地读课文、背台词。”老师的话让我们茅塞顿开。接下来，我们边排练边讨论，揣摩着每个角色的性格、神态，甚至心理活动，我们的排练也渐入佳境。

表演的时间如约而至，我们信心满满地走上了舞台，没有丝毫怯场。随着背景音乐响起，我似乎真的回到了那个英雄辈出、群雄逐鹿的三国时期。

我就是诸葛亮，面如冠玉，羽扇纶巾，与周瑜斗智斗勇；知天文，晓地理，识人心，与鲁肃曹营取箭……小组其他同学也都沉浸在自己的角色中，以我们自己的方式再现那个传奇的历史故事。我们在台上的一举一动仿佛牵动着每一个同学的心。台下的同学随着剧情的跌宕起伏时而眉头紧锁，时而屏气凝神，时而面带微笑。

表演结束，台下响起热烈的掌声。“台上一分钟，台下十年功。”我们小组以最高分获得第一名。我们六个人不约而同地露出了会心的微笑。

后记

这次课本剧表演，是我们成长路上很有意义的体验。它不仅丰富了我们的课余生活，加深了我们对名著的理解，锻炼了我们的表演能力，还让我们有了更深刻的感悟：学习正当少年时，莫负读书好时光。让我们品味经典，学习人生智慧；迎接挑战，成就美好人生。

父母感言

当我们慢慢放手，会发现孩子比我们想象中更优秀，他们在团结互助、齐心协力的氛围中一步步前行，那种感动异常鲜明。（妈妈：燕　霞）

教师赏评

一步步的成长在字里行间跳跃，那种发自内心的欣喜和成就感从字里行间流露出来，一次课本剧表演，一次成长的体验，孩子们收获满满。（指导教师：白金娥）

学会做事（在生活中你是否遇到过类似的事，与作者感觉有什么不同？写下来。）

未来没有最好，只有更好

追求卓越是一种境界，也是一种力量。卓越是一种目标，是一种追求。追求卓越的人，充盈着昂扬的斗志，充满着前进的动力，有战胜一切失败和挫折的信念和力量；追求卓越的人，执着于远大的理想和目标，不会因为陶醉于既往的成功而放弃未来的努力；追求卓越的人，懂得对生活认真扎实，精益求精，把每一件小事做到最好，积小成而毕大功。

追求卓越是企业经营的最高境界。只有追求卓越，才会不断提高产品质量，以得到更好的知名度和美誉度，不断增强市场竞争力，扩大占有率，在激烈的市场竞争中立于不败之地，迅速做大做强，做优做精。

未来是一个不断超越、日益完善的“更好”。面对未来的不确定性，我们必须秉持开放、包容的心态，矢志不渝地追求创新与改进。通过科技引领、经济繁荣的多维度协同发力，共同构建一个更加璀璨、充满活力的未来图景。

【案例】

“海尔”的崛起

当今，海尔集团已经以“世界级品牌”之力辐射全球。

从中国家电“无品牌”到诞生“世界级品牌”，海尔先后迈出了三大步，见证了中国家电品牌的世界崛起。

第一步：创“中国名牌”。在同行们还缺少品牌意识之时，海尔用一把大锤开启了中国家电第一品牌的登顶之路。仅用四年时间，就拿到了中国冰箱行业的第一枚质量金牌；1990 年，获得国家质量奖和中国企业管理金马奖；1991 年又获得全国十大驰名商标……这些荣誉在当时的中国家电行业都是可望而不可即的。

第二步：创“中国的世界名牌”。在国内市场站稳脚跟之后，海尔又开始了轰轰烈烈的全球创牌之旅。“国门之内无品牌”，当国内其他企业还在为国际大牌代工，仅追求出口收益时，海尔在国内外自主创牌，以“海尔牌”闯荡全球，通过海外建厂、建研发中心，将“海尔”蓝色的品牌旗插遍全球 160 多个国家。

第三步：创“世界级品牌”。在全球化的进程中，海尔先后整合了日本高端品牌 AQUA、新西兰国际顶级家电品牌斐雪派克、北美第一厨电品牌 GEAppliances，与国际高端家电首选品牌卡萨帝、年轻人首选轻时尚家电品牌统帅一起完成了从单一品牌全球化到多品牌全球化的进化，成就“世界第一家电品牌集群”，深刻影响了全球家电业的竞争格局。

【共同分析】

一个企业集团成长与发展，主要取决于在适应变化的环境中所采用的“战略”和实施战略的“组织”。战略的实施需要一定的组织结构来完成，而组织结构最终还是为战略的实施服务的。海尔的“三步走”发展验证了一个企业一步一个脚印从无到有，从有到优，从优到精的过程。海尔集团的成功经验对其他企业实施国际化战略及国际化经营有着积极的借鉴作用。

拓展阅读

我的未来：跆拳道运动员

横琴粤澳深度合作区华发容闳学校四年（3）班　席琬婷

梦想是一座高山，只有勇于攀登、坚持不懈，才能登上最高最美的山峰；梦想是一盏明亮的灯，只要朝着它的方向，永不停息就能照亮你前进的道路；梦想是一艘扬帆的船，只要乘风破浪，就能驶向成功的彼岸。而我的梦想就是成为一名跆拳道运动员，光荣地站在国际赛场上。

看着我小时候的照片，想起五年前第一次进跆拳道馆，教练让我穿上道服和扎上腰带，别提有多高兴了。我穿着洁白的道服，握紧了拳头，听着训练场上“嘿！”“哈！”练功的声音，心里也跟着激动起来。

吃得苦中苦，方为人上人。练习跆拳道的过程是苦的，可获得荣誉的那一刻是甜的。开始的时候，教练教了我一些简单的动作，如压横叉、压竖叉、控腿……看似简单的基本功，却使我汗流浃背、腿脚发软，累得我想放弃。然而这些都不是最苦的，最苦的是考级内容，动作既难又要求标准。我还记得一个后摆的动作，我竟然练了一个星期，不知道在训练场上留下了多少泪水和汗水，那一个星期，我的腿都伸不直了。功夫不负有心人，经过一年又一年的苦练，我考到了跆拳道红带，我成功了！

礼仪，廉耻，忍耐，克己，百折不屈，这就是跆拳道的精神。学习跆拳道，不断提升自己吃苦耐劳的意志，希望我也能早日实现我的梦想——站在国际赛场上，为祖国争光。

后记

我一直在坚持学习跆拳道，那些我曾经很害怕的，很厌烦的动作我现在已经做得炉火纯青，我也越来越热爱这项运动了。在学习跆拳道的过程中，我的爸爸妈妈一直在身边鼓励着我，他们每天也在学习新事物，我喜欢和家人一起学习的氛围。让我们一起加油吧！

父母感言

亲爱的琬婷小侠：你现虽是嫩芽，但终将参天；也如雏鸟，可志在千里。每一步都是新篇章，愿你好奇无畏，智慧前行。愿你光芒闪耀，梦想成真，幸福永远。爱你的爸爸妈妈！（妈妈：曹冬兰）

教师赏评

人生有许多事情，正如船后的波纹，总要过后才能看到美。成长不仅限于“向上”，“向下”的努力同样重要。参天大树不是一天之内拔地而起的，每一天它的根都向下延伸，向下扎根，才能汲取向上生长的力量。喜欢你认真练跆拳道的样子，欣赏你向下扎根的执着，广阔天地在等着你！（指导教师：邓诗慧）

学会做事（在生活中你是否遇到过类似的事，与作者感觉有什么不同？写下来。）

做竹蜻蜓中的展望

广东省珠海市九洲中学九年（15）班　高灵钰

公园里绿草如茵，还有不少蜻蜓在空中飞行，它们轻轻振动双翅，用它们纤细的身躯划出一个又一个优美的弧线。我拉拉爸爸的手："爸爸！可以抓一只吗？"

爸爸笑着看向我："爸爸可以给你'做一只'。"

"蜻蜓的身子那么小，怎么做呢？"我半信半疑，但还是和爸爸回了家。一进家门，他就拿出了一张纸和几支笔。"不是'做蜻蜓'吗？"我不解地问道。"不着急，我们得先知道蜻蜓长什么样才行嘛。"爸爸耐心地回答道。于是我和爸爸开始在纸上画蜻蜓，爸爸画的蜻蜓栩栩如生，好像下一秒就要在纸上飞起来一样，我赶紧在大蜻蜓的后面画了个小小的蜻蜓："嘿！爸爸，快看我追上你了！"说完我们都笑了起来。

很快纸上全是各种各样的蜻蜓在飞舞，我已经迫不及待想拥有自己的蜻蜓了，连忙催促爸爸继续。爸爸很快又拿来了几根竹条和木棒，还有锤子等工具。"来，我们先做蜻蜓的翅膀。"说完，爸爸拿出一根竹条子，"唰"地一下，削下来几片竹片，薄却有韧性，有着粗糙的纹理。我拿起来，挡在灯光前，能清楚地看到纤维一样细小的纹路，中心透着灯光的暖黄色，显得十分脆弱，但我却无法使它弯折，这让我想起阳光下泛着光的蜻蜓们的薄翅了，明明好像一碰就会碎掉，却又蕴含着无限的力量，让蜻蜓得以自在飞行。紧接着，爸爸把竹片磨剪成翅膀的形状，并把一根木棒和钻孔机给了我，在爸爸的帮助下，我在一对竹翅膀的中心钻出一个孔来，将木棒插进去。“这就是‘蜻蜓’了，我们‘抓’的竹蜻蜓。”爸爸微笑着说。

其实它一点也不像蜻蜓。我有点失望，爸爸好像看懂了我的想法，拉着我的手，将竹蜻蜓放在我手里，带着我的手掌一搓一放——木棒转动，带着那翅膀也转动起来，竹蜻蜓居然就这么离开了我的手掌，好像活了过来，展开了它的双翅，飞向空中。“哇！”我惊奇地叫了一声，重新变得高兴了起来。这果然是“蜻蜓”，是属于我的竹蜻蜓！

看到亲手制作的蜻蜓飞起来的时候，我心中的疲惫和疑惑一扫而空，只剩下无尽的激动和喜悦。原来亲手创造是这么快乐，我抬头看向外面的天空，我的心好像竹蜻蜓一样雀跃着，渴望着振翅高飞，飞向更广阔的天空。

“总有一天，我也能用自己的创造，为祖国贡献自己的力量。”我兴奋地想着，也坚信着。就像那竹蜻蜓，也能展开纤细翅膀，飞向无际蓝天。

后记

“学做竹蜻蜓”铸就了我对今后人生更坚定、更明确的目标与希望，在今后前进的路上，我必定会乘风破浪永向前，直挂云帆济沧海。

父母感言

“学做竹蜻蜓”使你从中得到人生的感悟，值得珍视的是你那永不言败、坚韧不拔的精神。平时孩子就喜欢做些小手工，例如，编扇面的时候，会仔细观看视频教程，看不明白时总会缠着我解决，我通常会把这些问题丢给孩子，但没有想到她居然能解答出来。这次做竹蜻蜓，她动手又动脑，是一次非常不错的手工体验。在这里我要对孩子说的是：每个人都有属于自己的闪光之处，它不仅出现在领奖台上，而且还将鼓励你更加从容地去应对未来的挑战。（爸爸：高晓峰）

教师赏评

只有亲自做，才能悟出道理；只有动手，才知深浅，这便是教学做合一的道理。本篇习作围绕“做竹蜻蜓”展开想象，通过“期待—失望—希望—达成”的内心情感波动，真情实感的强烈对比，凸显了将遗憾转化为动力，为下次的

目标奋勇拼搏，结尾体现了所获所感，为文章点睛升华。（指导教师：曾丽娜）

学会做事（在生活中你是否遇到过类似的事，与作者感觉有什么不同？写下来。）

学滑板

内蒙古自治区兴安盟乌兰浩特市兴安第一小学五年级　傅　阔

我常在视频里看到有人用滑板做出超帅的动作，看得我心里痒痒的。

暑假，爸爸给我买了一块滑板。见到那块漂亮的滑板，我激动得说不出话来，我也有滑板了！

我迫不及待地拉着爸爸来到小区楼下，放下手中的滑板试试。我抬起脚，小心翼翼地站了上去。“飞喽！”我右脚猛地一蹬，歪歪扭扭地滑了出去。“铛——”重心不稳，滑板翘了起来。“哎哟！”我一个趔趄，摔了个四脚朝天。爸爸看见了，赶紧把我扶了起来，说：“快站起来，我扶着你，咱们慢慢来。”我咬着牙忍痛站了起来，爸爸扶着我站上了滑板。这次我不敢往前滑了，只敢在爸爸的搀扶下左右滑动。过了十分钟的样子，我觉得我掌握了平衡，信心满满地让爸爸松手，迈出一只脚准备滑行。结果刚抬脚，我又摔了下来，爸爸再次扶起我说：“滑滑板时，要把重心放在左脚上，身体微微向前倾，膝盖要微微弯曲。右脚轻轻地往前蹬地，身体一定要保持平衡！”

我静下心来开始新的尝试。我右脚站在滑板上，左脚在地面跟着跑，等滑板滑行平稳了，再把左脚抬到滑板上。我尽量让双脚配合，滑板渐渐地不再歪歪扭扭，不再摇摇晃晃。我成功了！我展开双臂，以保持平衡，觉得风从耳边吹过，好像也在助我一臂之力。经过几次练习，我慢慢熟练起来，脚的动作也越来越自然，方向的控制也越来越准确。不经意间，我已经滑了整个小区的大半圈了，想着自己也可以去炫耀拉风般地滑滑板了，我欣喜若狂！

哦，还不行！只学会直着滑，不会转弯，撞上树咋办？我必须让技能精湛。我继续用心地一边滑着一边认真找方法，我不断尝试，终于学会了自如地转弯。我已经能像小鸟一样自由自在地在小道上翩翩飞舞了！

后记

通过学习滑板，我懂得了世上无难事，只怕有心人，坚持就是胜利的道理。以后我会把学习知识像学滑板一样坚持不懈，勇敢战胜困难，这样才能实现我的理想！

父母感言

我们不管做什么事，都要有勇往直前、屡败屡战的精神，希望我的孩子在成长的道路上能够勇敢地面对挫折和困难，遇见更好的自己！（爸爸：傅玉明）

教师赏评

学滑板看似简单，但要成功也不是容易的事。傅阔同学在学滑板的过程中屡次遇到挫折，可他不怕困难，不怕摔倒，不断地去尝试，最终学到了真本事。不仅锻炼了身体的协调性，还磨炼了意志力！（指导教师：张 颖）

学会做事（在生活中你是否遇到过类似的事，与作者感觉有什么不同？写下来。）

追求卓越，走向成功

追求卓越是通往成功的必由之路，在浩瀚的人生海洋中，每个人都渴望驶向成功的彼岸。然而，成功的道路并非坦途，它充满了挑战与困难。那么，如何在波涛汹涌的人生大海中稳步前行，最终抵达成功的彼岸呢？答案就是：追求卓越。保持追求卓越的心，也是每个人应该秉持的人生态度。

追求卓越，意味着不断地挑战自我，超越自我；意味着要勇敢地走出舒适区，面对未知和困难，敢于接受挑战，敢于尝试新事物。只有这样，我们才能不断地提高自我，实现自我价值。

追求卓越，意味着要具备坚定的信念和毅力。在追求卓越的过程中，我们难免会遇到挫折和失败。然而，正是这些挫折和失败，锻炼了我们的意志，让我们更加坚定地走向成功。要相信，只要坚持不懈地努力，终有一天会实现自己的梦想。

追求卓越，意味着要具备创新精神和开放心态。在快速发展的现代社会中，创新是推动社会进步的重要动力。我们要敢于打破陈规陋习，敢于提出新的观点和方法。同时，我们还要保持开放的心态，善于接受他人的意见和建议，与他人携手共进。

追求卓越，还需要具备扎实的知识和技能。在知识经济时代，知识和技能是我们走向成功的基石。我们要不断地学习新知识，提高自己的技能水平，以便更好地应对各种挑战。

追求卓越，更是一种人生态度。它要求我们在日常生活中，始终保持对美好生活的向往和追求。我们要关注自己的身心健康，追求精神世界的丰富和充实。同时，我们还要关注社会的发展和进步，为社会的繁荣和进步贡献自己的力量。

总之，追求卓越是走向成功的秘诀。它要求我们不断地挑战自我，超越自我；具备坚定的信念和毅力；具备创新精神和开放心态，以及具备扎实的知识和技能。只有这样，我们才能在人生的大海中稳步前行，最终抵达成功的彼岸。

追求卓越，需要我们付出艰辛的努力和汗水。然而，正是这种不懈的努力，让我们在人生的道路上不断前行，实现自我价值，成为更好的自己。让我们怀揣着追求卓越的信念，勇往直前，去创造属于我们自己的辉煌人生！

【案例】

沃尔玛的神话

沃尔玛的竞争对手斯特林商店开始采用金属货架以代替木制货架后，创始人山姆• 沃尔顿先生立刻请人制作了更漂亮的金属货架，并成为全美第一家百分之百使用金属货架的杂货店。

沃尔玛的另一家竞争对手本•富兰克特特许经营店实施自助销售时，山姆•沃尔顿先生连夜乘长途汽车到该店所在的明尼苏达州去考察，回来后开设了自助销售店，当时是全美第三家。

经过 60 多年的争斗搏杀，沃尔玛从美国中部阿肯色州的本顿维尔小城崛起，到 2023 年 1 月底，沃尔玛商店全球总数达到 10000 多家，年收入 5500 多亿美元，列全球 500 强首位，创造了一个又一个神话。

【共同分析】

沃尔玛以其高效的供应链管理和卓越的市场营销策略，在全球零售业独树一帜。其成功之道在于将成本效益与顾客满意度相结合，通过规模经济和自有品牌的力量为消费者提供高品质、低价格的商品。沃尔玛的崛起展示了一个令人瞩目的商业传奇，同时也为其他企业树立了成功的典范。

拓展阅读

做豆腐夹肉

浙江省宁波大榭开发区第二小学五年级　张芝文

我的绝活是制作豆腐夹肉，一道美味的家常菜。

豆腐夹肉制作过程有许多步骤。

首先，要准备一些干黄豆，放在一个大桶里，装水浸泡。等到黄豆被水泡大后，需要把黄豆放入打豆机里磨成带渣的汁水，待全部磨完后，再把汁水倒进一个大锅里，用大火烧开，在烧过程中要用锅铲来回翻动，防止粘锅。

接下来就是过滤。用一张比较大的正方形薄纱布和一个大桶，把带渣的汁水通过薄纱布分离，薄纱布上留下的是豆渣，桶里则是豆浆。在豆渣里面再加入水，二次过滤，用力按压直至把剩余的一点点汁水挤出来。外婆说这样就把豆子的营养全部提取出来了。

接着，在锅中加入卤水，开小火，在不同的地方点卤水，豆花就慢慢形成了。要注意卤水一定要少量、多次放入，水清澈后，等待大约十分钟后，就能看见一大锅豆花了。

再把豆花重新放入薄纱布中，折成方形，上面压上重物，放上一个晚上，挤干了汁水就成了豆腐。

把豆腐的一部分切下来，切成若干小四方形，沿对角线切开，就会变成三角形。在侧面再切一条小口，把事先准备好的肉馅嵌在里面。（肉馅是事先调好的，里面有葱花、胡椒粉、生姜、鸡精等配料）。

最后，在锅里倒入油，把豆腐夹肉放入锅中，中火慢煎至两边金黄，豆腐夹肉就做好了。煮汤的时候，加入几块豆腐夹肉，放一点豌豆尖别有一番风味。

我做的豆腐夹肉，有荤有素，营养丰富，好吃不腻。

后记

豆腐夹肉是我的拿手好菜，我会尝试不同的做法。我把豆腐夹肉端上桌，弟弟妹妹们一窝蜂地围过来抢着吃时，我特别满足。

父母感言

一道小小的"豆腐夹肉"让我们重新认识了你。平时我们只知道你学习好，不成想你做菜也是一把好手。通过你的用心投入和辛勤付出，一道家常菜成了你的拿手绝活儿，令大家啧啧称赞。（妈妈：文庆玲）

教师赏评

豆腐夹肉最难的是怎么做豆腐，通过你的用心体验和细致讲述，大家体会到豆腐制作过程的难度。正是这份难度，造就了你这份菜的温度，这拿手绝活儿真是了不起！（指导教师：鲍君娜）

学会做事（在生活中你是否遇到过类似的事，与作者感觉有什么不同？写下来。）____

____

____

努力？未来？

横琴粤澳深度合作区华发容闳学校五年（3）班　范惠钧

想必大家都听过“努力”和“未来”这两个词吧？不是被爸爸妈妈唠叨，就是自己在成长过程中主动提及。

爸妈总是告诉我们“人生在勤，不索何获”，但是我们可能努力到了一半就放弃得一干二净了。

关于这两个词的理解，有一部电视剧让我深有感悟，讲得是一群学业成绩差或者行为不良的高中生。他们放弃了高考，学校来了一位“奇怪”的老师。他的班级里只收考试成绩在 400 分以下的学生（考不上大学的），不用交任何费用，这批学生被吸引入了这个班。

开学的第一课，老师就教他们“种小花”，开始我不明白为什么要“种小花”，后来我才明白，“小花”是未来的目标，在种小花时立下目标，为目标而奋斗。

学生们在老师的鼓励下找到了最适合自己的那一颗“种子”，也就是自己期望的未来。后来，在这位老师的带领下，他们都以优异的成绩考上了大学。

通过自己持续的努力，才能得到好的结果。

未来对于我们并不是遥不可及，它像是一片神秘的星空，充满了无尽的想象和可能。只要付出努力，就能从一片闪烁的星光中找出答案；未来像一扇期盼着的画布，未来要我们用目标、奋斗、决心和努力来描绘出它的轮廓；未来又要我们用努力、汗水来搭好它不断往前向上的桥梁。

目标、努力、决心、未来。在于我们有没有种下这颗种子，只要我们一直努力下去，就能有一个让自己满意的未来。

“洪水未到先筑堤，豺狼未来先磨刀。”用自己努力所流的汗水来搭建自己走向未来的光明大道。

时光匆匆如流水，努力的点点滴滴在我眼前一幕幕回映，我相信自己的未来一定会如阳光般璀璨！

后记

在一件事情上努力就会获得成功，在成长道路上坚持不懈的努力会将我们送往美好的未来。在成长的道路上，不论是面对学业还是业余爱好，我都将一如既往地保持热爱，不懈努力，为自己铸就通往未来的坦途。

父母感言

亲爱的女儿，妈妈眼中稚嫩幼小的你如今已有了如此深邃的思考，文字已无法表达我的欣慰与骄傲。妈妈希望你能够勇敢地追求自己的梦想，不要害怕失败，因为失败只是通往成功的必经之路。记住，无论你遇到多大的困难，妈妈都会在你身边，给你力量和鼓励。（妈妈：张 婧）

教师赏评

“百学须先立志”，小作者深谙此道，她借助故事将“努力”和“未来”两者之间的关系娓娓道来，让人眼前一亮又如醍醐灌顶。相信读到这篇文章的小读者们都会有所感悟，最重要的是快快行动起来！（指导教师：华 蕾）

学会做事（在生活中你是否遇到过类似的事，与作者感觉有什么不同？写下来。）

追求卓越，驰骋未来

广东省阳江职业技术学院附属实验学校五年（3）班 刘子轩

上周，妈妈在网上订购的自行车抵达家门时，我内心的期待瞬间化作了沸腾的热血。

我迫不及待地拆开了那一层又一层的包装，然而，眼前的景象却让我有些出乎意料——这辆网上买来的自行车原来是个半成品，需要自己手动组装。

自行车的颜色是红黑相间的，有一大堆散落的零件。我清点完零件后，一下子不知道该怎么办，发了好一会儿呆，心想：妈妈已经给我买了我想要的自行车了，无论如何我都要把它组装好。

于是，我拿起了安装说明书，开始了这场与零件的较量。我小心翼翼地将每一个螺母、螺丝分类摆放，逐一将车轮安装在车架叉口上，用扳手将螺母拧紧。每一步操作，我都格外认真，力求做到最好。接下来组装车头，我一边看着说明书，一边安装。不一会儿就把车头连同变速器和刹车都安装好了。正当我得意扬扬地欣赏自己的作品时，却发现自己犯了一个搞笑的错误——车头装反了。

面对这个错误，我不以为然。但是，我忽然想起鲁迅先生的那句名言："不满足是向上的车轮，能够载着不自满的人类向大道前进。"我意识到，追求卓越不仅是一种态度，更是一种动力，它推动着我不断前进，不断超越自己。

于是，我毫不犹豫地决定重新组装车头。我再次仔细检查了车头的结构，重新阅读了说明书，终于找到了问题所在。我小心翼翼地拆下已经装好的车头，重新进行组装。这一次，我更加细心，每一个细节都认真对待，确保每一步都做到尽善尽美。

经过一番努力，我终于将车头重新组装好了。看着这辆崭新的自行车，我的心中充满了成就感。我明白了，追求卓越并不是一件容易的事情，它需要我们付出更多的努力和汗水。但是，只有不断追求卓越，我们才能不断进步，变得更加优秀。

如今，我骑着这辆自己亲手组装的自行车在小区的路上驰骋，心里特别有成就感。

风轻轻拂过我的脸庞，带来了凉爽与惬意。我仿佛能够感受到那股追求卓越的热情在体内燃烧，它激励着我不断前行，不断挑战自我。

追求卓越的道路虽然充满挑战，但它也充满了无限的可能。在未来的日子里，我将继续秉持追求卓越的精神，不断挑战自己，勇攀高峰。

后记

组装这辆自行车，无疑是一次充满挑战的旅程。历经两个多小时的辛勤努力，我终于完成了这项任务。虽然过程使我腰酸腿麻，但那份成就感却让我忘却了所有的疲惫。更为重要的是，我从中深刻领悟到“追求卓越”的深刻内涵，这是书本上无法学到的宝贵经验。

父母感言

孩子自小便对拼装小物件充满热爱，总是能在各种小实验中找到乐趣。这次组装自行车，是他人生中的一次全新尝试。我们鼓励他亲自动手，不仅是为了锻炼他的动手能力，更是希望他在实践中学习、在生活中成长，掌握一些技能。看着他一步步克服困难，最终成功完成组装，我们深感欣慰。（妈妈：黄彩珠）

教师赏评

子轩的文字，朴实而真挚，仿佛将我们带入了他组装自行车的那个世界。从字里行间，我们可以真切地感受到他在遇到困难时的迷茫与挣扎，以及在成功后的喜悦与自豪。这种写法，使得他的文章充满了生活气息与真实感。而这一切，都源于他追求卓越的精神——不断挑战自己，勇于尝试新事物，力求做得更好。（指导教师：梁月凤）

学会做事（在生活中你是否遇到过类似的事，与作者感觉有什么不同？写下来。）

让追求卓越形成习惯

无论是个人还是企业走向成功的过程，都是一个不断发现问题，解决问题、不断否定自我、不断超越自我的过程。其中，“观察、反思、计划、行动、再观察、再反思……”这个循环模式是必不可少的。所有走向卓越的企业和个人都是在这个无限递进循环模式中得以提升的。

从平庸到优秀，从优秀到卓越既不可能一蹴而就，也不可能一劳永逸。我们只有以不断追求的精神，以开拓创新的姿态，持续不断地改进，促使质量和效益的不断提高，才能赢得最后的成功。

在当今竞争激烈的社会环境中，追求卓越不仅是一种个人追求，更是一种必备的生活态度。中小学生作为祖国未来的栋梁，他们的习惯养成尤为重要。

让我们携起手来，让追求卓越成为一种心态、一种习惯，一种文化吧！

【案例】

(1) 李明的学术追求。李明是一名初中三年级的学生，他在学习上始终保持着对知识的渴望和对卓越的追求，每天都会提前预习和复习，确保课堂上的知识能够完全掌握。

此外，他还主动参加课外辅导和学术竞赛，不断拓宽自己的知识视野。并且在他的带动下，班级的学习氛围也日益浓厚，许多同学开始效仿他，形成了良好的学习风气。

(2) 张华的体育精神。张华是一名小学五年级的学生，她对体育有着极高的热情。无论是学校的田径运动会还是各种球类比赛，她都能积极参与，并且总是力求做到更好。在训练中，她不怕苦不怕累，总是坚持到最后。她的体育精神不仅赢得了同学们的敬佩，也让她在体育方面取得了显著的成绩。通过努力，张华不仅提升了自己的身体素质，也培养了坚持不懈、勇往直前的优秀品质。

(3) 王丽的艺术修养。王丽是一名小学六年级的学生，她对绘画有着浓厚的兴趣。她利用课余时间参加绘画班，不断提升自己的绘画技巧。

在绘画过程中，她始终保持耐心和细心，每一幅作品都力求完美。她的努力不仅让她在绘画方面取得了骄人的成绩，也让她的艺术修养得到了极大的提升。王丽的案例告诉我们，追求卓越不仅是在学术和体育方面，也可以在艺术领域得到体现。

通过以上三个典型案例，我们可以看到中小学生追求卓越、养成良好习惯的重要性。这些案例不仅展现了学生们在不同领域的努力和成就，也反映了他们积极向上的生活态度和不断进取的精神风貌。

【共同分析】

追求卓越、养成良好习惯是中小学生成长过程中不可或缺的一部分。同学们应该树立远大的理想和目标并为之努力奋斗。有追求就有梦想，有梦想就有未来。同时，学校、家庭、社会都要关注学生们的兴趣和特长，为他们提供多样化的发展平台。

拓展阅读

甜蜜的梦想

横琴粤澳深度合作区华发容闳学校四年（4）班　张瑞恩

在我心中，蛋糕师是一个充满魔力的职业，他们用巧手和创意，将面粉、糖和奶油变成了美味的艺术品。我梦想着有一天，自己也能成为一名蛋糕师，用我的双手创造出令人惊叹的作品。

为什么我渴望成为一名蛋糕师呢？原因很简单，我喜欢甜美的味道，更喜欢看到人们品尝我制作的蛋糕时满足的笑容。我希望通过我的努力，可以让更多的人感受到甜蜜的快乐。

那么，怎样才能成为一名优秀的蛋糕师呢？最重要的当然是了解各种材料的特性，学习并掌握烘焙技巧。在家里，妈妈为我准备了不少烘焙工具和原材料。一到周末，我就开始自己尝试制作小蛋糕。最初，我总是失败，不是糖加多了，就是步骤弄错了，但我并不气馁，毕竟蛋糕师不是一天练成的！

做过几次后，我就有了经验。每次制作，我都会先小心翼翼地把蛋黄取出，再用打蛋器不断搅打蛋清，接着一点点加入白糖，奶油慢慢就成型了。我会把奶油均匀地涂抹在面包坯上，有时我会加入一点奥利奥，有时我会切点水果进去，总之，作为一个小小蛋糕师，我在不断地尝试新的配方，追求更好的滋味。

蛋糕师是一个需要不断追求卓越的职业。他们不仅需要掌握各种烘焙技巧，还需要不断地创新，将自己的创意融入每一款蛋糕中。我深知，如果想要成为一名优秀的蛋糕师，必须付出比别人更多的努力。因此，我想利用自己的空闲时间学习更多的烘焙技巧，我相信更多美味的蛋糕会从我手中创造出来。

在成为蛋糕师的这条路上，每一次的挑战都是一次成长，每一次的突破都是一次飞跃。我会保持对烘焙的热爱，让更多的人体会到幸福的甜蜜。

后记

功夫不负有心人，相信只要持之以恒地努力追梦，未来的我一定会成为一名优秀且出色的蛋糕师。这是一个甜蜜的职业，这是一个幸福的职业，我愿为更多的人送去甜蜜的祝福。时光漫漫，我们终会遇见甜蜜的美好。

父母感言

亲爱的孩子，爸爸妈妈欣喜于你从小就拥有了属于自己的美丽梦想。看着周末你在厨房制作蛋糕的身影，我们虽还未品尝到舌尖的甜蜜，却已经收获了你成长的幸福。（妈妈：高 飒）

教师赏评

甜蜜的文字，甜蜜的梦想。家里小小的厨房见证着小作者的成长，那一次次的搅拌、和面、烘焙，最后形成的不仅是蛋糕的味道，也是成长的味道。细细品味，这份甜蜜不仅在味蕾上绽放，更在心间留存。（指导教师：吴 辉）

学会做事（在生活中你是否遇到过类似的事，与作者感觉有什么不同？写下来。）

内蒙古旅行记

浙江省台州市路桥区蓬街镇中心小学六年级 王柯翔

这个暑假，我们一家去内蒙古大草原旅行。

汽车行驶在大道上，左右两边都是无边无垠的绿草，一直铺展到天空的尽头。

在绿色的草地上，偶尔会有一群黑白的花牛，它们悠闲地在草原上吃草，在绿色的草坪里一只只白色绵羊就像镶嵌在绿色丝绒毯上的珍珠，点缀着绿毯，格外引人注目。牛羊们在辽阔无垠的草原散步、嬉戏、奔跑……这就是真正的草原。

我们在平整的水泥大道上开了一个多小时后，车队开入到满是水坑的泥巴路，车子开始不停地颠簸，时不时我们就会被颠飞起来一次，再重重地摔到座椅上。草原也不是一马平川，有时也会遇上上百米高的山坡，司机便会一脚油门踩到底，汽车咆哮着冲上山坡，在妈妈的尖叫声中又冲下山坡。这一路最刺激的当属过泥潭了。一不小心，车就会陷入泥坑出不来了，前面有一辆二驱的 SUV 汽车陷下去了，车轮空转打滑，泥水像流星似的飞速向后射出去。我们这辆车左绕右蹿，避开大部分泥坑，又用最快的速度冲过避不开的泥坑，完美通过泥泞区。

来草原怎么能不骑马呢？马可真高呀，马背比我人还高。骑上马后，俯视着地上的人，真有大将军的威风。往下一看，脚离地还有一米左右，我有点怕了，紧紧抓住缰绳。不过等马走起来之后，我又激动兴奋起来，不停喊着“驾！驾！”还拍马屁股，想让它快跑起来。

在草原上旅行的20天，让我感受颇深，我多么期望我的未来能像这次旅行一样，在这广阔的草原上尽情地飞奔，像一匹骏马一样在未来的路上奔跑起来，沿着这崎岖不平的小路，带着我的梦想克服重重困难，奔向我久以盼望的未来。

后记

辽阔的草原，好吃的牛羊肉，有趣的各种动物，刺激的骑马体验，好看的马术表演……我好喜欢这样的旅行，感觉内蒙古的空气都格外清新，20天的旅行时光，一晃就结束了，好渴望这样的旅行可以多来几次！

父母感言

这次的旅行中，每次整装再出发时，你会把较重的物品放自己包里；每次上下车时，你会主动推走行李箱。看着大步往前走的你，我既欣慰你已经长成会照顾人的男子汉了，又希望你能慢一点长大，多看看沿途的风景。人生如旅途，孩子你慢慢长大，一直向前走时，不要忘了沿途美好的风景。（妈妈：阮仙利）

教师赏评

读着文字，一个骑在马背上的小作者，跃马扬鞭傲神州，笑看风云度春秋，跃然纸上！文章语言自带画面感，令人浮想联翩，丝绒般草地上的珍珠多么可爱，一路颠簸下妈妈的尖叫多么惊魂，骑马体验时未能策马扬鞭多么失落，凭着多彩的语言，一一呈现在读者面前。（指导教师：王巧玲）

学会做事（在生活中你是否遇到过类似的事，与作者感觉有什么不同？写下来。）

金石滩露营感觉到的

辽宁省大连市金州区南山小学五年级　常　淼

帐篷外，落日余晖下，蔚蓝的大海，翱翔的海鸥，远处传来悠扬的汽笛声，构成了一幅绚丽的海景图。

暑假来临，期待已久的金石滩露营终于实现啦！晚上六点多，我和爸爸妈妈赶到位于大连金石滩的小窑湾露营地，爸爸在靠近海边的树林里找到一处宝地，我们便开始分工协作，爸爸负责搭帐篷、搬桌子，妈妈负责准备晚餐，而我的任务是挂露营灯。

一切就绪后，我们一家人围坐在一起，开始享用丰盛的晚餐。啊！此刻的金石滩真是太美了！瞧，落日马上就要掉进大海里了，余晖把蔚蓝的大海染成了红色，翱翔的海鸥不时从空中俯冲下来，在眼前飞快掠过，让我不禁想起了《滕王阁序》中的一句诗：落霞与孤鹜齐飞，秋水共长天一色。正当我陷入畅想中，远处码头停泊的轮船，传来一声沉重而悠长的汽笛声，把我从思绪中拉了回来！海风温柔、鸟鸣悠然、汽笛厚重，真是一幅美轮美奂的海景图啊！

吃过晚餐，爸爸说要带我去钓鱼，我开心地蹦起来。站在海堤上，爸爸帮我准备好鱼竿、挂上鱼饵，教我用力甩出去。鱼饵在鱼线的牵引下，像炮弹一样射了出去。可是甩了几次，又等了好久，也不见鱼儿咬钩。爸爸见我有点不耐烦，告诉我钓鱼需要耐心，就像学习一样，不要急功近利。终于，在爸爸的鼓励和指导下，我钓到了人生的第一条鱼，虽然小了一点，但是真的好开心。

夜晚，躺在帐篷里，伴着海浪撞击礁石的声音，听着嘤嘤细语的虫鸣，我沉沉地睡去。梦里，我变成了一只海鸥，勇敢地追逐着波涛翻滚的浪花，自由自在地飞翔在大海之上！

后记

海边露营真的太好玩了，让我看到了金石滩的美，也爱上了大连蔚蓝的海。多么期待爸爸妈妈带我再去一次露营呀！

父母感言

终于抽出时间带女儿出去露营，看到女儿在海边开心地叫着、笑着、蹦着，内心非常感慨。女儿平时学习挺累的，真的需要多带她出去走一走看一看，多感受大自然中美好的事物，为她的童年增添一抹亮色。（妈妈：沙 晶）

教师赏评

你是一个有爱又用心的孩子，读着你的文章有一种心驰神往的感觉。我仿佛成为其中的一员，尽情挥舞着翅膀，辛苦劳作在祖国的大好河山之中，创造着自己美好的生活。文章取材真实生活，选材恰当，很有新意，字里行间充分体现了小作者对生活的热爱之情。（指导教师：李 光）

学会做事（在生活中你是否遇到过类似的事，与作者感觉有什么不同？写下来。）

本篇复盘

◎ 小问题

思考下面的问题，帮助你理解对追求卓越能力培养的必要性。

1. 搜集一些个人或企业走向卓越的案例，写出来并与同学交流。
2. 如何成为一个卓越的人？请列出一个“个人走向卓越计划”。
3. 如果未来你成为企业管理者，你将如何做到从优秀到卓越？
4. 假如未来你走向企业管理层，你将如何管理好你的企业？
5. 你认为如何才能让追求卓越成为工作与学习的习惯呢？

◎ 信息反馈

在日常生活中很多事情都需要追求卓越，你面对这些问题是怎么解决的？你身边的人又是怎么处理的？请将事情的发展过程写出来，写一篇 500 ～ 800 字的文章，扫描微信公众号二维码传上去。

陶行知学院
微信公众号

家庭生活教育的4个维度

1	获取生活兴趣的能力	观察视角：准备＼倾听＼互动＼自主＼达成
2	与父母的沟通互动能力	观察视角：环节＼呈示＼对话＼引导＼机智
3	新知识理解与评价能力	观察视角：目标＼内容＼实施＼评价＼资源
4	家庭环境与文化的熏陶	观察视角：思考＼民主＼创新＼关爱＼特质

阅读本书的11个观察视角

1	事前准备	孩子做事前准备了什么？是怎样准备的？
		准备得怎么样？准备充分的概率是多少？
		孩子是否养成了事前准备的习惯？
2	耐心倾听	孩子能否耐心倾听你的讲话？能耐心听多长时间？
		作为父母，你能耐心倾听孩子的心声吗？
		倾听时，孩子有哪些辅助行为？
3	与孩子互动	你与孩子有哪些互动行为？能达成目标吗？
		你与孩子互动的时长、过程、质量如何？
		你与孩子就某一问题讨论的时长、过程、质量如何？
		你与孩子户外活动的时长、过程、质量如何？
		你与孩子的互动习惯怎么样？出现怎样的情感行为？
4	让孩子自主	孩子自主学习（活动）的时间有多长？
		孩子自主学习的形式（探究＼阅读＼思考）有哪些？
		孩子自主学习有序吗？有无自主探究活动？
		孩子自主学习的质量如何？
5	目标达成	孩子清楚自己的学习目标吗？
		孩子预设目标达成有什么依据？分几个阶段达成？
		近阶段（1 月＼半年内）生成过什么目标？效果如何？

6	问题环节	问题是哪些环节构成的？你是否围绕这些问题沟通？
		这些环节是否面向孩子强调问题的关键点？
		你对不同环节\行为\内容\时间是怎么支配的？
7	正面引导	你是如何引导孩子自主学习\工作\生活的？
		你对孩子与他人的合作能力是如何引导的？是否有效？
		你对孩子探究学习是如何引导的？是否有效？
8	挖潜与启智	面对孩子的调皮与犟嘴，你的态度和方法有哪些？
		你如何处理孩子调皮和犟嘴？效果怎么样？
		你使用了哪些非言语行为？效果怎么样？
		你的哪些行为感化了孩子（语言\体态\表情）？
9	共同思考	幸福生活是否与知识/技能有关？
		对孩子的引导是否有利于问题的解决？
		怎样引导孩子独立思考并自己处理问题呢？
		家庭气氛能否促使孩子独立自主地生活？
10	民主与创新	你与孩子的沟通效果怎么样？
		孩子参与集体活动的时间是怎样的？气氛如何？
		你的行为是否成为孩子的榜样？
		孩子与其他小朋友的关系如何？
		家庭创新设计、情境创设与资源利用有何新意？
		家庭气氛是否有助于孩子成长？你是如何处理的？
		孩子生活有哪些新目标\资源？你是如何处理的？
11	关爱与特质	孩子的生活目标是否面向未来？
		你是如何面对孩子的特殊情况的？
		孩子遇到学习困难时，你是如何关注和引导的？
		家庭环境体现了哪些有利于孩子走出困境的因素？
		家庭环境有助于孩子修正错误、健康成长吗？

后 记

当下素质教育缺失问题越来越凸显，孩子在家庭里不服父母管教，遇到挫折心理承受能力脆弱，在学校里过于重视分数，学生偏重于做题、考试、争高分，不会处理同学之间的关系，同学间忽视相互帮助、团结协作，致使一部分孩子解决问题的能力不强，也缺乏抗挫折的能力。

未来社会的人才到底需要具备什么素质、什么能力呢？

经过大量的社会调查发现：很大一部分父母只顾孩子眼前的考试成绩，对于孩子平时的行为习惯等成长因素很少问及。当孩子在学习生活中出现问题时，又往往采取一些简单粗暴的方式，只是一味地责备孩子，甚至指责学校、社会，极少反思自己在面对孩子过失时的处理方法是否得当？特别是当我们意识到社会各类不良现象影响孩子成长时，自己的行为是否给孩子做出了表率？

面对以上问题，中国社会福利基金会在珠海市香洲区梅华街道开展了“和谐社会幸福家庭建设”公益项目，其宗旨就是要通过和谐社会幸福家庭的建设，逐步转变父母育子观念，助力社会尽快培养出优秀的社会主义建设者和接班人。

《学会做事》这套书既是针对以上问题，通过鼓励父母与孩子共同做事，将家庭中长期困扰父母的诸多问题捋出了答案，整理出为人父母如何培养孩子的良好品质，如何消除孩子的不良习惯，如何赢得亲子间的巧妙沟通，如何消解两代人的矛盾，以及父母如何为孩子做表率等当今家庭教育中存在的诸多敏感问题而给出建设性意见。

在中国社会福利基金会支持下，北京师范大学珠海分校、北京理工大学珠海学院和暨南大学珠海校区的 18 名教授、副教授走进了社区谈家庭教育，通过“教育与创新”“规矩与成长”“品德与分数”“知识与财富”“行为与性格”“尊重与情商”“勤奋与责任”“生存与发展”“音乐与人生”“批评与表扬”等人生发展的 10 个维度，开展了 18 场讲座，激起了和谐社会幸福家庭建设的浪花，孩子们身体力行地将自己做事的过程记录下来，父母写出感悟，教师给予赏评。孩子们不仅在学校“学会认知”，在生活中“学会做事”“学会共处”“学会生存”，而且还捋清了做事与个人成长、成才的逻辑关系。书中例举的一篇篇短文是小作者在生活中的亲身体验，有主题、有感悟，期待更多的教师、父母和孩子从中获得启迪。

在本套书稿完成之际，我们特别感谢中国社会福利基金会给予的大力支持，特别感谢北京师范大学珠海分校、北京理工大学珠海学院、暨南大学珠海校区自发组织起来的 18 名教授、副教授，深入社区开展“大学教授进社区谈家庭教育”活动并展开的精彩讲座，我们相信由中国社会福利基金会发起的“和谐社区幸福家庭”建设项目，一定会促进孩子成长、成才，结出累累硕果，助力整个社会培养出更多、更优秀的栋梁之才，为实现中华民族伟大复兴做出贡献。

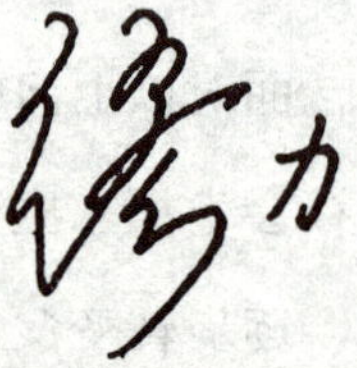

中国社会福利基金会专家咨询委员会主任

2024 年 4 月 2 日

参考文献

[1] 阿普尔．意识形态与课程 [M]. 黄忠敬，译．上海：华东师范大学出版社，2003.

[2] PIERREB，JEAN-CLAUDEP. Reproductionineducation，societyandculture[M]. London，Eng：SagePublicationsLtd.，1990.

[3] 弗雷尔．被压迫者教育学 [M]. 顾建新，赵友华，何曙荣，译．上海：华东师范大学出版社，2001.

[4] JEANJ. StudiesinSocialism[M]. NewYork：WentworthPress，2019.

[5] 陶行知．陶行知全集 [M]. 成都：四川教育出版社，2005.

[6] 陶行知．中国教育改造 [M]. 上海：上海亚东图书馆，1928.

[7] 徐德春．做学教 ABC[M]. 上海：上海世界书局，1929.

[8] 陶行知．中国大众教育问题 [M]. 上海：上海大众文化社，1936.

[9] 陶行知．行知书信 [M]. 上海：上海亚东图书馆，1929.

[10] 陶行知．行知诗歌集 [M]. 上海：上海儿童书局，1933.

[11] 陶行知．行知诗歌前集 [M]. 上海：上海儿童书局，1935.

[12] 陶行知．行知诗歌三集 [M]. 上海：上海儿童书局，1936.

[13] 陈青之．中国教育史 [M]. 北京：中国社会科学出版社，2009.

[14] 孙培青，杜成宪．中国教育史 [M]. 3 版．上海：华东师范大学出版社，2008.

[15] 王陆．虚拟学习社区原理与应用 [M]. 北京：高等教育出版社，2004.

[16] 斯特弗．教育中的建构主义 [M]. 高文，译．上海：华东师范大学出版社，2002.

[17] 日本筑波大学教育学研究会．现代教育学基础 [M]. 钟启泉，译．上

海：上海教育出版社，2003.

[18]R.W. 加涅，W.W. 韦杰，等教学设计原理 [M]. 王小明，庞维国，陈保华，等译 . 上海：华东师范大学出版社，2007.

[19] 周文彪 . 生活创新教育 [M]. 北京：新世界出版社，2013.

[20] 侯怀银，张宏波 . “社会教育”解读 [J]. 教育学报，2007(4)：3-8.

[21] 陶行知 . 斋夫自由谈 [M]. 上海：上海亚东图书馆局，1932.

[22] 陶行知 . 教学做合一讨论集 [M]. 上海：上海儿童书局，1932.

[23] 熊浩 . 布尔丢，帕塞隆：教育、社会和文化的再生产 . [J]. 中国学术，2001(2)：325-327.

[24] 方明 . 陶行知全集 [M]. 成都：四川教育出版社，2005.

[25] 邱磊 . 杜威教育箴言 [M]. 上海：华东师大出版社，2015.

[26] 胡适 . 胡适文存全四集 [M]. 上海：商务出版社，1935.

[27] 蔡元培 . 蔡元培教育论著选 [M]. 北京：人民教育出版社，1991.